Deutscher
Gemeindeverlag
Kohlhammer

# Allgemeines Privatrecht

Lehrbuch für die öffentliche Verwaltung

von

**Dominik M. Kowalczyk**
Richter (Arbeitsgericht Rostock)

Deutscher Gemeindeverlag

1. Auflage 2025


Gesamtherstellung: W. Kohlhammer GmbH, Heßbrühlstr. 69, 70565 Stuttgart
produktsicherheit@kohlhammer.de

Print:
ISBN 978-3-555-02406-6

# Vorwort

*„Ein guter Jurist zeichnet sich dadurch aus,*
*dass er immer richtige Entscheidungen trifft über Dinge,*
*von denen er keine Ahnung hat"*
Uwe Wesel, Fast alles, was Recht ist, Jura für Nichtjuristen,
10. Aufl. 2021, S. 159

Das Lehrbuch will allen (**angehenden**) **Beschäftigten der öffentlichen Verwaltung** dabei helfen, das allgemeine Privatrecht zu verstehen und sich bestmöglich auf Prüfungen vorzubereiten. Seinen Ursprung hat das Buch im Jahr 2020, damals noch als Skript meiner ersten nebenberuflichen Lehrveranstaltungen an der Fachhochschule Güstrow. Ich habe es in erster Linie für alle Auszubildenden, Fortzubildenden und Studierenden geschrieben, die das allgemeine Privatrecht (bürgerliche Recht/allgemeine Zivilrecht) auf dem Weg zum Verwaltungswirt, Verwaltungsfachwirt, Verwaltungsbetriebswirt, Betriebswirt oder Bachelorabschluss in der „Öffentlichen Verwaltung" an Fachhochschulen, Studieninstituten oder Akademien erlernen müssen. Es nützt aber auch allen Privatrechtlernenden im Nebenfach oder im klassischen Jurastudium, da das Buch dieses Rechtsgebiet gebündelt, strukturiert und fallorientiert darstellt. Geeignet ist es ebenso für alle Praktiker der öffentlichen Verwaltung, die mit privatrechtlichen Sachverhalten konfrontiert werden. Soweit ich darüber Kenntnis habe, wird das Lehrbuch an der Fachhochschule Güstrow, dem kommunalen Studieninstitut M-V und der Verwaltungs- und Wirtschaftsakademie M-V eingesetzt. Es kann jedoch auch an jeder anderen Einrichtung in Deutschland verwendet werden. Privatrecht ist ganz überwiegend Bundesrecht. Der Bedarf an qualifiziertem Verwaltungspersonal scheint jedenfalls ungebrochen.

Meiner festen Überzeugung nach setzt eine **gute und erfolgreiche Ausbildung** entsprechende Lernmittel voraus. Wenn diese vorhanden sind, liegt es im Kern trotz mancher Missverständnisse in der Verantwortung eines jeden Lernenden, sich sein Wissen selbstständig zu erarbeiten und zu bewahren. Es gibt aber – soweit es mir ersichtlich ist – bisher kaum Lehrbücher zum allgemeinen Privatrecht, die sich an die öffentliche Verwaltung richten, konkrete Bezüge zu ihr herstellen und gleichzeitig einen Schwerpunkt auf die für Prüflinge so bedeutsame Falllösungstechnik legen.[1] Auch bei den wenigen Fall- und Übungsbüchern, die sich ebenfalls an die öffentliche Verwaltung wenden, fehlt dieser Fokus in der Regel.[2] Aus diesem Mangel heraus sind aus meiner langjährigen Lehrtätigkeit für die öffentliche Verwaltung zwei Bücher zum allgemeinen Privatrecht entstanden:
- Das hiesige Lehrbuch sowie
- ein ergänzendes, in Kürze erscheinendes Fall- und Übungsbuch.

---

1 Eine Ausnahme dürfte einzig *Einmahl, Matthias,* Zivilrecht, Lehrbuch zum Zivilrecht für die öffentliche Verwaltung, 7. Auflage 2023 bilden.

2 Eine Ausnahme dürfte einzig *Obst/Siegel*, Praktische Fälle aus dem Bürgerlichen Recht, 8. Auflage 2024 bilden.

Sie bilden didaktisch eine **Einheit**, ergänzen sich gegenseitig und enthalten zahlreiche Binnen- und Querverweise. Für einen optimalen Lernerfolg empfehle ich, beide Werke gemeinsam zu verwenden, auch wenn sie unabhängig voneinander genutzt werden können.

Ich war bestrebt, das komplexe Rechtsgebiet des allgemeinen Privatrechts aus Sicht von Prüflingen der öffentlichen Verwaltung nicht nur oberflächlich, sondern systematisch und grundlegend, aber dennoch leicht zugänglich, praxisnah und vor allem fallorientiert aufzubereiten. Um das Buch nicht zu überfrachten, habe ich weitestgehend auf Fußnoten verzichtet und auch sonst darauf geachtet, dass der Umfang begrenzt und übersichtlich bleibt. Die Inhalte dieses Lehrbuchs habe ich ausschließlich nach ihrer **Prüfungsrelevanz** ausgewählt, auch wenn dies bedeutete, manches ganz wegzulassen oder anderes vereinfacht darzustellen. Maßgeblich für die immer einen Kompromiss darstellende Themenauswahl waren die jeweiligen sich kaum voneinander unterscheidenden Curricula der oben genannten Träger, meine persönliche jahrelange Lehr- und Berufserfahrung und das Ziel einer klaren Praxisausrichtung. Stellvertretungs- und Zurechnungsfragen bilden dabei einen zentralen Schwerpunkt. Für das privatrechtliche Leben der öffentlichen Verwaltung ist prägend, dass ihre Träger als juristische Personen nicht selbst, sondern nur durch andere Personen handeln und Erklärungen abgeben können. Gleiches gilt für die in der Praxis besonders häufigen Themen des Vertragsschlusses und der Schadensersatzpflicht.

Das **Lernen erleichtern** zum einen die im Lehrbuch enthaltenen 37 Prüfungsschemata, 6 Übersichten, 53 Schaubilder und unzählige Beispiele, zum anderen aber auch die in dem in Kürze erscheinenden Fall- und Übungsbuch zu findenden gleichlautenden 37 Prüfungsschemata, 11 kapitelzusammenfassenden Begriffsbestimmungstabellen und 22. Übungsfälle mit ausformulierten Lösungsvorschlägen. Auf das in Kürze erscheinende Fall- und Übungsbuch wird in diesem Werk verwiesen.

Keines der beiden Bücher wird je so gut sein, dass es nichts mehr zu verbessern oder zu ergänzen gäbe. Anmerkungen und konstruktive Kritik von Ihnen, liebe Leserin oder lieber Leser, sind daher ausdrücklich erwünscht. Ich freue mich, wenn Sie mir Ihre Rückmeldung persönlich, per E-Mail (kowalczyk.dozent@gmail.com) oder auf anderem Wege zukommen lassen.

Ich danke dem Kohlhammer-Verlag für die Veröffentlichung meiner Werke und insbesondere Herrn Durst für die vertrauensvolle Zusammenarbeit. Mein Dank gilt auch meinen Kolleginnen und Kollegen, die mir wertvolle inhaltliche Denkanstöße geben konnten. Mein besonderer Dank gilt meinem privaten Umfeld, das sich dieses Unterfangen viele Monate lang angehört, mir Ratschläge erteilt oder teils bis in die Nächte Korrektur gelesen hat. Am meisten danke ich aber meiner Partnerin. Ihre Nachsicht und Geduld mit meinem Hobby „Lehre" sind für mich alles andere als selbstverständlich. Ich danke dir von Herzen, ganz aufrichtig.

Zum Schluss widme ich das Buch meinen Eltern, denen ich zu verdanken habe, dass ich in diesem großartigen Land studieren und Richter werden konnte. Ohne ihren frühen Förderungsbeitrag in meiner Kindheit und Jugend wäre ich wohl nicht das, was ich heute sein darf.

Rostock, im Juli 2025 Dominik M. Kowalczyk

# Inhaltsübersicht

# Inhaltsverzeichnis

# Schaubildverzeichnis

## Schaubildverzeichnis

# Schemaverzeichnis

## Schemaverzeichnis

# Literaturverzeichnis


**Anderweitige Lehrbücher/-skripte des Privatrechts für die öffentliche Verwaltung:**

*Adler, Patrick,* Privatrecht, Band 1, 4. Auflage 2022

*Adler, Patrick,* Privatrecht, Band 2, 2. Auflage 2023

*Brockmann, Tim/Gerlach, Yasmin/Jesser, Michael/Seybold, Jan,* Das Bürgerliche Gesetzbuch, Grundlagen & Schemata, 2. Auflage 2024

*Einmahl, Matthias,* Zivilrecht, Lehrbuch zum Zivilrecht für die öffentliche Verwaltung, 7. Auflage 2023 (mit kurzen Fällen)

*Ernst-Kölbl, Michael/Reichel, Helmut,* Bürgerliches Recht, 6. Auflage 2024

*Obst, Karin/Siegel, Mechthild,* Praktische Fälle aus dem Bürgerlichen Recht, 8. Auflage 2024

*SVP-Verlag,* Zivilrecht, Prüfungsschemata, Definitionen, Klausuren, 2023

**Lehrbücher/-skripte des Privatrechts außerhalb des klassischen rechtswissenschaftlichen-Kanons:**

*Aden, Menno,* BGB – Leicht, Einführung in das Recht des Bürgerlichen Gesetzbuches, 2. Auflage 2003

*Ann, Christoph/Hauck, Ronny/Obergfell, Eva Inés,* Wirtschaftsprivatrecht kompakt, 4. Auflage 2025

*Bydlinski, Peter,* Grundzüge des Privatrechts für Ausbildung und Praxis, 12. Auflage 2023

*Conrads, Markus,* Grundwissen Wirtschaftsprivatrecht, Klausurtraining und eLearning-Kurs, 2024

*Danne, Harald,* Wirtschaftsprivatrecht, Bürgerliches Recht, Handels- und Gesellschaftsrecht, Wettbewerbsrecht, Arbeitsrecht, 6. Auflage 2017

*Eisenhardt, Ulrich,* Einführung in das Bürgerliche Recht, Ein Studien- und Übungsbuch, 7. Auflage 2018

*Fischer, Peter C.,* Wirtschaftsprivatrecht, Einführung in die Grundlagen und Kerngebiete des Wirtschaftsrechts, 2. Auflage 2023

*Förschler, Peter,* Grundzüge des Wirtschaftsprivatrechts, 2018

*Führich, Ernst,* Wirtschaftsprivatrecht, Bürgerliches Recht, Handelsrecht, Gesellschaftsrecht, 14. Auflage 2022

*Gesmann-Nuissl, Dagmar,* Kompendium Wirtschaftsprivatrecht, 2022

*Gildeggen, Rainer/Lorinser, Barbara/Willburger, Andreas/u. a.,* Wirtschaftsprivatrecht, Kompaktwissen für Betriebswirte, 3. Auflage 2016

*Grädler, Thomas/Ullrich, Norbert,* Wirtschaftsrecht für Betriebswirte, Grundzüge des BGB. Grundzüge des Handels- und Gesellschaftsrechts. Mit Fällen und Lösungen, 9. Auflage 2022

*Güllemann, Dirk/Tonner, Norbert/Bachert, Patric/Miras, Antonio/Becker, Udo,* Wirtschaftsprivatrecht, BGB Allgemeiner Teil, Schuldrecht, Sachenrecht, Handels- und Gesellschaftsrecht, 7. Auflage 2023

*Hauptmann, Peter-Helge/Nawratil, Heinz,* BGB – leicht gemacht, Basiswissen und Klausurerfolg für Jura- und Wirtschaftsstudierende, 34. Auflage 2023

*Hemmer, Karl-Edmund/Wüst, Achim,* Privatrecht für BWLer, WiWis und Steuerberater, 2015

*Jaensch, Michael,* Grundzüge des Bürgerlichen Rechts, Mit 66 Fällen und Lösungen, 5. Auflage 2023

*Janda, Constanze/Pfeifer, Udo,* Wirtschaftsprivatrecht, mit Fällen und Lösungen, 4. Auflage 2025

*Kaiser, Gisbert A.,* Bürgerliches Recht, Basiswissen und Fallschulung für Anfangssemester, 12. Auflage 2009

*Kallwass, Wolfgang/Abels, Peter/Müller-Michaels, Olaf,* Privatrecht, Bürgerliches Recht, Handelsrecht, Gesellschaftsrecht, Kapitalmarktrecht, Insolvenzrecht, 26. Auflage 2024

*Katko, Peter,* Bürgerliches Recht schnell erfasst, 6. Auflage 2006

*Kindl, Johann/Feuerborn, Andreas,* Bürgerliches Recht für Wirtschaftswissenschaftler, 3. Auflage 2018
*Klunzinger, Eugen/Hoffmann, Jochen/Bartlitz, David,* Einführung in das Bürgerliche Recht, Grundkurs für Studierende der Rechts- und Wirtschaftswissenschaften, 18. Auflage 2024
*Korenke, Thomas,* Bürgerliches Recht, Eine systematische Darstellung der Grundlagen mit Fällen und Fragen, 2006
*Lange, Knut Werner,* Basiswissen Ziviles Wirtschaftsrecht, Ein Lehrbuch für Wirtschaftswissenschaftler, 7. Auflage 2015
*Mehrings, Jos/Patrzek, Katrin/Herzog, Rainer/Buchmüller, Christoph,* Bürgerliches Recht für Studium und Praxis – digital, 5. Auflage 2023
*Moeller, Dirk,* Recht, 180 klausurtypische Aufgaben und Lösungen aus 60 Fällen, 5. Auflage 2024
*Müssig, Peter,* Wirtschaftsprivatrecht, Rechtliche Grundlagen wirtschaftlichen Handelns, 24. Auflage 2024
*Niederle, Jan,* Einführung in das Bürgerliche Recht, 19. Auflage 2025
*Niedostadek, André,* BGB für Dummies, 6. Auflage 2022
*Niedostadek, André,* Wirtschaftsrecht für Dummies, 2. Auflage 2024
*Richter, Thorsten S.,* Grundlagen des Wirtschaftsprivatrechts, Falllösungstechniken, Gesetzliche und rechtsgeschäftliche Schuldverhältnisse, 2016
*Richter, Thorsten S.,* Vertragsrecht, Die Grundlagen des Wirtschaftsrechts, 2. Auflage 2013
*Ring, Gerhard/Siebeck, Jana/Woitz, Steffen,* Privatrecht für Wirtschaftswissenschaftler, 2010
*Römer, Hans,* Privatrecht, 6. Auflage 2009
*Schade, Friedrich/Feldmann, Eva/Graewe, Daniel,* Wirtschaftsprivatrecht, Grundlagen des Bürgerlichen Rechts und des Wirtschaftsrechts, 5. Auflage 2022
*Schnauder, Franz,* Grundzüge des Privatrechts für den Bachelor, Bürgerliches Recht mit Handels- und Gesellschaftsrecht, Arbeitsrecht, Zivilprozess- und Insolvenzrecht, 5. Auflage 2020
*Westermann, Harm Peter,* Grundbegriffe des BGB, Eine Einführung in das System des deutschen Privatrechts anhand von Fällen, 18. Auflage 2023
*Zerres, Thomas C.,* Bürgerliches Recht, Allgemeiner Teil, Schuldrecht, Sachenrecht, Zivilprozessrecht, 10. Auflage 2022
*Zwecker, Kai-Thorsten/Zwecker, Kathrin,* Wirtschaftsrecht an Hochschulen, Ein vorlesungsbegleitendes Arbeitsbuch, 2. Auflage 2022

**Beispielhafte Lehrbücher des Privatrechts des klassischen rechtswissenschaftlichen Kanons:**

*Stadler, Astrid,* Allgemeiner Teil des BGB, 21. Auflage 2022
*Brox, Hans/Walker, Wolf-Dietrich,* Allgemeines Schuldrecht, 49. Auflage 2025
*Brox, Hans/Walker, Wolf-Dietrich,* Besonderes Schuldrecht, 49. Auflage 2025
*Wellenhofer, Marina,* Sachenrecht, 39. Auflage 2024

**Beispielhafter Kommentar des Privatrechts des klassischen rechtswissenschaftlichen Kanons:**

*Grüneberg, Christian,* Bürgerliches Gesetzbuch, 84. Auflage 2025

# 1. Kapitel: Privatrechtliche Grundlagen

## I. Einordnung des (allgemeinen) Privatrechts

### 1. Begriffe des Privat-, Zivil- und bürgerlichen Rechts

Wir sprechen oft von Privat-, Zivil- oder bürgerlichen Recht. Die Bedeutung dieser Begriffe ist uns dabei oftmals nicht bewusst. 1

*Privatrecht* und *Zivilrecht* sind Synonyme und bezeichnen dasselbe. Der Begriff **Privatrecht** umfasst sprachlich – dazu später mehr – seine beiden großen Bereiche: nämlich das allgemeine und Sonderprivatrecht (näher hierzu Rn. 24 ff.). Er geht daher sprachlich weiter. Deshalb verdient seine Verwendung den Vorzug, so auch in diesem Buch.[1]

Das *bürgerliche Recht* ist Synonym für das allgemeine Privatrecht und damit nur ein Teil des Privatrechts. Die Begriffe Sonderprivatrecht und allgemeines Privatrecht erfassen das Wort „Privatrecht". Grenzt man sie voneinander ab, so ist der Fachausdruck **allgemeines Privatrecht** leichter fassbar. Deshalb genießt seine Verwendung den Vorrang, was ebenfalls für dieses Buch gilt.

### 2. Definition

Privatrecht ist das Recht der **Privatpersonen**, worunter auch die Träger der öffentlichen Verwaltung fallen können. Es umfasst alle Rechtsnormen[2], die die **zwischen ihnen bestehenden privaten Rechtsbeziehungen** regeln. Man könnte es auch lapidarer als das *Recht der Bürger untereinander* bezeichnen, das von einer Begegnung auf Augenhöhe und dem Streben nach rechtlicher, nicht aber wirtschaftlicher Gleichordnung geprägt ist (vgl. hierzu Rn. 6). Privatrechtliche Beziehungen, also die rechtlichen Beziehungen zwischen Privatpersonen, können daher im Privatrechtsverkehr auch zwischen wirtschaftlich stärkeren und wirtschaftlich schwächeren Personen entstehen. 2

Die Ursprünge privatrechtlicher Beziehungen können in **diversen sozialen Ereignissen** liegen: so beispielsweise, 3

- wenn man einer anderen Person etwas schuldig ist,
- für seine Schulden oder sein Verhalten, ggf. gar für die Schulden und das Verhalten anderer, einstehen muss,
- in der Drogerie einkauft,
- für seine Dienstherrin tätig ist,
- Besitz, Eigentum oder Rechte an Sachen erwirbt,
- das Eigentum anderer beschädigt,
- ein Unternehmen aufbaut,
- in einer Praxis ambulant operiert wird,

---

1 Anders aber beispielsweise *Einmahl*, Zivilrecht, Lehrbuch zum Zivilrecht für die öffentliche Verwaltung, 7. Auflage 2023, S. 1, der in seinem Werk den Begriff Zivilrecht verwendet. Der Begriff des Privatrechts dürfte jedoch in der Breite häufiger verwendet werden.

2 Bezeichnet werden damit generell-abstrakte Sätze, die intersubjektiv-verbindlich besagen, dass oder wie etwas sein soll (≙ „Sollensnorm"). Das prominenteste Beispiel ist das Gesetz im formellen Sinne, z. B. § 433 BGB.

- eine Ehe schließt,
- ein Kind gebärt oder
- die Großmutter verstirbt.

### 3. Aufgabe

4 Die Aufgabe des Privatrechts als sein Sinn und Zweck liegt in der **Regelung privater Lebensverhältnisse**, indem es zum einen Konflikte lösen und zum anderen eben diese vermeiden soll. So soll das Privatrecht auf der einen Seite Lösungswege aufzeigen, die mit Hilfe staatlicher Zwangsmaßnahmen durchgesetzt werden können; andererseits soll es aber auch inhaltlich von vornherein Position beziehen, an der sich Privatpersonen im Privatrechtsverkehr orientieren können, indem es vorgibt, wie etwas zu sein hat.

### 4. Abgrenzung zum öffentlichen Recht im Rahmen der deutschen Rechtsordnung

5 Die **deutsche Rechtsordnung** ist von Grund auf in zwei Rechtsbereiche unterteilt, nämlich
1. in das öffentliche Recht und
2. das Privatrecht.[3]

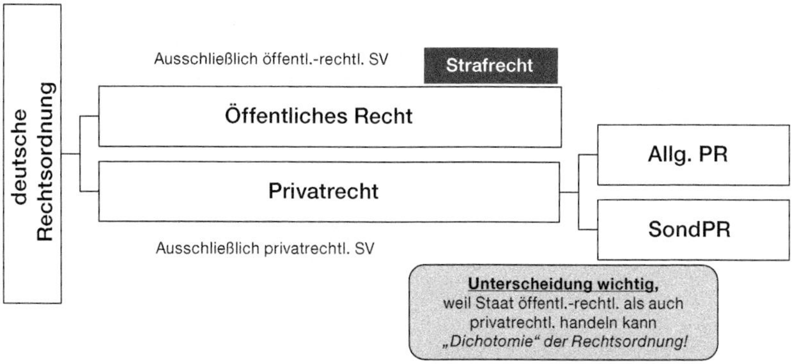


**Abb. 1:** Materielle Unterteilung der deutschen Rechtsordnung

6 a) **Öffentliches Recht.** Das öffentliche Recht ist das Recht, das alle Rechtsnormen umfasst, die die **Rechtsbeziehungen zwischen Privatpersonen und den Verwaltungsträgern** als den Repräsentanten des Staates sowie die Rechtsbeziehungen zwischen den Verwaltungsträgern untereinander regeln. Diese Rechtsbeziehungen werden als öffentlich-rechtliche Beziehungen bezeichnet, die im öffentlichen Rechtsverkehr zu finden sind. Man könnte das öffentliche Recht auch lapidarer als das *Recht des Staates* verstehen, das von einer Begegnung „von oben“

3 Treffend hierzu *Bull/Mehde*, Allgemeines Verwaltungsrecht, 10. Auflage 2022, § 2 Rn. 35: „Für die deutsche, wie auch für die sonstige kontinentaleuropäische Rechtswissenschaft gilt die Zweiteilung („Dichotomie“) zwischen Öffentlichem und Privatrecht als grundlegender Systematisierungsansatz mit inhaltlicher Bedeutung.“

geprägt ist, einem Über-/Unterordnungsverhältnis (vgl. hierzu Rn. 2). Es dient dazu, staatliche Befugnisse zu begründen und zu begrenzen.

Die Ursprünge öffentlich-rechtlicher Beziehungen können in **diversen sozialen Ereignissen** liegen: so beispielsweise, 7
- wenn man von einem Polizeibeamten des Platzes verwiesen wird,
- man eine Baugenehmigung für die Errichtung eines großen Schuppens beantragt,
- man sein Kind zur Schule schickt,
- man einen Reisepass ausgestellt bekommt,
- man auf öffentlicher Straße beim Fahren eines PKWs geblitzt wird,
- man die Gewerbeerlaubnis aberkannt bekommt oder
- Steuern entrichtet.

b) **Abgrenzung zum öffentlichen Recht.** Der Zweiteilung der deutschen Rechtsordnung folgend, kann eine zu beurteilende Rechtsbeziehung entweder den Normen des öffentlichen Rechts oder denen des Privatrechts unterfallen. Beides gleichzeitig ist ausgeschlossen. Das von Verwaltungsträgern initiierte Handeln (**Verwaltungshandeln**) kann demnach nur öffentlich-rechtlich oder privatrechtlich sein. 8

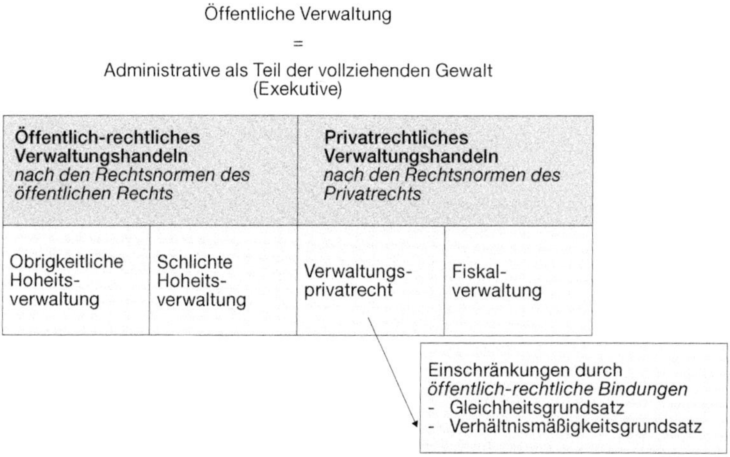


**Abb. 2:** Verwaltungshandeln im Privatrechtsverkehr

**Öffentlich-rechtliches Verwaltungshandeln** ist regelmäßig die obrigkeitliche Hoheitsverwaltung, die durch die Erteilung von Geh- oder Verboten und der Durchführung des Verwaltungszwanges in Form von Verwaltungsakten zu Tage kommt. Kraft ihrer Hoheitsgewalt gebietet, verbietet, erlaubt oder gewährt sie etwas. Daneben gibt es die schlichte Hoheitsverwaltung ohne unmittelbaren Eingriff in Rechtspositionen der Personen. In beiden Fällen kommen nur öffentlich-rechtliche Normen zur Anwendung. 9

10 **Privatrechtliches Verwaltungshandeln** kommt hingegen vor, wenn die Verwaltung nicht auf Hoheitsgewalt angewiesen ist. Im Rahmen der **Fiskalverwaltung** erfüllt sie mittelbare Verwaltungsaufgaben und genießt im Privatrechtsverkehr volle Vertragsfreiheit. Dies gilt hauptsächlich für die Bedarfsverwaltung. Zu unterscheiden hiervon ist das **Verwaltungsprivatrecht**, nachdem die Verwaltung zwar die Freiheit des Privatrechts genießt, aber ihr Handeln durch öffentlich-rechtliche Bindungen eingeschränkt ist, wie durch den Gleichheitsgrundsatz nach Art. 3 GG oder das Verhältnismäßigkeitsprinzip. Das wird regelmäßig der Fall sein, wenn sie auf diesem Wege unmittelbare Verwaltungsaufgaben erfüllt. Zu denken ist hier an Versorgungsbetriebe oder den Verkauf von Bauland. Sowohl bei der Fiskalverwaltung als auch beim Verwaltungsprivatrecht kommen nur privatrechtliche Normen zur Anwendung.

11 **Hinweise zur Fallbearbeitung**

Da im Rahmen einer Fallbearbeitung aus dem Verwaltungsprivatrecht sowohl das Privatrecht als auch inzidente Themenfelder des öffentlichen Rechts abgeprüft werden können, dürfte eine solche Bearbeitung sehr anspruchsvoll sein und eher selten abgeprüft werden. Dies gilt jedenfalls mit Ausnahme von Schwerpunktstudiengängen an Universitäten. Im Bereich der Aus-, Fortbildungen und Studiengänge an Fachhochschulen und vergleichbaren Einrichtungen dürfte eine solche Kombination nicht abgefragt werden. Deswegen soll hierzu inhaltlich nicht weiter ausgeführt werden. Nähere Ausführungen finden sich bei Interesse etwa bei *Suckow/Weidemann/Barthel*, Allgemeines Verwaltungsrecht und Verwaltungsrechtsschutz, 17. Auflage 2021, Rn. 77.

12 Die rechtlich richtige Zuordnung des herangetragenen Sachverhalts in das öffentliche oder private Recht ist daher von praktischer Wichtigkeit. Die **Bedeutung** dieser Abgrenzung liegt konkret beispielsweise:

- bei der Eröffnung des Verwaltungsrechtsweges nach § 40 Abs. 1 S. 1 VwGO („öffentlich-rechtliche Streitigkeit“) oder des Privatrechtsweges nach § 13 GVG („bürgerliche Streitigkeit“),
- bei der Prüfung eines Amtshaftungsanspruches nach § 839 BGB, Art. 34 GG („öffentlich-rechtliches Handeln“),
- bei der Anwendung des VwVfG nach § 1 Abs. 1 S. 1 („öffentlich-rechtliche Verwaltungstätigkeit“),
- bei der Verwaltungsvollstreckung nach § 111 Abs. 1 VwVfG M-V („öffentlich-rechtliche Geldforderungen“),
- bei dem Erlass eines Verwaltungsaktes i. S. d. § 35 S. 1 VwVfG („Gebiet des öffentlichen Rechts“) oder
- bei dem Abschluss eines öffentlich-rechtlichen Vertrags nach § 54 S. 1 VwVfG M-V („Gebiet des öffentlichen Rechts“)

**Beispiel**

Der Gastronom Robert Blath (B) pachtet von der Hanse- und Universitätsstadt Rostock (R) nach § 581 Abs. 1 S. 1 BGB ein Grundstück in der Stampfmüllerstraße in 18057 Rostock. Er eröffnet dort das „City Garden Cafe & Bistro“. Schnell stellt sich heraus, dass die Location bei den Rostockern gut ankommt und bis in die Nächte getrunken, gelacht und gefeiert wird. Des-

wegen ordnet das Stadtamt als unselbstständige Behördenuntergliederung des Bürgermeisters als den gesetzlichen Vertreter der R nach § 5 Abs. 1 Nr. 3 GastG Auflagen gegen Belästigungen für die Bewohner der Nachbargrundstücke an. Diesen Auflagen kommt B mit seiner Location mehrmals nicht nach. Ferner fiel er vermehrt damit auf, dass er nicht vollständig seinen Verpflichtungen aus dem Pachtvertrag nachgekommen ist.
Die Frage nach der Rechtmäßigkeit und Wirksamkeit der Auflagenanordnung nach § 5 Abs. 1 Nr. 3 GastG oder einer möglichen Untersagung des Gaststättengewerbes wegen Nichtbefolgung der Anordnung nach § 35 Abs. 1 S. 1 GewO sind nach öffentlichem Recht zu beurteilen. Bei Rechtsstreitigkeiten wäre der Verwaltungsrechtsweg nach § 40 Abs. 1 S. 1 VwGO eröffnet.
Für Ansprüche aus dem Pachtvertrag, wie die Entrichtung der Pacht nach § 581 Abs. 1 S. 2 BGB, ist dagegen nach § 13 GVG als bürgerliche Streitigkeit der Rechtsweg vor den ordentlichen Gerichten gegeben.

Die Abgrenzung zwischen einer öffentlich- und privatrechtlichen Beziehung kann – wie auch bei anderen Rechtsfragen – unproblematisch oder problematisch sein. Sie ist entscheidend für die Frage, ob im Einzelfall öffentliches oder privates Recht anzuwenden ist. 13

**Hinweise zur Fallbearbeitung**

In privatrechtlichen Fallbearbeitungen dürfte die Abgrenzung zwischen öffentlichem Recht und Privatrecht nur selten abgeprüft werden. Dies dürfte nur dann der Fall sein, wenn nach Erfolgsaussichten eines Klageweges gefragt werden würde. Dann müssten hierzu gleich zu Beginn vor der rechtlichen Prüfung entsprechende Ausführungen zu § 13 GVG erfolgen, der u. a. bürgerliche Rechtsstreitigkeiten zum Gegenstand hat. Dies dürfte aber ein untypischer Klausurfall sein. Anders dürfte dies hingegen bei mündlichen Prüfungen sein. Dort können auch grundsätzliche Fragen gestellt werden. Die Themenfelder von Querverbindungen des Privat- zum Verwaltungsrecht erscheinen da naheliegend. In klassischen privatrechtlichen Prüfungen wird der Klausurersteller hingegen immer das Privat- und nicht das öffentliche Recht abprüfen wollen.
Naheliegend ist jedoch, dass die Abgrenzung in verwaltungsrechtlichen Fallbearbeitungen abgeprüft wird, soweit nach den Erfolgsaussichten eines Rechtsbehelfs gefragt wird. Dann müssten hierzu unter dem Prüfungspunkt „Eröffnung des Verwaltungsrechtsweges“ im Rahmen der Zulässigkeitsprüfung Ausführungen zu § 40 Abs. 1 S. 1 VwGO erfolgen. Denkbar wäre aber beispielsweise auch, dass die Frage bei der Begründung eines Amtshaftungsanspruches nach § 839 BGB, Art. 34 GG, der Anwendung des Verwaltungsverfahrensgesetzes (VwVfG) nach § 1 Abs. 1 S. 1 VwGO, der Vollstreckung nach § 111 Abs. 1 VwVfG M-V, des Abschlusses eines öffentlich-rechtlichen Vertrags i. S. d. § 54 S. 1 VwVfG oder der Vornahme eines Verwaltungsaktes i. S. d. § 35 S. 1 VwVfG auftaucht.

aa) **Unproblematische Abgrenzung.** In den **meisten Fällen** lässt sich unproblematisch feststellen, ob eine Rechtsbeziehung öffentlich- oder privatrechtlich ist, 14 ob also öffentliches Recht oder Privatrecht anzuwenden ist. Die zu begutachtende Maßnahme oder Streitigkeit eines Verwaltungsträgers wird – der (modifizierten) Subjektstheorie folgend (näher hierzu Rn. 20) – häufig auf einer Rechtsnorm beruhen, deren Zuordnung zum öffentlichen Recht oder Privatrecht nur selten zweifelhaft ist. Das ist regelmäßig der Fall, wenn die Maßnahme oder Streitigkeit auf einer Rechtsnorm beruht, die aus einem **klassischen öffentlich- oder privatrechtlichen Normenkanon** entstammt.

**Beispiele**

1. öffentliches Recht
   - Sicherheits- und Ordnungsgesetz M-V (SOG M-V)
   - Landesbauordnung M-V (LBauO M-V)
   - Verwaltungsgerichtsordnung (VwGO)

Das Bauamt der Hanse- und Universitätsstadt Rostock (R) erfährt von einem riesigen Schuppen. R erteilte zu keinem Zeitpunkt die erforderliche Baugenehmigung zu seiner Errichtung. Tatsächlich verstößt die Errichtung des Schuppens gegen öffentlich-rechtliche Baunormen. R ordnet die Beseitigung des Schuppens an. Die staatliche Beseitigungsanordnung des R beruht auf § 80 Abs. 1 LBauO M-V, der dem klassisch öffentlich-rechtlichen Normenkanon entspricht.

2. Privatrecht
   - Bürgerliche Gesetzbuch (BGB)
   - Handelsgesetzbuch (HGB)
   - Gerichtsverfassungsgesetz (GVG)

Die Hanse- und Universitätsstadt Rostock (R) erwirbt von Herrn Vollmann (V) ein Grundstück in bester Lage, auf dem ein großer Schuppen steht. Der Erwerb beruht auf einem Kaufvertrag nach § 433 BGB, der dem klassisch privatrechtlichen Normenkanon zuzuordnen ist.

15 **Hinweise zur Fallbearbeitung**

Bei der Bearbeitung eines Falles sollte man sich daher zunächst im Rahmen einer Vorüberlegung die Frage stellen, auf welcher Rechtsnorm die Maßnahme oder Streitigkeit der Verwaltung basiert und ob sie einem klassischen öffentlich- oder privatrechtlichen Normenkanon entstammt. Ist das der Fall, so bedarf es regelmäßig keiner Problematisierung des öffentlich- oder privatrechtlichen Charakters der Rechtsbeziehung und keiner Darstellung der nun folgenden Abgrenzungstheorien.

16 **bb) Problematische Abgrenzung.** Die Abgrenzung zwischen einer öffentlich- und privatrechtlichen Beziehung – und damit zwischen den Rechtsbereichen des öffentlichen Rechts und des Privatrechts – dürfte nur problematisch sein, wenn die **Zuordnung** der Maßnahme oder Streitigkeit eines Verwaltungsträgers zu einer Rechtsnorm **nicht eindeutig** oder nicht möglich ist. Das ist typischerweise der Fall, wenn:

- im Falle des staatlichen Eingriffshandeln nicht eindeutig feststellbar ist, ob die ihr zugrunde liegende Rechtsnorm dem klassischen öffentlich- oder privatrechtlichen Normenkanon entspricht, oder
- eine solche Norm im Falle des staatlichen Leistungshandelns fehlt.

Im Bereich des uneindeutigen **staatlichen Eingriffshandelns** wird regelmäßig anhand von drei nebeneinander anzuwendenden **Theorien** zu entscheiden sein, ob zwischen den Beteiligten eine öffentlich- oder privatrechtliche Beziehung vorliegt. Es handelt sich hierbei um: 17

- die Subordinationstheorie (Subjektionstheorie),
- die Interessentheorie und
- die modifizierte Subjektstheorie (Zuordnungs-/Sonderrechtstheorie).

Ihr Ausgangspunkt ist dabei verschieden: Die Subordinationstheorie (Subjektionstheorie) stellt auf die dem staatlichen Eingriffshandeln zugrunde liegende Natur der Rechtsbeziehung der Beteiligten ab, während die Interessen- und die (modifizierte) Subjektstheorie auf die ihnen zugrunde liegende Rechtsnorm abstellt.

Die **Subordinationstheorie** (**Subjektionstheorie**) besagt, dass die Rechtsbeziehung der Beteiligten öffentlich-rechtlich ist, wenn sie von einem Über- und Unterordnungsverhältnis geprägt ist. Stehen sich die Beteiligten hingegen in einem Gleichordnungsverhältnis gegenüber, so handelt es sich um eine private Rechtsbeziehung. 18

Gegen diese Theorie ist zum einen einzuwenden, dass das öffentliche Recht nicht nur Über- und Unterordnungsverhältnisse kennt, sondern auch Gleichordnungsverhältnisse wie beispielsweise beim öffentlich-rechtlichen Vertrag nach den §§ 54 ff. VwVfG. Zum anderen sind zum Teil auch im Privatrecht Über- und Unterordnungsverhältnisse anzutreffen wie beim Arbeitsvertrag nach § 611a BGB. Die Theorie bietet auch im Organisationsrecht und im Bereich der Leistungsverwaltung keinen Mehrwert.

Die **Interessentheorie** besagt, dass die Rechtsbeziehung der Beteiligten öffentlich-rechtlich ist, wenn die ihr zugrunde liegende Rechtsnorm dem öffentlichen Interesse dient. Dient sie hingegen dem Individualinteresse, so handelt es sich um private Rechtsnormen. 19

Gegen diese Theorie ist zum einen einzuwenden, dass eine Vielzahl an öffentlich-rechtlichen Normen vorhanden ist, die dem Schutz des Einzelnen dienen. Zu denken ist hier beispielsweise an nachbarschützende Rechtsnormen im Baurecht. Zum anderen ist die Theorie dahingehend zu kritisieren, dass regelmäßig auch private Rechtsnormen dem öffentlichen Interesse dienen. Zu denken ist hier beispielsweise an die Unterhaltspflicht der Eltern ihren Kindern gegenüber nach § 1601 BGB.

Die **modifizierte Subjektstheorie** (**Zuordnungs-/Sonderrechtstheorie**) besagt, dass die Rechtsbeziehung der Beteiligten öffentlich-rechtlich ist, wenn die ihr zugrunde liegende Rechtsnorm ausschließlich einen Hoheitsträger in seiner Eigenschaft als Subjekt hoheitlicher Gewalt berechtigt oder verpflichtet. Berechtigt oder verpflichtet sie hingegen jedermann – also auch eine Privatperson – so handelt es sich um eine private Rechtsbeziehung. 20

Gegen diese Theorie ist einzuwenden, dass im Wege eines Zirkelschlusses der Begriff „öffentliches Recht“ der Sache nach durch den des „Hoheitsträgers“ erklärt wird, die Ausübung hoheitlicher Gewalt aber gerade von der Einordnung als öffentlich-rechtlich abhängt.

21 **Hinweise zur Fallbearbeitung**

Bei der Bearbeitung eines Falles sollte bei Abgrenzungsfragen regelmäßig der Schwerpunkt auf die modifizierte Subjektstheorie gelegt werden. Sie hat sich in der heutigen Verwaltungspraxis am besten bewährt, gilt als herrschend und ermöglicht in den meisten Fällen eine überzeugende Abgrenzung. Dabei ist wie folgt vorzugehen:

1. **Schritt: Feststellung des rechtlichen Sachverhaltes**
   Welcher Sachverhalt hat die Rechtsbeziehung begründet?
   *Beispiel: Eine Behörde ordnet eine Nutzungsuntersagung an.*
2. **Schritt: Ermittlung der in Betracht kommenden Rechtnorm**
   Welche Rechtsnorm kann die Rechtsbeziehung begründen?"
   *Im vorgenannten Beispiel: § 80 Abs. 2 S. 1 LBauO M-V*
3. **Schritt: Zuordnung der Rechtsnorm zum öffentlichen oder privaten Recht**
   Ergibt sich aus der Rechtsnorm, dass ausschließlich ein Hoheitsträger in seiner Eigenschaft als Subjekt hoheitlicher Gewalt berechtigt oder verpflichtet wird?"
   *Im vorgenannten Beispiel: § 80 Abs. 1 und Abs. 2 S. 2 LBauO M-V berechtigen die Bauaufsichtsbehörde, die als Hoheitsträger in ihrer Eigenschaft als Subjekt hoheitlicher Gewalt handelt.*

22 **Beispiele**

- § 3 Abs. 1 S. 1 StVG berechtigt ausschließlich die Fahrerlaubnisbehörde als Träger der öffentlichen Verwaltung zur Entziehung einer Fahrerlaubnis. Sie ist eine Rechtsnorm des öffentlichen Rechts.
- § 7 Abs. 1 StVG berechtigt hingegen sowohl Gläubiger als auch Schuldner, sodass auch Privatpersonen Adressat der Norm sein können. Sie ist eine Rechtsnorm des privaten Rechts.

23 Im Bereich des **staatlichen Leistungshandelns** hilft in den meisten Fällen die sog. **Zwei-Stufen-Theorie** weiter. Sie unterscheidet zwischen der auf der ersten Stufe als öffentlich-rechtlich zu qualifizierenden Bewilligung bzw. Zulassung (dem „Ob") und der auf der zweiten Stufe entweder als öffentlich-rechtlich oder privatrechtlich ausgestalteten Abwicklung (dem „Wie").
Es geht hier demnach um zweistufige Leistungsverhältnisse, bei denen die Zuordnung zum öffentlichen Recht allein von der ersten Stufe des „Ob" abhängt. Typische Beispiele sind die Benutzung öffentlicher Einrichtungen und Subventionen. Indizien für öffentliches Recht können die als Satzung ergangene Benutzungsordnung oder die Erhebung von Benutzungsgebühren sein, wohingegen eine aufgrund von allgemeinen Geschäftsbedingungen ergangene Benutzungsordnung oder die Forderung eines Benutzungsentgeltes ein Indiz für das private Recht ist.

**Beispiel**

Die Hanse- und Universitätsstadt Rostock (R) betreibt mit der OSPA-Arena in der Tschaikowskistraße 45 in 18069 Rostock eine öffentliche Einrichtung, die von Rostocker Vereinen als Sporthalle genutzt wird. Hierfür verlangt sie von ihnen ein geringes Benutzungsentgelt.

Auf der ersten Stufe ist die Frage der Zulassung zu dieser Einrichtung nach öffentlich-rechtlichen Normen zu beurteilen. Sie erfolgt mit Hilfe eines Verwaltungsaktes i. S. d. § 35 S. 1 VwVfG M-V. Streitigkeiten über die Zulassung beurteilen sich nach öffentlichem Recht und müssen ggf. vor einem Verwaltungsgericht ausgefochten werden.
Auf der zweiten Stufe wären die konkreten Nutzungsbedingungen zu klären. Da R von den Rostocker Vereinen ein geringes Benutzungsentgelt fordert, beurteilen sich diese nach privatem Recht. Grundlage wäre ein Mietvertrag nach § 535 BGB, der wechselseitige Pflichten vorsieht. Streitigkeiten müssten ggf. vor der ordentlichen Gerichtsbarkeit verhandelt werden.

### 5. Privatrechtsordnung als Rahmen

Das Privatrecht wird im Rahmen der Privatrechtsordnung in das **allgemeine Privatrecht** und das **Sonderprivatrecht** unterteilt. 24

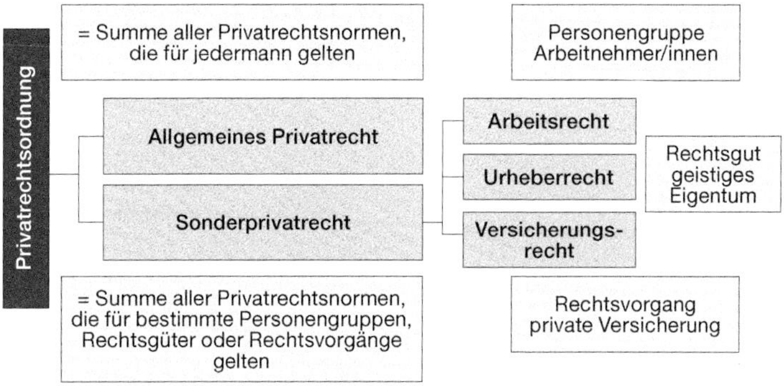


**Abb. 3:** Inhaltliche Unterteilung der Privatrechtsordnung

a) **Allgemeines Privatrecht.** Unter das allgemeine Privatrecht fallen alle Privatrechtsnormen, die für **jedermann** gelten. Es ist im Bürgerlichen Gesetzbuch (BGB) geregelt. 25

b) **Sonderprivatrecht.** Unter das Sonderprivatrecht fallen alle Privatrechtsnormen, die sich an **bestimmte** Personen**gruppen, Rechtsgüter oder -vorgänge** wenden. 26

**Beispiele**
- Arbeitsrecht für Arbeitnehmer (Personengruppe)
- Urheberrecht für das geistige Eigentum (Rechtsgüter)
- Versicherungsrecht für private Versicherungen (Rechtsvorgänge)

Sie finden sich sowohl im Bürgerlichen Gesetzbuch (BGB), als auch in anderen Privatrechtsgesetzbüchern wie dem Kündigungsschutzgesetz (KSchG). 27
Das allgemeine Privatrecht und das Sonderprivatrecht stehen nicht isoliert nebeneinander. Den **Grundstock** bilden die Rechtsnormen des allgemeinen Privatrechts, die von den Rechtsnormen des jeweiligen Sonderprivatrechts je nach Interessenlage **angepasst** werden, also verdrängt, ergänzt oder modifiziert.

**Beispiel**
Für das Arbeitsrecht gelten zum einen die Rechtsnormen des allgemeinen Privatrechts des BGB, die an den Arbeitnehmerschutzgedanken angepasst werden, und zum anderen in Ergänzung hierzu spezifischere Rechtsnormen anderer Rechtsnormbücher.
So gelten beispielsweise für arbeitgeberseitige Kündigungen eines Arbeitnehmers nach § 622 Abs. 2 BGB spezielle Kündigungsfristen, die im allgemeinen Privatrecht keine Anwendung finden. Der Grund liegt darin, dass Arbeitnehmer dem Arbeitgeber strukturell unterlegen sind. Seine hierdurch begründete Schutzbedürftigkeit soll durch die Sonderprivatrechtsnorm des § 622 Abs. 2 BGB nachgekommen werden. Bei der Kündigung durch einen Arbeitnehmer gibt es keine vergleichbaren Schutznormen.

### 6. Bürgerliche Gesetzbuch (BGB) als maßgebliche Rechtsquelle

28 Das Bürgerliche Gesetzbuch (**BGB**) ist am 1. Januar 1900 in Kraft getreten und – wie erwähnt – die Rechtsquelle des allgemeinen Privatrechts, das auch für viele Sonderprivatrechtsbereiche ihre Grundlage bildet. Da es seit seinem Inkrafttreten am 1. Januar 1900 im Kern bis heute ohne wesentliche Veränderungen gilt, kann man es als „Meisterwerk" bezeichnen.
Es ist in **fünf Bücher** aufgeteilt:
1. Allgemeiner Teil (§§ 1–240 BGB),
2. Schuldrecht (§§ 241–853 BGB),
3. Sachenrecht (§§ 854–1296 BGB),
4. Familienrecht (§§ 1297–1921 BGB) und
5. Erbrecht (§§ 1922–2385 BGB).

29 **a) 1. Buch: Allgemeiner Teil (§§ 1–240 BGB).** Das erste Buch des allgemeinen Teils enthält in den §§ 1 bis 240 BGB Rechtsnormen, die – wie der Name schon sagt – **allgemein** für alle im Folgenden geregelten privatrechtlichen Rechtsverhältnisse gelten. Hier finden sich Rechtsnormen über Personen, Sachen, Rechtsgeschäfte, Fristen oder Verjährung.
Zu beachten ist der **Spezialitätsgrundsatz** (Grundsatz des lex specialis), der besagt, dass speziellere Rechtsnormen allgemeineren vorgehen. Die Rechtsnormen dieses Buches gelten daher nicht, soweit eine speziellere Rechtsnorm aus den nachfolgenden vier BGB-Bücher oder aus einem anderen privatrechtlichen Gesetzesbuch existiert.

**Beispiele**
- § 195 BGB besagt als allgemeine Rechtsnorm, dass Ansprüche nach drei Jahren verjähren.
- § 548 Abs. 1 S. 1 BGB besagt hingegen als speziellere Rechtsnorm, dass Ersatzansprüche des Vermieters wegen Veränderungen oder Verschlechterungen der Mietsache in sechs Monaten verjähren.

30 **b) 2. Buch: Schuldrecht (§§ 241–853 BGB).** Das zweite Buch des Schuldrechts enthält in den §§ 241 bis 853 BGB Rechtsnormen, die die rechtliche Beziehung zwischen **Privatpersonen** regeln, die sich wiederum aus vertraglichen und gesetzlichen Schuldverhältnissen ergeben. Bezeichnet wird damit im Groben ein

Schuldverhältnis (näher hierzu Rn. 98 ff.). Das zweite Buch unterteilt sich in drei große Abschnitte:

1. Allgemeiner Teil für Schuldverhältnisse (§§ 241–432 BGB),
2. vertragliche Schuldverhältnisse, wie Kauf-, Dienst- und Mietvertrag (§§ 433–676c BGB) und
3. Gesetzliche Schuldverhältnisse, wie die ungerechtfertigten Bereicherungen und die unerlaubten Handlungen (§§ 677–853 BGB).

c) **3. Buch: Sachenrecht (§§ 854–1296).** Das dritte Buch des Sachenrechts enthält in den §§ 854 bis 1296 BGB Rechtsnormen, die die rechtliche Beziehung zwischen einer **Privatperson** und einer **Sache** regeln. Sachen sind – an dieser Stelle schon einmal vorab – nach der Legaldefinition des § 90 BGB körperliche Gegenstände, die in bewegliche Sachen (sog. Mobilien) und unbewegliche Sachen (sog. Immobilien) unterschieden werden (näher hierzu Rn. 56 f.). 31

d) **4. Buch: Familienrecht (§§ 1297–1921 BGB).** Das vierte Buch des Familienrechts enthält in den §§ 1297–1921 BGB Rechtsnormen, die die rechtliche Beziehung zwischen **Familienangehörigen** regeln. Hierzu gehören Ehepartner, Eltern und Kinder sowie Verwandte. 32

e) **5. Buch: Erbrecht (§§ 1922–2385 BGB).** Das fünfte Buch des Erbrechts enthält in den §§ 1922 bis 2385 BGB Rechtsnormen, die regeln, was im **Todesfall** mit den Rechten und Pflichten des Verstorbenen geschieht, insb. was mit seinen Vermögensverhältnissen geschehen soll. 33

## II. Rechtssubjekte als Teilnehmer des Privatrechtsverkehrs

### 1. Rechtssubjekte

Wenn das Privatrecht also Rechtsnormen umfasst, die rechtliche Beziehungen zwischen Personen im Privatrechtsverkehr regeln, stellt sich die Frage, wer diese Personen sind. Personen des Privatrechtsverkehrs (Privatpersonen) sind diejenigen, die fähig sind, Träger von Rechten und Pflichten zu sein. Diese Fähigkeit wird als **Rechtsfähigkeit** bezeichnet. Rechtsfähige Personen sind begrifflich **Rechtssubjekte.** 34

Die Privatrechtsordnung kennt zwei Arten von Personen: **natürliche** und **juristische.** Juristische Personen lassen sich wiederum in solche des **Privatrechts** und solche des **öffentlichen Rechts** unterteilen. Dies ist auch bedeutsam für die Frage, in welcher die öffentliche Verwaltung im Privatrechtsverkehr auftritt.

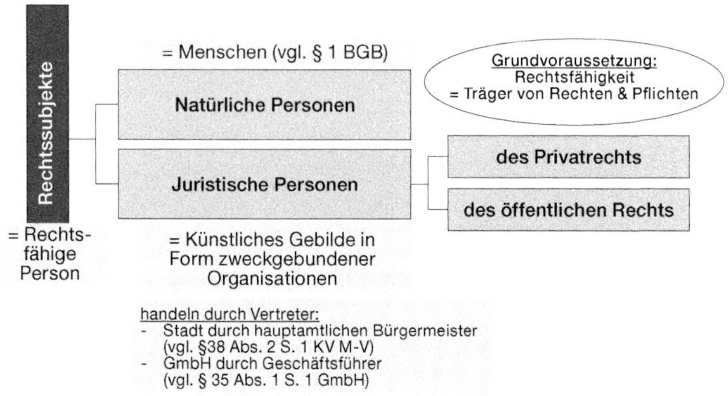


**Abb. 4:** Rechtssubjekte als Teilnehmer des Privatrechtsverkehrs

35 Die öffentliche Verwaltung bedient sich dieser Personen als Träger (vgl. § 2 LOG M-V[4]): Regelmäßig der juristischen und selten der natürlichen Personen. **Träger der öffentlichen Verwaltung (Hoheitsträger)** sind also rechtsfähige Personen (Rechtssubjekte), die Aufgaben der öffentlichen Verwaltung wahrnehmen, entweder in natürlichem oder juristischem Gewand.

36 **Hinweise zur Einordnung (Exkurs ins allgemeine Verwaltungsrecht)**

Im Rahmen der Rechtssubjekte wird in diesem Kapitel immer wieder der Begriff und das Wesen der „öffentlichen Verwaltung" angerissen und oft vorausgesetzt. Für das Verständnis des Privatrechts ist es von Wichtigkeit, zu verstehen, wer im **Privatrechtsverkehr auf staatlicher Seite** teilnimmt. Es muss also klar sein, was genau mit öffentlicher Verwaltung und seinen Trägern gemeint ist.

Blickt man auf den **Begriff der „öffentlichen Verwaltung"** so ist zu konstatieren, dass es an einer klaren Definition fehlt. Negativ bestimmt – und so wird es in der Literatur überwiegend beschrieben – versteht man unter öffentlicher Verwaltung diejenige Staatstätigkeit, die übrig bleibt, wenn man von der Staatsgewalt die Gesetzgebung (Legislative) und Rechtsprechung (Judikative) abzieht. Sie ist Teil der vollziehenden Gewalt (Exekutive), bei der sie als Administrative von der Regierung (Gubernative) abzugrenzen ist. Ihre Aufgabe liegt in erster Linie in der Ausführung der Gesetze und Wahrnehmung öffentlicher Aufgaben.

Die fünf wichtigsten **Aufgaben**bereiche der Verwaltung liegen in der Eingriffs-, Leistungs-, Planungs-, Bedarfs- und Abgabenverwaltung. Für das Privatrecht ist besonders die Bedarfsverwaltung bedeutsam, bei der die Beschaffung von Personal- und Sachmitteln sowie von Dienstleistungen im Vordergrund steht. Allein in Deutschland werden auf diesem Wege jährlich öffentliche Aufträge im Wert von über 200 Milliarden € vergeben.[5]

---

4 Landesorganisationsgesetze finden sich in allen Ländern mit sehr vergleichbaren Rechtsnormen.

5 *Suckow/Weidemann/Barthel*, Allgemeines Verwaltungsrecht und Verwaltungsrechtsschutz, 17. Auflage 2021, Rn. 76a.

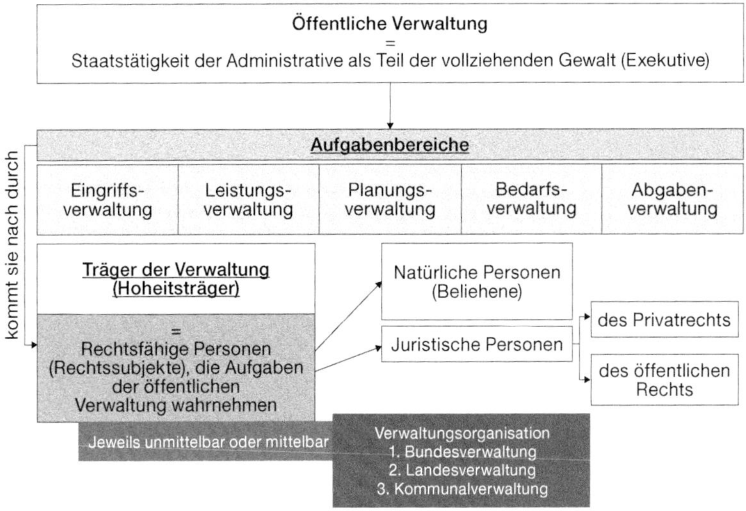


**Abb. 5:** öffentliche Verwaltung als Teilnehmerin im Privatrechtsverkehr

Wie diese Träger der öffentlichen Verwaltung, die im Privatrechtsverkehr Rechtssubjekte sind, weiter strukturiert werden und in welcher Beziehung sie zueinanderstehen, ist eine Frage der Verwaltungsorganisation. Hier gibt es **drei Verwaltungsebenen**, in die Verwaltungsaufgaben verteilt werden können: **37**
- In die Bundes-,
- Landes- und
- Kommunalverwaltung.

Die Bundesverwaltung hat kaum praktische Bedeutung. Öffentliche Verwaltungsarbeit bedeutet wegen Art. 30 GG **hauptsächlich Länder-** oder wegen der kommunalen Selbstverwaltungsgarantie nach § 28 Abs. 2 S. 1 GG **Kommunalarbeit.** Hinsichtlich dieser drei Verwaltungsbereiche wird jeweils weiter unterteilt: **38**
- in unmittelbare Bundesverwaltung, Landesverwaltung und kommunaler Selbstverwaltung sowie
- in mittelbare Bundesverwaltung, Landesverwaltung und kommunale Selbstverwaltung (vgl. § 2 Abs. 1 LOG M-V).

Bei der **unmittelbaren Verwaltung** ist Träger der öffentlichen Verwaltung der Bund, das Land oder die Kommune, also der Landkreis, die Stadt, die Gemeinde oder das Amt als Zusammenschluss von Gemeinden (vgl. § 2 Abs. 2 S. 1, § 9 Abs. 1 LOG M-V). Sie handeln durch eigene Behörden (vgl. § 2 Abs. 2 S. 1 LOG M-V), die überwiegend nicht selbstständig sind. Eine Behörde ist hierbei nach § 1 Abs. 3 VwVfG M-V jede Stelle, die Aufgaben der öffentlichen Verwaltung wahrnimmt. In Bund und Ländern sind die Behörden dreigliedrig oder – wie in Mecklenburg-Vorpommern – zweigliedrig aufgebaut, wo es oberste oder obere und untere Behörden gibt. So handelt beispielhaft das Land M-V im Wege der Stellvertretung nach § 164 BGB durch das Landeskriminalamt als obere oder **39** durch das Schulamt Rostock als untere Landesbehörde. Im Bereich der unmittelbaren kommunalen Behörden gibt es einen solchen zweigliedrigen Behördenaufbau nicht. Hier handelt etwa die Hanse- und Universitätsstadt Rostock im Wege der Stellvertretung nach § 164 BGB durch den Oberbürgermeister als Behörde (vgl. § 38 Abs. 2 S. 1 KV M-V). Innerhalb einer Behörde bestehen wiederum organisatorische Untergliederungen, um eine geordnete Aufgabenverteilung zu ermöglichen. Sie heißen (Unter-)Abteilungen oder Ämter, in denen vorwiegend Sachbearbeiter (veralteter Begriff „Amtswalter") die Verwaltungsarbeit erledigen. Es handelt sich also um ganze Vertretungsketten. Ein Amt in diesem Sinne stellt regelmäßig die Bezeichnung für eine Unterabteilung einer kommunalen Behörde und damit eine unselbstständige Dienststelle dar: So das Ordnungs-, Gewerbe-, Sozial-, Gesundheits- oder Straßenverkehrsamt einer Stadt. In seltenen Fällen kann damit aber auch eine selbstständige Behörde gemeint sein, wie sie vereinzelt in der unmittelbaren Staatsverwaltung vorkommt: So das Finanzamt oder Landesamt für Straßenbau und Verkehr. Nicht verwechselt werden dürfen diese Ämter mit Ämtern i. S. d. § 9 Abs. 1 LOG M-V, denen als Gebietskörperschaften mehrere Gemeinden angehören und die selbstständig auftreten.

**40** Bei der **mittelbaren Verwaltung** sind Träger der öffentlichen Verwaltung die der Aufsicht des Landes unterstehenden Gebietskörperschaften, die rechtsfähigen Körperschaften des öffentlichen Rechts ohne Gebietshoheit, die rechtsfähigen Anstalten und Stiftungen des öffentlichen Rechts, soweit sie ihnen übertragene öffentliche Aufgaben wahrnehmen. Sie handeln durch ihre durch Gesetz, auf der Grundlage eines Gesetzes oder satzungsgemäß gebildeten Organe (vgl. § 2 Abs. 3 LOG M-V). Das ist beispielhaft die OSPA-Stiftung, die durch ihre satzungsgemäß gebildeten Organe wie dem Kuratorium handelt (vgl. § 6 Abs. 1 a) der Satzung vom 15. November 2013).

**41** a) **Natürliche Personen.** Natürliche Personen sind alle **Menschen.** Die Rechtsfähigkeit des Menschen beginnt nach § 1 BGB mit der Vollendung der Geburt und endet mit dem Tod. Jeder Mensch, also auch der Säugling oder der demente Großvater im Endstadium, kann damit Träger von Rechten und Pflichten sein. Rechtsfähigkeit hängt nicht davon ab, ob er zu eigenständigem Handeln in der Lage ist. Ob er sie ausüben kann, ist eine Frage der Geschäftsfähigkeit. Gemeint ist damit die Fähigkeit, Rechtsgeschäfte wirksam vorzunehmen (näher hierzu Rn. 299 ff.). Soweit sie nicht geschäftsfähig sind, handeln für sie im Privatrechtsverkehr Hilfspersonen: Bei Willenserklärungen Stellvertreter nach § 164 BGB (näher hierzu Rn. 234 ff.) sowie bei tatsächlichem Handeln (Realakten) Organe nach §§ 31 (analog), 89 Abs. 1 BGB, gesetzliche Vertreter i. S. d. § 278 S. 1 Alt. 1 BGB (näher hierzu Rn. 473 f.) oder Erfüllungsgehilfen (näher hierzu Rn. 465 ff.). Sie sind es, die dann Angebote abgeben oder Kaufgegenstände übergeben (näher hierzu Rn. 97 und 241).

**42** Die Träger der öffentlichen Verwaltung können sich natürlicher Personen bedienen, soweit sie ihnen öffentliche Aufgaben übertragen (vgl. § 2 Abs. 4 LOG M-V). Angesprochen ist damit der **Beliehene**, dem öffentliche Aufgaben übertragen werden. Als natürliche Person ist er aber in der Praxis selten. Er tritt regelmäßig als juristische Person des Privatrechts in Erscheinung. Abzugrenzen ist er vom Verwaltungshelfer, welcher im Gegensatz zum Beliehenen in seiner Aufgabenwahrnehmung unselbstständig ist, da er nur im Auftrag und auf Weisung eines Verwaltungsträgers tätig ist.

**Beispiele**

- Herr Vollmann (V) ist eine natürliche Person.
- Soweit die amtsfreie Gemeinde Ostseebad Heringsdorf (H) mit dem Maler Berauer (B) einen Werkvertrag nach § 631 BGB über die Streichung der Wände ihres Rathauses in der Kurparkstraße 4 in 17419 Ahlbeck schließt, werden ihm keine öffentlichen Aufgaben übertragen. B handelt im Auftrag der H und ist deshalb nicht Beliehener, sondern Verwaltungshelfer.

**b) Juristische Personen.** Juristische Personen sind künstliche Gebilde in Form **zweckgebundener Organisationen**. Ihre Rechtsfähigkeit fußt auf Rechtsnormen, also auf formellen Gesetzen, Rechtsverordnungen oder Satzungen. Bei juristischen Personen des öffentlichen Rechts kann sich ihre **Rechtsfähigkeit** auch aus einer staatlichen Anerkennung ergeben, beispielsweise aufgrund eines Kabinettsbeschlusses. Ein anschauliches Beispiel für die öffentliche Hand bieten Kreisgebietsreformen, bei denen die Anzahl von Landkreisen reduziert wird. Rechtsfähige Landkreise verlieren durch ihre Auflösung schlagartig auch ihre Rechtsfähigkeit. So geschehen in Mecklenburg-Vorpommern zuletzt im Jahre 2011 durch § 1 Abs. 1 Landkreisneuordnungsgesetz M-V (LNOG M-V). Aus den Landkreisen Nordvorpommern und Rügen wurde so der Landkreis Vorpommern-Rügen. **43**

**Beispiele**

- § 13 Abs. 1 GmbHG verleiht einer Gesellschaft mit beschränkter Haftung (GmbH) ihre Rechtsfähigkeit.
- Der Landkreis Vorpommern-Rügen ist als Gebietskörperschaft und damit selbstständige Trägerin von Rechten und Pflichten rechtsfähig.

Die Existenz juristischer Personen fußt auf dem **praktischen Bedürfnis** des Rechtsverkehrs. Denn nur durch sie sind größere Organisationseinheiten in der Lage ohne Komplikationen am Rechtsverkehr teilzunehmen, worauf insbesondere Wirtschaftsakteure – worunter auch die öffentliche Verwaltung fallen kann – angewiesen sind. **44**

**Beispiele**

- Die amtsfreie Gemeinde Ostseebad Heringsdorf (H) auf Usedom schließt mit der in der Gemeinde ansässigen Strandkorbfabrik Heringsdorf GmbH (S) einen Kaufvertrag nach § 433 BGB über die Lieferung von 50 bereits anderweitig hergestellten Strandkörben für den Gemeindeostseestrand.

H tritt hier im Privatrechtsverkehr auf Seiten des Staates, die in ihrem diesbezüglichen Handeln dem Privatrecht unterworfen ist.

- Die Projektkoordinatorin Welsch (W) schließt mit dem Land Mecklenburg-Vorpommern (L) einen Arbeitsvertrag nach § 611a BGB. Vertragspartner der W sind nicht die Bürger von Mecklenburg-Vorpommern, sondern L als eigenständiges Rechtssubjekt.

45 aa) **Juristische Personen des öffentlichen Rechts.** Juristische Personen des öffentlichen Rechts sind die bedeutsamsten **Träger der öffentlichen Verwaltung**. Sie sind mit Abstand die wichtigste Organisationsform, durch die die Verwaltung handelt. Darunter fallen:

- Körperschaften,
- Anstalten und
- Stiftungen des öffentlichen Rechts (vgl. § 2 Abs. 3 S. 1 LOG M-V).

**Körperschaften** des öffentlichen Rechts sind mit oder ohne Gebietshoheit verselbstständigte, mitgliedschaftlich organisierte rechtsfähige Verwaltungsträger, die dauerhaft Aufgaben im öffentlichen Interesse wahrnehmen (vgl. § 10 Abs. 1 LOG M-V). Ihre Mitglieder haben auf die Willensbildung Einfluss und zahlen Beiträge.
Körperschaften mit Gebietshoheit nennt man **Gebietskörperschaften.** Das sind der Bund, die Länder, Landkreise, Städte, Gemeinden und Ämter als Zusammenschlüsse von Gemeinden derselben Landkreise. Dies ist mit Abstand der wichtigste Träger der öffentlichen Verwaltung.
Körperschaften **ohne Gebietshoheit** sind unter anderem Ärztekammern (Personalkörperschaft), Jagdgenossenschaften (Realkörperschaften) oder Abwasserverbände (Verbandskörperschaft).

**Beispiele**

- Gebietskörperschaften sind der Bund, das Land M-V, die Stadt Güstrow, der Landkreis Rostock, die amtsfreie Gemeinde Binz oder das Amt Warnow-West, dem die sieben Gemeinden Elmenhorst/Lichtenhagen, Kritzmow, Lambrechtshagen, Papendorf, Pölchow, Stäbelow und Ziesendorf angehören.
- Körperschaften ohne Gebietshoheit sind die Ärztekammer M-V, die Industrie- und Handelskammer Rostock, die Fachhochschule für öffentliche Verwaltung, Polizei und Rechtspflege (FH Güstrow) und der Zweckverband Kommunales Studieninstitut M-V

46 **Anstalten** des öffentlichen Rechts sind verselbstständigte, in der Regel nicht mitgliedschaftlich organisierte rechtsfähige Verwaltungseinheiten, die zur dauerhaften Wahrnehmung von Aufgaben im öffentlichen Interesse errichtet werden (§ 10 Abs. 2 LOG M-V). Sie haben in der Regel Benutzer, die für die Inanspruchnahme einer Leistung der Anstalt Gebühren zahlen.

**Beispiele**

- Norddeutscher Rundfunk (NDR)
- Klinikum Südstadt Rostock
- OstseeSparkasse Rostock

47 **Stiftungen** des öffentlichen Rechts sind aufgrund öffentlichen Rechts errichtete oder anerkannte Verwaltungseinheiten, die mit einem Kapital- oder Sachbestand Aufgaben der öffentlichen Verwaltung dauerhaft wahrnehmen (§ 10 Abs. 3 LOG M-V). Sie werden durch staatlichen Hoheitsakt errichtet und haben Nutznießer.

**Beispiele**

- Stiftung Berliner Mauer
- OSPA-Stiftung
- Stiftung Wald und Wild in Mecklenburg-Vorpommern

**bb) Juristische Personen des Privatrechts. Juristische Personen des Privatrechts** sind rechtlich selbstständig, als solche anerkannte Personenvereinigungen. Hierunter fallen beispielsweise eingetragene Vereine (e. V.), Aktiengesellschaften (AG) oder Gesellschaften mit beschränkter Haftung (GmbH). 48
Die öffentliche Verwaltung kann sich neben den juristischen Personen des öffentlichen Rechts zur Durchführung ihrer öffentlichen Aufgaben aus Entlastungsgründen auch Rechtsträgern des Privatrechts bedienen (vgl. § 2 Abs. 4, § 11, § 12 LOG M-V). Dabei ist zum einen zwischen privaten Rechtsträgern als Beliehenen – die auch natürliche Personen sein können – und sonstigen Privatrechtsträgern zu unterscheiden. **Beliehenen** werden öffentliche Aufgaben übertragen, wohingegen **sonstigen Privatrechtsträgern** diese nicht übertragen werden. Sonstige Privatrechtsträger können aber von der öffentlichen Verwaltung gegründet oder beherrscht werden.

**Beispiele**
Beliehene:
- Notare, denen nach § 1 BnotO die Aufgabe übertragen wird, Rechtsvorgänge zu beurkunden
- Sachverständige der technischen Überwachungsvereine (TÜV), denen nach § 29 StVZO die Aufgabe übertragen wird, Kraftfahrzeuge zu untersuchen und entsprechende Prüfplaketten zuzuteilen.
- Luftfahrzeugführer, denen nach § 12 Abs. 1 S. 1 LuftSiG die Aufgabe übertragen wird, für die Aufrechterhaltung der Sicherheit und Ordnung an Bord des im Flug befindlichen Luftfahrzeuges zu sorgen.

Sonstige Privatrechtsträger:
- Verwaltungs- und Wirtschaftsakademie Mecklenburg-Vorpommern e. V. (VWA M-V).
- Stadtwerke Rostock AG
- REBUS Regionalbus Rostock GmbH
- Universitätsmedizin Rostock Service GmbH

**cc) Gemeinsames.** Da juristische Personen bloße Rechtsgebilde sind, können sie nicht selbst am Privatrechtsverkehr mitwirken. Im Privatrechtsverkehr handeln für sie Hilfspersonen: Bei Willenserklärungen Stellvertreter nach § 164 BGB (näher hierzu Rn. 234 ff.) sowie bei tatsächlichem Handeln (Realakten) Organe nach §§ 31 (analog), 89 Abs. 1 BGB, gesetzliche Vertreter i. S. d. § 278 S. 1 Alt. 1 BGB (näher hierzu Rn. 473 f.) oder Erfüllungsgehilfen (näher hierzu Rn. 465 ff.). Sie sind es, die dann Angebote abgeben oder Kaufgegenstände übergeben (näher hierzu Rn. 97 und 241). 49

**Beispiele**
Sowohl die Städte, Gemeinden, Ämter und Landkreise als auch die GmbH, um beispielhaft nur wichtige juristische Personen zu nennen, können im Privatrechtsverkehr nicht selbstständig, sondern nur durch das Handeln ihrer Vertreter auftreten und handeln.

**Juristische Personen des öffentlichen Rechts:** 50
- Organ einer **Stadt, amtsfreien** oder **geschäftsführenden Gemeinde** ist nach § 21 i. V. m. § 38 Abs. 1 S. 1 KV M-V vor allem der hauptamtliche Bürgermeister, der nach § 38 Abs. 1 S. 2 KV M-V in kreisfreien und großen kreisan-

gehörigen Städten wie der Hanse- und Universitätsstadt Rostock regelmäßig die Bezeichnung Oberbürgermeister führt. Er handelt gem. § 164 Abs. 1 S. 1 oder 3 BGB unmittelbar für und gegen sie, da er nach § 38 Abs. 2 S. 1 KV M-V deren gesetzlicher Vertreter ist.[6]

- Organ einer **amtsangehörigen Gemeinde** ist nach § 21 i. V. m. § 39 Abs. 1 KV M-V vor allem der ehrenamtliche Bürgermeister. Er handelt gem. § 164 Abs. 1 S. 1 oder 3 BGB unmittelbar für und gegen sie, da er nach § 39 Abs. 2 S. 1 KV M-V deren gesetzlicher Vertreter ist.
- Organ des **Landkreises** ist nach § 103 KV M-V vordergründig der Landrat. Er handelt gem. § 164 Abs. 1 S. 1 oder 3 BGB unmittelbar für und gegen ihn, da er nach § 115 Abs. 1 S. 1 KV M-V dessen gesetzlicher Vertreter ist.
- Organ eines **Amtes**, das aus Gemeinden desselben Landkreises besteht, ist nach § 131 KV M-V vor allem der Amtsvorsteher. Er handelt gem. § 164 Abs. 1 S. 1 oder 3 BGB unmittelbar für und gegen ihn, da er nach § 143 Abs. 1 KV M-V sein gesetzlicher Vertreter ist.
- Organ des **Zweckverbandes** ist nach § 155 KV M-V vorwiegend der Verbandsvorsteher. Er handelt gem. § 164 Abs. 1 S. 1 oder 3 BGB unmittelbar für und gegen ihn, da er nach § 158 Abs. 1 KV M-V sein gesetzlicher Vertreter ist. Im Übrigen ergibt sie sich im Einzelnen auch aus der **Satzung, woraus sich auch bei anderen juristischen Personen des öffentlichen Rechts die Vertretungsmacht ergeben kann**: Organ des Zweckverbandes kommunales Studieninstitut Mecklenburg-Vorpommern (Körperschaft des öffentlichen Rechts) ist nach § 3 der Verbandssatzung vom 10. Januar 2008 vor allem der Verbandsvorsteher. Er handelt gem. § 164 Abs. 1 S. 1 oder 3 BGB für und gegen sie, da er nach § 8 Abs. 1 sein gesetzlicher Vertreter ist.
- Organ der OSPA-Stiftung ist nach § 6 Abs. 1 b) der Satzung hauptsächlich der Vorstand, der nach § 10 Abs. 1 S. 3 der Satzung u. a. auch aus dem Vorsitzenden besteht. Dieser handelt gemeinsam mit einem weiteren Vorstandsmitglied gem. § 164 Abs. 1 S. 1 oder 3 BGB unmittelbar für und gegen die OSPA-Stiftung, da sie nach § 11 der Satzung die Vertreter sind.

51 **Juristische Personen des privaten Rechts:**

- Der Geschäftsführer Nienkerk (N) der REBUS Regionalbus Rostock GmbH (G) handelt gem. § 164 Abs. 1 S. 1 oder 3 BGB unmittelbar für und gegen seine Gesellschaft, da sie nach § 35 Abs. 1 S. 1 GmbH durch ihn vertreten wird.

Die eigenständige Rechtsfähigkeit der juristischen Person führt in aller Regel dazu, dass allein die juristische Person für ihre **Verbindlichkeiten haftet**, bei der die hinter ihr stehenden natürlichen Personen regelmäßig außen vor bleiben.

**Beispiele**

- **juristische Person des öffentlichen Rechts:**
  Weder der Amtsvorsteher noch die Bürger der zusammengeschlossenen acht Gemeinden des Amtes Nord-Rügen haften persönlich für die Schulden ihres Amtes.

6 Gesetzliche Vertreter werden regelmäßig – hier auch stellvertretend für vergleichbare Fälle – neben dem Bürgermeister auch die Beigeordneten sein. Dies ergibt sich beispielsweise aus § 40 Abs. 4 S. 7 KV M-V, der etwas missverständlich von einer „ständigen Vertretung des Oberbürgermeisters" spricht.

- **juristische Person des privaten Rechts:**
  Weder die Geschäftsführer noch die Gesellschafter der Universitätsmedizin Rostock Service GmbH haften persönlich für die Schulden der GmbH (vgl. § 13 Abs. 2 GmbHG).

**Hinweise zur Fallbearbeitung** 52

Die Querverbindungen von öffentlichem Recht und Privatrecht treten also bei der Frage des Rechtssubjektes und den hier angerissenen Fragen der Stellvertretung am deutlichsten auf. Bedeutsam sind daneben Haftungsfragen.
Regelmäßig wird in einer privatrechtlichen Prüfungsleistung ein Beteiligter, der im Privatrechtsverkehr tätig wird, ein Träger der Verwaltung sein: So etwa die amtsfreie Gemeinde Ostseebad Heringsdorf als Gebietskörperschaft oder der Zweckverband kommunales Studieninstitut Mecklenburg-Vorpommern als Körperschaft ohne Gebietshoheit. Sie werden privatrechtlichen Ansprüche geltend machen oder ihnen ausgesetzt sein.
Dabei werden sie durch Organe handeln und nach § 164 Abs. 1 S. 1 oder 3 BGB vertreten werden. Die Prüfung der Stellvertretung nach § 164 Abs. 1 S. 1 oder 3 BGB dürfte daher in einer geforderten Prüfungsleistung als wahrscheinlich angesehen werden können. Ggf. wird eine Kettenvertretung auftauchen oder der Bearbeitervermerk eine ordnungsgemäße Vertretung voraussetzen. Falls bei mittelbar tätigen juristischen Personen der öffentlichen Verwaltung wie Körperschaften, Anstalten oder Stiftungen unbekannte Rechtsnormen wie einer Satzung beigelegt sind, so bedarf es der Anwendung klassischer juristischer Methodik. Der Rechtsnormwortlaut der gesetzlichen Vertretungsmacht wird sich beispielsweise in aller Regel kaum von den bekannten Rechtsnormen unterscheiden, wie von § 38 Abs. 2 S. 1 KV M-V oder § 35 Abs. 1 S. 1 GmbHG.

***1. Übungsfall: „Erbe Oskar" – Rechtssubjekte und Gutachtenstil, s. Fall- und Übungsbuch***

### 2. Privatrechtliche Klassifizierung als Verbraucher und Unternehmer

Rechtssubjekte werden von der Privatrechtsordnung teilweise in schutzbedürftige Personengruppen eingeteilt, insbesondere auch 53
- in **Verbraucher** nach § 13 BGB und
- in **Unternehmer** nach § 14 BGB.

a) **Verbraucher.** Ein Verbraucher ist nach § 13 BGB jede natürliche Person, die ein Rechtsgeschäft zu Zwecken abschließt, die überwiegend **weder** ihrer **gewerblichen noch** ihrer **selbstständigen beruflichen Tätigkeit** zugerechnet werden kann. Er oder sie handelt als Privatmann. 54
**Träger der öffentlichen Verwaltung** sind bereits keine natürlichen Personen und können daher auch **keine** Verbraucher sein. Im seltenen Fall der Beliehenen als natürliche Personen handeln diese regelmäßig als Privatmann und sind dann auch keine Verbraucher. Dies hat praktische Auswirkungen. Öffentliche Verwaltungsträger können sich deshalb nicht auf verbraucherschützende Rechtsnormen berufen, wie insbesondere auf das Widerrufsrecht nach § 355 Abs. 1 S. 1

BGB i. V. m. § 312g Abs. 1 BGB oder die Beweislastumkehr bei einem Verbrauchsgüterkauf nach § 477 Abs. 1 S. 1 BGB. Sie schaffen diesen Umstand in der Praxis regelmäßig dadurch Abhilfe, dass sie bestimmte Rahmenvereinbarungen treffen, in denen sie beispielsweise Garantien vereinbaren.

**Beispiel**
Soweit die Bürgermeisterin Frau Lalisken (L) der amtsfreien Gemeinde Ostseebad Heringsdorf (H) nicht als Organ der H, sondern privat für sich selbst bei der Otto GmbH & Co. KG (O) Lichterketten erwirbt, wäre sie Verbraucherin nach § 13 BGB. Andernfalls würde sie nach § 164 BGB unmittelbar für und gegen H handeln, die mangels natürlicher Person keine Verbraucherin nach § 13 BGB ist. Praktische Abhilfe würden Rahmenvereinbarungen mit O helfen, die Garantien beinhalten.

55 b) **Unternehmer.** Ein Unternehmer ist dagegen nach § 14 BGB jede natürliche oder juristische Person, die bei Abschluss eines Rechtsgeschäfts in Ausübung ihrer **gewerblichen** oder **selbstständigen beruflichen Tätigkeit** handelt.
Hinsichtlich der Träger der öffentlichen Verwaltung ist zu differenzieren. **Juristische Personen des öffentlichen Rechts** sind **keine Unternehmer**, da sie weder gewerblich noch selbstständig beruflich handeln. Beides erfordert eine Gewinnerzielungsabsicht. Sie handeln jedoch, um einen öffentlichen Zweck zu erfüllen. Eine solche Gewinnerzielungsabsicht ist bestenfalls zweitrangig. Bei den **juristischen Personen des Privatrechts**, denen sich Träger der Verwaltung bedienen, ist das anders. Diese können **Unternehmer** nach § 14 BGB sein.

**Beispiel**
Die Nordwasser GmbH handelt als juristische Person in Ausübung ihrer gewerblichen beruflichen Tätigkeit und ist Unternehmerin (vgl. auch § 14 Abs. 1 BGB i. V. m. § 13 Abs. 3 GmbHG, § 6 Abs. 1 HGB).

***2. Übungsfall: „Hässliche Lichterketten“ – Verbraucherrecht (§ 13 BGB) und Gutachtenstil, s. Fall- und Übungsbuch***

## III. Rechtsobjekte als Gegenstände des Privatrechtsverkehrs

56 Soweit – wie bereits erörtert – das Privatrecht Rechtsnormen enthält, die die rechtlichen Beziehungen zwischen Personen im Privatrechtsverkehr (privatrechtliche Beziehungen) regeln, bleibt offen, auf welchen Gegenstand sich diese beziehen. Die Antwort fällt auf die **Rechtsobjekte.** Während die Rechtssubjekte selbst Träger von Rechten und Pflichten sind, sind Rechtsobjekte Gegenstände, auf die sich solche Rechte und Pflichten beziehen.
Man **unterscheidet** bei diesen Gegenständen zwischen körperlichen und nicht körperlichen Gegenständen. Erstere unterteilen sich weiter in bewegliche und unbewegliche Sachen und Letztere in Forderungen und Rechte.

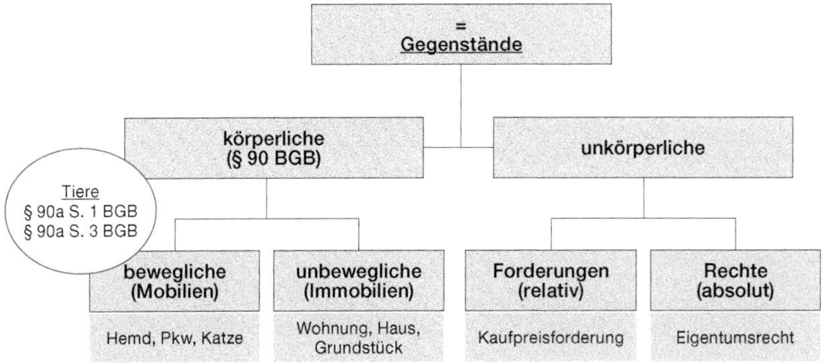


**Abb. 6:** Rechtsobjekte

Körperliche Gegenstände sind gem. § 90 BGB **Sachen**. Was sie im Übrigen sein können, regeln die §§ 90 ff. BGB, unter anderem den Begriff der wesentlichen Bestandteile einer Sache gem. §§ 93, 94 BGB. 57

Bewegliche Sachen nennt man **Mobilien**, unbewegliche Sachen **Immobilien**. Nach § 90a S. 1 BGB sind **Tiere** hingegen keine Sachen. Auf sie sind aber nach § 90a S. 3 BGB die für Sachen geltenden Vorschriften entsprechend anzuwenden, soweit nicht etwas anderes bestimmt ist. Letzteres ist selten der Fall. Im Ergebnis sind also Tiere wie Sachen zu behandeln, man kann sie verkaufen, verschenken, mieten und anderes mehr.

Relativ wirkende schuldrechtliche Ansprüche nennt man **Forderungen**, wohingegen absolut wirkende dingliche Ansprüche als **Rechte** bezeichnet werden.

**Beispiele**

- Bewegliche körperliche Gegenstände (Mobilien): Hemd, Pkw, Katze
- Unbewegliche körperliche Gegenstände (Immobilien): Wohnung, Haus, Grundstück
- Forderungen als unkörperliche Gegenstände: Kaufpreisforderung nach § 433 Abs. 2 Hs. 1 BGB
- Rechte als unkörperliche Gegenstände: Eigentumsrecht nach § 985 BGB

***3. Übungsfall: „Weltreise dank Oskar" – Rechtsobjekte & Gutachtenstil, s. Fall- und Übungsbuch***

## IV. Handlungsformen der Rechtssubjekte im Privatrechtsverkehr

Das Privatrecht und damit auch der Privatrechtsverkehr ist – wie nachfolgend noch zu sehen sein wird – vom Grundsatz der Privatautonomie (näher hierzu Rn. 113 ff.) beherrscht, insbesondere durch seine Ausprägung der Vertragsfreiheit (näher hierzu Rn. 115 ff.). Er besagt im Kern, dass alle Rechtssubjekte ihre privatrechtlichen Beziehungen so gestalten können, wie sie dies wollen. Die Frage bleibt, wie sie das machen können, wie sie im Privatrechtsverkehr handeln 58 können. Die Privatrechtsordnung stellt Ihnen hierfür **drei Mittel (Handlungsformen)** zur Verfügung:

1. Das Rechtsgeschäft – was den Regelfall darstellt –,
   - das einseitig (eine Willenserklärung) oder
   - mehrseitig (mind. zwei übereinstimmende Willenserklärungen) sein kann,
2. die rechtsgeschäftsähnliche Handlung sowie
3. den Realakt.

Hinter diesen abstrakten Begriffen verbergen sich regelmäßig – wie noch gleich zu sehen sein wird – aus dem Alltag bekannte, praktische Vorgänge.

**Beispiele**
- Rechtsgeschäft: Kündigung nach § 568 Abs. 1 BGB (einseitig), Kaufvertrag nach § 433 BGB (mehrseitig)
- Rechtsgeschäftsähnliche Handlung: Mahnung nach § 286 Abs. 1 BGB
- Realakt: Besitzerwerb nach § 854 Abs. 1 BGB

**Abb. 7:** Handlungsformen der Rechtssubjekte

## 1. Rechtsgeschäfte

59 **a) Definition.** Die Rechtssubjekte gestalten ihre privatrechtlichen Beziehungen im Privatrechtsverkehr überwiegend durch **Rechtsgeschäfte.** Sie bezeichnen Handlungen eines oder mindestens zweier Rechtssubjekte, die aus einer oder mindestens zwei inhaltlich übereinstimmenden Willenserklärungen bestehen, die eine oder mehrere Rechtsfolgen herbeiführen, weil diese gewollt sind. Sie entstehen also, weil man sie „will".

Rechtsgeschäfte unterteilt man ihrer **Art** nach in einseitige und mehrseitige Rechtsgeschäfte, je nachdem, ob nur eine oder mehrere Willenserklärungen vorliegen.

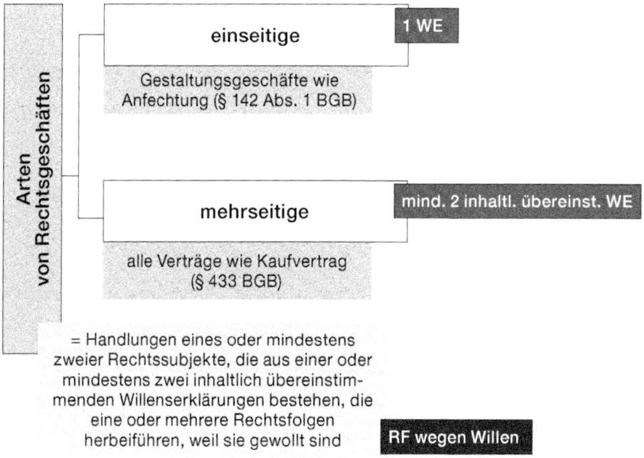


**Abb. 8:** Arten von Rechtsgeschäften

aa) **Einseitige Rechtsgeschäfte.** Einseitige Rechtsgeschäfte enthalten nur die 60
Willenserklärung einer Person. Demnach bezeichnen sie Handlungen eines Rechtssubjekts, die aus **einer Willenserklärung** bestehen, die eine oder mehrere Rechtsfolgen herbeiführt, weil diese gewollt sind. Die gewollten Rechtsfolgen treten mit der Wirksamkeit der einen Willenserklärung ein.
Ihre wichtigste Gruppe sind die sog. **Gestaltungsgeschäfte.** Darunter versteht man einseitige Rechtsgeschäfte, die ohne Mitwirkung anderer ein Rechtsverhältnis begründen, ändern oder aufheben. Sie sind „gestaltend" tätig und **bedingungsfeindlich**, da sie ohne Mitwirkungsmöglichkeit des Erklärungsempfängers auf dessen Rechtsstellung wirken. Die im Gestaltungsgeschäft – da einseitiges Rechtsgeschäft – enthaltene Willenserklärung wird als **Gestaltungserklärung** bezeichnet.

**Beispiele**

- Die Erbeinsetzung mittels Testaments (§ 1937 BGB) und die Auslobung (§ 657 BGB) sowie Gestaltungsgeschäfte wie die Anfechtung (§ 142 Abs. 1 BGB) wegen der Anfechtungserklärung nach § 143 Abs. 1 BGB, der Widerruf bei Verbraucherverträgen (§§ 312g Abs. 1, 355 Abs. 1 S. 1 BGB) wegen der Widerrufserklärung nach § 355 Abs. 1 S. 2 BGB, die Aufrechnung (§ 389 BGB) wegen der Aufrechnungserklärung nach § 388 BGB, der Rücktritt (§ 346 Abs. 1 BGB) wegen der Rücktrittserklärung nach § 349 BGB, die kaufrechtliche Minderung (§§ 437 Nr. 2 Alt. 2, 441 Abs. 3 S. 1 BGB) wegen der Minderungserklärung nach § 441 Abs. 1 S. 1 BGB, die Kündigung eines Mietverhältnisses (vgl. § 568 Abs. 1 BGB) wegen der Kündigungserklärung oder die fristlose Kündigung eines Dienstverhältnisses (§ 626 Abs. 1 BGB) wegen der Kündigungserklärung.
- Der Sachbearbeiter Mokus (M) hasst seinen Beruf. Er ist im Amt für Umwelt- und Klimaschutz der Hanse- und Universitätsstadt Rostock (R) in der Abteilung Immissionsschutz und Umweltplanung tätig, hier insbesondere für die Luftreinhaltung. Mit den Inhalten kann er persönlich

nicht viel anfangen, da er klassische amerikanische „$CO_2$-Schleuder" liebt. Seine Tätigkeit erreicht ihren Höhepunkt, als seine Amtsleiterin Frau Fiesling (F) ihn im Büro wegen schwacher Arbeitsleistungen angeschrien und in das Gesicht geschlagen hatte. Nun hat er endgültig genug und kündigt sein bestehendes Arbeitsverhältnis zur R aus wichtigem Grund fristlos, indem er eine in Papierform ausgedruckte Kündigungserklärung zum nächstmöglichen Zeitpunkt eigenhändig unterzeichnet und der F noch am gleichen Tag in ihrem Beisein auf den Tisch knallt. Die Kündigung ist ein einseitiges Rechtsgeschäft.

61 bb) **Mehrseitige Rechtsgeschäfte.** Mehrseitige Rechtsgeschäfte enthalten mindestens zwei sich inhaltlich übereinstimmende Willenserklärungen mindestens zweier Personen. Sie bezeichnen Handlungen mindestens zweier Rechtssubjekte, die aus **mindestens zwei sich inhaltlich übereinstimmenden Willenserklärungen** bestehen, die eine oder mehrere Rechtsfolgen herbeiführen, weil diese gewollt sind. Die gewollten Rechtsfolgen treten mit der Wirksamkeit aller Willenserklärungen ein.
Erfasst sind von ihnen **Verträge** aller Art. Ein Vertrag kommt – als mehrseitiges Rechtsgeschäft und soweit schon an dieser Stelle ausgeführt – durch mindestens zwei sich inhaltlich übereinstimmende Willenserklärungen zustande, Angebot und Annahme (vgl. § 151 S. 1 BGB; näher hierzu Rn. 185 ff.).

**Beispiele**

- Verträge aller Art wie der Kaufvertrag (§ 433 BGB), Schenkungsvertrag (§ 516 BGB), Mietvertrag (§ 535 BGB), Gelddarlehensvertrag (§ 488 BGB), Dienstvertrag (§ 611 BGB), Werkvertrag (§ 631 BGB), der Bürgschaftsvertrag (§ 765 BGB) oder der Gesellschaftsvertrag (§ 705 Abs. 1 BGB).
- zweiseitiges Rechtsgeschäft:
  Die Hanse- und Universitätsstadt Rostock (R) einigt sich mit der Weiss-Hotel GmbH (W), dass R bei W alle möblierten Hotelzimmer des von ihr geführten Hotels „Greifennest" in 18055 Rostock für ein Jahr zur Unterbringung von Asylbewerbern mietet. Mit dem Austausch der entsprechenden Willenserklärungen durch die jeweiligen gesetzlichen Vertreter ist zwischen R und W ein Mietvertrag nach § 535 BGB zustande gekommen, bei dem es sich um ein mehrseitiges, zweiseitiges Rechtsgeschäft handelt.
- dreiseitiges Rechtsgeschäft:
  Die Musiklehrer der Musikschule der Hanse- und Universitätsstadt Rostock (M) Köhler, Kruse und Kantner tun sich zusammen und gründen die K-Band, um an Wochenenden gegen Entgelt bei Veranstaltungen aufzutreten und Musik zu machen. Es handelt sich hier um die Gründung einer Gesellschaft bürgerlichen Rechts (GbR) i. S. d. § 705 Abs. 1 BGB, die durch den Austausch der entsprechenden Willenserklärungen aller drei Beteiligten zustande kommt. Der dem zugrunde liegende Gesellschaftsvertrag nach § 705 Abs. 1 BGB ist ein mehrseitiges Rechtsgeschäft.

62 b) **Willenserklärungen.** Die Willenserklärung ist Hauptbestandteil eines Rechtsgeschäfts und – wie nachfolgend noch zu sehen sein wird – auch einer

rechtsgeschäftsähnlichen Handlung. Sie ist eine **private Willensäußerung**, die eine oder mehrere Rechtsfolgen herbeiführt, weil diese gewollt sind. Dem Rechtsgeschäft ähnelt sie darin, dass sie aus mindestens einer Willenserklärung besteht.

aa) **Arten.** Willenserklärungen unterteilt man ihrer Art nach in 63
- **empfangsbedürftige** und
- **nicht empfangsbedürftige** Willenserklärungen.

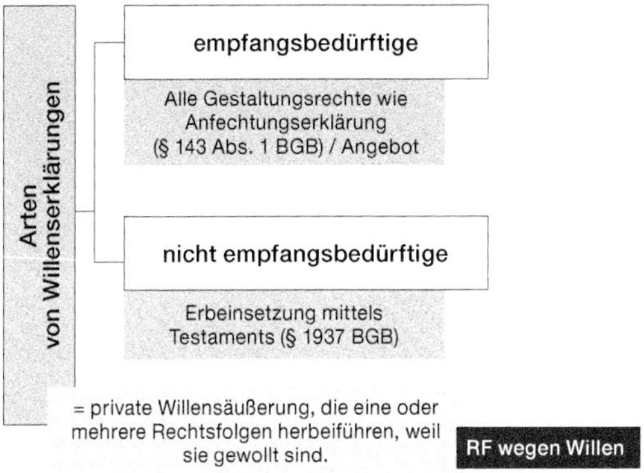


**Abb. 9:** Arten von Willenserklärungen

Eine **empfangsbedürftige Willenserklärung** – wie der Name bereits andeutet – „bedarf eines Empfanges". Darunter fallen Willenserklärungen, die sich an eine andere oder mehrere Personen richten und von der oder denen eine bestimmte Reaktion der Willenserklärung erwartet wird (vgl. § 130 Abs. 1 S. 1 BGB: „Eine Willenserklärung, die einem anderen gegenüber abzugeben ist"). 64

**Beispiele**
- Gestaltungserklärungen wie die Anfechtungserklärung nach § 143 Abs. 1 BGB, die Widerrufserklärung nach § 355 Abs. 1 S. 2 BGB, die Aufrechnungserklärung nach § 388 BGB, die Rücktrittserklärung nach § 349 BGB, die Minderungserklärung nach § 441 Abs. 1 S. 1 BGB oder die Kündigungserklärung sowie das Angebot und die Annahme im Rahmen eines Vertrags.
- **Gestaltungsrechte:** Im oben genannten Beispielsfall des Mitarbeiters Mokus (M), der aufgrund von Schreien und Schlägen seiner Amtsleiterin Fiesling (G) sein Arbeitsverhältnis noch am selben Tag beendet, stellt die von ihm erklärte fristlose Kündigung eine empfangsbedürftige Willenserklärung dar.
- **Verträge:** Im oben genannten Beispielsfall der Vermietung eines Hotels zur Unterbringung von Asylbewerbern besteht die Einigung zwischen der Hanse- und Universitätsstadt Rostock (R) und der Weiss-Hotel GmbH (W) aus einem Angebot und einer Annahme, die jeweils für sich empfangsbedürftige Willenserklärungen darstellen.

65 Eine **nicht empfangsbedürftige** Willenserklärung bedarf – wie der Name bereits andeutet – nicht eines Empfanges. Darunter fallen Willenserklärungen, die sich nicht an eine andere oder mehrere Personen richten. Der Erklärende erwartet keine bestimmte Reaktion auf seine oder ihre Erklärung.

**Beispiele**
Die Erbeinsetzung mittels Testaments (§ 1937 BGB) oder die Auslobung (§ 657 BGB).

66 In der Privatrechtsordnung sind **die meisten Willenserklärungen empfangsbedürftig.** Das rechtfertigt sich aus dem Umstand, dass sie dazu dienen, Rechtsbeziehungen zu anderen Personen zu gestalten. Zu diesem Zweck ist es erforderlich, dass der Betroffene von diesen Willenserklärungen in der Regel informiert wird. Daher liegt eine nicht empfangsbedürftige Willenserklärung nur vor, wenn sich aus einer Rechtsnorm oder dem Zusammenhang ergibt, dass die Willenserklärung nicht an eine oder mehrere bestimmte Personen gerichtet ist.

67 bb) **Auslegung.** Wenn man im Privatrechtsverkehr nicht weiß, ob und wie eine abgegebene Willenserklärung oder ein geschlossener Vertrag zu verstehen ist, bedarf es der **Auslegung.** Die Rechtsnormen des BGB sagen nicht genau, wie man in solchen Fällen vorgeht. Man bedient sich einer Auslegung, die darauf abzielt, den Inhalt einer Erklärung zu ermitteln, die **von Rechts wegen gewollt** ist. So ist es im Einzelfall möglich, dass der Erklärende nur wenig Zeit zum Überlegen hatte, unsorgfältig war oder einfach nicht die notwendige Fachkenntnis besaß, um Unklarheiten zu vermeiden.

**Beispiele**
- Ein Vertrag zwischen der Stadt Teterow (T) und einem Händler weist einen Kaufpreis i. H. v. 100.000,00 € aus, ohne dass klar ist, ob diese Summe die Umsatzsteuer enthält.
- Ein Mietvertrag soll „offiziell" am 1. Juni beginnen. Es ist aber vorgesehen, dass die Mieterin das Objekt bereits ab dem 15. Mai beziehen darf. Tatsächlich zieht sie am 20. Mai ein.

68 Zu **unterscheiden** ist zwischen der Auslegung
- einer empfangsbedürftigen Willenserklärung und
- des seltenen Falles einer nicht empfangsbedürftigen Willenserklärung.

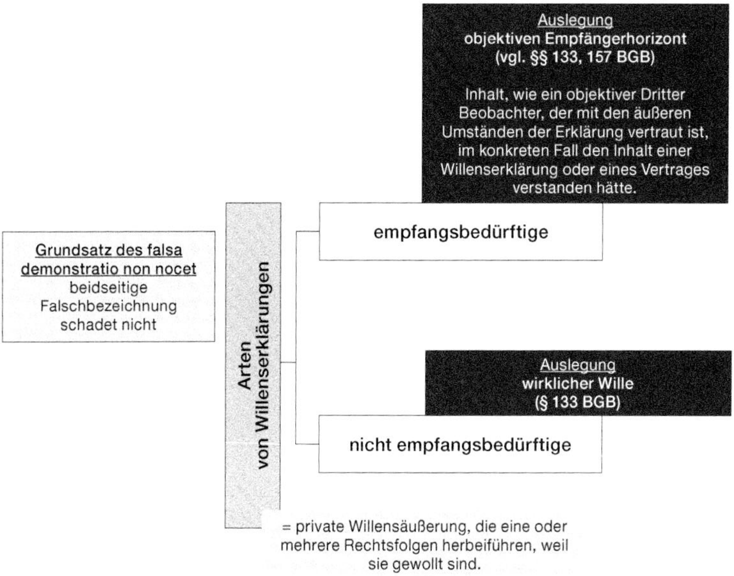


**Abb. 10:** Auslegung von Willenserklärungen (Verträgen)

Bei der **Auslegung einer empfangsbedürftigen Willenserklärung** muss nach § 133 BGB der wirkliche Wille ermittelt werden. Diese Rechtsnorm kann schnell den Eindruck erwecken, dass immer der Wille des Erklärenden ausschlaggebend ist. Nach § 157 BGB sind Verträge aber so auszulegen, wie Treu und Glauben mit Rücksicht auf die Verkehrssitte es erfordern. Diese Rechtsnormen helfen nicht viel. Zwischen Auslegungsarten nach Willenserklärungen und Verträgen kann nämlich nicht differenziert werden, soweit Willenserklärungen – wie zumeist – auf den Abschluss von Verträgen zielen. Es bedarf daher eines Konzeptes zur Auslegung von Willenserklärungen und Verträgen, dass widerstreitende Interessen berücksichtigt. Denn jeder Vertragspartner ist daran interessiert, den Vertrag so zu gestalten, wie er ihn verstanden hat. Bei Willenserklärungen hat der Erklärende hingegen ein Interesse daran, dass die Willenserklärung so zu interpretieren ist, wie er sie gemeint hat, während der Erklärungsempfänger oder die Erklärungsempfängerin verständlicherweise möchte, dass sie so auszulegen ist, wie er sie verstanden hat. Das Lösungskonzept liegt in einer **Auslegung aus der Sicht eines objektiven dritten Beobachters nach den §§ 133, 157 BGB** (auch Auslegung nach dem objektiven Empfängerhorizont genannt): Danach kommt es darauf an, wie ein objektiver dritter Beobachter, der mit den äußeren Umständen der Erklärung vertraut ist, im konkreten Fall den Inhalt einer Willenserklärung oder eines Vertrags verstanden hätte. Diese Auslegung ist eine Ausprägung des Verkehrsschutzes. Der Privatrechtsverkehr soll sich darauf verlassen können, dass eine Erklärung so verstanden werden kann, wie sie zu deuten ist und nicht wie sie gemeint ist. Das kann, muss aber nicht mit dem Gemeinten übereinstim- 69 men. Prominentes Beispiel ist, dass auch eine beidseitige Falschbezeichnung nicht schadet (**Grundsatz der falsa demonstratio non nocet**).

**Beispiele**

- Der Bürgermeister Herr Fläusche (F) der Stadt Sassnitz (S) und der Geschäftsführer Kornfeld (K) der Management-Institut Dr. A. Kitzmann GmbH & Co. KG (M) verhandeln über eine Fortbildung zur Personalführung, die M für die Mitarbeiter der S veranstalten soll. K schickt im Namen der M dem F ein von ihm unterzeichnetes Vertragsformular, in dem die Nummer 26 bezeichnet ist. F unterzeichnet das Formular im Namen der S und übersendet es zurück zu K.
  F und K gehen davon aus, dass es sich bei der Nummer 26 um die Fortbildung zur Personalführung handelt. Tatsächlich bezeichnet diese Nummer aber ein Rhetorikseminar, das beiden nicht aufgefallen ist. Aus Sicht eines objektiven dritten Beobachters stimmen nach den §§ 133, 157 BGB das Gewollte und das Erklärte überein, nämlich dass es sich bei der Nummer 26 nicht um ein Rhetorikseminar, sondern um eine Fortbildung zur Personalführung handelt. Die beidseitige Falschbezeichnung schadet nicht. Ein Irrtum liegt nicht vor.
- Ein Klassiker aus dem Urteil des deutschen Reichsgerichts vom 8. Juni 1920: Herr Kabbes (K) schließt mit Herrn Vacek (V) einen Kaufvertrag nach § 433 über den Erwerb von 214 Fass „Haakjöringsköd" aus Norwegen. Beide gehen davon aus, dass es sich bei „Haakjöringsköd" um Walfleisch handele. Tatsächlich bezeichnet im Norwegischen das Wort „Haakjöringsköd" jedoch Haifischfleisch. Aus Sicht eines objektiven dritten Beobachters stimmen nach den §§ 133, 157 BGB das Gewollte und das Erklärte überein, nämlich dass es sich bei dem Wort „Haakjöringsköd" nicht um Haifischfleich, sondern um Walfleisch handelt. Die beidseitige Falschbezeichnung schadet nicht. Ein Irrtum liegt nicht vor.

70 In der Sache gibt es **keine Unterschiede** zwischen der Regel für die Auslegung von Verträgen und der für die Auslegung von Willenserklärungen. Denn ein Vertrag besteht aus mindestens zwei sich inhaltlich übereinstimmenden Willenserklärungen, Angebot und Annahme (vgl. § 151 S. 1 BGB, näher hierzu Rn. 185 ff.). Ein bestimmtes Verständnis von dem, was man mit der Willenserklärung sagt, bestimmt damit auch den Inhalt des Vertrags. Insofern spielt es bei Verträgen dem Grunde nach keine Rolle, ob die zum Vertrag führenden Willenserklärungen ausgelegt werden oder der Vertrag selbst. Daher ist es ratsam, eine Vorgehensweise zu wählen, die für den Leser verständlicher ist.

**Beispiel**

Im oben genannten Beispielfall des Mitarbeiters Mokus (M), der aufgrund von Schreien und Schlägen seiner Amtsleiterin Fiesling (G) sein Arbeitsverhältnis noch am selben Tag beendet, könnte er auch ein Schreiben mit dem Inhalt aufsetzen, dass er jetzt weg sei, weil er es hier nicht mehr ertrage. Den Begriff „Kündigung" hätte er in diesem Fall nicht verwendet, was unschädlich wäre. Aus Sicht eines objektiven dritten Beobachters nach den §§ 133, 157 BGB sind seine niedergeschriebenen Worte nur dahingehend zu verstehen, dass er nicht mehr zu seinem Arbeitsplatz zurückkehren und sein Arbeitsverhältnis kündigen wolle.

**Hinweise zur Fallbearbeitung** 71

Soweit beide Seiten einen schriftlichen **Vertrag** unterzeichnen, bietet es sich an, den Vertrag selbst und nicht die Willenserklärungen auszulegen. Die Willenserklärungen sind hier die Unterschriftsleistungen. Diese könnten zwar auch ausgelegt werden, ohne dass dies in der Sache einen Unterschied macht. Die Argumentation wäre aber aufwendiger, weil zusätzlich erläutert werden müsste, dass durch die Unterschrift der gesamte schriftliche Vertragsentwurf Teil der Willenserklärung wird.

Soweit aber etwa ein Verkäufer dem Käufer ein konkretes Angebot unterbreitet und dieser dies durch ein schlichtes „ja" annimmt, bietet es sich an, die **Willenserklärung** des Verkäufers auszulegen. Zwar könnte auch der Vertrag ausgelegt werden. Aber hierzu müsste zusätzlich dargelegt werden, dass das Angebot den Vertragsinhalt bestimmt hat. Das wäre für den Leser wegen des zusätzlichen argumentativen Schritts etwas umständlicher.

Bei der **Auslegung einer nicht empfangsbedürftigen Willenserklärung** wird 72 dagegen nicht nach dem objektiven Empfängerhorizont ausgelegt. Da sie nicht bekannt gegeben werden muss, ist es nicht erforderlich, den Privatrechtsverkehr vor ihr zu schützen. Entscheidend ist der wirkliche Willen des Erklärenden, also das Gemeinte. Insofern kommt hier nur § 133 BGB zur Anwendung. Auf § 157 BGB ist nicht einzugehen.

**Beispiel**

Bei der Auslegung eines Testaments ist maßgeblich, wie der Erblasser als Erklärender etwas gemeint hat, nicht wie Erben es als Erklärungsempfänger verstanden haben oder verstehen mussten.

cc) **Bestandteile.** Schon der Name „Willenserklärung" offenbart, dass eine Wil- 73
lenserklärung aus **zwei Teilen** besteht:

- dem Willen (= innerer, subjektiver Tatbestand) und
- der Äußerung dieses Willens in Form einer Erklärung (= äußerer, objektiver Tatbestand).

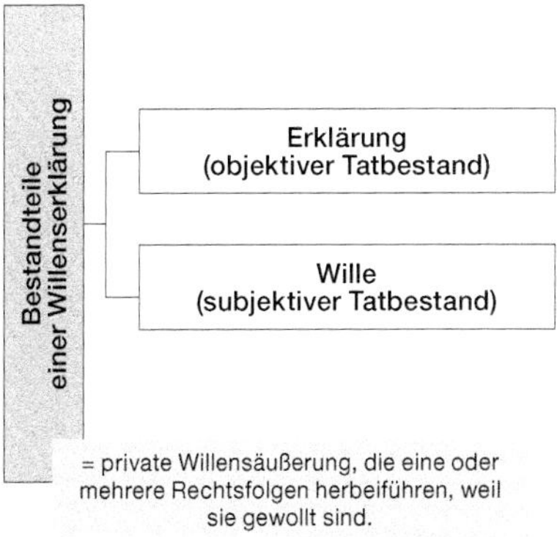


**Abb. 11:** Bestandteile der Willenserklärung

74 **Hinweise zur Fallbearbeitung**

Die einzelnen Bestandteile einer Willenserklärung stellen Prüflingen oft insoweit vor Schwierigkeiten, als vielen der Prüfungsort und die Prüfungsweise in Rahmen einer gutachterlichen Falllösung Probleme bereiten. Hinter den abstrakten Begriffen wie Willenserklärung und Rechtsgeschäfte stehen konkrete Kündigungserklärungen, Angebote u. ä. Das sollte man sich immer wieder vor Augen führen. Die Begriffe Willenserklärung und Rechtsgeschäfte sind im lapidaren Ausdruck die „Geister" des BGB, die sich hinter Kündigungserklärungen, Angeboten u. ä. verbergen (vgl. hierzu Rn. 87).
Soweit also beispielsweise der Rechtsbindungswille eines Kaufvertragsangebots problematisch ist, muss dieser im Prüfungspunkt „Angebot" nach der Definition des Vertrags thematisiert werden. Falsch wäre es, die Willenserklärung oder das Rechtsgeschäft zu definieren und darunter zu subsumieren. Bereitet hingegen das Schweigen einer Kaufvertragsannahme Probleme, ist diese im Prüfungspunkt „Angebot" nach der Definition des Vertrags und der Erörterung des Angebots zu untersuchen. Werfen Handlungs-, Erklärungs- und Geschäftswille keine Probleme auf, so ist auf diese nicht einzugehen. Ist beispielsweise insbesondere von einem Erklärungs- und Geschäftswillen auszugehen, so bedürfen sie keiner Erörterung. Man kann hier direkt zu § 142 Abs. 1 BGB übergehen.

75 Der **objektive Tatbestand** besteht aus der „Erklärung" des Willens, der von einem Rechtsbindungswillen getragen wird. Er ist von einer reinen Gefälligkeit im Sinne eines Freundschaftsdienstes abzugrenzen, die nicht von einem solchen Rechtsbindungswillen getragen ist.

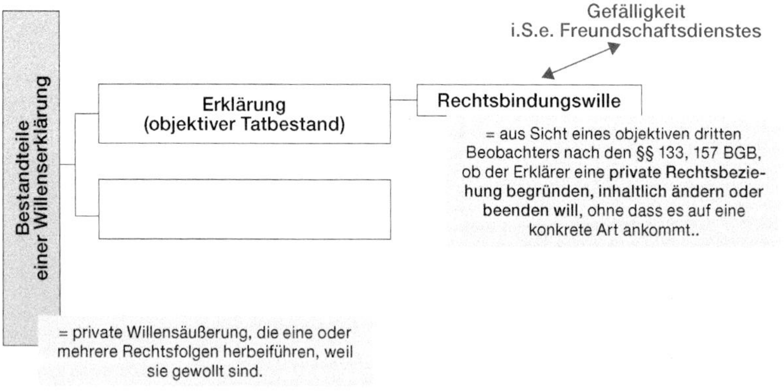


**Abb. 12:** objektiver Tatbestand der Willenserklärung (Rechtsbindungswille)

76 Die **Erklärung des Willens** liegt in jedem Verhalten des Erklärenden, das nach den §§ 133, 157 BGB aus der Sicht eines objektiven dritten Beobachters, der mit den äußeren Umständen der Erklärung vertraut ist, auf einen **Rechtsbindungswillen** schließen lässt. Er muss erkennen können, ob der Erklärer eine private

Rechtsbeziehung begründen, inhaltlich ändern oder beenden will, ohne dass es auf eine konkrete Art ankommt. Er muss sich also an seine Erklärung und den daraus ggf. entstehenden Folgen rechtlich binden lassen wollen, samt all ihren Vor- und Nachteilen. Wenn die Erklärung des Willens einen solchen Rechtsbindungswillen nicht erkennen lässt, handelt es sich um bloße **Gefälligkeit** im Sinne eines Freundschaftsdienstes, die ein Verhalten im gesellschaftlichen Bereich, aber keine Willenserklärung ist.

**Beispiele**
- Das Gießen des Gartens oder der Pflanzen im Nachbarschaftsgrundstück
- Die Mitnahme von Kindern zum Kindergarten, zur Schule oder zu Sportveranstaltungen
- Die Einladung zum Abendessen

### *4. Übungsfall: „Nerviger Herr Nervig" – objektiver Tatbestand der Willenserklärung (Rechtsbindungswille) und ihre Auslegung aus der Sicht eines objektiven dritten Beobachters (§§ 133, 157 BGB), s. Fall- und Übungsbuch*

Hinsichtlich der **Art und Weise**, wie man eine Willenserklärung abgeben kann, 77
sollte man den Begriff der „Willenserklärung" zunächst nicht zu wörtlich nehmen. „Erklären" meint nicht zwingend, dass der Erklärende den Mund öffnen, etwas sagen muss, um eine Willenserklärung abzugeben.

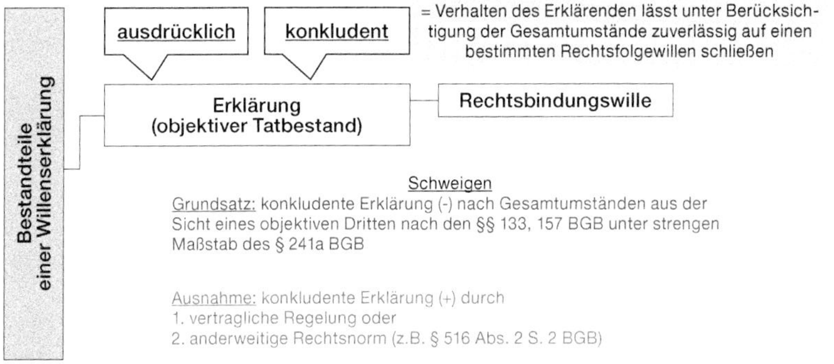


**Abb. 13:** Art und Weise der Willenserklärung

Man kann den Willen ausdrücklich, durch Sprechen (sog. **ausdrückliche Willenserklärung**) oder durch konkludentes, stillschweigendes Verhalten, beispielsweise durch Nicken, Kopfschütteln, Anzeigen des Kaufpreises mit den Fingern oder Zerreißen eines Vertragsentwurfes (sog. **konkludente Willenserklärung**) erklären. Eine konkludente Willenserklärung liegt vor, wenn das Verhalten des Erklärenden unter Berücksichtigung der Gesamtumstände zuverlässig auf einen bestimmten Rechtsfolgewillen schließen lässt. 78

**Beispiel**
Als Herr Mokus (M) wegen seines beendeten Arbeitsverhältnisses zur Hanse- und Universitätsstadt Rostock (R) einen depressiven Tag erwischt, geht er in

die Rostocker „andere Buchhandlung“ von Manfred Leipler (L), nimmt das Buch „Das Café am Rande der Welt?“ des Autors John Strelecky aus dem Regal, legt wortlos den Kaufpreis i. H. v. 16,00 € in bar auf den Kassentresen, an dem K steht, und verlässt schlecht gelaunt den Buchladen.
In dem „16,00 € in bar auf den Kassentresen legen“ liegt ein schlüssiges Handeln, mithin eine konkludente Willenserklärung in Form eines Angebots zum Abschluss eines Kaufvertrags nach § 433 BGB. Er hätte dieses Angebot auch ausdrücklich erklären können, indem er beispielsweise gegenüber K „Guten Tag, ich möchte dieses Buch kaufen“ äußert.

79 Soweit jemand nichts macht, stellt das **Schweigen** kein Handeln und damit auch keine (Willens-)Erklärung dar. Dem wird regelmäßig § 241a BGB entgegenstehen, der in vielen Fällen sämtliche Ansprüche des Versenders klarstellend ausschließt. Sinn und Zweck des § 241a BGB ist es, unlautere Geschäftspraktiken zu unterbinden. Ein Schweigen kann nur dann einen konkludenten Erklärungswert haben, wenn ihm entweder die Vertragsparteien oder eine Rechtsnorm (beispielsweise § 516 Abs. 2 S. 2 BGB) einen solchen beimessen.

***5. Übungsfall: „Atempause“ – Art und Weise der Willenserklärung: Schweigen, s. Fall- und Übungsbuch***

80 Der **subjektive Tatbestand** einer Willenserklärung besteht aus dem wirklichen Willen des Erklärenden, der drei Bestandteile beinhaltet:
- Handlungswille,
- Erklärungswille und
- Geschäftswille.

Das Fehlen eines dieser Elemente führt – je nach Konstellation – zu unterschiedlichen Rechtsfolgen: Bei Fehlen des Handlungs- oder Erklärungswillens existiert keine Willenserklärung, wohingegen bei Fehlen des Geschäftswillens eine Willenserklärung existent wird.

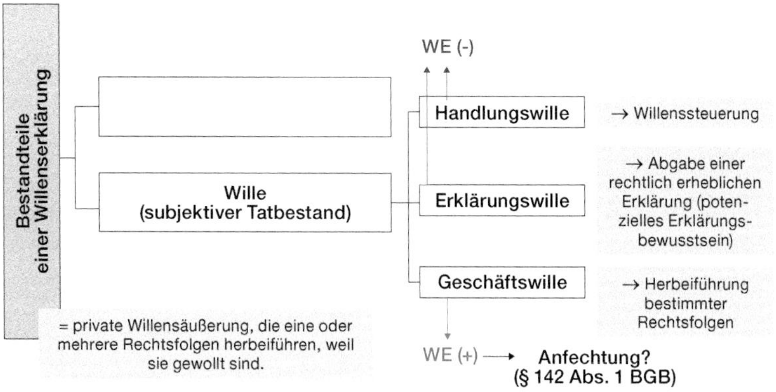


**Abb. 14:** subjektiver Tatbestand der Willenserklärung (Handlungs-, Erklärungs- und Geschäftswille)

Die Willenserklärung muss von einem **Handlungswillen** getragen sein. Gemeint ist damit das Bewusstsein, eine bestimmte Handlung vornehmen zu wollen. Er liegt bei jedem willensgesteuerten Verhalten vor und fehlt nur, wenn ein Verhalten nicht willensgesteuert ist. Fehlt es am Handlungswillen, so liegt keine Willenserklärung vor. Man will hier also handeln. 81

**Beispiele**

- Sprechen, Nicken, Kopfschütteln u. ä., nicht hingegen bei unbewussten Bewegungen wie bei Reflexen oder Handlungen im Schlaf.
- Soweit Handlungen durch Drohungen veranlasst werden, liegt trotzdem ein Handlungswille vor. Der oder die Handelnde will zwar nicht handeln, tut es aber willensgesteuert unter dem Bewusstsein der Drohung. Womöglich kommt aber eine Anfechtung nach § 142 Abs. 1 BGB in Betracht.

Die Willenserklärung muss auch von einem **Erklärungswillen** getragen sein. Gemeint ist damit das Bewusstsein, mit der Handlung eine rechtlich erhebliche Erklärung abgeben zu wollen. Ausreichend ist ein **„potenzielles Erklärungsbewusstsein"**. Das liegt vor, wenn der Erklärende bei pflichtgemäßer Sorgfalt hätte erkennen können, dass sein Verhalten als Erklärungswille gewertet werden wird. Fehlt es am Erklärungswillen, so liegt **keine** Willenserklärung vor. Eine Vertragsloslösung kommt ggf. im Wege der Anfechtung nach § 142 Abs. 1 BGB in Betracht. Man will hier also rechtlich erheblich handeln. 82

**Beispiele**

- Handheben, das während einer Auktion zum Zuschlag führt und für einen objektiven dritten Beobachter als Gebot zu werten ist, obwohl in Wahrheit einem Freund gewinkt werden soll.
- Das Unterschreiben eines Kaufangebots im falschen Bewusstsein, es handele sich um eine Kündigungserklärung.

Die Willenserklärung muss auch von einem **Geschäftswillen** getragen sein. Gemeint ist damit das Bewusstsein, mit der Handlung eine bestimmte Rechtsfolge herbeiführen zu wollen. Fehlt es am Geschäftswillen, so liegt dennoch – anders als beim Fehlen des Handlungs- und Erklärungswillens – **eine** Willenserklärung vor. Eine Vertragsloslösung kommt ggf. im Wege der Anfechtung nach § 142 Abs. 1 BGB in Betracht. Man möchte hier also eine bestimmte Rechtsfolge auslösen. 83

**Beispiele**

- Die Bestellung von Hundefutter in einem Online-Shop aufgrund der versehentlich falschen Eingabe einer Bestellnummer, womit eigentlich Katzenfutter bestellt werden sollte.
- Handheben, das während einer Auktion zum Zuschlag führt und für einen objektiven dritten Beobachter nach den §§ 133, 157 BGB als Gebot zu werten ist, obwohl in Wahrheit einem Freund gewinkt werden soll.
- Das Unterschreiben eines Kaufangebots im falschen Bewusstsein, es handele sich um eine Kündigungserklärung.

**dd) Wirksamwerden.** Damit eine existierende Willenserklärung **rechtliche Relevanz** erlangt, muss sie objektiv kundgetan werden. Dies geschieht durch eine 84

Erklärungshandlung, die nach außen dringt. Man spricht hier vom Wirksamwerden einer Willenserklärung. Dies geschieht regelmäßig durch ihre Abgabe und ihren Zugang (vgl. § 130 Abs. 1 S. 1 BGB).

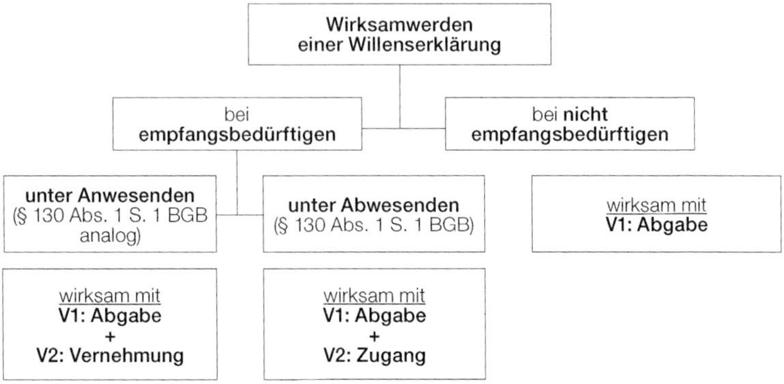


**Abb. 15:** Wirksamwerden der Willenserklärung

85 Erste Wirksamkeitsvoraussetzung ist, dass sie **abgegeben** wird. Das ist der Fall, wenn sie bewusst und gewollt so in Richtung des Empfängers auf den Weg gebracht wurde, dass der Erklärende nichts weiter tun muss, damit die Willenserklärung wirksam wird. Das ist üblicherweise unproblematisch der Fall.

**Beispiele**
- Herr Krause (K) erstellte einen Vertragsentwurf, den er noch überarbeiten will. K gab seine auf Vertragsschluss gerichtete Willenserklärung bisher nicht ab.
- In anderer Sache möchte K ein Buch online erwerben, füllt bei der Otto GmbH & Co. KG (O) die Bestellung aus und drückt die Enter-Taste, wodurch er das Angebot abgibt.

86 Bei einer **empfangsbedürftigen Willenserklärung** ist für ihre Wirksamkeit eine **weitere Voraussetzung** erforderlich. Bei einer **nicht empfangsbedürftigen** Willenserklärung bedarf es dieser zusätzlichen Voraussetzung **nicht.**

87 **Hinweise zur Fallbearbeitung**

Wie auch die einzelnen Bestandteile einer Willenserklärung sind gleichsam die Voraussetzungen des Wirksamwerdens einer Willenserklärung im Rahmen einer gutachterlichen Falllösung dort zu problematisieren, wo Erörterungsbedarf entsteht. Das ist nicht bei einem nicht existierenden abstrakten Prüfungspunkt „Willenserklärung" der Fall, sondern bei der konkreten Kündigungserklärung, dem konkreten Angebot u. ä. Bereiten die hiesigen Voraussetzungen keine Probleme, so ist auf sie nicht einzugehen (vgl. hierzu Rn. 74). Bei nicht empfangsbedürftigen und empfangsbedürftigen Willenserklärungen unter Anwesenden werden sich in der Regel keine Probleme ergeben. Probleme ergeben sich – soweit hier Klausurschwerpunkt – bei empfangsbedürftigen Willenserklärungen unter Abwesenden nach § 130 Abs. 1 S. 1 BGB.

Zu klären sind dann ggf. (1) die Bestandteile einer Willenserklärung und sodann (2) das Wirksamwerden der Willenserklärung.

Für die **Wirksamkeit der empfangsbedürftigen Willenserklärungen** ist weiter zu unterscheiden, ob sie 88
- unter Anwesenden (§ 130 Abs. 1 S. 1 BGB analog) oder
- unter Abwesenden (§ 130 Abs. 1 S. 1 BGB) erklärt werden.

Dabei gilt, dass **§ 130 Abs. 1 S. 1 BGB** nur die Frage regelt, wann eine empfangsbedürftige Willenserklärung unter Abwesenden wirksam wird. Zur Frage der Wirksamkeit von empfangsbedürftigen Willenserklärungen unter Anwesenden schweigt das Bürgerliche Gesetzbuch, sodass für diese Konstellationen § 130 Abs. 1 S. 1 BGB analog angewendet wird.

Für Willenserklärungen **unter Anwesenden** gilt § 130 Abs. 1 S. 1 BGB analog. 89
Ihre Wirksamkeit setzt danach voraus, dass (1) der Erklärer sie abgibt und (2) der Empfänger sie vernimmt. Dies ist selten problematisch.
Für Willenserklärungen **unter Abwesenden** gilt § 130 Abs. 1 S. 1 BGB. Ihre Wirksamkeit setzt danach voraus, dass (1) der Erklärer sie abgibt und (2) sie dem Empfänger zugeht. Der Zugang kann problematisch sein. Verlangt wird er aus Gründen des Verkehrsschutzes, damit sich der Erklärungsempfänger mit der durch die Erklärung bewirkten neuen Rechtslage auseinandersetzen kann.

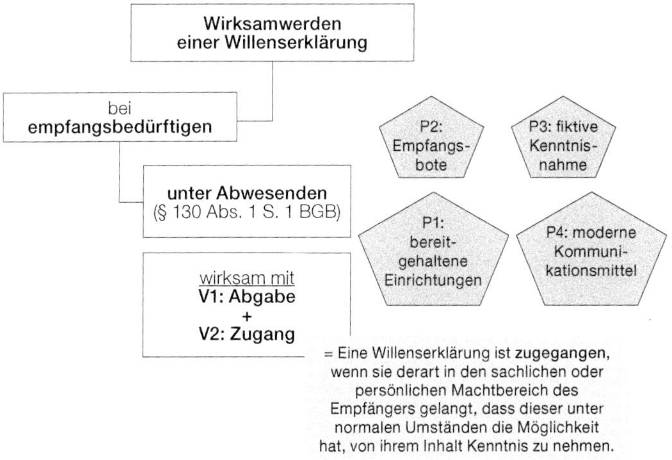


**Abb. 16:** Zugang der empfangsbedürftigen Willenserklärung unter Abwesenden (§ 130 Abs. 1 S. 1 BGB)

Eine Willenserklärung ist **zugegangen**, wenn sie derart in den sachlichen oder persönlichen Machtbereich des Empfängers gelangt, dass dieser unter normalen Umständen die Möglichkeit hat, von ihrem Inhalt Kenntnis zu nehmen. Letzteres richtet sich nach den Gepflogenheiten des Rechtsverkehrs. Die Willenserklä- 90 rung wird aber nach § 130 Abs. 1 S. 2 BGB nicht wirksam, wenn dem Empfänger vorher oder gleichzeitig ein Widerruf zugeht.

Der Zugang hat damit folgende Voraussetzungen (***1. Prüfungsschema, vgl. Fall- und Übungsbuch***):

1. Die Willenserklärung muss in den sachlichen oder persönlichen Machtbereich des Empfängers gelangen;
2. für den Empfänger muss unter normalen Umständen die Möglichkeit bestanden haben, von ihrem Inhalt Kenntnis zu nehmen;
3. der Erklärende darf die Willenserklärung nach § 130 Abs. 1 S. 2 BGB nicht rechtzeitig widerrufen haben.

RF: Zugang der Willenserklärung gegenüber Abwesenden i. S. d. § 130 Abs. 1 S. 1 BGB

Verkörperte, meist also schriftlich fixierte Willenserklärungen, gehen unter Berücksichtigung der oben genannten Kriterien grundsätzlich mit der Aushändigung an den Empfänger zu. Zu dem räumlichen Machtbereich des Empfängers gehören dabei auch die von ihm zum Empfang von Erklärungen **bereitgehaltenen Einrichtungen**. Ein Schriftstück gelangt demnach in den Machtbereich, wenn es in das Postfach eingelegt, in den Briefkasten eingeworfen, unter der Tür durchgeschoben, auf den Schreibtisch gelegt oder die Fernkopie auf dem Faxgerät des Empfängers ausgedruckt oder abgespeichert wird. Ein (Übergabe-)Einschreiben hält sich beispielsweise jedoch nicht in dem Herrschaftsbereich des Empfängers auf, wenn der Briefträger eine Benachrichtigung in den Briefkasten wirft. In diesen Fällen verbleibt die Erklärung bis zur Abholung im Machtbereich der Post. Wird das Schreiben nicht innerhalb der postüblichen 7-Tagesfrist abgeholt, so ist es nicht zugegangen.

**Beispiel**
Im oben genannten Beispielsfall kündigt der Mitarbeiter Mokus (M) sein zur Hanse- und Universitätsstadt Rostock (R) bestehendes Arbeitsverhältnis, indem er sein Kündigungsschreiben seiner Amtsleiter Fiesling (F) auf ihren Tisch „knallt“. Diese Erklärung wirkt nach § 164 Abs. 3 i. V. m. Abs. 1 S. 1 BGB unmittelbar für und gegen R, sodass R die Kündigungserklärung in diesem Moment zugeht. M hätte sein Kündigungsschreiben aber auch in den Briefkasten der R werfen können.

91 Die Aushändigung der verkörperten Willenserklärung muss aber nicht zwingend an den Empfänger oder an seine vertretungsberechtigten Personen erfolgen. Es genügt auch die Aushändigung an einen **Empfangsboten** des Empfängers. Das ist jede zur Entgegennahme rechtsgeschäftlicher Erklärungen nach der Organisation des Empfängers grundsätzlich geeignete und bereite Person. Der Empfangsbote kann daher auch als „menschlicher Briefkasten“ bezeichnet werden. Dabei kommt es nicht auf eine ausdrückliche Ermächtigung, sondern auf die Verkehrsanschauung an. In Privathaushalten sind danach Empfangsboten alle erwachsenen Mitglieder der Familien- und Hausgemeinschaft wie Ehegatten, Lebenspartner, Partner oder Mitmieter, nicht hingegen Nachbarn, Handwerker oder das Reinigungspersonal. Im geschäftlichen Bereich ist insbesondere auf die

Eignung und die entsprechende organisatorische Eingliederung abzustellen. So macht es einen Unterschied, ob eine Erklärung gegenüber dem Sekretär des Geschäftsführers oder gegenüber einem Hausmeister einer GmbH abgegeben wird.

**Beispiel**

Vermieter Vaden (V) trifft mit seinem Kündigungsschreiben am 30. September in der Wohnung des Mieters Mullerich (M) seine Lebensgefährtin Funny (F) an, der er auch das Schreiben persönlich übergibt. Da F wegen der Kündigung weitere Wutausbrüche des M befürchtet, entscheidet sie sich dazu, ihm den Brief zu verheimlichen und ihn außerhalb der Wohnung zu entsorgen.

Das Kündigungsschreiben ist in die Wohnung des M als seinen Machtbereich gelangt. Indem zu erwarten war, dass eine Lebensgefährtin ihrem Lebensgefährten das Schreiben übergibt, bestand nach den Gepflogenheiten des Verkehrs die Möglichkeit, dass M von dem Inhalt des Schreibens Kenntnis nimmt. Sie war Empfangsbotin. Zum Schutz des Rechtsverkehrs geht hier das Verlustrisiko zulasten des Empfängers V.

Probleme können sich ergeben, soweit der Empfänger von der Willenserklärung 92 tatsächlich keine Kenntnis gneommen hat, obwohl ihm dies grundsätzlich möglich gewesen wäre, oder der Empfänger zwar von ihr Kenntnis genommen hat, die Festlegung des Zeitpunkts des Zugangs aber unklar ist. Dass der Empfänger tatsächlich von der Willenserklärung Kenntnis nimmt, wird nicht verlangt. Ausreichend ist die **fiktive Kenntnisnahme**. Dies wird mittelbar bestätigt durch § 312i Abs. 1 S. 2 BGB, der im elektronischen Geschäftsverkehr für den Zugang von Bestellungen und Empfangsbestätigungen nur die Möglichkeit des Abrufs unter gewöhnlichen Umständen verlangt. Eine Willenserklärung geht also zu dem Zeitpunkt zu, in welchem der Empfänger nach den Gepflogenheiten des Verkehrs die Möglichkeit hat, von dem Inhalt der Willenserklärung Kenntnis zu nehmen. Entscheidend ist damit der regelmäßige Verlauf der Dinge. Das kann, muss aber nicht der Zeitpunkt der Aushändigung oder Übermittlung sein. Dies gilt vorwiegend für Fälle, in denen mit üblichen Geschäftszeiten gerechnet werden muss. Befindet sich der Empfänger im Urlaub, so ist nach den Gepflogenheiten des Verkehrs trotzdem mit der Möglichkeit der Kenntnisnahme zu rechnen, da dies als außergewöhnlicher Umstand in die Risikosphäre des Empfängers fällt. Gleiches gilt für Fälle, in denen der Empfangsbote die Nachricht entgegen den Erwartungen des Rechtsverkehrs nicht übermittelt. Mit solchen Hindernissen muss der Erklärende i. S. d. Schutzes des Rechtsverkehrs nicht rechnen, wohingegen der Empfänger für diese Fälle Vorkehrungen treffen kann. Erfährt der Erklärungsempfänger vor dem fiktiven Zugangszeitpunkt von der Willenserklärung, so ist ihm diese Willenserklärung freilich zuvor mit der tatsächlichen Kenntnis zugegangen.

**Beispiel**

Vermieter Vogel (V) wirft am 1. November gegen 17:30 Uhr eigenhändig ein Kündigungsschreiben in den Briefkasten des Mieters Möller (M). M ist vom 1. bis zum 7. November urlaubsbedingt verreist.

Das Kündigungsschreiben ist in den Briefkasten des M als seinen Machtbereich gelangt, und ihm war auch gegen 17:30 Uhr eine Kenntnisnahme des Schreibens möglich. Nach der Verkehrsanschauung wirft jedoch kein Postbote mehr gegen 17:30 Briefe in Briefkästen, sodass das Schreiben ihm am 2. November zugegangen ist. Dieser Zugangszeitpunkt ist unabhängig davon, ob M am 2. November tatsächlich in den Briefkasten schaut oder – wie hier – urlaubsbedingt nicht schauen kann. Zum Schutz des Rechtsverkehrs hat M dafür Sorge zu tragen, dass die eingehende Post ihn auch erreicht.

93 Praxisrelevant sind auch Zugangsprobleme bei **modernen Kommunikationstechniken**, insbesondere bei „verloren gegangenen" E-Mails im Geschäftsverkehr. Eine elektronisch versandte E-Mail gilt grundsätzlich als zugegangen, wenn sie im unternehmerischen Geschäftsverkehr während der üblichen Geschäftszeiten auf dem empfangsbereiten Mailserver des Empfängers bereitgestellt wurde und sich diese im originalen Textteil der E-Mail und nicht nur im Anhang befunden hat. Der Mailserver ist – vergleichbar mit einem Briefkasten – geschützt durch Zugangsname und Passwort und damit elektronisches Postfach. Ein Herunterladen auf den eigenen Rechner ist nicht erforderlich. Spamfilter des Anbieters können aber dazu führen, dass der Empfänger eine E-Mail nicht zur Kenntnis nimmt. Fraglich ist dann oftmals, ob der Empfänger in diesen Fällen unter normalen Umständen die Möglichkeit hat, von ihrem Inhalt Kenntnis zu nehmen. Filtert der Anbieter des Empfängers die E-Mail ohne dessen Zutun als Spam heraus, so wird dies regelmäßig zu verneinen sein.[7] Der Anbieter informiert regelmäßig nicht über den Eingang von Spam-E-Mails. Er filtert sie auch in einer Weise aus, ohne das der bestimmte Empfänger darauf konkret Einfluss nehmen kann. Dies gilt selbst dann, wenn eine Behörde dem Drittanbieter aufträgt, welche Art von E-Mails im Spam landen sollen und welche nicht. Der einzelne Mitarbeiter wird hierauf bei einer einzelnen E-Mail als Empfänger kaum Einfluss haben. Der Erklärende trägt damit das Risiko, dass eine E-Mail das Postfach des Empfängers nicht erreicht. Im Einzelfall kann dies nur dann anders zu bewerten sein, wenn hierfür besondere Umstände vorliegen. Das kann beispielsweise der Fall sein, soweit ein Empfänger aufgrund umfangreicher Vertragsverhandlungen und etwa einer Ankündigung mit der Absendung einer E-Mail rechnen muss oder ihm diese der Erklärer sogar ankündigte.

***6. Übungsfall: „Chefsache" – Wirksamwerden einer empfangsbedürftigen Willenserklärung mit ihrem Zugang unter Abwesenden (§ 130 Abs. 1 S. 1 BGB), s. Fall- und Übungsbuch***

94 **Nicht empfangsbedürftige Willenserklärungen** werden – wie bereits erörtert (näher hierzu Rn. 86) – mit ihrer bloßen **Abgabe** wirksam.

**Beispiel**
Mit dem eigenhändigen Verfassen des Testaments (§ 1937 BGB) ist dieses wirksam. Die Abgabe reicht hierfür aus.

---

7 So auch etwa Schnauder, Grundzüge des Privatrechts für den Bachelor, 5. Auflage 2020, Rn. 79: „Am Zugang fehlt es daher schon, wenn die E-Mail vom Anbieter des Empfängers ohne dessen Zutun als Spam herausgefiltert wird."

## 2. Rechtsgeschäftsähnliche Handlungen

Rechtssubjekte gestalten ihre privatrechtlichen Beziehungen im Privatrechtsverkehr auch durch rechtsgeschäftsähnliche Handlungen. Sie bezeichnen Erklärungen, deren **Rechtsfolge kraft Gesetzes** eintritt, ohne Rücksicht darauf, ob der Erklärende sie gewollt hat oder nicht. Die Rechtsfolge tritt also wegen der Erklärung ein. 95

**Beispiel**
Eine Mahnung zieht automatisch die Rechtsfolge nach sich, dass der Schuldner bei Nichtzahlung in Verzug gerät (§ 286 Abs. 1 BGB). Dies geschieht unabhängig von einem etwaigen Willen des oder der Erklärenden.

## 3. Realakte

Ferner werden privatrechtliche Beziehungen im Privatrechtsverkehr auch durch Realakte gestaltet. Sie bezeichnen **rein tatsächliche Vorgänge**, die mit einer bestimmten Rechtsfolge verknüpft sind. Die Rechtsfolge tritt also wegen des tatsächlichen Vorganges ein. 96

**Beispiel**
Soweit jemand auf der Straße eine Geldbörse findet und sie aufhebt, wird diese Person durch den tatsächlichen Vorgang „Aufheben“ nach § 854 Abs. 1 BGB Besitzer der Geldbörse.

**Hinweise zur Fallbearbeitung** 97

Realakte können in einer Fallbearbeitung an unterschiedlichen Stellen als Tatbestandsvoraussetzung auftauchen. Sie zeichnen sich dadurch aus, dass etwas konkret geschieht, jemand tatsächlich handelt. So etwa bei:
- § 362 Abs. 1 BGB: Leistungshandlung des richtigen Schuldners und des richtigen Gläubigers
- (§ 437 Nr. 3 Alt. 1 i. V. m.) §§ 280 ff. BGB: Pflichtverletzung
- § 254 Abs. 2 S. 2 BGB: Mitverschulden
- § 812 Abs. 1 S. 1 Alt. 1 BGB: Das etwas Erlangte und die Leistung
- § 823 Abs. 1 und § 831 Abs. 1 S. 1 BGB: Verletzungshandlung
- § 929 S. 1 BGB: Übergabe

**Grundsätzlich zur Zurechnung schon an dieser Stelle:**
Juristischen Personen kann das tatsächliche Handeln (Realakte) ihres Organs nach §§ 31 (analog), 89 Abs. 1 BGB (hierzu näher Rn. 458 ff.), ihres gesetzlichen Vertreters nach § 278 S. 1 Alt. 1 BGB (hierzu näher Rn. 473 f.) und ihres Erfüllungsgehilfen nach § 278 S. 1 Alt. 2 BGB (hierzu näher Rn. 465 ff.) zugerechnet werden. Darüber hinaus kann die juristische Person wegen der Zurechnung des tatsächlichen Handelns ihres Verrichtungsgehilfen auch eine Schadensersatzpflicht aus § 831 Abs. 1 S. 1 BGB (näher hierzu Rn. 589 ff.) oder wegen eigenen Organisationsverschuldens eine Schadensersatzpflicht aus § 823 Abs. 1 BGB (näher hierzu Rn. 584) treffen.
Zu unterscheiden ist die Zurechnung tatsächlichen Handelns von der Zurechnung von Willenserklärungen (Rechtsgeschäften), die im Wege der Stellvertretung nach § 164 BGB erfolgt (vgl. hierzu Rn. 234 ff. und 457).

## V. Schuldverhältnis als rechtliche Verbindung im Privatrechtsverkehr

98 Wenn zwei oder mehr Rechtssubjekte im Privatrechtsverkehr durch Rechte und Pflichten miteinander verbunden sind, also zwischen ihnen eine rechtliche Beziehung existiert, spricht man davon, dass zwischen ihnen ein **Schuldverhältnis** besteht. Es zeichnet sich dadurch aus, dass eine Person von einer anderen eine Leistung verlangen kann (§ 241 Abs. 1 S. 1 BGB), also einen **Anspruch** hat. Die Legaldefinition dieses zentralen zivilrechtlichen Rechtsbegriffs findet sich in § 194 Abs. 1 BGB: Danach ist ein Anspruch das Recht, von einem anderen ein Tun oder Unterlassen zu verlangen (vgl. hierzu Rn. 140 ff.).

**Beispiele**
- Anspruch auf Übergabe und Übereignung einer Sache nach § 433 Abs. 1 S. 1 BGB
- Anspruch auf Kaufpreiszahlung nach § 433 Abs. 2 Hs. 1 BGB

99 Keine Ansprüche sind **Rechte**, die ein bestimmtes eigenes Verhalten gestatten. Ihre Ausübung kann aber Auswirkung auf Ansprüche entfalten.

**Beispiele**
- Anfechtungsrecht nach § 142 Abs. 1 BGB
- Aufrechnungsrecht nach § 389 Abs. 1 BGB
- Kündigungsrecht nach § 314 Abs. 1 S. 1 BGB

### 1. Arten

100 Hinsichtlich der Schuldverhältnisse ist ihrer Art nach zwischen
- dem Schuldverhältnis i. e. S. und
- dem Schuldverhältnis i. w. S zu unterscheiden.

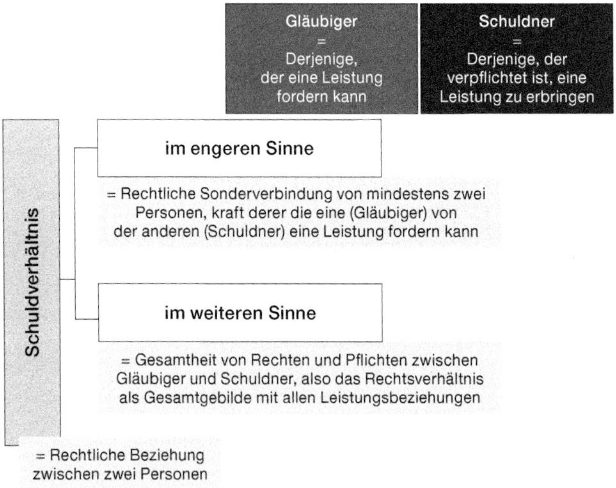


**Abb. 17:** Arten von Schuldverhältnissen

**a) Schuldverhältnis i. e. S.** Ein Schuldverhältnis i. e. S. ist eine **rechtliche Sonderverbindung** von mindestens zwei Personen, kraft derer die eine (Gläubiger) von der anderen (Schuldner) eine Leistung fordern kann. **Gläubiger** ist derjenige, der eine Leistung fordern kann. Ihm steht ein Anspruch zu („Er glaubt, dass er eine Leistung erhält"). **Schuldner** ist dagegen derjenige, der verpflichtet ist, eine Leistung zu erbringen. Er muss einen Anspruch erfüllen („Er schuldet eine Leistung"). Ihn treffen insoweit Pflichten. Im Rahmen eines gegenseitigen Schuldverhältnisses kann also jeder der Beteiligten vom anderen eine Leistung verlangen, ist aber umgekehrt auch zu einer Leistung verpflichtet. Beide sind also Gläubiger und Schuldner in einer Person. 101

Entscheidend an dieser Definition sind **zwei Kriterien**: (1) Zum einen muss es sich um eine rechtliche und eben nicht nur um eine rein tatsächliche Verbindung handeln. (2) Zum anderen muss eine Sonderverbindung vorliegen, d. h. es muss eine Beziehung zwischen den Parteien vorliegen, die über für alle geltende Ge- und Verbote hinausgeht.

**Beispiele**

- Kaufpreiszahlungsanspruch des Verkäufers gegen den Käufer nach § 433 Abs. 2 Hs. 1 BGB
- Anspruch des Mieters gegen den Vermieter auf Gebrauchsüberlassung der Mietsache nach § 535 Abs. 1 S. 1 BGB

**b) Schuldverhältnis i. w. S.** Ein Schuldverhältnis i. w. S. ist die **Gesamtheit** von Rechten und Pflichten zwischen Gläubiger und Schuldner, also das Rechtsverhältnis als Gesamtgebilde mit allen Leistungsbeziehungen. 102

**Beispiel**

Alle bestehenden Rechte und Pflichten zwischen den Beteiligten.

## 2. Entstehen von Schuldverhältnissen

Schuldverhältnisse können nur auf drei Wegen entstehen: 103

1. Durch Vertrag (mehrseitiges Rechtsgeschäft),
2. einseitiges Rechtsgeschäft [fast nie, daher vernachlässigbar] oder
3. Gesetz.

Wenn eine schuldrechtliche Beziehung zwischen zwei oder mehreren Personen durch entsprechende Willenserklärungen der beteiligten Personen, also freiwillig zustande kommt, liegt ein **rechtsgeschäftliches (vertragliches) Schuldverhältnis** vor. Die Rechtsfolgen treten also ein, weil sie die Parteien wollen (näher zum Rechtsgeschäft Rn. 59 ff., insbesondere Rn. 61; näher zum Vertrag Rn. 185 ff.). Dort, wo eine solche freiwillige Pflichtunterwerfung in der Praxis nicht gelingen wird und eine Partei schutzbedürftig ist, bedarf es eines **gesetzlichen Schuldverhältnisses**, also einer Rechtsnorm, die unfreiwillig einen Anspruch begründet. Der Anspruch entsteht bereits durch die Verwirklichung des gesetzlichen Tatbestandes, unabhängig vom Willen der Parteien (näher hierzu Rn. 560).

**Beispiele**

- Durch den Abschluss eines Kaufvertrags entsteht zwischen den jeweiligen Vertragsparteien ein rechtsgeschäftliches Schuldverhältnis. Den Kaufvertrag schließen die Parteien „freiwillig" ab.

- Im Rahmen eines Verkehrsunfalls entsteht zwischen den Unfallbeteiligten durch die Verwirklichung des § 823 Abs. 1 BGB ein gesetzliches Schuldverhältnis. Der Verkehrsunfall ist zwischen den Parteien „unfreiwillig" entstanden.

Aus beiden Schuldverhältnissen ergeben sich Rechte und Pflichten.

### 3. Pflichten aus einem Schuldverhältnis

104 Zu unterscheiden ist zwischen den Arten der Pflichten sowie der Wirkungsweise eines Schuldverhältnisses.

#### a) Arten der Pflichten

105 **Hinweise zur Fallbearbeitung**

Die Arten der Pflichten sind an dieser Stelle zugegebenermaßen an dieser Stelle schwer zu fassen. Um Sachverhalte rechtlich einzuordnen und zu bearbeiten, ist es jedoch wichtig, ihre Bedeutung zu verstehen.
Haupt- und Nebenleistungspflichten spielen zum einen in der noch kennen zu lernenden privatrechtlichen Anspruchshierarchie (näher hierzu Rn. 149 ff.) auf der ersten Ebene der vertraglichen Primäransprüche eine wichtige Rolle (näher hierzu Rn. 150). Sie begründen Ansprüche des Gegenübers und bilden ihren Kern.
Zum anderen kann die Verletzung von Hauptleistungsleistungspflichten, aber auch von Nebenleistungs- und Schutzpflichten im Rahmen der privatrechtlichen Anspruchshierarchie (näher hierzu Rn. 149 ff.) auf der zweiten Ebene zu vertraglichen Sekundäransprüchen führen (näher hierzu Rn. 151).

106 Sowohl der Gläubiger als auch der Schuldner sind im Rahmen eines Schuldverhältnisses **Pflichten** unterworfen. Sie lassen sich ihrer **Art** nach unterteilen
- in Leistungspflichten i. S. d. § 241 Abs. 1 BGB und
- in Schutzpflichten i. S. d. § 241 Abs. 2 BGB.

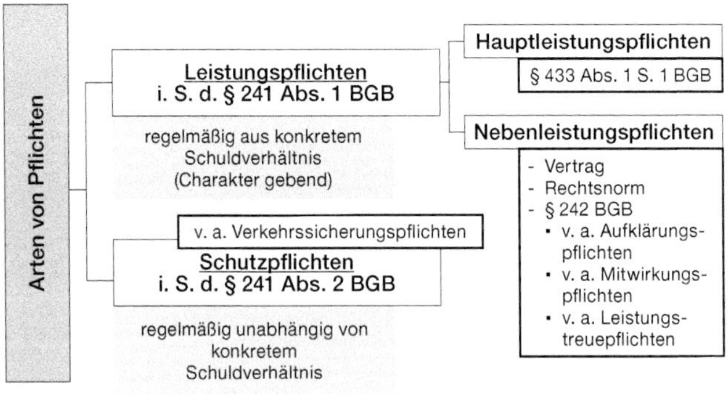


**Abb. 18:** Arten von Pflichten

107 **Leistungspflichten** i. S. d. § 241 Abs. 1 BGB unterteilen sich nochmals in Hauptleistungspflichten und Nebenleistungspflichten.

**Hauptleistungspflichten** sind Pflichten, die dem Schuldverhältnis ihren Charakter geben. Sie ergeben sich regelmäßig aus dem konkreten Schuldverhältnis, wie aus einem Kaufvertrag nach § 433 BGB.

**Beispiele**
Die Gemeinde Ostseebad Heringsdorf (H) auf Usedom erwirbt von der Strandkorbherstellerin Korbwerk Usedom GmbH & Co. KG (K) einen Strandkorb. K trifft kraft Schuldverhältnisses (hier: Kaufvertrag) nach § 433 Abs. 1 S. 1 BGB die Hauptleistungspflicht, H den Strandkorb zu übergeben und ihr das Eigentum daran zu verschaffen. Daneben trifft K aber auch nach § 433 Abs. 1 S. 2 BGB die Hauptleistungspflicht, H den Strandkorb frei von Sach- und Rechtsmängeln zu verschaffen. Wenn K seine Pflicht zur Übergabe und Übereignung des Strandkorbs „stört", stehen H deshalb kaufrechtliche Gewährleistungsrechte nach § 437 BGB zu.
Umgekehrt trifft H nach § 433 Abs. 2 Hs. 1 BGB die Hauptleistungspflicht, K den Kaufpreis zu zahlen. Auch trifft H nach § 433 Abs. 2 Hs. 2 BGB die Nebenleistungspflicht, K den gekauften Strandkorb abzunehmen.
Die Hauptleistungspflichten zeichnen sich dadurch aus, dass sie dem Kaufvertrag seinen Charakter geben, anders als die Nebenleistungspflichten, die diesen lediglich ergänzen.

**Nebenleistungspflichten** haben die Funktion, die Beteiligen eines Schuldver- 108
hältnisses anzuhalten, bei der Abwicklung des Schuldverhältnisses in angemessener Weise auf die berechtigten Interessen des/der jeweils anderen Rücksicht zu nehmen. Eine Definition lässt sich schwerlich fassen. Sie bestehen „neben" den Hauptleistungspflichten und ergeben sich ebenfalls aus dem konkreten Schuldverhältnis wie aus einem Kaufvertrag gem. § 433 BGB, aus einer Rechtsnorm oder Treu und Glauben nach § 242 BGB. Die Rechtsprechung hat für diese Nebenleistungspflichten folgende **Fallgruppen** entwickelt:
- Aufklärungspflichten,
- Mitwirkungspflichten und
- Leistungstreuepflichten.

**Beispiele**
- **Vertrag:** Die Flecko Gesellschaft für Computer und Kommunikationssysteme mbH Rostock (F) verkauft der Hanse- und Universitätsstadt Rostock (R) eine IT-Anlage. F und R verbindet eine Vereinbarung, wonach F die Anlage in dem Rathausgebäude der R aufbaut. Hauptleistungspflichten des F sind danach nach § 433 Abs. 1 S. 1 BGB die Übergabe und Übereignung der IT-Anlage und nach § 433 Abs. 1 S. 2 BGB dessen Verschaffung frei von Sach- und Rechtsmängeln. F trifft darüber hinaus die vertraglich ausdrücklich festgeschriebene Nebenleistungspflicht, die IT-Anlage bei R im Rathausgebäude aufzubauen, während der Vertrag für R die Nebenleistungspflicht begründet, seine Rathausräume so freizuräumen, dass F die Anlage am gewünschten Platz aufbauen kann. Ferner trifft R nach § 433 Abs. 2 Hs. 2 BGB die Nebenleistungspflicht, F den gekauften Strandkorb abzunehmen.
- **Rechtsnorm:** Im Rahmen einer Nacherfüllung hat nach § 439 Abs. 2 BGB der Verkäufer die zum Zwecke der Nacherfüllung erforderlichen

Aufwendungen, insbesondere Transport-, Wege-, Arbeits- und Materialkosten zu tragen.
- **Treu und Glauben (§ 242 BGB):** Ein Verkäufer ist verpflichtet, den Käufer auf besondere Gefahren bei der Benutzung des Kaufgegenstands hinzuweisen, sofern diese Gefahren für den Verkäufer erkennbar sind.

109 **Schutzpflichten** i. S. d. § 241 Abs. 2 BGB entstehen regelmäßig unabhängig von dem zugrunde liegenden Schuldverhältnis. Je nach dem im Einzelfall zu beurteilenden Inhalt des Schuldverhältnisses kann jede Partei verpflichtet sein, auf die Rechte, Rechtsgüter und Interessen des anderen Rücksicht zu nehmen. Die wichtigste Fallgruppe bilden die **Verkehrssicherungspflichten.** Gemeint ist damit die Pflicht, dass derjenige, der in seinem Verantwortungsbereich Gefahren schafft, diejenigen notwendigen Vorkehrungen dafür trifft, dass niemand durch die Gefahrenquelle zu Schaden kommt. Insbesondere für Gemeinden sind sie von hoher Bedeutung (vgl. hierzu Rn. 576).

**Beispiele**
- Im oben genannten Beispiel des Verkaufs einer IT-Anlage trifft die Hanse- und Universitätsstadt Rostock (R) die Schutzpflicht nach § 241 Abs. 2 BGB: Sie muss dafür sorgen, dass sich die Mitarbeiter der F beim Aufbau nicht verletzen, beispielsweise durch einen nassen Fußboden.
- Eine ausreichende Treppenhausbeleuchtung.
- Das winterliche Streuen des Gehweges.
- Der Hauseigentümer ist dafür verantwortlich, dass der Fahrstuhl regelmäßig gewartet und kontrolliert wird. Das gilt auch für eine Kommune im Hinblick auf alle kommunalen Gebäude (Verwaltungsgebäude, Kindergärten, u. ä.).
- Der Bauunternehmer und u. U. auch der Bauherr sind dafür verantwortlich, dass eine Baustelle ordnungsgemäß abgesichert wird.
- Die Gemeinde ist dafür verantwortlich, dass Spielplatzgeräte, Schwimmbäder und Straßen sicher sind. Hierfür sind regelmäßige Kontrollen und Wartungen nötig.
- Der Anlieger ist verpflichtet, bei Glatteis zu streuen, soweit ihm diese Pflicht, die nach Straßen- und Wegerecht zunächst den Gemeinden obliegt, durch Satzung übertragen worden ist. In der Praxis ist dies regelmäßig der Fall.

110 b) **Wirkungsweise der Pflichten.** Die Pflichten des einen oder die Rechte des anderen können dabei nur relativ oder absolut wirken.

Pflichten aus Schuldverhältnissen wirken relativ, da sie nur zwischen den beteiligten Rechtssubjekten wirken. Man nennt sie auch **relative Rechte** und findet sie in der Regel im 2. Buch des BGB.

**Beispiel**

Herr Vollmann (V) und Herr Kluge (K) schließen einen Kaufvertrag nach § 433 BGB über den Erwerb eines Porsche. Die sich aus diesem Kaufvertrag ergebenden Pflichten und Rechte wirken nur zwischen den beiden und sind damit relativ. Andere Personen sind daran nicht beteiligt.

Im Unterschied hierzu können Pflichten, vor allem dingliche, auch absolut wirken, also gegenüber jedermann. Man nennt sie auch **absolute Rechte** und findet sie hauptsächlich im Sachenrecht im 3. Buch des BGB (vgl. hierzu Rn. 604). 111

**Beispiel**
Ein Beseitigungsanspruch nach § 1004 Abs. 1 S. 1 BGB kann grundsätzlich gegenüber jedermann geltend gemacht werden. Ein zwischen Personen bestehendes, relativ wirkendes Vertragsverhältnis, ist hierfür nicht erforderlich. Die Rechtssubjekte, gegen die sich der Anspruch richtet, sind von vornherein nicht festgelegt.

## VI. Grundprinzipien

Das Privatrecht ist von bestimmten Grundprinzipien beherrscht, ohne deren Kenntnis man die Privatrechtsordnung nicht tiefgreifend verstehen kann. Die zwei (wohl) wichtigsten sind: 112
- der Grundsatz der Privatautonomie und
- das Abstraktionsprinzip.

### 1. Grundsatz der Privatautonomie

Der Grundsatz der Privatautonomie liegt dem BGB immanent zugrunde, liegt ihm damit inne. Er ist nicht spezifisch normiert, sondern liest sich zwischen den Zeilen aller Privatrechtsnormen. Sein liberaler Gedanke ist als Teil der allgemeinen Handlungsfreiheit aus Art. 2 Abs. 1 GG verfassungsrechtlich geschützt, der einer Privatperson eine starke, vom Staat möglichst wenig beeinflusste Stellung einräumen will. Man versteht unter ihm **die Freiheit des Einzelnen, seine Lebensverhältnisse im Rahmen der Rechtsordnung eigenverantwortlich gestalten zu können.** Der Grundsatz erkennt an, dass sich jeder Mensch aus freiem Entschluss und eigenem Willen rechtlich verpflichten und durch verantwortungsbewusst abgegebene Willenserklärungen seine privaten Rechtsbeziehungen selbst gestalten kann. All das ohne staatlichen Einfluss. 113
In der Privatrechtsordnung erscheint der Grundsatz der Privatautonomie in verschiedenen **Formen:**
- Vertragsfreiheit (Art. 2 Abs. 1 GG),
- Eheschließungsfreiheit (Art. 6 GG),
- Vereinigungsfreiheit (Art. 9 GG),
- Testierfreiheit (Art. 14 Abs. 1 S. 1 GG) und
- Eigentumsfreiheit (Art. 14 Abs. 1 GG, § 903 BGB).

Die Rechtsordnung legt die **Grenzen** dieser Freiheiten selbst fest. Bewegt sich die Ausübung dieser Freiheit in dessen Rahmen, so ist sie von der Rechtsordnung gebilligt. Bewegt sie sich außerhalb der Rechtsordnung, ist sie rechtswidrig. Ein Anspruch wäre beispielsweise also nichtig, unwirksam, erloschen oder anderes. 114
Der liberale Gedanke, der in dem Grundsatz der Privatautonomie zum Ausdruck kommt, ist dem **öffentlichen Recht** dagegen fremd. In diesem Rechtsbereich ist der Einzelne nicht frei, seine Lebensverhältnisse frei zu gestalten. Beispielsweise bleibt er verpflichtet, den Steuerzahlungsverpflichtungen nachzukommen,

ganz gleich, ob man will oder nicht. Die öffentlich-rechtlichen Pflichten entstehen überwiegend unabhängig von dem Willen der Bürger.

a) **Vertragsfreiheit (Art. 2 Abs. 1 GG)**

115

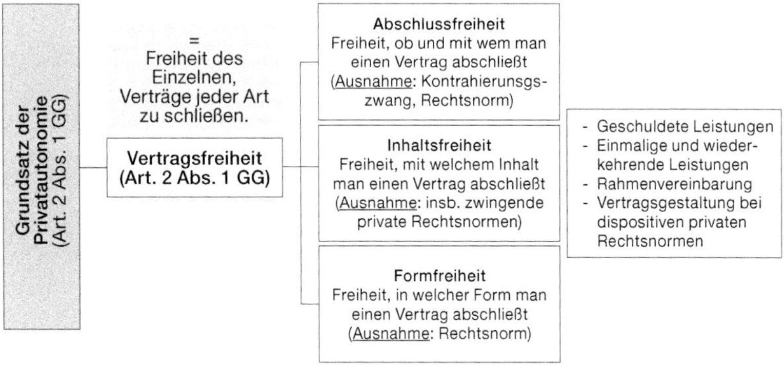


**Abb. 19:** Vertragsfreiheit (Art. 2 Abs. 1 GG)

Für das allgemeine Privatrecht genießt wohl die Vertragsfreiheit als Teil der allgemeinen Handlungsfreiheit aus Art. 2 Abs. 1 GG die größte Bedeutung. Darunter versteht man die **Freiheit des Einzelnen, Verträge jeder Art zu schließen.** Sie kennt drei Erscheinungsformen:

- Abschlussfreiheit,
- Inhaltsfreiheit (Gestaltungsfreiheit) und
- Formfreiheit.

116 aa) **Abschlussfreiheit.** Abschlussfreiheit meint die Freiheit, **ob und mit wem** man einen Vertrag abschließt. Grundsätzlich ist beispielsweise niemand verpflichtet etwas zu kaufen oder zu verkaufen oder an jemanden zu kaufen oder zu verkaufen, wenn man daran kein Interesse hat.

**Beispiel**

Frau Lahm (L) ist Bürosachbearbeiterin des Landeskriminalamtes M-V am Standort Leezen. Als sie mit ihrem Pkw zur Dienststelle losfahren will, springt der Motor nicht an. Weil sie in Panik gerät, einen für sie wichtigen Termin mit ihrer Vorgesetzten zu verpassen, bittet sie ihren Nachbarn Undankbar (U), ihr seinen Pkw für den Tag zu leihen. U lässt L auflaufen. Er begründet dies damit, dass sie kürzlich seine Katze nicht hatte füttern wollen. Nun müsse sie die Konsequenzen tragen. L ist fassungslos und vertritt die Ansicht, U sei verpflichtet, ihr seinen Pkw zu leihen. Zur Begründung verweist sie darauf, dass sie ihm in den vergangenen Jahren beispielsweise häufig bei der Gartenarbeit geholfen habe. Sie hält ihn – worauf auch sein Nachname hinweise – undankbar.

U kann das Angebot der L zum Abschluss eines Leihvertrags nach § 598 BGB aus rein persönlichen Gründen ablehnen, mögen diese auch noch so unverständlich erscheinen. L kann ihn nicht dazu zwingen, ihr den Pkw unentgeltlich zu überlassen.

Im Ausnahmefall kann aber aufgrund einer Rechtsnorm die Rechtspflicht einer Vertragspartei bestehen, mit einer anderen Partei ein Vertragsverhältnis zu begründen. Man spricht hierbei von dem sog. **Kontrahierungszwang.** Zum anderen kann eine Rechtsnorm auch den Vertragsschluss mit einem Vertragspartner nicht billigen, wenn sie diesen für schutzbedürftig hält. 117

**Beispiele**

- Die Finanzbeamtin Genau (G) eilt morgens zur Bushaltestelle, um zu ihrer Dienststelle zu fahren. Als der Bus der Rebus Regionalbus Rostock GmbH (R) ankommt, möchte G bei, Busfahrer Wütig (W) eine Fahrkarte kaufen. Als W sie erkennt, weist er sie schroff zurück und erklärt, er habe keine Lust, sie mitzunehmen. Sie habe ihm im letzten Einkommensteuerbescheid eine Nachzahlung in Höhe von mehreren hundert Euro auferlegt. G solle doch den nächsten Bus nehmen oder zu Fuß gehen. „Es lebe die privatautonome Abschlussfreiheit!", ruft er ihr noch zum Schluss hinterher. G ist fassungslos, zumal sie nun zu spät zum Dienst kommen wird. Sie meint, W hätte sie mitnehmen müssen.
  W war verpflichtet, G mitzunehmen, sofern er zum Abschluss eines Beförderungsvertrags nach § 631 Abs. 1 Hs. 1 BGB verpflichtet war. Eine solche Pflicht könnte sich im Rahmen eines Kontrahierungszwanges aus § 22 PersonenbeförderungsG ergeben. Die Erstellung eines Einkommenssteuerbescheides verstößt nicht gegen Beförderungsbedingungen, auch dann nicht, wenn dieser unrechtmäßig hoch ausfällt. Zudem ist die Beförderung möglich und durch keine Umstände verhindert. W war demnach verpflichtet, das Angebot der G auf Abschluss eines Beförderungsvertrags nach § 631 Abs. 1 Hs. 1 BGB anzunehmen und sie vertragsgemäß zu befördern.
- Herr Schweremut (S) leidet an einer stark ausgeprägten Schizophrenie, bei der sich wache und pathologische Episoden abwechseln. Als er erneut eine ausgeprägte schizophrene Phase erleidet, bildet er sich krankheitsbedingt ein, er müsse seiner Nachbarin Dahl (D) die von seiner Großmutter geerbten Goldmünzen schenken, um die Welt vor der Apokalypse zu retten. Nur diese Goldmünzen in Händen der D könnten dies verhindern. Er setzt seine Vorstellung in die Tat um und trifft auf eine verdatterte D, die nicht von seiner Erkrankung weiß. Da sie jedoch ohnehin Schulden hat, wittert sie ihre Chance und nimmt die Geldmünzen an.
  Der Schenkungsvertrag zwischen S und D nach § 535 Abs. 1 BGB könnte keinen Bestand haben, indem das Angebot des S zum Abschluss des Schenkungsvertrags nach § 105 Abs. 2 BGB nichtig ist. Voraussetzung hierfür ist, dass er sein Angebot im Zustand vorübergehender Störung seiner Geistestätigkeit abgegeben hat. Zum Zeitpunkt des Vertragsschlusses litt er an einer ausgeprägten schizophrenen Episode, wodurch er nicht mehr Herr seiner Sinne war. Seine Motivation zum Abschluss des Schenkungsvertrags war wirr und pathologisch gezeichnet. Er gab demnach sein Angebot im Zustand vorübergehender Störung seiner Geistestätigkeit ab. Sein Angebot ist nach § 105 Abs. 2 BGB nichtig. Der Schenkungsvertrag zwischen S und D hat keinen Bestand.

118 **bb) Inhaltsfreiheit.** Inhaltsfreiheit meint die Freiheit, mit welchem **Inhalt** man einen Vertrag abschließt. Grundsätzlich können sich die Vertragspartner zu jeder nur erdenklich möglichen Leistung verpflichten oder alle möglichen Bedingungen miteinander vereinbaren.

Sie können unter anderem die **geschuldete Sachleistung** (z. B. Sache oder Dienstleistung) und andererseits das Recht zur Festsetzung eines Preises für diese Leistung frei bestimmen.

**Beispiel**

Herr Kluge (K) und Herr Vollmann (V) einigen sich über die Errichtung eines Carports. Dabei soll der Carport einen dunkelbraunen Anstrich bekommen und V für die Errichtung eine Vergütung i. H. v. insgesamt 10.000,00 € brutto erhalten.

119 Den Parteien steht es aber auch frei zu vereinbaren, ob ein Vertrag nur **einmalige** oder **auf Dauer** wiederkehrende Leistungen zum Gegenstand haben soll. Verträge mit solchen wiederkehrenden Leistungen nennt man **Dauerschuldverhältnisse.**

**Beispiele**

- **einmalige Leistung:** Der Landkreis Mecklenburgische Seenplatte (S) bucht für die Dienstreise seines Mitarbeiters Lang (L) nach Bayern eine Bahnreise bei der Deutschen Bahn AG (DB). Dadurch kommt ein Beförderungsvertrag nach § 631 Abs. 1 Hs. 1 BGB zustande. Mit Beendigung der Bahnreise endet das Vertragsverhältnis.
- **wiederkehrende Leistung:** Der Landkreis Mecklenburgische Seenplatte (S) schließt mit dem Sachbearbeiter Max (M) einen auf zwei Jahre befristeten Arbeitsvertrag i. S. d. § 611a Abs. 1 BGB ab.

120 Träger der öffentlichen Verwaltung schließen häufig sog. **Rahmenvereinbarungen**, die eine besondere Ausprägung des Dauerschuldverhältnisses darstellen. Darunter fallen Verträge, bei denen die öffentliche Hand bestimmte Leistungen regelmäßig bezieht, typischerweise auf Abruf. Oft sind sie auf zwei bis vier Jahre befristet, sparen Zeit und ermöglichen besonders günstige Konditionen und regeln Haftungsfragen.

**Beispiel**

Die Gemeinde Bad Doberan (BD) hat mit der IT-Dienstleisterin Christian Wenzl GbR (W) einen Vertrag geschlossen, in dem sich W verpflichtet, bei IT-Problemen innerhalb einer bestimmten Frist und zu einem festen Stundensatz Unterstützung zu leisten.

121 Überdies ist es den Vertragspartnern freigestellt, den **rechtlichen Rahmen** für einen Vertrag zu bestimmen. Denkbar ist, sehr umfangreiche Vertragstexte aufzulegen, die die Rechte und Pflichten der Vertragsparteien bis ins letzte Detail regeln. Man kann aber auch minimalistische Vertragstexte entwerfen, indem beispielsweise nur die Sachleistung bestimmt wird. Letzteres ist hauptsächlich bei mündlich abgeschlossen Verträge der Fall. Den restlichen rechtlichen Rahmen bieten in solchen Fällen die Rechtsnormen des Privatrechts. In der Regel können Vertragspartner eine von einer Privatrechtsnorm abweichende Vereinbarung treffen, da private Rechtsnormen grundsätzlich dispositiv, also abdingbar sind

(**Grundsatz der Dispositivität der Privatrechtsnormen**). Solche Rechtsnormen werden auch als nachgiebige Rechtsnormen bezeichnet. Bei einer solchen Vorgehensweise ist die vertragliche Regelung vorrangig und die **dispositive** Rechtsnorm nachrangig.

Die privaten Rechtsnormen stellen daher ein Angebot an die Beteiligten des Rechtsverkehrs dar, auf ein Regelungsgefüge zurückzugreifen, das ausgewogene Konfliktlösungen ermöglicht. Die Vertragspartner können aber auch selbst Regelungen treffen. Sie werden das regelmäßig tun, wenn die wirtschaftlichen Vorteile einer maßgeschneiderten Lösung gegenüber den „Transaktionskosten" überwiegen.

Bei öffentlichen Rechtsnormen findet hingegen der Grundsatz der Dispositivität keine Anwendung. Sie dienen dem Interesse der Allgemeinheit und nicht dem Interesse der Vertragsparteien. Daher sind sie überwiegend **zwingender** Natur.

**Beispiele**

- **Dispositive Privatrechtsnormen:** Die Gemeinde Grabow (G) beauftragt die Sanitär Seibel GmbH & Co. KG (S) mit dem Einbau eines neuen Waschbeckens im örtlichen Rathausgebäude. Dadurch kommt ein Werkvertrag nach § 631 Abs. 1 BGB zustande. G hat nach § 641 Abs. 1 BGB die vereinbarte Vergütung bei der Abnahme des eingebauten Waschbeckens zu entrichten. Diese Rechtsnorm ist dispositiv, also abdingbar. G und S können beispielsweise auch einen späteren Zahlungszeitpunkt vereinbaren.
- **„Transaktionskosten":** Für die Erfüllung ihrer Aufgaben kooperieren staatliche Träger zunehmend mit privaten Anbietern im Rahmen sog. „Public Private Partnerships" (PPP) als Form der Teilprivatisierung öffentlicher Dienstleistungen. Dazu zählen Bereiche wie Abfallentsorgung, Verkehrssteuerung, Straßenbeleuchtung und IT-Technik. Solche Kooperationen können hochkomplex sein. Dann entstehen umfangreiche Verträge, die aufgrund des Personalaufwands der Kommune und der Kosten für die Beratung durch Rechtsanwaltskanzleien in der Regel teuer sind. Der Abschluss eines solchen Vertrags ist unerlässlich, weil er den Interessen der Parteien besser gerecht wird als die gesetzlichen Standardregelungen.
- Zwingende öffentliche Rechtsnormen: Im Sozialversicherungsrecht sind Arbeitgeber grundsätzlich verpflichtet, Sozialversicherungsbeiträge ihrer Arbeitnehmer der Kranken-, Pflege-, Arbeitslosen- und Unfallversicherung abzuführen, beispielsweise nach § 28e Abs. 1 S. 1 Alt. 1 SGB IV. Die Gesetze dienen dazu, ein Sozialsystem zu schaffen, das grundlegende Lebensrisiken auf alle verteilt. Die Arbeitsvertragsparteien können das Abführen dieser Beträge vertraglich nicht ausschließen.

Im Ausnahmefall sind der privatautonomen Inhaltsfreiheit durch zwingende 122
oder anderer Privatrechtsnormen **Grenzen** gesetzt, die aufgrund der **Schutzbedürftigkeit** eines Vertragspartners gewisse Auswüchse der vertraglichen Inhaltsgestaltung nicht billigen.

Die Vertragsfreiheit beruht auf der Vorstellung, dass etwa gleich starke Vertragspartner aufeinandertreffen, die kraft ihrer Privatautonomie selbst am besten beurteilen können, ob gesetzliche oder vertragliche Regelungen für sie gelten sollen.

Ein Regelungsbedürfnis entsteht jedoch dann, wenn ihre rechtliche Beziehung durch ein deutliches **Kräfteungleichgewicht** geprägt ist. Zum Schutz des schwächeren Vertragspartners sind Rechtsnormen in diesen Fällen einseitig **zwingend** und dürfen nicht zu dessen Lasten abbedungen werden. Abweichungen von ihnen sind – abweichend vom Grundsatz der Disposivität im Privatrecht – vertraglich nicht gestattet. In der Regel erkennt man solche Rechtsnormen daran, dass der Gesetzeber sie ausdrücklich für unabdingbar erklärt. Eine Auslegung ist dabei nur selten erforderlich.
Zwingende private Rechtsnormen finden sich ganz überwiegend bei **schutzbedürftigen Personengruppen** wie Verbrauchern (Verbraucherschutz), Arbeitnehmern (Arbeitnehmerschutz) und Wohnraummietern (Mieterschutz). Darüber hinaus enthält die **gesamte Privatrechtsordnung** Vorschriften, die der vertraglichen Inhaltsgestaltung Grenzen setzen. Besonders bedeutsam sind in diesem Zusammenhang § 134 BGB (Verstoß gegen ein Verbotsgesetz) und § 138 BGB (Verstoß gegen die guten Sitten und Wuchergeschäfte).

**Beispiele**

- Herr Kruse (K) bestellt im Internet bei der Böttcher AG (B) 500 Blatt hochwertiges Druckerpapier, da die Vorräte zur Neige gegangen sind. Er überweist den Kaufpreis i. H. v. 50,00 € im Voraus. Innerhalb einer Woche überlegt er es sich anders und erklärt gegenüber G den Widerruf seiner Bestellung, sodass er an sein Angebot nach § 355 Abs. 1 S. i. V. m. § 312g Abs. 1 BGB nicht mehr gebunden ist. Der Kaufvertrag ist untergegangen. B ist nach § 355 Abs. 3 S. 1 BGB verpflichtet, K den Kaufpreis i. H. v. 50,00 € zurückzuerstatten. Nach § 312m Abs. 1 BGB darf von diesem Widerrufsrecht „nicht zum Nachteil des Verbrauchers abgewichen werden". Unzulässig wäre daher ein Ausschluss des Widerrufsrechts, zulässig hingegen die Vereinbarung eines vierwöchigen Widerrufsrechts.
- Herr Lanzmann (L) erwirbt bei der Valinowski Autohandel GmbH (G) einen Golf Variant zum Preis von 10.000,00 € brutto. Bei Abschluss des Kaufvertrags weist der Geschäftsführer der G, Herr Valinowski (V), L darauf hin, dass G bei diesem besonders günstigen Angebot leider keine kaufrechtlichen Gewährleistungsrechte einräumen könne. Dies vereinbaren die Parteien ausdrücklich. Nach einem Monat fällt die Klimaautomatik aus. Wie sich herausstellt, ist der Klimakompressor defekt. Als sich L an V wendet und die kostspielige Reparatur einfordert, verweigert dieser sie im Namen der G unter Hinweis auf den vertraglich vereinbarten Ausschluss jeglicher Gewährleistung. Gegen den Reparaturanspruch des L nach § 437 Abs. 1 i. V. m. § 439 Abs. 1 Alt. 1 BGB könnte V im Namen der G diesen Ausschluss einwenden, soweit es sich um dispositives Recht handelt. Es liegt jedoch nach § 474 Abs. 1 S. 1 BGB ein Verbrauchsgüterkauf vor, sodass § 476 Abs. 1 S. 1 BGB Anwendung findet. Danach darf sich ein Unternehmer auf eine vor Mitteilung eines Mangels an den Unternehmer getroffene Vereinbarung, die zum Nachteil des Verbrauchers abweicht, nicht berufen, wenn sie insbesondere Rechte aus den §§ 437 und 439 BGB betrifft. Der vertraglich vereinbarte Ausschluss schließt daher die Geltendmachung kaufrechtlicher Gewährleistungsrechte zum Nachteil des L aus. § 437 Abs. 1 i. V. m. § 439 Abs. 1 Alt. 1 BGB gelten

hier nicht dispositiv, sondern zwingend. V kann sich im Namen der G nicht auf den vertraglichen Gewährleistungsausschluss berufen.

- Die Stadt Pasewalk (P) erwirbt bei der Valinowski Autohandel GmbH (G) einen Audi A4. Zwei Wochen später zeigt sich ein Ölleck. Tatsächlich ist der Motor undicht. Da auch sie vertraglich jegliche kaufrechtlichen Gewährleistungsrechte ausgeschlossen haben, verweigert auch hier wieder der Geschäftsführer Valinowski (V) im Namen der G jegliche Reparaturleistungen unter Hinweis auf den vertraglich vereinbarten Ausschluss jeglicher Gewährleistung. Gegen den Reparaturanspruch der P nach § 437 Abs. 1 i. V. m. § 439 Abs. 1 Alt. 1 BGB könnte V im Namen der G diesen Ausschluss einwenden, soweit es sich um dispositives Recht handelt. Möglicherweise findet aber § 476 Abs. 1 S. 1 BGB Anwendung, wonach sich ein Unternehmer auf eine vor Mitteilung eines Mangels an den Unternehmer getroffene Vereinbarung, die zum Nachteil des Verbrauchers abweicht, nicht berufen darf, wenn sie insbesondere Rechte aus den §§ 437 und 439 BGB betrifft. Voraussetzung ist, dass es sich um einen Verbrauchsgüterkauf nach § 474 Abs. 1 S. 1 BGB handelt, V also Unternehmerin und P Verbraucherin ist. V ist Unternehmerin nach § 14 Abs. 1 BGB i. V. m. § 13 Abs. 3 GmbHG, § 6 Abs. 1 HGB. Möglicherweise ist aber P keine Verbraucherin nach § 13 BGB. Das ist danach jede natürliche Person, die ein Rechtsgeschäft zu Zwecken abschließt, die überwiegend weder ihrer gewerblichen noch ihrer selbstständigen beruflichen Tätigkeit zugerechnet werden können. P ist als staatliche Trägerin keine natürliche Person, mithin auch keine Verbraucherin nach § 13 BGB. Mangels Verbrauchsgüterkauf nach § 474 Abs. 1 S. 1 BGB findet § 476 Abs. 1 S. 1 BGB keine Anwendung. Im Verhältnis zwischen Unternehmern und der öffentlichen Hand existiert darüber hinaus keine dem § 474 BGB vergleichbare Regelung. P konnte daher beim Abschluss des Kaufvertrags wirksam auf ihren Reparaturanspruch nach §§ 437 Abs. 1, 439 Abs. 1 Alt. 1 BGB verzichten. V beruft sich somit im Namen der G zu Recht auf den vertraglich vereinbarten Ausschluss der kaufrechtlichen Gewährleistungsrechte.

cc) **Formfreiheit.** Formfreiheit meint die Freiheit, **in welcher Form** man einen Vertrag abschließt. Grundsätzlich kann jede Privatperson frei wählen, ob sie einen Vertrag mündlich oder schriftlich schließt. Sie kann diesem Gedanken folgend von den im BGB normierten Formmöglichkeiten der §§ 126 ff. frei wählen. **123**

**Beispiel**
Frau Sachs (S) ist Bürosachbearbeiterin im staatlichen Amt für Landwirtschaft und Umwelt mittleres Mecklenburg. In der Mittagspause spricht sie mit ihrer Kollegin Anders (A) über die Abgabe ihrer Katze. A erklärt sich spontan bereit, das Tier für symbolische 50,00 € „abzukaufen" und sie am nächsten Tag abzuholen. Sie engagiert sich im Tierschutz und kennt die schlechten Haltungsbedingungen der S. Zudem wünscht sie sich als alleinstehende Frau seit Längerem eine tierische Mitbewohnerin. S erklärt sich mit dem Angebot einverstanden. Als A noch einmal eine Nacht darüber schläft, ändert sie ihre Pläne. Die Entscheidung sei zu vorschnell gewesen, sie traue sich eine tiergerechte Haltung wegen ihrer beengten Wohnverhält-

nisse mit ihren Kindern nicht zu. S besteht darauf, dass A ihr die Katze wie vereinbart gegen Zahlung von 50,00 € abnimmt. Eine Abmachung sei schließlich eine Abmachung. A entgegnet im Streit, dass hier gar nichts abgemacht sei. Gestern habe es sich lediglich um ein mündliches Gespräch gehandelt, ohne dass sie etwas schriftlich vereinbart hätten.
Der Abschluss des Kaufvertrags nach § 433 BGB würde an der mündlichen Vereinbarung scheitern, sofern dem eine private Rechtsnorm entgegensteht. Da der S ihre Erklärung sehr ernst war, handelt es sich dabei nicht um ein Gefälligkeitsangebot. In Betracht kommt einzig, dass der Kaufvertrag nach § 433 BGB aufgrund des § 125 S. 1 BGB nichtig ist. Voraussetzung hierfür ist, dass dieser der durch Gesetz vorgeschriebenen Form ermangelt. Es gibt jedoch keine Privatrechtsnorm, die bei dem Abschluss eines kaufrechtlichen Tierschutzvertrags nach § 433 BGB eine bestimmte Vertragsform vorschreibt. Es gilt der Grundsatz der Formfreiheit, wonach die Vertragspartner die Form ihres Vertrags frei wählen können. Der Abschluss des Kaufvertrags scheitert daher nicht an der mündlichen Vereinbarung. Etwas Schriftliches ist nicht erforderlich.

124 Im Ausnahmefall kann aber auch eine Privatrechtsnorm der Formfreiheit **Grenzen** aufzeigen. Eine bedeutsame Rechtsnorm ist § 125 S. 1 BGB. Sie normiert die Nichtigkeit eines Vertrags aufgrund der **Nichteinhaltung** einer durch Gesetz **vorgeschriebenen Form.**

**Beispiel**
Die Universitäts- und Hansestadt Rostock (R) verkauft schriftlich ein lukratives Baugrundstück an Herrn Wurst (W). Der Blender W ist noch unerfahren, und bei Vertragsschluss war aufseiten der R der unerfahrene und lustlose Mitarbeiter Kratz (K) am Werk. Als der Verkauf dem Vorgesetzten Granz (G) auffällt, erklärt K, dass es keinen Kaufvertrag über das Baugrundstück gebe. W ist verwirrt und beharrt auf die Wirksamkeit des Vertrags. K sei bei Vertragsschluss ausdrücklich mit der Schriftform einverstanden gewesen.
Der zwischen R und W geschlossene Grundstückskaufvertrag nach § 433 BGB hat Bestand, sofern er nicht gegen private Rechtsnormen verstößt. In Betracht kommt einzig, dass er nach § 125 S. 1 BGB nichtig ist. Voraussetzung hierfür ist, dass der Grundstückskaufvertrag der durch Gesetz vorgeschriebenen Form ermangelt. § 311b Abs. 1 S. 1 BGB schreibt vor, dass Grundstückskaufverträge der notariellen Beurkundung nach § 128 BGB bedürfen. Kein Notar beurkundete ein Angebot oder eine Annahme. Es ermangelt an der durch Gesetz vorgeschriebenen Form. Der Grundstückskaufvertrag nach § 433 BGB ist nach § 125 S. 1 BGB nichtig. Er hat keinen Bestand.

125 b) **Eigentumsfreiheit (Art. 14 Abs. 1 S. 1 GG, § 903 BGB).** Die Eigentumsfreiheit, die auf Art. 14 Abs. 1 S. 1 GG fußt und auch in § 903 BGB zum Ausdruck kommt, meint die Freiheit, **Eigentum zu haben** und mit diesem nach **Belieben zu verfahren** und andere von jeder Einwirkung ausschließen zu können. Soweit Rechte anderer und öffentliche Rechtsnormen nicht berührt sind, ist man beispielsweise auch befugt, sein Eigentum zu zerstören, indem man etwa seinen Pkw in Brand setzt.

## 2. Abstraktionsprinzip

Das Abstraktionsprinzip ist ebenfalls kein ausdrücklich geregeltes, aber ein der Privatrechtsordnung immanent zugrunde liegendes, also innewohnendes Grundprinzip. Es ist *zwischen den Zeilen* aller Privatrechtsnormen zu lesen. Es besteht aus dem Trennungs- und dem Abstraktionsprinzip im engeren Sinne (vgl. hierzu Rn. 604). **126**

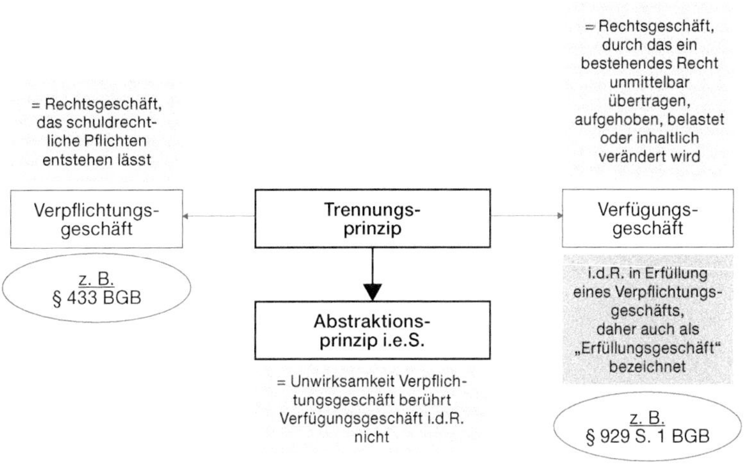


**Abb. 20:** Abstraktionsprinzip

a) **Trennungsprinzip.** Unter dem Trennungsprinzip versteht man die **Aufspaltung** eines Austauschgeschäftes – wie eines Kaufgeschäftes – in zwei getrennte rechtsgeschäftliche Vorgänge: **127**
- in ein Verpflichtungsgeschäft (seine schuldrechtliche Grundlage) und
- ein Verfügungsgeschäft (den zur Erfüllung vorgenommenen Übertragungsvorgang).

aa) **Verpflichtungsgeschäft.** Unter einem Verpflichtungsgeschäft versteht man ein Rechtsgeschäft, das schuldrechtliche **Pflichten entstehen** lässt. Damit wird also eine Rechtspflicht, regelmäßig eine Leistungspflicht, begründet. Es entsteht dadurch ein vertragliches Schuldverhältnis, das „abgewickelt", d. h. erfüllt werden muss. Erfüllt wird es durch sog. Verfügungsgeschäfte. Das Verpflichtungsgeschäft legt damit also den „Fahrplan" fest, was im Weiteren rechtlich passieren soll. **128**

**Beispiele**
- Klassisches Beispiel ist der Kaufvertrag nach § 433 BGB. Der Kaufvertrag verpflichtet nach § 433 Abs. 1 S. 1 BGB zur Übergabe und Übereignung der Sache und nach § 433 Abs. 2 Hs. 1 BGB zur Zahlung des Kaufpreises. Durch das Verpflichtungsgeschäft in Form des Kaufvertrags nach § 433 BGB ändert sich an der Rechtslage des Rechtsobjektes, also an den Eigentumsverhältnissen bzgl. der Kaufsache, unmittelbar nichts.

- Herr Viermann (V) einigt sich am 5. Februar mit Herrn Kobel (K) über den Verkauf seines gebrauchten Mercedes. V ist aufgrund des Kaufvertrags (=Verpflichtungsgeschäft) nach § 433 Abs. 1 S. 1 BGB verpflichtet, K den Pkw am 5. März zu übergeben und das Eigentum daran zu verschaffen. K ist nach § 433 Abs. 2 Hs. 1 BGB verpflichtet, V am 5. März den Kaufpreis i. H. v. 10.000,00 € zu zahlen. Der Kaufvertrag lässt diese Pflichten „entstehen". An dem Eigentum des V an dem Pkw hat sich durch den Kaufvertrag nichts geändert. § 433 Abs. 1 S. 1 BGB spricht lediglich eine „Verpflichtung" zur Übergabe und Eigentumsübertragung aus. K und V schließen hier ein Verpflichtungsgeschäft ab. Die Eigentumsübertragung erfolgt beispielsweise nach § 929 S. 1 BGB.

129 bb) **Verfügungsgeschäft.** Unter einem Verfügungsgeschäft (auch als Erfüllungsgeschäft bezeichnet) versteht man ein Rechtsgeschäft, durch das ein bestehendes Recht **unmittelbar übertragen, aufgehoben, belastet oder inhaltlich verändert** wird. Sie sind überwiegend im Sachenrecht geregelt. Deshalb spricht man auch von „dinglichen Rechtsgeschäften", da das Sachenrecht das „Ding" zum Gegenstand hat.

**Beispiele**

- Vor allem die Eigentumsübertragung nach §§ 929 ff. BGB, aber auch die Abtretung nach § 398 S. 2 BGB. § 929 S. 1 überträgt das Eigentum an einer Sache, soweit der Eigentümer die Sache dem Erwerber übergibt und beide darüber einig sind, dass das Eigentum übergehen soll. Sind diese Voraussetzungen erfüllt, wird der Erwerber durch das Verfügungsgeschäft, hier die Übereignung durch Übergabe, Eigentümer der Sache. Das Eigentumsrecht wird also durch die Übereignung durch Übergabe übertragen. An den rechtlichen Verpflichtungen der Beteiligten hat es keinerlei Einfluss.
- Soweit im vorgenannten Beispielsfall Herr Viermann (V) den Mercedes Herrn Kobel (K) und im Gegenzug K dem V 1.000,00 € in bar (2x 500,00 €-Scheine) übergibt, enthält dieser einheitliche Sachverhalt gleich drei Verfügungsgeschäfte:
  1. V übereignet K den Mercedes nach § 929 S. 1 BGB in Erfüllung seiner kaufrechtlichen Verpflichtung aus § 433 Abs. 1 S. 1 BGB.
  2. K übereignet V einen 500,00 €-Schein nach § 929 S. 1 BGB in Teilerfüllung seiner kaufrechtlichen Verpflichtung aus § 433 Abs. 2 Hs. 1 BGB.
  3. K übereignet V einen zweiten 500,00 €-Schein nach § 929 S. 1 BGB in Teilerfüllung seiner kaufrechtlichen Verpflichtung aus § 433 Abs. 2 Hs. 1 BGB.

Die Aufteilung in mehrere Rechtsgeschäfte, also in regelmäßig ein Verpflichtungs- und mehrere Verfügungsgeschäfte, gilt auch dann, wenn sämtliche Rechtsgeschäfte zeitlich zusammenfallen.

130 b) **Abstraktionsprinzip i. e. S.** Das Trennungsprinzip ist die Grundlage des Abstraktionsprinzips i. e. S. Es besagt, dass das Verfügungsgeschäft oder die Verfügungsgeschäfte rechtlich vom zugrunde liegenden **Verpflichtungsgeschäft rechtlich unabhängig** sind.

Damit kann die Übereignung einer Sache auch dann wirksam sein, wenn das zugrunde liegende Verpflichtungsgeschäft – etwa ein Kaufvertrag nach § 433 BGB – unwirksam ist. Die beiden Rechtsgeschäfte sind also getrennt auf ihre Wirksamkeit zu untersuchen. Vereinfacht betrachtet kann Eigentum somit auch dann wirksam übertragen werden, wenn keine wirksame Verpflichtung hierzu besteht. Denn nach dem Wortlaut des § 929 S. 1 BGB – um den Grundfall des rechtsgeschäftlichen Eigentumswechsels zu nennen – bedarf es zur wirksamen Übertragung des Eigentums lediglich der Einigung zwischen dem Berechtigtem und dem Erwerber über den Eigentumswechsel (nicht über das Verpflichtungsgeschäft) sowie der Übergabe der Sache. Von einem gültigen Rechtsgrund im Sinne eines wirksam geschlossenen Verpflichtungsgeschäfts ist nicht die Rede. Sie ist daher auch keine Voraussetzung des Eigentumserwerbs (hierzu näher Rn. 614 ff.).

Soweit das Verpflichtungsgeschäft unwirksam ist und die Eigentumsübertragung wirksam, entsteht regelmäßig ein Rückgewähranspruch aus § 812 Abs. 1 S. 1 Alt. 1 BGB.

**Beispiel**

Angenommen, Herr Kobel (K) zahlt Herrn Viermann (V) im vorgenannten Beispielsfall die 1.000,00 € (2x 500,00 €-Scheine) in der Annahme, er schulde diesen Betrag noch. Tatsächlich hat er den Kaufpreis bereits gezahlt.

Ursprünglich war K Eigentümer der zwei Geldscheine, die er nach § 929 S. 1 BGB an V übergeben hat, wobei Einigkeit darüber bestand, dass das Eigentum daran an V übergehen soll. Das reicht für den Abschluss des Übereignungsvertrags i. S. d. § 929 S. 1 BGB aus. Mehr fordert § 929 S. 1 BGB nicht. Dass damit K seine Zahlungspflicht aus dem Kaufvertrag nach § 433 Abs. 2 Hs. 1 BGB erfüllen wollte, die bereits nach § 362 Abs. 1 BGB erloschen war, spielt für die Wirksamkeit des dinglichen Übereignungsgeschäfts i. S. d. § 929 S. 1 BGB keine Rolle. Auch der Umstand, dass der Kaufpreiszahlungsanspruch des V nach § 433 Abs. 2 Hs. 1 BGB zum Zeitpunkt der Übereignung der zwei 500,00 €-Scheine nicht mehr bestand, also die schuldrechtliche Grundlage für den Eigentumserwerb fehlte, ändert nichts daran, dass V Eigentümer der Geldscheine geworden ist. Das Verfügungsgeschäft (Übertragung des Eigentumsrechts an dem Geldschein) besteht unabhängig (abstrakt) von der Wirksamkeit bzw. vom Fortbestand des zugrunde liegenden Verpflichtungsgeschäfts (hier: Kaufvertrag).

Im Ergebnis wird aber K gegen V ein Anspruch auf Rückzahlung der 1.000,00 € aus § 812 Abs. 1 S. 1 Alt. 1 BGB zustehen.

# 2. Kapitel: Lösung privatrechtlicher Fälle (Rechtsanwendung)

131 Die tägliche Arbeit juristischer Praktiker besteht in der Anwendung von Rechtsnormen auf Sachverhalte des Lebens. Isoliertes Privatrechtswissen, losgelöst vom konkreten Fall ohne Gesetzesbezug, erweist sich in der Praxis häufig als unbrauchbares Handwerkwerkzeug, das ohnehin recherchiert werden kann. Bei der **Lösung eines Rechtsfalls**, der aus einem Sachverhalt und einer Fallfrage besteht, hilft künstliche Intelligenz (noch) nicht durchgehend weiter. Diese zu erlernende und auch im Beruf fortwährend weiterzuentwickelnde eigene Fähigkeit bleibt für die tägliche juristische Arbeit in der Praxis unerlässlich. Der Einsatz künstlicher Intelligenz, der aus datenschutzrechtlichen Gründen gerade im Verwaltungsbereich bedenklich erscheint, entbindet nicht von der eigenständigen rechtlichen Überprüfung der (noch) häufig fehleranfälligen Ergebnisse, soweit dieser überhaupt möglich ist. Ein Verständnis für rechtliches Handeln wird dadurch nicht geschaffen. Zurück bleibt schwer greifbares Inselwissen. Daher halte ich es für folgerichtig, dass in privatrechtlichen Prüfungsfragen üblicherweise die Lösung eines Rechtsfalles verlangt wird. Dabei muss unterschieden werden zwischen

- Prüfungsfragen, die überwiegend Rechtsfälle zum Gegenstand haben, und
- der Rechtsanwendung, also der Methodik privatrechtlicher Fallbearbeitung.

## I. Prüfungsfragen

132 Die Prüfungsfragen haben entweder

- einen privatrechtlichen Anspruch,
- eine sonstige privatrechtliche Beziehung oder
- eine Sachfrage

zum Gegenstand.

### 1. Prüfungsfrage nach privatrechtlichem Anspruch

133 Üblicherweise liegt die Klausurbearbeitung in der Beantwortung einer Fallfrage nach privatrechtlichen Ansprüchen. Darunter versteht man – wie bereits erörtert – **das Recht,** von einem anderen ein **Tun oder Unterlassen zu verlangen** (§ 194 Abs. 1 BGB; näher hierzu Rn. 98 und 140 ff.). Gefragt wird also beispielsweise danach, ob Verkäufer V von Käufer K die Kaufpreiszahlung i. H. v. 500,00 € nach § 433 Abs. 2 Hs. 1 BGB oder Käufer K von Vermieter V die Übergabe und Übereignung eines Kaufgegenstandes nach § 433 Abs. 1 S. 1 BGB verlangen kann.

**Beispiel**
**Sachverhalt:** Die Hansestadt Wismar (W) einigt sich mit der Versitas Automobile GmbH (V) am 1. Februar über den Erwerb eines gut erhaltenen BMW. Vereinbart war u. a., dass ein Mitarbeiter der W den Mercedes am 15. Februar abholt. Bis dahin sollte der BMW noch einmal gründlich gereinigt werden. Unbekannte Chaoten stecken jedoch den BMW in der Nacht

zum 5. Februar in Brand. Der BMW geht vollkommen in Flammen auf, sodass von ihm nichts mehr übrig bleibt.
**Frage:** Steht W gegen V ein Anspruch auf Übergabe und Übereignung eines BMWs zu?[8]

### 2. Prüfungsfrage nach sonstiger privatrechtlicher Beziehung

Denkbar ist auch, dass der Gegenstand einer Fallfrage keinen Anspruch, sondern eine sonstige privatrechtliche Beziehung ist. Diese können **ganz unterschiedlich** ausgestaltet sein, also ganz verschieden abgefragt werden. So kann beispielsweise nach dem Zugang einer Kündigung oder dem Zustandekommen eines Kaufvertrags gefragt werden. **134**

**Beispiel**
**Sachverhalt:** Student Martin (M) mietet eine Wohnung vom Studierendenwerk Rostock-Wismar (S) in Rostock. Der Mietvertrag ist wirksam und unbefristet. Da er sich als Abhängiger wegen seiner Ausgaben für seinen Drogenkonsum seine Studierendenwohnung nicht mehr leisten kann, möchte er sie kündigen. Er verfasst schriftlich eine Kündigung und wirft diese persönlich am Mittwoch, dem 3. Juli um 23.30 Uhr in den Briefkasten der S.
**Frage:** Wann ist S die Kündigung zugegangen?[9]

### 3. Prüfungssachfrage

Die dritte Möglichkeit besteht darin, dass der Prüfling abgefragt wird, also ihm Sachfragen gestellt werden. So könnte eine Frage lauten: Was ist ein Vertrag? Der Vertrag ist dann zu definieren. Prüfungsfragen **ergänzen häufig** in kleinerem Umfang Prüfungsfragen nach privatrechtlichen Ansprüchen oder sonstigen privatrechtlichen Beziehungen. Oftmals kommen sie aber auch gar nicht vor. **135**

**Beispiel**
**Frage:** Was ist ein Erfüllungsgehilfe?
**Ausformulierter Lösungsvorschlag:** Person, die mit Wissen und Wollen des Schuldners in dessen Pflichtenkreis tätig wird.

## II. Methodik der privatrechtlichen Fallbearbeitung

Die Lösung der Fallfragen ist anhand folgender **Schritte** der privatrechtlichen Fallbearbeitungsmethodik[10] zu entwickeln ***(1. Übersicht, vgl. Fall- und Übungsbuch)***: **136**

1. Erfassen der Aufgabenstellung
2. Lesen und Analyse des Sachverhalts
3. Rechtliche Prüfung
4. Schriftliche Darstellung als juristisches Gutachten

---

8 Ggf. schließen sich an die Frage noch Hinweise an, die die Fallbearbeitung erleichtern oder eingrenzen.

9 Ggf. schließen sich an die Frage noch Hinweise an, die die Fallbearbeitung erleichtern oder eingrenzen.

10 Grundlegend beispielsweise *Schwacke*, Juristische Methodik mit Technik der Fallbearbeitung, 5. Auflage 2011, S. 153 ff.; sehr empfehlenswert auch zur Vertiefung *Schmalz*, Methodenlehre für das juristische Studium, 4. Auflage 1998, S. 455 ff. Beide Werke haben trotz ihres Alters an Aktualität nicht eingebußt.

### 1. Erfassen der Aufgabenstellung

137 Die **genaue** Erfassung der Aufgabenstellung stellt die Weichen für die richtige Lösung. Das mag banal klingen, wird jedoch von Prüflingen immer wieder vernachlässigt. Die Folge sind Klausurbearbeitungen, die das Thema verfehlen und Ausführungen enthalten, für die es keine Punkte gibt. Verlangt wird das, wonach gefragt wird. Nichts anderes. Erteilt der Prüfungsersteller Hinweise, so ist auf diese besonders zu achten.
Anhand eines **Beispiels aus dem Arbeitsalltag** wird dies deutlich: Der Vorgesetzte, also der Aufgabensteller, stellt seinem Mitarbeiter, also dem Prüfling, eine Frage. Er will eine Antwort hören, die sich auf seine Frage bezieht. Erwartet wird eine Antwort, die gleich im ersten Satz den konkreten Bezug zur Frage erkennen lässt. Unrelevant sind Ausführungen, die abschweifen oder nicht auf den Punkt kommen.

> **Beispiel**
> Die Vorgesetzte Schlaumeier (S) fragt den Mitarbeiter Abschweifer (A): Kann der Landkreis Ludwigslust-Parchim (L) vom Bauunternehmer Reich (B) die Zahlung von 300.000,00 € verlangen?
> Der erste Antwortsatz des A muss lauten, ob L nun von B die Zahlung der 300.000,00 € verlangen kann. S wird zunächst nichts damit anfangen können, wenn A erst einmal ausholt, ob zwischen L und B ein Vertrag zustande gekommen ist oder nicht. Danach fragte S nicht. Dass der Vertragsschluss für die Zahlungsfrage bedeutsam ist, kann S anfangs noch nicht erkennen und ist erst im Laufe der Ausführung von Bedeutung.

### 2. Lesen und Analyse des Sachverhalts

138 Der Sachverhalt ist im Anschluss vollständig zu verstehen und zu erfassen. Diesbezüglich einige wenige **Grundsätze:**

- Sachverhalte sind grundsätzlich unumstritten. Das bedeutet: Jedes Detail ist bewiesen.
- Sachverhalten ist nichts zu unterstellen. Das, was nicht im Sachverhalt steht, gibt es nicht. Dabei muss aber vom Normalfall ausgegangen werden, sodass bei zurückhaltender Anwendung Selbstverständlichkeiten ergänzt werden können.
- Alle Sachverhaltselemente sind zu verwerten. Andernfalls würde sie der Aufgabenersteller nicht angeben.
- Alle Argumente handelnder Personen sind zu verwerten. Auch hier würde sie der Aufgabenersteller andernfalls nicht angeben.

Aufmerksamkeit verdienen darüber hinaus Elemente wie die Beteiligten, Handlungen, Alters- und Datumsangaben.
In diesem Schritt empfiehlt es sich bereits in dem aufgeworfenen Sachverhalt mögliche **Problemkreise** zu markieren oder kenntlich zu machen, indem man etwa ein „P“ verwendet oder gleich die maßgeblichen Rechtsnormen am Rand notiert. Sind mehrere Personen beteiligt, empfiehlt sich die Anfertigung einer **Personenskizze**. Zeigt der Sachverhalt verschiedene Zeitangaben, so empfiehlt sich die Anfertigung eines **Zeitstrahls**.

### 3. Rechtliche Prüfung

Der Einstieg in die rechtliche Prüfung wird ausschließlich durch die **Aufgabenstellung** bestimmt, wodurch das richtige Erfassen der Aufgabenstellung (näher hierzu Rn. 137) von elementarer Bedeutung ist. Maßgeblich sind die oben skizzierten Fragen, ob Gegenstand der Fallfrage ein privatrechtlicher Anspruch, eine sonstige privatrechtliche Beziehung oder eine Sachfrage ist. 139

Die Sachfragen ausgeklammert, empfiehlt sich an dieser Stelle der Entwurf einer **Lösungsskizze** unter Zugrundelegung der jeweiligen Prüfungsschemata. Markieren sollte man sich diejenigen Tatbestands- oder Rechtsfolgenvoraussetzungen, die **problematisch** erscheinen, beispielsweise mit einem „P“. Ist man sich diesbezüglich unsicher, sollte man sich im Rahmen der Vorarbeiten eher großzügig Problemkreise merken. Dies ist wichtig, um schnell überblicken zu können, ob eine Voraussetzung – wie noch gleichzusehen sein wird – im ausführlichen Gutachtenstil zu bearbeiten ist oder ob ein abgekürzter (Gutachten-)Stil ebenfalls genügt (hierzu näher Rn. 181 ff.). Sind in der Lösung Definitionen erforderlich, gilt es sich auch diese im Rahmen der Lösungsskizze gleich zu markieren, beispielsweise mit einem „D“. Das Gerüst steht damit. Regelmäßig wird man sich als Prüfling nicht allzu lang mit den eben skizzierten Vorarbeiten beschäftigen können, um während der Klausurbearbeitung keine Zeitprobleme zu bekommen. Sachfragen sind ohne große Überlegungen zügig und ohne Vorarbeiten zu beantworten. Hierfür wird selten Zeit bleiben.

a) **Anspruch als Gegenstand der Prüfungsfrage.** Die Geltendmachung eines Anspruchs wird durch vier Fragen (vier W-Fragen) geprägt *(2. **Prüfungsschema**, vgl. Fall- und Übungsbuch):* 140

1. Wer will etwas?
   = *Anspruchssteller*
2. Von wem will er oder sie das?
   = *Anspruchsgegner*
3. Was ist gewollt/verlangt?
   = *Anspruchsinhalt*
4. Aufgrund welcher Rechtsnorm könnte dies verlangt werden?
   = *Anspruchsgrundlage*

Als **Merkfrage** gilt: **Wer will von wem was woraus?** Mit Beantwortung dieser Frage sind der Anspruchssteller, der Anspruchsgegner, der Anspruchsinhalt und die Anspruchsgrundlage ermittelt. Das grobe Gerüst der Falllösung steht damit. Der Anspruchsgegenstand erschöpft sich regelmäßig in der Herausgabe, Zahlung, Schadensersatz, Beseitigung oder Unterlassung.

Die Vorgabe, nur die gestellte Frage zu beantworten, hat zur Folge, dass **ausschließlich** die Ansprüche zu prüfen sind, **nach denen gefragt wird**. Auf andere Ansprüche ist nicht einzugehen, da nach ihnen gerade nicht gefragt wird. So kann es dazu kommen, dass auf der Hand liegende Fragen nicht beantwortet werden müssen.

**Beispiel**
Die Vorgesetzte Schlaumeier (S) fragt den Mitarbeiter Abschweifer (A): Kann der Landkreis Ludwigslust-Parchim (L) vom Bauunternehmer Reich (B) die Zahlung von 300.000,00 € verlangen? Der erste Antwortsatz des A muss lauten, ob L nun von B die Zahlung der 300.000,00 € verlangen kann. S wird zunächst nichts damit anfangen können, wenn A erst einmal ausholt, ob zwischen L und B ein Vertrag zustande gekommen ist oder nicht. Danach fragte S nicht. Dass der Vertragsschluss für die Zahlungsfrage bedeutsam ist, kann S anfangs bisher nicht erkennen und ist erst im Laufe der Ausführung von Bedeutung.

141 Verschiedene mögliche Ansprüche müssen **getrennt** voneinander geprüft werden. Dies gilt umso mehr, wenn sich in einem einzelnen Satz der Aufgabenstellung Fragen nach mehreren Ansprüchen verstecken.

**Beispiel**
Die Strandkorbherstellerin Korbwerk Usedom GmbH & Co. KG (K) verkauft der Gemeinde Ostseebad Heringsdorf (H) auf Usedom einen mangelhaften Strandkorb. H verlangt von K die Erstattung des Kaufpreises i. H. v. 1.000,00 € und schaltet einen Anwalt ein, weil K die Zahlung verweigert. H zahlt ihrem Anwalt ein Honorar i. H. v. 200,00 € brutto. Die Fallfrage lautet: „Kann H von K die Zahlung von 1.200,00 € verlangen?"
Hier muss man erkennen, dass zwei Ansprüche getrennt zu prüfen sind: (1) Der Anspruch auf Rückzahlung des Kaufpreises und (2) der Anspruch auf Erstattung des Anwaltshonorars.

142 Anspruchsgrundlagen sind leicht zu identifizieren. Sie bestehen – wie die Rechtsnormen sonst auch – aus einem Tatbestand und einer Rechtsfolge, bei der die Rechtsfolge einen Anspruch beinhaltet. Der Tatbestand enthält hingegen die Voraussetzungen dafür, dass der Anspruch besteht. Eine **Anspruchsgrundlage** ist also eine vertragliche oder gesetzliche Rechtsnorm, die jemandem das Recht gibt, von einem anderen ein Tun oder Unterlassen zu verlangen (vgl. § 194 Abs. 1 BGB, vgl. hierzu Rn. 98 und 133).

**Beispiele**
- § 433 Abs. 2 Hs. 1 BGB gibt dem Verkäufer das Recht, von dem Käufer die Zahlung des vereinbarten Kaufpreises zu zahlen. Er ist eine vertragliche Anspruchsgrundlage.
- § 985 BGB gibt dem Eigentümer das Recht, von dem Besitzer die Herausgabe der Sache zu verlangen. Er ist eine gesetzliche Anspruchsgrundlage.
- § 314 Abs. 1 S. 1 BGB gibt jedem Vertragsteil das Recht, Dauerschuldverhältnisse aus wichtigem Grund ohne Einhaltung einer Kündigungsfrist zu kündigen. Damit gibt er niemandem das Recht, von einem anderen ein Tun oder Unterlassen zu verlangen. § 314 Abs. 1 S. 1 BGB ist keine Anspruchsgrundlage.

143 **Hinweise zur Fallbearbeitung**

Aufgrund einer Anspruchsgrundlage hat A gegen B das Recht auf etwas. Gleichzeitig hat B gegenüber A die Pflicht, diesem Recht nachzukommen.

Das Recht des einen ist somit die Pflicht des anderen, sie stehen im Wechselverhältnis zueinander. Ob eine Rechtsnorm eine Anspruchsgrundlage darstellt, erkennt man in der Regel auch an den Worten „wird verpflichtet“ oder „kann verlangen“.
Wenn die Hanse- und Universitätsstadt Rostock (R) von der Autohaus Rostock Ost GmbH (A) einen Pkw erwirbt, ist R nach § 433 Abs. 2 Hs. 1 BGB verpflichtet, A den Kaufpreis zu zahlen. Gleichzeitig steht A gegen R nach § 433 Abs. 2 Hs. 1 BGB ein Recht (hier Anspruch) auf die Kaufpreiszahlung zu.

Für das Finden der richtigen Anspruchsgrundlage ist ein **Abgleich** der Fallfrage mit der Rechtsfolge der Anspruchsgrundlage vorzunehmen. Zu fragen ist, ob der Anspruch, der durch die Anspruchsgrundlage gewährt wird, mit dem Anspruch übereinstimmt, der Gegenstand der Fallfrage ist. Wenn dem so ist, kommt die Anspruchsgrundlage als Ansatzpunkt für eine rechtliche Prüfung infrage. 144

**Beispiel**
Die Gemeinde Ostseebad Heringsdorf (H) auf Usedom erwirbt von der Korbwerk Usedom GmbH & Co. KG (K) einen Strandkorb. Sein Sitzpolster enthält ein Loch. Deswegen erklärt die Bürgermeisterin der H Lalisken (R) gegenüber K namens der H den Rücktritt. Die Fallfrage lautet, ob H den bereits gezahlten Kaufpreis von K zurückverlangen kann. Als Anspruchsgrundlage kommt § 437 Nr. 2 Alt. 1 i. V. m. § 346 Abs. 1 BGB in Betracht. Rechtsfolge ist die Rückgewähr der empfangenen Leistungen, Tatbestand u. a. ein gesetzliches Rücktrittsrecht. Die Rückzahlung des schon gezahlten Kaufpreises ist eine Rückgewähr der empfangenen Leistung i. S. d. § 346 Abs. 1 BGB.
§ 433 Abs. 2 Hs. 1 BGB und § 437 Nr. 3 Alt. 1 i. V. m. §§ 280 ff. BGB sind zwar auch Anspruchsgrundlagen, betreffen jedoch andere Gegenstände. Beim § 433 Abs. 2 Hs. 1 BGB geht es um den Anspruch des Verkäufers auf Kaufpreiszahlung, nicht um den Anspruch des Käufers auf Rückerstattung. Die §§ 280 ff. BGB gewähren durch die §§ 249 ff. BGB einen Schadensersatzanspruch. Einen Schaden macht H durch L aber nicht geltend.

Anspruchsgrundlagen **ergeben sich** entweder 145
- unmittelbar aus einer vertraglichen Rechtsnorm oder
- aus einer gesetzlichen Rechtsnorm,

für die ein allgemeines Anspruchsprüfungsschema gilt (näher hierzu Rn. 157).

aa) **Vertragliche Rechtsnorm.** Die Teilnehmer am Privatrechtsverkehr haben nach dem Grundsatz der Vertragsfreiheit die Möglichkeit, Ansprüche vertraglich zu vereinbaren, auch ohne dass dem ein konkreter Vertragstyp des BGB zugrunde liegt. In den meisten Fällen sind die **Vertragstypen** aber gesetzlich normiert, sodass einige Anspruchsgrundlagen die banale Voraussetzung aufstellen, dass die Parteien einen Vertrag schließen. Zu denken ist beispielsweise an einen Kaufpreiszahlungsanspruch nach § 433 Abs. 2 Hs. 1 BGB. Voraussetzung wäre dann nicht nur das Zustandekommen eines Vertrags, sondern eines solchen, der sich auf einen Kaufgegenstand bezieht. 146

147 **Hinweise zur Fallbearbeitung**

Wenn sich der konkrete Anspruch aus einer konkreten Vereinbarung ergibt, so könnte man denken, dass es überflüssig sei, auch die entsprechende gesetzliche Rechtsnorm mitzuzitieren, aus der sich die vertragliche Pflicht auch gesetzlich ergibt. Ein Beispiel hierfür ist § 433 Abs. 2 Hs. 1 BGB, wenn der Käufer und der Verkäufer konkret vereinbaren, dass der Käufer an den Verkäufer 200,00 € zahlen soll. Streng genommen ist dies auch so. Der Anspruch ergibt sich sowohl aus Vertrag als auch aus Gesetz. Aus Gründen der einheitlichen Gedankenführung ist dies aus meiner Sicht dennoch ratsam, was sich im Übrigen auch eingebürgert hat. Andernfalls müsste man in dem Beispiel den gesetzlichen Anspruch nach § 433 Abs. 2 Hs. 1 BGB nach der Prüfung des gleichlautenden vertraglichen Anspruchs anhängen, was zu vermeidende Arbeit darstellt. Man prüft damit also diese beiden Ansprüche gleichzeitig und damit effizient.

148 Eine **konkrete vertragliche Vereinbarung** ohne gesetzliche Grundlage kann also gleichfalls eine Anspruchsgrundlage darstellen. Ein grundlegender struktureller Unterschied zwischen diesen vertraglichen Ansprüchen ohne gesetzliche Grundlage und solchen mit gesetzlicher Grundlage besteht nicht, da beide aus Tatbestand und Rechtsfolge bestehen.

**Beispiele**

- Die Hanse- und Universitätsstadt Rostock (R) saniert die Don-Bosco-Grundschule in Kooperation mit dem privaten Unternehmen U im Rahmen einer sog. „Öffentlich-Privaten Partnerschaft“ (ÖPP). In § 32 des Vertrags heißt es: „Die R ist verpflichtet, über den Inhalt des Vertrags außerhalb der öffentlichen Verwaltung Stillschweigen zu bewahren. Diese Schweigepflicht gilt auch gegenüber der Bürgerschaft der R, dem Landtag des Landes Mecklenburg-Vorpommern sowie sämtlichen sonstigen Legislativorganen.“ U hat gegen R demnach aus § 32 des Vertrags einen Anspruch darauf, dass R Mitteilungen über den Inhalt des Vertrags außerhalb der öffentlichen Verwaltung unterlässt (Unterlassungsanspruch).

149 **bb) Gesetzliche Rechtsnorm.** Anspruchsgrundlage kann auch eine gesetzliche Rechtsnorm sein, die die Voraussetzungen für den geltend gemachten Anspruch regelt. Ihre Rechtfertigung findet sie nicht wie bei vertraglichen Rechtsnormen, gleich ob mit oder ohne Gesetz, in der freien privatautonomen Entscheidung der Beteiligten, sondern darin, dass der durch das Volk gewählte und dadurch legitimierte Gesetzgeber Ansprüche für bestimmte Konstellationen geschaffen hat. Häufig ist das in Situationen der Fall, in denen eine freiwillige Pflichtenunterwerfung undenkbar erscheint und zugleich ein Ausgleich angezeigt ist, wie etwa bei kaufrechtlichen Gewährleistungsrechten oder beim Verkehrsunfall.

Gesetzliche Anspruchsgrundlagen sind nach vertraglichen Anspruchsgrundlagen zu prüfen, da sich Erstere auf Letztere beziehen können. Bedenkt man diesen Grundsatz, wird deutlich, dass bei der Suche nach der einschlägigen Anspruchsgrundlage immer eine bestimmte Prüfungsreihenfolge privatrechtlicher Anspruchsgrundlagen (**Anspruchshierarchie**) einzuhalten ist, die sich allgemein eingebürgert hat und sich an der Merkformel *Vertrag – Vertrauen – Gesetz* orientiert *(**3. Prüfungsschema, vgl. Fall- und Übungsbuch**)*:

1. Vertragliche Primäransprüche,
2. vertragliche Sekundäransprüche,
3. quasivertragliche Ansprüche,
4. dingliche Ansprüche,
5. Ansprüche aus unerlaubter Handlung und
6. Ansprüche aus ungerechtfertigter Behandlung

**Vertragliche Primäransprüche** sind solche Ansprüche, die sich unmittelbar aus dem Vertrag ergeben und auf die Erfüllung vertraglicher Pflichten abzielen (näher hierzu vor allem Rn. 199 ff.; vgl. auch 6. Prüfungsschema zum primären vertraglichen Erfüllungsanspruch, Rn. 186). **150**

**Beispiele**

- Alle Anspruchsgrundlagen aus Verträgen, beispielsweise § 433 Abs. 1 S. 1 BGB, § 433 Abs. 2 Hs. 1 BGB, i. V. m. § 480 BGB, § 518 Abs. 1 S. 1 BGB, § 488 Abs. 1 S. 1 BGB, § 488 Abs. 1 S. 2 Hs. 2 BGB, § 535 Abs. 1 S. 1 BGB, § 535 Abs. 2 BGB, § 581 Abs. 1 S. 1 Hs. 1 BGB, § 581 Abs. 1 S. 1 Hs. 2 BGB, § 581 Abs. 2 BGB, § 598 BGB, § 604 BGB, § 611 Abs. 1 Hs. 1 BGB, § 611 Abs. 1 Hs. 2 BGB, § 611a Abs. 1 S. 1 BGB, § 611a Abs. 2 BGB, § 631 Abs. 1 Hs. 1 BGB, § 631 Abs. 2 Hs. 2 BGB oder § 662 BGB.
- Herr Kruse (K) erwirbt bei Herrn Vetter (V) einen PC. Ihm steht gegen V ein Anspruch auf Übergabe und Übereignung nach § 433 Abs. 1 S. 1 BGB zu.

**Vertragliche Sekundäransprüche** sind Ansprüche, die sich erst dann ergeben, wenn die Vertragsabwicklung (Vertragserfüllung) nicht so läuft, wie sich die Vertragsparteien das vorgestellt haben, also sog. Leistungsstörungen entstehen. Sie umfassen v. a. sog. Pflichtverletzungen, wenn beispielsweise eine Hauptleistungspflicht nicht oder schlecht erfüllt wird oder Nebenleistungspflichten verletzt werden (näher hierzu vor allem Rn. 424 ff. und 502 ff.). **151**

**Beispiele**

- § 280 Abs. 1 S. 1 BGB, § 437 Nr. 1 i. V. m. § 439 Abs. 1 BGB, § 437 Nr. 2 Alt. 1 i. V. m. § 346 Abs. 1 BGB, § 437 Nr. 2 Alt. 2 i. V. m. § 441 Abs. 1 S. 1 BGB, § 437 Nr. 3 Alt. 1 i. V. m. § 280 Abs. 1 S. 1 BGB, § 437 Nr. 3 Alt. 1 i. V. m. 280 Abs. 1 S. 1, Abs. 3, § 281 Abs. 1 S. 1 BGB oder § 437 Nr. 3 Alt. 2 i. V. m. § 284 BGB.
- Im vorgenannten Beispielfall des PC-Erwerbs startet dieser nicht. Dies fußt auf einem eingeknickten Kabel, das auch bereits bei Übergabe existierte und ausgetauscht werden muss. Herr Kruse (K) gat gegen Herrn Vetter (V) einen Anspruch auf Austausch des Kabels nach § 437 Nr. 1 i. V. m. § 439 Abs. 1 Alt. 1 BGB.

**Vorvertragliche Ansprüche** sind Ansprüche, die nur „fast“ aus einem Vertrag resultieren, eben aufgrund eines „Vertrauensverhältnisses“. Auch wenn es in die- **152**

sen Fällen nicht zum Abschluss eines Vertrags gekommen ist, können dennoch schuldrechtliche Beziehungen zwischen den Parteien bestehen (näher hierzu vor allem Rn. 284 ff. und 441 ff.).

**Beispiele**

- § 179 Abs. 1 Alt. 1 i. V. m. § 433 Abs. 2 Hs. 1 BGB, § 179 Abs. 1 Alt. 2 oder (§ 437 Nr. 3 i. V. m.) § 280 Abs. 1 S. 1 BGB wegen der Verletzung einer vorvertraglichen Pflicht nach § 311 Abs. 2 Nr. 1, Nr. 2 oder Nr. 3 BGB.
- Herr Kluge (K) interessiert sich für den von Herrn Vollmann (V) inserierten Pkw, einem VW Touran. Ohne dass sie in konkrete Verhandlungen treten, bittet K den V um eine Probefahrt. Dem kommt V nach, obwohl der Pkw durch fehlende Profiltiefe der Reifen und verschlissene Bremsen nicht verkehrssicher ist. Hiervon weiß V. Er hat K jedoch zuvor nicht darauf hingewiesen. Es kommt zum Personenschaden. Ein Kaufvertrag kommt nicht mehr zustande. K steht gegen V ein Schadensersatzanspruch nach §§ 280 Abs. 1 S. 1 BGB zu. Das Schuldverhältnis entstand vorvertraglich nach § 311 Abs. 2 Nr. 2 i. V. m. § 241 Abs. 2 BGB.

153 **Dingliche Ansprüche** sind solche, die sich aus der Eigentümer- oder Besitzerstellung an Gegenständen ergeben. Sie fußen wortwörtlich auf dem „Ding" und finden sich oftmals im Sachenrecht (näher hierzu Rn. 629 ff.).

**Beispiele**

- § 985 BGB, § 1004 Abs. 1 S. 1 oder S. 2 BGB
- Herr Kastmeier (K) erwirbt von Herrn Verch (V) einen gestohlenen Maserati. Hiervon hat V dem K auch berichtet. Zufällig erfährt Herr Lemian (L), dass nun K im Besitz seines „Schatzes" ist. Er macht ihm gegenüber als Eigentümer einen Anspruch auf Herausgabe des Maseratis nach § 985 BGB geltend.

154 **Ansprüche aus unerlaubter Handlung** sind solche, die den Ersatz von Schäden bezwecken, die durch unerlaubtes Verhalten des Schädigers entstanden sind. Es sollen also Einbußen ausgeglichen werden, die jemand an seinen Rechtsgütern erleidet. Ersetzt werden soll damit ein „Weniger". Dieses Recht wird auch Deliktsrecht bezeichnet (näher hierzu Rn. 571 ff.).

**Beispiele**

- § 823 Abs. 1 BGB oder § 831 Abs. 1 S. 1 BGB
- Im vorgenannten Beispielfall beschädigt jetzt Herr Kastmeier (K) aus Wut den Maserati, der zwischenzeitlich wieder im Besitz des Eigentümers Lemian (L) gelangt ist. L verfügt gegenüber K u. a. einen Anspruch auf Schadensersatz nach § 823 Abs. 1 BGB.

155 **Ansprüche aus ungerechtfertigter Bereicherung** sind solche, die die Rückgängigmachung von Vermögensverschiebungen bezwecken, die „ohne rechtlichen Grund" geschehen sind. Beseitigt werden soll damit ein „Mehr". Dieses Recht wird auch als Bereicherungsrecht bezeichnet (näher hierzu Rn. 561 ff.).

**Beispiele**
- § 812 Abs. 1 S. 1 Alt. 1 BGB
- In dem obigen Beispielfall erwirbt Herr Kruse (K) von Herrn Vetter (V) einen PC. Wegen seiner Übermüdung übergibt ihm K aus Unachtsamkeit Geldscheine i. H. d. zweifachen Kaufpreises im Wert von insgesamt 200,00 € statt 100,00 €. Seine Zahlungsverpflichtung aus § 433 Abs. 2 Hs. 1 BGB bestand aber nur für die ersten 100,00 €. Die Zweiten kann er daher von V nach § 812 Abs. 1 S. 1 Alt. 1 BGB zurückverlangen.

cc) **Prüfungsschema zur Anspruchsprüfung.** Für die Weiterführung der Fall- **156**
prüfung eines privatrechtlichen Anspruchs hat sich ein allgemeines Prüfungsschema etabliert. Die **Bezeichnung „Prüfungsschema"** darf nicht dazu führen, dass in einem solchen Prüfungsschema alle Punkte „schematisch" abgearbeitet werden. Abzuarbeiten sind nur relevante, häufig problematischen Punkte. Passender dürfte daher der Begriff der Übersicht sein. Für Prüflinge ist jedoch oftmals der Begriff eines Schemas eingängiger, sodass er auch hier Verwendung finden soll.

Das allgemeine Prüfungsschema eines privatrechtlichen Anspruchs orientiert **157**
sich an den Grundgedanken (1) des Auffindens einer **Anspruchsgrundlage** und (2) möglicher sog. **Gegennormen**, die den Anspruch zu Fall bringen könnten. So gibt es Gegennormen,
- die einen Anspruch erst gar nicht entstehen lassen (sog. rechtshindernde Einwendungen),
- die einen entstandenen Anspruch später wieder untergehen lassen (sog. rechtsvernichtende Einwendungen) oder
- die Durchsetzung des entstandenen und nicht untergegangenen Anspruchs verhindern (sog. rechtshemmende Einreden).

Es handelt sich um eine dreistufige Prüfung (**juristischer Dreiklang**), der immer die Nennung einer Anspruchsgrundlage vorzugehen und die Erörterung des Anspruchsinhalts auf der Rechtsfolgeseite nachzugehen hat *(**4. Prüfungsschema**, **vgl. Fall- und Übungsbuch**):*

- Anspruchsgrundlage
  I. Anspruch entstanden?
  II. Anspruch nicht untergegangen?
  III. Anspruch durchsetzbar?[11]
- Rechtsfolge(n): Anspruchsinhalt

11 Gelegentlich ist auch von Anspruch entstanden, übergegangen, untergegangen und durchsetzbar zu lesen und zu hören. Unter „Anspruch übergegangen?" werden dann unter I. vor oder nach den anspruchsbegründenden Tatbestandsvoraussetzungen rechtsgeschäftliche Anspruchsübergänge wie die Abtretung nach § 398 S. 2 BGB (näher hierzu Rn. 418 f.) oder gesetzliche Anspruchsübergänge wie die Bürgschaft nach § 774 Abs. 1 S. 1 BGB (näher hierzu Rn. 637 f.) geprüft. Nach dem hiesigen 3. Prüfungsschema kommt man aber zum selben Ergebnis, ohne dass das Grundschema verkompliziert wird. So oder so ist die Übergangsrechtsnorm zu prüfen, hier konkret i. V. m. der jeweiligen Anspruchsgrundlage.

Dieses Prüfungsschema stellt eine grobe Richtschnur dafür dar, welche Prüfungspunkte relevant sein **können** und welcher Aufbau in der Mehrzahl der Fälle vernünftig sein wird. Ist etwas abwegig, bedarf es keiner Erwähnung. Ist etwas unproblematisch, so ist dies entsprechend kurz zu begründen oder u. U. gar ganz wegzulassen.

158 **Hinweise zur Fallbearbeitung**

Angesprochen wird hier die für die Prüfungsbearbeitung bedeutsame Schwerpunktsetzung (näher hierzu Rn. 178; vgl. auch Rn. 183). Die meisten Punkte lassen sich regelmäßig dort erzielt, wo sich die rechtlichen Probleme verbergen; darüber hinaus durch eine klare Prüfungsstruktur und saubere Subsumtion (näher hierzu Rn. 180). Generell gilt: Die anspruchsbegründenden Tatbestandsvoraussetzungen sind stets zu erörtern. Soweit der Sachverhalt keine Anhaltspunkte dafür enthält, dass der Anspruch untergegangen oder nicht durchsetzbar sein könnte, sind diese Prüfungspunkte regelmäßig auszulassen. Gleiches gilt für rechtshindernde Einwendungen. Unnötig (wenn auch unschädlich) ist es daher, unter I. klarzustellen, dass dem Anspruch keine rechtshindernden Einwendungen entgegenstehen, und die Prüfungspunkte II. und III. überhaupt aufzugreifen. In diesen Fällen kann man gleich mit dem Ergbnis unter II. fortfahren.

159 Eine **Anspruchsgrundlage** ist – wie bereits dargelegt – eine vertragliche oder gesetzliche Rechtsnorm, die jemandem das Recht gibt, von einem anderen ein Tun oder Unterlassen zu verlangen (vgl. § 194 Abs. 1 BGB). In diesem Zusammenhang kann auf die obigen Ausführungen verwiesen werden (näher hierzu Rn. 140 ff., vgl. auch Rn. 98 und 133).

160 **Hinweise zur Fallbearbeitung**

Welche genauen Rechtsnormen im Obersatz zu erwähnen sind, wird nicht einheitlich beurteilt. Einig ist man sich, dass hierzu mindestens die anspruchsbegründende Rechtsnorm, also die konkrete Anspruchsgrundlage zählt (beispielsweise § 437 Nr. 1 i. V. m. § 439 Abs. 1 Alt. 1 BGB). Ich halte das für überzeugend, da nur diese Rechtsnormen die konkrete Pflicht begründen. Manche zitieren aus Klarstellungsgründen aber auch (überflüssige) tatbestandsbegründende Rechtsnormen mit wie §§ 434, 446 S. 1 BGB oder gar § 433 BGB. Das kann aber nur dort im Einzelfall angezeigt sein, wo ein solches Klarstellungserfordernis wegen eines besonderen Falles gegeben ist. Denkbar wäre dies beispielsweise bei Vergütungsansprüchen infolge einer Arbeitsunfähigkeit nach § 611a Abs. 2 BGB i. V. m. § 3 Abs. 1 S. 1 EFZG.

161 Die Prüfungsebene **„I. Anspruch entstanden?“** unterteilt sich
- in die anspruchsbegründenden Tatbestandsvoraussetzungen und
- in die rechtshindernden Einwendungen.

Ggf. ist zu prüfen, ob sich der Anspruchsinhaber **verschoben** hat im Wege der Stellvertretung nach § 164 BGB oder Abtretung nach § 398 S. 2 BGB.

Nun gilt es, die **Tatbestandsvoraussetzungen** der Anspruchsgrundlage zu prüfen. Hierzu sind ggf. je nach Sachverhalt und Frage weitere Rechtsnormen heranzuziehen.

> **Beispiel**
> Der Nacherfüllungsanspruch aus § 437 Nr. 1 i. V. m. § 439 Abs. 1 BGB hat u. a. die Tatbestandsvoraussetzung, dass ein Sachmangel nach § 434 BGB vorliegt. In diesem Beispiel müssen neben diesen drei unterschiedlichen Rechtsnormen noch weitere herangezogen werden, wie § 434 BGB.

**Rechtshindernde Einwendungen** sind Rechtsnormen, die bewirken, dass ein Anspruch **gar nicht erst entsteht.** Der Anspruch ist damit rechtlich so zu behandeln, als ob er nie in der Welt war, als ob ein Kind nie „geboren“ worden ist (näher hierzu Rn. 295 ff.). 162

> **Hinweise zur Fallbearbeitung** 163
> Ob eine Rechtsnorm eine rechtshindernde Einwendung darstellt, erkennt man in der Regel an den Worten „nichtig“, „ungültig“ oder „unwirksam“ (vgl. § 105 Abs. 1 BGB: „Die Willenserklärung eines Geschäftsunfähigen ist nichtig“).

Rechtshindernde Einwendungen finden sich sowohl im BGB als Teil des allgemeinen Privatrechts und auch in anderen Gesetzesbüchern als Teil des besonderen Privatrechts. **Wichtige rechtshindernde Einwendungen** sind (***2. Übersicht, vgl. Fall- und Übungsbuch***): 164

1. Die Geschäftsunfähigkeit nach § 105 Abs. 1 BGB,
2. die vorübergehend gestörte Geistestätigkeit nach § 105 Abs. 2 BGB,
3. die beschränkte Geschäftsfähigkeit nach § 108 Abs. 1 BGB,
4. der Formmangel nach § 125 S. 1 oder S. 2 BGB,
5. der Verstoß gegen ein Verbotsgesetz nach § 134 BGB,
6. die Sittenwidrigkeit nach § 138 Abs. 1 BGB,
7. das Wuchergeschäft nach § 138 Abs. 2 BGB als besonderer Fall der Sittenwidrigkeit,
8. die Anfechtung nach § 142 Abs. 1 BGB und
9. die Klauselverbote für allgemeine Geschäftsbedingungen nach den §§ 305 ff. BGB.

> **Hinweise zur Fallbearbeitung** 165
> Die rechtliche Einordnung der Anfechtung nach § 142 Abs. 1 BGB ist umstritten (vgl. hierzu Rn. 298 und 316). Dies hat jedoch nur Auswirkungen auf den Prüfungsaufbau. Der Prüfungsstandort selbst muss in der Falllösung nicht begründet werden.
> Zum einen wird vertreten, dass die Anfechtung eine rechtsvernichtende Einwendung darstellt. Hierfür spricht der Wortlaut des § 142 Abs. 1 BGB („als von Anfang an nichtig anzusehen“). Er setzt denklogisch voraus, dass das Rechtsgeschäft zunächst entstanden sein muss, ehe er durch die Ausübung

der Anfechtung als Gestaltungsrecht rückwirkend erlischt. Man würde sie daher unter „II. Anspruch nicht untergegangen?" prüfen.
Zum anderen wird vertreten, dass sie eine rechtshindernde Einwendung darstellt. Hierfür spricht maßgeblich, dass § 142 Abs. 1 BGB bewirkt, dass der Anspruch gerade von Anfang an, also rückwirkend nichtig ist. Man würde sie daher unter „I. Anspruch entstanden?" nach der jeweiligen Willenserklärung prüfen.
Ich halte Letzteres für überzeugend, zumal sich auch der Wortlaut des § 119 Abs. 1 BGB auf die „Abgabe einer Willenserklärung" bezieht.

166 **Beispiel**

**Sachverhalt:** Der sechsjährige Simon (S) erklärt gegenüber Herrn Vull (V), dass er sein Buch zum Preis von 20,00 € kaufen wolle. V willigt bereitwillig ein. Nach Erhalt des Buches verweigert S die Zahlung. Stolz erzählt er V, dass seine Mama ihm gesagt habe, dass er nichts kaufen könne. Das Buch wolle er aber erhalten.

**Frage:** Steht V gegen S ein Anspruch auf Kaufpreiszahlung i. H. v. 20,00 € zu?

**Ausformulierter Lösungsvorschlag:** V könnte gegen S ein Anspruch auf Kaufpreiszahlung i. H. v. 20,00 € nach § 433 Abs. 2 Hs. 1 BGB zustehen.

I. Fraglich ist, ob zwischen S und V ein Kaufvertrag nach § 433 BGB über das Buch zustande gekommen ist. Voraussetzung hierfür ist, dass mindestens zwei übereinstimmende Willenserklärungen vorliegen, Angebot und Annahme (vgl. § 151 S. 1 BGB). Indem S gegenüber V erklärte, dass er sein Buch zum Preis von 20,00 € kaufen wolle, gab er ein Angebot ab. Dieses Angebot könnte aber nach § 105 Abs. 1 BGB nichtig sein. Voraussetzung hierfür ist, dass S sie als Geschäftsunfähiger abgegeben hat. Geschäftsunfähig ist nach § 104 Nr. 1 BGB, wer nicht das siebente Lebensjahr vollendet hat. S ist sechs Jahre alt und damit geschäftsunfähig. Sein Angebot ist nichtig nach § 105 Abs. 1 BGB. Die Einwilligungserklärung des V ist allenfalls als eigenes Angebot gegenüber S zu werten, dass S aber nicht angenommen hat. Zwischen beiden ist kein Kaufvertrag nach § 433 BGB zustande gekommen.

II. V steht gegen S kein Anspruch auf Kaufpreiszahlung i. H. v. 20,00 € nach § 433 Abs. 2 Hs. 1 BGB zu.

167 Auf der Prüfungsebene **„II. Anspruch nicht untergegangen?"** sind einschlägige **rechtsvernichtende Einwendungen** zu untersuchen. Darunter fallen Rechtsnormen, die bewirken, dass ein entstandener Anspruch **wieder untergeht**. Das zunächst geborene Kind wird demnach laienhaft ausgedrückt wieder „vernichtet" (näher hierzu Rn. 360 ff.).

168 **Hinweise zur Fallbearbeitung**

Ob eine Rechtsnorm eine rechtsvernichtende Einwendung darstellt, erkennt man in der Regel an den Worten „erlischt", „ausgeschlossen", „entfällt" oder „als erloschen gelten" (vgl. § 362 Abs. 1 BGB: „Das Schuldverhältnis erlischt, wenn die geschuldete Leistung an den Gläubiger bewirkt wird.").

Rechtsvernichtende Einwendungen finden sich sowohl im BGB als Teil des allgemeinen Privatrechts als auch in anderen Gesetzesbüchern als Teil des besonderen Privatrechts. **Wichtige rechtsvernichtende Einwendungen** sind *(**3. Übersicht**, **vgl. Fall- und Übungsbuch**):* 169

1. Die Unmöglichkeit der Leistung nach § 275 Abs. 1 BGB,
2. die Befreiung von der Gegenleistung im Falle der Unmöglichkeit nach § 326 Abs. 1 S. 1 Hs. 1 BGB,
3. der Rücktritt nach § 346 Abs. 1 BGB,
4. die Erfüllung nach § 362 Abs. 1 BGB,
5. die Aufrechnung nach § 389 BGB,
6. die Kündigung z. B. nach § 314 Abs. 1 S. 1 BGB und
7. der Widerruf z. B. nach § 355 Abs. 1 S. 1 BGB.

**Sachverhalt:** Herr Kluge (K) erwirbt von Herrn Vanner (V) einen Motorroller. Er zahlt den vereinbarten Kaufpreis i. H. v. 10.000,00 € vor Ort in bar. Einen Monat später verlangt V von K nochmals die Kaufpreiszahlung i. H. v. 10.000,00 €, da er aufgrund des bei ihm herrschenden Geschäftschaos irrig annimmt, K hätte den Kaufpreis bisher nicht bezahlt. 170

**Frage:** Zu Recht?

**Ausformlierter Lösungsvorschlag:** V kann von K nochmals die Zahlung des Kaufpreises i. H. v. 10.000,00 € verlangen, soweit ihm gegen ihn ein Kaufpreiszahlungsanspruch in dieser Höhe aus § 433 Abs. 2 Hs. 1 BGB zusteht.

I. Indem sie sich K und V über Kauf bzw. Verkauf des Motorrollers geeinigt haben, ist zwischen ihnen ein Kaufvertrag nach § 433 BGB zustande gekommen. Daran ändert nichts, dass K den Kaufpreis bereits einmal bezahlt hat.

II. Der Kaufpreiszahlungsanspruch aus § 433 Abs. 2 Hs. 1 BGB könnte jedoch nach § 362 Abs. 1 BGB als erloschen gelten, indem K den Kaufpreis bei Vertragsschluss in bar vor Ort bezahlt hat.
Voraussetzung hierfür ist, dass K an V die Kaufpreiszahlung i. H. v. 10.0000,00 € bewirkte.
Das ist der Fall, wenn er als richtiger Schuldner die richtige Leistung an den richtigen Gläubiger zur richtigen Zeit am richtigen Ort erbringt.
Problematisch erscheint einzig, ob der richtige Leistungsgegenstand im Rahmen des geschuldeten Leistungserfolges in der erstmaligen oder zweimaligen Zahlung des Kaufpreises liegt. Dieser ist anhand des zu erfüllenden Schuldverhältnisses im Einzelfall sorgfältig durch Auslegung nach dem objektiven Empfängerhorizont aus der Sicht eines objektiven dritten Beobachters nach den §§ 133, 157 BGB zu ermitteln, hier aus dem Kaufvertrag nach § 433 BGB. Danach ist der Leistungsgegenstand aufgrund des Erwerbs von einem Motorroller in der einmaligen Zahlung des Kaufpreises i. H. v. 10.000,00 € zu sehen. Für eine zweimalige Zahlungspflicht bestehen dagegen keine Anhaltspunkte. Indem K dem V bei Vertragsschluss Geldscheine i. H. v. 10.000,00 € übergab und übereignete, trat der richtige Leistungserfolg ein.
Der Kaufpreiszahlungsanspruch des V aus § 433 Abs. 2 Hs. 1 BGB gilt nach § 362 Abs. 1 BGB als erloschen.

III. V steht gegen K kein Kaufpreiszahlungsanspruch i. H. v. 10.000,00 € aus § 433 Abs. 2 Hs. 1 BGB zu. Er kann keine weitere Zahlung verlangen.

171 Auf der Prüfungsebene **„III. Anspruch durchsetzbar?"** sind einschlägige **rechtshemmende Einreden** zu untersuchen. Darunter fallen Rechtsnormen, die die **Durchsetzung** eines entstandenen und nicht untergegangenen Anspruchs **verhindern**. Das geborene und nicht vernichtete Kind wird laienhaft ausgedrückt bewegungsunfähig „in Fesseln gelegt" (näher hierzu Rn. 403 ff.).

172 **Hinweise zur Fallbearbeitung**

Ob eine Rechtsnorm eine rechtshemmende Einrede darstellt, erkennt man in der Regel an den Worten „ist berechtigt/kann die Leistung verweigern", (vgl. § 214 Abs. 1 BGB: „Nach Eintritt der Verjährung ist der Schuldner berechtigt, die Leistung zu verweigern.").

173 Rechtshemmende Einreden lassen den **Anspruch selbst unberührt**, der auch weiterhin erfüllbar bleibt. Daraus kann eine etwas paradoxe Situation entstehen: Ein Gläubiger kann seinen Anspruch gegenüber einem Schuldner nicht durchsetzen, soweit er eine rechtshemmende Einrede erhebt und obwohl er seiner Pflicht nachkommen könnte, beispielsweise durch Erfüllung nach § 362 Abs. 1 BGB. Das Recht, also der Anspruch, ist dann im wörtlichen Sinne gehemmt, nicht mehr durchsetzbar. Hier kommt es im Unterschied zu rechtshindernden und -vernichtenden Einwendungen zur Besonderheit, dass diese nicht kraft Gesetzes, sondern erst kraft Erhebung zur Anwendung kommen. Erhebt ein Schuldner hingegen keine Einrede, bleibt ein Anspruch weiterhin durchsetzbar. Rechtshemmende Einreden finden sich sowohl im BGB als Teil des allgemeinen Privatrechts und auch in anderen Gesetzesbüchern als Teil des besonderen Privatrechts. Sie unterteilen sich in zwei Kategorien, in sog. dauernde (**peremptorische**) Einreden, die einen geltend gemachten Anspruch dauerhaft hemmen – z. B. die Verjährung nach § 214 Abs. 1 BGB –, und in sog. aufschiebende (**dilatorische**) Einreden, die eine Durchsetzbarkeit des Anspruchs lediglich verzögern – z, B. das Zurückbehaltungsrecht nach § 273 Abs. 1 BGB –. **Wichtige rechtshemmende Einreden** sind ***(4. Übersicht, vgl. Fall- und Übungsbuch)*:**

**peremptorisch (dauernd)**

1. Die Verjährung nach § 214 Abs. 1 BGB,

**dilatorisch (aufschiebend)**

2. die Einrede des nicht erfüllten Vertrags nach § 320 Abs. 1 BGB,
3. das Zurückbehaltungsrecht nach § 273 Abs. 1 BGB,
4. die praktische Unmöglichkeit nach § 275 Abs. 2 BGB,
5. die persönliche Unmöglichkeit nach § 275 Abs. 3 BGB und
6. die gesetzlich nicht normierte und vertraglich zu vereinbarende Stundung.

174 **Sachverhalt:** Herr Kluge (K) erwirbt am 1. Februar 2019 bei Herrn Vanner (V) einen E-Roller zu einem Kaufpreis von 500,00 €. V übergibt K den E-Roller und vergisst, dass K ihn noch bezahlen muss. K denkt sich bei der Schusseligkeit des V nichts weiter und denkt sich, dass das schon so passe, da V ohnehin reich sei und es auf die paar „Kröten" nicht ankomme.

Der Fehler fällt V erst am 1. Februar 2024 auf. Grund hierfür ist sein anhaltendes Geschäftschaos. Als V von K jetzt die 500,00 € verlangt, erklärt dieser ihm gegenüber, dass die Sache viel zu lange zurückliege und er deswegen nichts mehr zahlen werde. Man müsse die Kirche im Dorf lassen. Für das Geschäftschaos sei er nicht verantwortlich.

**Frage:** Steht V gegen K ein Kaufpreiszahlungsanspruch i. H. v. 500,00 € zu?

**Ausformulierter Lösungsvorschlag:** V könnte gegen K ein Kaufpreiszahlungsanspruch i. H. v. 500,00 € aus § 433 Abs. 2 Hs. 1 BGB zustehen.

I. Indem sich K und V über Kauf bzw. Verkauf des E-Rollers einig waren, schlossen sie einen Kaufvertrag nach § 433 BGB. Daran ändert nichts, dass K den Kaufpreis bei Vertragsschluss nicht bezahlte.

II. 1. Möglicherweise ist aber K nach § 214 Abs. 1 BGB berechtigt, die Zahlung der 500,00 € zu verweigern, indem er die Einrede der Verjährung erhob, als er V gegenüber erklärte, dass die Sache viel zu lange zurückliege und er deswegen nicht mehr zahlen werde. Zum Schutz des Rechtsverkehrs muss der Einredeberechtigte die Einrede nicht wörtlich erklären. Voraussetzung der Einrede ist, dass die Verjährung des Kaufpreiszahlungsanspruches nach § 433 Abs. 2 Hs. 1 BGB eingetreten ist.

a) Die Verjährungsfrist beträgt hier nach § 195 BGB drei Jahre.

b) Fraglich ist, wann diese begann. Nach § 199 Abs. 1 BGB beginnt sie mit dem Schluss des Jahres, in dem der Anspruch entstanden ist und der Gläubiger von dem Anspruch begründenden Umständen und der Person des Schuldners Kenntnis erlangt oder ohne grobe Fahrlässigkeit erlangen müsste.

aa) Der Kaufpreiszahlungsanspruch ist mit Vertragsschluss am 1. Februar 2019 entstanden.

bb) Kenntnis über den Vertragsschluss mit K, also die den Anspruch begründenden Umstände und die Person des Schuldners, erlangte V ebenfalls am 1. Februar 2019. Auf grobe Fahrlässigkeit kommt es daher nicht mehr an.

cc) Mithin begann die Verjährungsfrist nach § 199 Abs. 1 BGB mit Schluss des Jahres 2019 am 31. Dezember 2019 um 24:00 Uhr.

c) Fraglich bleibt noch, wann die Verjährungsfrist endete. Nach § 188 Abs. 2 BGB endet sie mit Ablauf desjenigen Tages, welcher durch seine Zahl dem Tage entspricht, auf den das Ereignis – hier der Beginn der Verjährungsfrist – fällt. Da die Verjährungsfrist am 31. Dezember 2019 um 24.00 Uhr begann, endete sie aufgrund der dreijährigen Verjährungsfrist am 31. Dezember 2022 um 24.00 Uhr.

2. Im Ergebnis ist K nach § 214 Abs. 1 BGB berechtigt, die Zahlung der 500,00 € zu verweigern.

III. V steht gegen K kein Kaufpreiszahlungsanspruch i. H. v. 500,00 € aus § 433 Abs. 2 Hs. 1 BGB mehr zu.

Die Anspruchsprüfung findet ihren Abschluss in den Rechtsfolgen, ihrem Anspruchsinhalt. Erwähnenswerte Besonderheiten bestehen hier nicht mit der Ausnahme, dass an dieser Stelle ggf. bei Vertragsauslegungen der Inhalt des Vertrags (näher hierzu Rn. 69 ff.), bei Schadensersatzansprüchen der Art und Umfang eines Schadensersatzanspruches nach den §§ 249 ff. BGB (näher hierzu 175

Rn. 482 ff.) oder die Fälligkeit (näher hierzu Rn. 390) problematisiert werden müssen.
Abschließend kann man sich bei der Prüfung eines privatrechtlichen Anspruchs an folgenden Punkten orientieren (***5. Prüfungsschema, vgl. Fall- und Übungsbuch***):

Anspruchsgrundlage (z. B. § 433 Abs. 1 S. 1 BGB, § 433 Abs. 2 Hs. 1 BGB, § 280 Abs. 1 S. 1 BGB, § 823 Abs. 1 BGB)

I. Anspruch entstanden?
   - Anspruchsbegründende Tatbestandsvoraussetzungen (z. B.: Angebot und Annahme, vgl. §§ 147 ff. BGB; § 164 Abs. 1, 398 S. 2 BGB)
   - Keine rechtshindernden Einwendungen (z. B.: §§ 105 Abs. 1, 108 Abs. 1, 125 S. 1 und 2, 134, 138 Abs. 1 und 2, 142 Abs. 1, 305 ff. BGB)

II. Anspruch nicht untergegangen?
   - Keine rechtsvernichtenden Einwendungen (z. B.: §§ 275 Abs. 1, 326 Abs. 1 S. 1 Hs. 1, 346 Abs. 1, 362 Abs. 1, 389, 314 Abs. 1 S. 1, 355 Abs. 1 S. 1 BGB)

III. Anspruch durchsetzbar?
   - Keine rechtshemmenden Einreden (z. B.: §§ 214 Abs. 1, 320 Abs. 1, 273 Abs. 1, 275 Abs. 2 und 3 BGB, Stundung)

Rechtsfolge(n): Anspruchsinhalt
(z. B.: Vertragsauslegung, §§ 249 ff. BGB, Fälligkeit)

176 b) **Sonstige privatrechtliche Beziehung als Gegenstand der Prüfungsfrage.** Es ist möglich, dass die Prüfungsfrage nicht auf einen Anspruch, sondern auf eine sonstige privatrechtliche Beziehung abzielt. In diesen Fällen wäre es falsch, die Prüfung mit einer Anspruchsgrundlage zu beginnen. Vielmehr ist eine **Rechtsnorm heranzuziehen**, deren Rechtsfolge mit der Fallfrage übereinstimmt. Diese kann eine aus Vertrag, Gesetz oder Rechtsprechung sein.

**Beispiele**

- Sofern die Fallfrage lautet, ob die Gemeinde Ostseebad Heringsdorf (H) den Vertrag rechtzeitig angefochten hat, wäre § 124 Abs. 1 BGB (oder je nach Fall § 121 Abs. 1 S. 1 BGB) eine Rechtsnorm, deren Rechtsfolge („binnen Jahresfrist"/„ohne schuldhaftes Zögern (unverzüglich)") mit der Fallfrage übereinstimmt.
- Sofern die Fallfrage lautet, ob H die Möglichkeit zusteht, vom Vertrag mit K zurückzutreten, wäre beispielsweise § 323 Abs. 1 BGB eine Rechtsnorm, deren Rechtsfolge („so kann der Gläubiger […] vom Vertrag zurücktreten") mit der Fallfrage übereinstimmt.
- Sofern die Fallfrage lautet, ob zwischen der Gemeinde Ostseebad Heringsdorf (H) und der Strandkorbherstellerin Korbwerk Usedom GmbH & Co. KG (K) ein Kaufvertrag zustande gekommen ist, so ist die von der Rechtsprechung und der Wissenschaft entwickelte Definition heranzuziehen, wonach ein Vertrag durch mindestens zwei übereinstim-

mende Willenserklärungen zustande kommt, Angebot und Annahme (vgl. § 151 S. 1 BGB).

c) **Prüfungssachfrage.** Prüfungssachfragen sind **schlicht zu beantworten**, ohne dass hierfür viel Zeit aufzuwenden ist. 177

**Beispiel**
So könnte die Frage lauten, was ein Vertrag ist, der dann zu definieren ist: Ein Vertrag kommt durch mindestens zwei sich inhaltlich übereinstimmende Willenserklärungen zustande, Angebot und Annahme (vgl. § 151 S. 1 BGB).

d) **Schwerpunktsetzung in der Klausurbearbeitung.** Prüflinge tun sich erfahrungsgemäß mit der Frage schwer, in welcher Ausführlichkeit man sich mit bestimmten Prüfungspunkten juristisch auseinandersetzen muss (vgl. hierzu Rn. 158 und 183). Zwar kann auf diese Frage keine allgemeingültige Antwort gegeben werden, doch kann man sich ihr mit folgender **Formel** nähern: Je zweifelhafter eine Antwort im Zusammenhang mit dem Sachverhalt ist und je größer das Problem, desto ausführlicher muss es in der schriftlichen Darstellung des Gutachtens beantwortet werden. Orientierung können der **Umfang der Sachverhaltsangaben** zu einem gewissen Problem und andere **Rechtsauffassungen** bieten, die eine Sachverhaltspartei äußert. Tatbestandsvoraussetzungen sollten dabei grundsätzlich stets mit (ggf. kurzer) Begründung erörtert werden, alles Weitere nur bei Anlass. 178

**Beispiel**
**Umfang der Sachverhaltsangaben:** Das Zustandekommen eines Vertrags ist regelmäßig Prüfungsstoff. Das heißt aber nicht, dass der Vertragsschluss immer anzusprechen ist. Deutlich wird es anhand der nachfolgenden zwei Sachverhaltsfallbeispiele:

- Die Hanse- und Universitätsstadt Rostock (R) und die Masstisch GmbH & Co. KG (M) schließen einen Vertrag über die Lieferung von zehn maßgenauen Tischen aus Massivholz innerhalb von drei Monaten.
- Der Sachbearbeiter Süller (S) der Hanse- und Universitätsstadt Rostock (R) ist für den Ankauf von Möbeln für städtische Einrichtungen zuständig. Er erhält die Mitteilung, dass die städtischen Schulen sofort zehn neue maßgenaue Tische benötigen, vorzugsweise aus Massivholz. Mithilfe einer Intranet-Plattform ermittelt M den günstigsten Anbieter für solche Tische, die Masstisch GmbH & Co. KG (M). Er bestellt dort diese Tische mit Hilfe eines elektronischen Verkaufsformulars. Unmittelbar nach Absenden der Bestellung erhält er einen elektronisch generierten Hinweis, dass die Lieferzeit der Waren bis zu sechs Monate betragen kann. Da ihm die Lieferzeit zu lang ist, ruft er M sofort an. [...] Schließlich einigt sich S mit dem Geschäftsführer der M, Herrn Lufert (L), auf eine Lieferung der Tische innerhalb von drei Monaten.

Im ersten Sachverhalt finden sich keine näheren Umstände des Vertragsschlusses. Dieser wird ohne weitere Umstände wiedergegeben. Der Vertragsschluss muss nicht problematisiert werden.
Im zweiten Sachverhalt finden sich dagegen sehr viele Informationen über das Zustandekommen des Vertrags. Der Vertragsschluss muss problematisiert werden.

**Rechtsauffassungen:** Die Bürgermeisterin Frau Lalisken (L) der amtsfreien Gemeinde Ostseebad Heringsdorf (H) macht namens der H gegen die Korbwerk Usedom GmbH & Co. KG (K) einen Nacherfüllungsanspruch aus § 437 Nr. 1 i. V. m. § 439 Abs. 1 BGB geltend. Der Geschäftsführer der K, Herr Meier (M), wehrt sich dagegen mit dem Hinweis, seine Gesellschaft treffe an dem Mangel an dem Strandkorb keine Schuld. Der Mangel sei vielmehr auf fehlerhaftes Material zurückzuführen, für das allein der Hersteller verantwortlich sei.
Mit der Rechtsauffassung des M, den Hersteller treffe die alleinige Verantwortung, muss man sich auseinandersetzen. Im Ergebnis greift der Einwand nicht, da der Nacherfüllungsanspruch nach § 437 Nr. 1 i. V. m. § 439 Abs. 1 BGB verschuldensunabhängig ist.

### 4. Schriftliche Darstellung als juristisches Gutachten

179 Adressat des juristischen Gutachtens, also der schriftlichen Darstellung der Falllösung, ist ein **idealtypischer Leser**. Dies ist jemand, der den Sachverhalt kennt, keine fachlichen Vorkenntnisse hat, jedoch in der Lage ist, juristische Texte und Argumentationen ohne Weiteres nachzuvollziehen. Gleichzeitig kennt er die Frage und möchte auch nur diese konkret beantwortet haben (näher hierzu Rn. 137). Er schätzt eine gelungene Schwerpunktsetzung (näher hierzu Rn. 178; vgl. auch Rn. 158 und 183) und ist von allem anderen schnell „gelangweilt".

180 Dazu gehört vor allem – eine „Ursünde" einer jeden Prüfungsleistung – das **Wiederholen** oder das von der **Prüfungsstruktur losgelöste Wiedergeben** des **Sachverhalts** oder der **Frage**. Diese Vorgehensweise ist keine Subsumtion. Sie wird aber vom Rechtsanwender erwartet. Subsumtion meint den gedanklichen Vorgang, bei dem der Einzelsachverhalt „unter" die jeweilige Norm „geordnet" (lat. subsumere), also der jeweiligen Norm zugeordnet wird. Dabei sind die im Sachverhalt konkret gegebenen Tatsachen mit den Voraussetzungen der mutmaßlich passenden Rechtsnorm in Beziehung zu setzen. Hierfür ist ein stetiger Wechsel des Blicks zwischen dem wirklichen Lebenssachverhalt und dem rechtlichen Norminhalt erforderlich.[12] Wer diesen Maßstab missachtet, liefert dem Leser lediglich eine ihm bekannte „Geschichtserzählung", ganz ohne juristische Eigenleistung.
Häufig zu lesen und zu hören, zugegebenermaßen auch von Juristen, ist – als weitere „Ursünde" einer jeden Prüfungsleistung – die Bildung von **Passivsätzen**. Das Passiv ist jedoch doppeldeutig, lässt die handelnden Hauptpersonen im Unklaren, wirkt bürokratisch, erfordert mindestens zwei Verben und ist schwerer zu verstehen.[13] Verständlicher für den Leser ist es doch, wenn es nicht *„Der Kaufpreis wurde von Herrn Schneider an Frau Müller gezahlt"*, sondern *„Herr Schneider zahlte Frau Müller den Kaufpreis"* heißt. Solche Formulierungen folgen auch dem gängigen Satzbau, nämlich: *„Herr Schneider"* (Subjekt) *„zahlte"* (Prädikat) *„den Kaufpreis"* (Objekt).

---

12 Vertiefend beispielsweise *Schwacke*, Juristische Methodik mit Technik der Fallbearbeitung, 5. Auflage 2011, S. 52 ff.

13 Hierzu mit Begründung und anschaulichen Beispielen *Walter*, Kleine Stilkunde für Juristen, 4. Auflage 2024, S. 68 ff., ein Werk, dass ganz generell wärmstens empfohlen werden kann.

Für eine klare Gedankenführung sind darüber hinaus **Substantivierungen** zu meiden. Einfach nachzuvollziehen ist es für den Leser, wenn *„der Kaufvertrag nach § 138 Abs. 1 BGB nichtig ist"*, nicht aber, wenn *„nach § 138 Abs. 1 BGB eine Nichtigkeit des Vertrags vorliegt"*. Ferner ist auch nicht *„davon auszugehen"*, dass etwas ist. Der Finger ist in die Wunde zu legen und es ist zu sagen, was zutrifft. Es kann also nicht **davon ausgegangen** werden, dass ein Anspruch begründet ist. Er ist begründet, oder eben nicht. Der Sachverhalt steht ohnehin fest, mag er auch im (hoffentlich) seltenen Fall Unklarheiten aufweisen. Es gibt auch keine *„Mindermeinung"*, allenfalls eine *„Minderheitenmeinung"*. Was soll das aber sein? Gleiches gilt für die „herrschende Meinung", die über die anderen Meinungen „herrschen" soll. Es kann allenfalls eine **überzeugende Meinung** geben. Auch die **Floskeln** *„nach dem Sachverhalt"*, *„laut den Angaben des Sachverhalts"*, *„im vorliegenden Fall"* oder – häufig grammatikalisch falsch verwendet – *„vorliegend"* sind überflüssig. Der Sachverhalt ist dem Leser bekannt. Es ist selbstverständlich, dass der Rechtsanwender nur seinen Fall erörtert und keinen anderen. Unnötig sind auch Füllwörter wie *„halt"*, *„eben"*, *„bloß"*, *„sehr"*, *„offensichtlich"*, *„zweifelsfrei"*, *„sicher"*, *„unproblematisch"* o. Ä. Gleiches gilt für **wertende Ausdrücke**, wie dass etwas *„besonders frappierend"* sei. Ein Ärgernis sind darüber hinaus **falsche Artikel bei Personenangaben**, wenn es falsch *„die Verwaltungs- und Wirtschaftsakademie e. V."* anstatt richtig *„der Verwaltungs- und Wirtschaftsakademie e. V."* heißt. Rechtlich handelt es sich jedoch um „den" eingetragenen Verein. Auch **ungenaue Angaben von Rechtsnormen** sind problematisch, wenn es beispielsweise heißt, dass ein Anspruch aus § 812 BGB besteht. Allein in seinem ersten Absatz stecken vier unterschiedliche Anspruchsgrundlagen. Eine Darstellung in **Stichwörtern oder -sätzen** verbietet sich von selbst. Der deutschen Sprache genügen nur ganze Sätze.

Bei der Anfertigung eines juristischen Gutachtens, das in privatrechtlichen Prü- 181
fungsleistungen die Regel sein wird, ist der **Gutachtenstil** anzuwenden. Ausgangspunkt ist dabei die vorgegebene Frage. Das Ergebnis steht am Schluss. Seine richtige Anwendung gewährleistet einen logischen und gut nachvollziehbaren Aufbau bei der Beantwortung komplexer Fragen, die sich aus vielen Teilproblemen zusammensetzen können. Im Recht wird die Antwort selten klar sein. Man muss sich ihr regelmäßig nähern. Bei problematischen Punkten sollte der Gutachtenstil **ausführlich** angewendet werden.[14] Bei einfachen Teilproblemen, die kurz abgehandelt werden können, darf der **Gutachtenstil** hingegen **abgekürzt** werden. Dabei wird der Obersatz und die Definition zunächst weggelassen und in der Subsumtion wiederholt. Wichtig ist, dass jeder Prüfungspunkt **begründet** wird, mag dies auch noch so kurz geschehen. Ansonsten bleibt es lediglich eine Behauptung.

**Beispiel**

„Herrn Bell (B) rutschte der Basketball versehentlich aus der Hand (Subsumtion). Damit handelte er entgegen der erforderlichen Sorgfalt (letzter Teil Definition), mithin fahrlässig nach § 276 Abs. 2 BGB (Ergebnis)."

---

14 Näher hierzu beispielsweise *Schwacke*, Juristische Methodik mit Technik der Fallbearbeitung, 5. Auflage 2011, S. 181 ff.; zum Erlernen des Gutachtenstils hilfreich sind aber vor allem ausformulierte Lösungsvorschläge, wie sie im Fall- und Übungsbuch oder auch woanders zu finden sind.

182 Für die Verwendung des **Urteilsstils** besteht häufig keine Not, auch wenn er bei unproblematischen Punkten anstelle des abgekürzten Urteilsstils angewendet werden kann. Er stellt aber eine große Gefahrenquelle dar und sollte deshalb nicht verwendet werden. Der abgekürzte Gutachtenstil wird häufig die bessere Wahl sein.

**Beispiel**
**Urteilsstil (nicht zu empfehlen):** „Zwischen Frau Goldammer (G) und Herrn Kellner (K) besteht ein Werkvertrag nach § 631 BGB. K schuldet ihr einen Erfolg i. S. d. § 631 Abs. 2 BGB, da sie ihn mit Ausbesserungsarbeiten an ihrer Haustür beauftragte."
**Abgekürzter Gutachtenstil (zu empfehlen):** „Frau Goldammer (G) beauftragte Herrn Kellner (K) mit der Ausbesserung ihrer Haustür. Aufgrund des damit vorausgesetzten Erfolges i. S. d. § 631 Abs. 2 BGB handelt es sich dabei um einen Werkvertrag nach § 631 BGB."

183 Bei der Wahl zwischen langem und kurzen Gutachtenstil (oder Urteilsstil) mag folgende Regel eine **grobe Orientierung** liefern (vgl. hierzu Rn. 158 und 178): Kann das Teilproblem in maximal zwei – nicht zu langen – Sätzen abgehandelt werden und treten darin keine erörterungsbedürftigen Probleme auf, kann der abgekürzte Gutachtenstil (oder Urteilsstil) verwendet werden. Sind mehr Sätze erforderlich, sollte tendenziell der lange Gutachtenstil gewählt werden. Bestehen Zweifel, ob abgekürzt werden darf, sollte trotz möglicher Zeitprobleme eher im ausführlichen Gutachtenstil formuliert werden.

# 3. Kapitel: Verträge als vertragliches Schuldverhältnis

**Hinweise zur Einordnung** 184

Verträge sind – wie erörtert – vertragliche Schuldverhältnisse, die eine rechtliche Beziehung kraft Vereinbarung entstehen lassen, anders als gesetzliche Schuldverhältnisse, die eine rechtliche Beziehung kraft einer gesetzlichen Rechtsnorm entstehen lassen (näher hierzu Rn. 103).
Die wichtigsten Vertragsarten normierte der Gesetzgeber in dem 8. Abschnitt des BGB „Einzelne Schuldverhältnisse" in den §§ 433 ff. BGB. Allgemeine Ausführungen zum Vertragsschluss finden sich im 1. Buch des BGB im allgemeinen Teil in den §§ 145–156 BGB. Von besonderer Bedeutung, insbesondere für den Bereich der öffentlichen Verwaltung, ist die Stellvertretung nach § 164 BGB.

## I. Originärer Vertragsschluss

**Verträge** kommen als mehrseitiges Rechtsgeschäft durch mindestens zwei sich inhaltlich übereinstimmende Willenserklärungen zustande, Angebot und Annahme (vgl. § 151 S. 1 BGB). 185
Die zeitlich erste Willenserklärung heißt Angebot, die nachfolgende Willenserklärung Annahme. Hinsichtlich des Begriffs des Angebots verwenden die Rechtsnormen des BGB den veralteten Begriff Antrag, der sich heutzutage aber nicht durchgesetzt haben dürfte. Ein Vertrag kommt also durch Angebot und Antrag zustande, weil die Vertragsparteien dies **wollen** und diesen Willen entsprechend **erklären**, eben durch Willenserklärungen. Sie sind Kernbestandteil eines jeden Vertrags. Die Begriffe „Vertrag" und „sich vertragen" ähneln sich nicht ohne Grund. So einfach ein Vertragsschluss in der Theorie geschlossen wird, so kompliziert kann er sich wegen der unterschiedlichen Zeitdimensionen in der Praxis gestalten. Die wichtigsten Rechtsnormen zum Zustandekommen von Verträgen finden sich in den §§ 145–151 BGB.

**Hinweise zur Fallbearbeitung** 186

Die Prüfung eines Vertragsschlusses ergibt sich denklogisch aus seiner Definition, nämlich des Angebots und seiner Annahme. Ein klassisches Prüfungsschema bedarf es daher dem Grunde nach nicht. Abgeprüft wird der Vertragsschluss überwiegend im Rahmen eines primären vertraglichen Erfüllungsanspruches, beispielsweise eines Kaufpreiszahlungsanspruchs nach § 433 Abs. 2 Hs. 1 BGB. Im Übrigen kann er überall dort abgeprüft werden, wo ein Vertragsschluss Tatbestandsvoraussetzung ist oder sein kann, wie bei § 280 Abs. 1 S. 1 BGB.
Der privatrechtlichen Anspruchshierarchie folgend sind vertragliche Primäransprüche in einer Falllösung als Erstes zu prüfen. Ausführungen gehören

zum Prüfungspunkt „I. Anspruch entstanden?“. Zur Erleichterung des Lernens kann man sich bei einem primären vertraglichen Erfüllungsanspruch an den folgenden Prüfungspunkten orientieren (***6. Prüfungsschema, vgl. Fall- und Übungsbuch***):

Anspruchsgrundlage (z. B. § 433 Abs. 1 S. 1 BGB oder § 433 Abs. 2 Hs. 1 BGB)
I. Anspruch entstanden?
 – Anspruchsbegründende Tatbestandsvoraussetzungen:
 Hier: Vertrag = mindestens zwei sich inhaltlich übereinstimmende Willenserklärungen, Angebot und Annahme (vgl. § 151 BGB)
 a) Angebot
 aa) Inhalt (essentialia negotii; Rechtsbindungswille (keine Gefälligkeit, keine invitatio ad offerendum); nicht erloschen nach §§ 146–148 BGB)
 b) Annahme
 aa) Inhalt (Rechtsbindungswille (keine Gefälligkeit), Schweigen: § 151 Abs. 1 S. 1, § 150 Abs. 1 und 2 BGB)
 bb) Wirksamwerden (Abgabe und regelmäßig Zugang: § 130 Abs. 1 S. 1 BGB)
 – Keine rechtshindernden Einwendungen
II. Anspruch nicht untergegangen?
 – Keine rechtsvernichtenden Einwendungen
III. Anspruch durchsetzbar?
 – Keine rechtshemmenden Einreden
RF: Anspruchsinhalt (z. B. Vertragsauslegung, §§ 249 ff. BGB)

### 1. Angebot

187 **Hinweise zur Einordnung**

Soweit ein Angebot Prüfungsschwerpunkt ist, kommen regelmäßig folgende Problemkreise vor:

- Ausreichende Bestimmtheit anhand der essentialia negotii (näher hierzu Rn. 189)
- Abgrenzung zum invitatio ad offerendum (näher hierzu Rn. 190)
- Abgrenzung zur Gefälligkeit bei fehlendem Rechtsbindungswillen (näher hierzu Rn. 76),
- Erlöschen bei Angebot unter Abwesenden mit und ohne Fristsetzung (näher hierzu Rn. 191 ff.)
- Wirksamwerden in Form des Zugangs unter Abwesenden (näher hierzu Rn. 90 ff.)

188

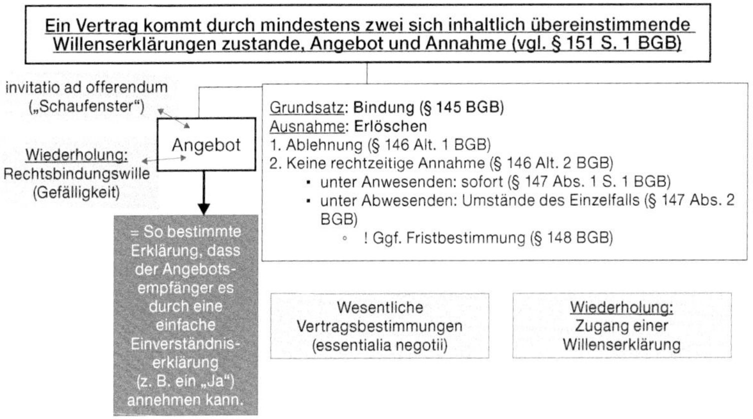


**Abb. 21:** Vertragsangebot (-antrag)

Die zeitlich erste Willenserklärung ist also das Angebot, für das das BGB in § 145 BGB das Wort „Antrag" wählt. Es muss so **bestimmt** sein, dass der Angebotsempfänger es durch eine **einfache Einverständniserklärung** (z. B. ein „Ja") annehmen kann.

a) **Essentialia negotii.** Das kann nur der Fall sein, wenn das Angebot alle wesentlichen Vertragsbestandteile enthält. Gemeint sind damit die sog. **essentialia negotii.** Sie ergeben sich aus dem jeweiligen Vertragstypus und bestehen oft aus den Vertragspersonen, dem Vertragsgegenstand und – soweit vorhanden – der Zahlungssumme. Sie können sich durch ausdrückliche oder konkludente Erklärungen der Personen, aber auch durch Umstände des Einzelfalles herauskristallisieren. Die essentialia negotii eines Kaufvertrags nach § 433 BGB sind beispielsweise die Kaufvertragsparteien, der Kaufvertragsgegenstand und der Kaufpreis. Fehlt es an einer dieser essentialia negotii, so handelt es sich um kein Angebot (oder im Fall einer Annahme, um keine Annahme). 189

**Beispiel**
Herr Vieler (V) kommt beim Gassigehen ins Gespräch mit dem ihm unbekannten Herrn Klager (K). Ziemlich zügig erklärt er ihm gegenüber: „Ich verkaufe dir meinen Golf 7". K entgegnet dem: „Klar, mache ich".
Zwar wären hier die Vertragsparteien V und K und auch der Golf 7 als Vertragsgegenstand klar, doch fehlt es an einer hinreichenden Bestimmtheit des Kaufpreises. Es ist unklar, zu welchem Kaufpreis das Fahrzeug zu erwerben ist. Ein Angebot des V liegt nicht vor.
Anders wäre der Fall zu beurteilen, wenn sich der Kaufpreis aus den Umständen ergeben würde, beispielsweise durch ein hinter der Frontscheibe hinterlegtes Verkaufsschild mit Angabe eines Kaufpreises, das K zur Kenntnis nimmt.

b) **Invitatio ad offerendum.** Von einem Angebot zu unterscheiden, ist die bloße Aufforderung zur Abgabe eines Angebots, dem sog. **invitatio ad offerendum.** 190

Es handelt sich um eine vorbereitende Mitteilung einer Person **ohne Rechtsbindungswillen.** Der Rechtsbindungswille meint die Begründung, inhaltliche Änderung oder Beendigung eines Rechtsverhältnisses, ohne dass es auf seine Art ankommt. Entscheidend ist nur, ob der Erklärende deutlich macht, dass er überhaupt eine rechtliche Bindung eingehen will. Für die Beurteilung maßgeblich ist nach den §§ 133, 157 BGB die Sicht eines objektiven dritten Beobachters, der mit den äußeren Umständen der Erklärung vertraut ist. In den Fällen eines invitatio ad offerendum möchte derjenige, der ein solches abgibt, an seine Erklärung rechtlich nicht gebunden werden. Er würde sonst möglicherweise Vertragspartner erhalten, die nicht zahlungsfähig sind, oder es würden so viele Personen das Vertragsangebot annehmen, dass der Erklärer mit der Vertragserfüllung überfordert wäre. Das erste Angebot unterbreitet in diesen Fällen erst der vermeintliche „Angebotsempfänger". Für einen Vertragsschluss bedürfte es danach noch der Annahme des invitatio ad offerendum Erklärenden.

**Beispiele**

- Im Internet veröffentlichtes Produkt- oder Dienstleistungsinserat, wie ein im Online-Shop der Bike Market GmbH verfügbares Cannondale Topstone 1 Fahrrad.
- Warenprospekt einer Netto-Filiale
- Öffentliche Ausschreibung im Rahmen eines Vergabeverfahrens eines Trägers der öffentlichen Verwaltung, soweit etwa die Hanse- und Universitätsstadt Rostock die Dienstleistung der Bewachung der Gemeinschaftsunterkunft „Bramow" ausschreibt.
- Ladengeschäftsschaufenster der Rostocker H&M Filiale.
- Der wissenschaftliche Mitarbeiter der Universität Greifswald Herr Weisfuß (W) geht shoppen. Im Modehaus von Herrn Krafczyk (K) erblickt er eine farbenfrohe Krawatte, die mit einem großen Schild gekennzeichnet ist: „Sonderangebot! Sonderexemplar für 50,00 € statt 100,00 €". W ist begeistert und begibt sich in das Geschäft und erklärt, er nehme die Krawatte, die sich im Schaufenster befindet. Dem entgegnet K, dass er die Krawatte bereits kurz zuvor an Herrn Leichtfuß (L) verkauft habe und nur bisher nicht dazu gekommen sei, sie aus dem Fenster zu nehmen.

Fraglich ist, ob das ins Schaufenster Ausstellen der Krawatte mit dem Preisschild ein Angebot des K darstellt. Um ein Angebot kann es sich nur handeln, wenn ein Verhalten des Erklärenden vorliegt, das nach den §§ 133, 157 BGB für einen objektiven dritten Beobachter, der mit den äußeren Umständen der Erklärung vertraut ist, einen Rechtsbindungswillen erkennen lässt. Rechtsbindungswille meint die Begründung, inhaltliche Änderung oder Beendigung eines Rechtsverhältnisses. Gegen einen Rechtsbindungswillen spielen folgende Erwägungen: Maßgeblicher Zweck eines Schaufensters ist es nicht, Verträge abzuschließen, sondern Kunden in ein Geschäft zu locken. Der ins Schaufenster Steller hat keinen Einfluss auf die Wahl des Vertragspartners, wodurch er auch mit solchen Personen Verpflichtungen eingehen könnte, die zahlungsunfähig sind. Das ist nicht im Sinne der Vertrags- und insbesondere Abschlussfreiheit, wonach jeder die Freiheit hat, den Vertragspartner frei zu wählen. Schließlich wäre nicht gesichert, ob der ins Schaufenster Steller seinen Übergabe- und Übereignungsverpflichtungen nachkommen könnte, soweit gleichzeitig mehrere Personen das Sonderangebot annehmen würden. Aus Sicht eines objektiven dritten Beobachters nach den §§ 133, 157 BGB ist erkennbar, dass K mit dem ins Schaufenster Stellen der Krawatte kein rechtsverbindliches Angebot unterbreiten wollte und es sich dabei lediglich um eine bloße Aufforderung zur Abgabe eines Angebots handelt, einem sog. invitatio ad offerendum.

c) **Erlöschen des Angebots (§ 146 BGB).** Wer wirksam ein Angebot abgegeben hat, ist daran nach § 145 BGB **gebunden**, es sei denn, dass er die Gebundenheit ausgeschlossen hat. Der Regelfall ist daher, dass Verträge einzuhalten sind (Grundsatz des *pacta sunt servanda*). Es kann vom Grundsatz her nicht nachträglich aus der Welt geschafft werden. Hiervon gibt es zwei Ausnahmen: 191

- durch Gestaltungsrechte und
- durch das Erlöschen des Angebots nach § 146 BGB.

Das Angebot (aber auch die Annahme) kann einerseits nach § 142 Abs. 1 BGB als von Anfang an nichtig anzusehen sein oder durch andere **Gestaltungsrechte** aus der Welt geschafft worden sein, wie durch einen Widerruf nach § 355 Abs. 1 S. 1 BGB.

Das Angebot kann aber auch andererseits nach § 146 BGB **erlöschen** („Der Antrag erlischt“):

- Bei einer **Ablehnung** (Alt. 1) und
- Bei einer nach den §§ 147–149 BGB **nicht rechtzeitig vorgenommenen Annahme** (Alt. 2).

aa) **Ablehnung des Angebots (§ 146 Alt. 1 BGB).** Zum einen **erlischt** es nach § 146 Alt. 1 BGB, wenn es der Angebotsempfänger gegenüber dem -erklärer **ablehnt.** Lehnt der Angebotsempfänger also das Angebot ab, so kann dieses Angebot auch nicht im Nachhinein doch noch annehmen. Zum Abschluss eines Vertrags bedürfte es also ein neues Angebot, sei es vom ursprünglichen Angebotserklärer oder vom ursprünglichen Angebotsempfänger. 192

**Beispiel**
Herr Vieler (V) kommt beim Gassigehen ins Gespräch mit dem ihm bekannten Herrn Flaxer (F). F weiß, dass V ein Golf 7 gehört und er diesen auch verkaufen will. Nachdem V dem F vorgeschlagen hatte, dass er seinen Pkw doch für 10.000,00 € kaufen könne, lehnt F dankend ab. Das Angebot des V ist damit nach § 146 Alt. 1 BGB erloschen.

bb) **Nicht rechtzeitig erfolge Annahme (§ 146 Alt. 2 BGB).** Zum anderen **erlischt** es nach § 146 Alt. 2 BGB, wenn es der Angebotsempfänger gegenüber dem -erklärer nach den §§ 147 bis 149 BGB **nicht rechtzeitig annimmt.** Hier differenziert das BGB zwischen Angeboten, die an Anwesende, und Angeboten, die an Abwesende gerichtet sind: 193

Das einem Anwesenden gemachte Angebot kann der Angebotsempfänger nach **§ 147 Abs. 1 S. 1 BGB** nur **sofort annehmen.** Sofort heißt schneller als unverzüglich i. S. v. § 121 Abs. 1 S. 1 BGB. Dies gilt nach § 147 Abs. 1 S. 2 BGB auch für von einem mittels Fernsprechers (Telefons) oder einer sonstigen technischen Einrichtung von Person zu Person gemachten Antrag.

Eine Ausnahme bildet der Fall **des § 148 BGB**, bei dem der Angebotserklärer dem Angebotsempfänger für die Annahme seines Angebots eine **Frist bestimmt.** Der Angebotsempfänger kann seine Annahme dann nur innerhalb dieser Frist erklären.

**Beispiel**
Die Rostocker Privatschule Universitas gGmbH (U) beabsichtigt, die Hälfte der Klassenzimmerwände streichen zu lassen, da diese besonders heruntergekommen sind. Die übrige Hälfte scheint noch gerade so in Ordnung zu sein. Ihr Geschäftsführer Pahs (P) stellt sich telefonisch als Geschäftsführer der U dem Mitarbeiter Lenz (L) der Rostocker Stadtmaler GmbH (M) telefonisch vor und fragt an, ob M die Arbeiten durchführen kann. L äußert daraufhin nach der Absprache weiterer Details mit P, dass die Arbeiten für einen Festbetrag von 10.000,00 € brutto durchgeführt werden können. Hierzu war er auch befugt. Als P hierzu sein Einverständnis erklären will, bricht die Telefonverbindung aber ab. P kann diese erst wieder nach vierzig Minuten herstellen, sodass das Telefonat fortgeführt werden kann. Nun kann er gegenüber L äußern, dass er die Summe für in Ordnung hält und damit alles geklärt sei. Nach dem Telefonat erklärt L seinem Geschäftsführer Zaus (Z) freudestrahlend, dass er einen Deal herangezogen habe. Z ist außer sich. Z hätte an diesem Tag keine Mitarbeiter, da er am letzten Abend einen anderen Auftrag an Land gezogen habe und bisher nicht dazu gekommen sei, das L zu sagen. Z weigert sich nun die Arbeiten auszuführen.
Indem L erklärte, dass die Arbeiten für 10.000,00 € brutto durchgeführt werden könnten und dessen Erklärung nach § 164 Abs. 1 S. 1 BGB unmittelbar für und gegen M wirkt, liegt ein Angebot vor. Dieses Angebot könnte aber nach § 146 Alt. 2 i. V. m. § 147 Abs. 1 BGB erloschen sein. Da L dem P das Angebot telefonisch, also mittels Fernsprechers, von Person zu Person gemacht hat, ist nach § 147 Abs. 1 S. 2 i. V. m. S. 1 BGB Voraussetzung, dass P das Angebot sofort annahm. Er hätte das Angebot also schneller als unverzüglich i. S. v. § 121 Abs. 1 S. 1 BGB annehmen müssen. Da die Telefonverbindung nach der Erklärung des L abgebrochen ist und erst nach vierzig Minuten wiederhergestellt werden konnte, hat P sein Einverständnis nicht schneller als unverzüglich erklärt. Schneller als unverzüglich können allenfalls wenige Minute sein. Das Angebot der M ist nach § 146 Alt. 2 i. V. m. § 147 Abs. 1 S. 2 i. V. m. S. 1 BGB erloschen.

**194** Das einem Abwesenden gemachte Angebot kann nach § 147 Abs. 2 BGB nur bis zu dem Zeitpunkt angenommen werden, in welchem der Angebotserklärer den Eingang der Antwort unter **regelmäßigen Umständen** erwarten darf. Andernfalls **erlischt** es nach § 146 BGB. Das ist eine Frage der Umstände des Einzelfalles. Von Wichtigkeit ist insbesondere die Bedeutung und Komplexität des Vertrags. Bei schriftlichen Angeboten wird regelmäßig die Zeit für die Zustellung der beiden Willenserklärungen, dem Vorlauf und Rücklauf bei der Post, und außerdem eine gewisse Überlegungsfrist einzurechnen sein.
Eine Ausnahme bildet auch hier der Fall **des § 148 BGB**, bei dem der Angebotserklärer dem Angebotsempfänger für die Annahme seines Angebots eine **Frist bestimmt.** Der Angebotsempfänger kann seine Annahme dann nur innerhalb dieser Frist erklären.

**Beispiel**
In Abwandlung des vorgenannten Beispielsfall der Universitas gGmbH (U) unterbreitet nun der Mitarbeiter Lenz (L) dem Geschäftsführer Pahs (P) nicht telefonisch, sondern per E-Mail den Vorschlag, dass Rostocker Stadtmaler GmbH (M) die gewünschten Arbeiten für 10.000,00 € brutto ausführt. L bittet P darum, zeitnah eine Antwort zu übermitteln, da Z das Personal entsprechend einplanen muss und keine Lücken entstehen sollen. P erklärt fünf Monate später dem L per Mail, dass U mit allem so wie abgesprochen einverstanden sei.
Indem L dem P per E-Mail den Vorschlag unterbreitete, dass M die Arbeiten für 10.000,00 € brutto ausführt, liegt ein Angebot vor. Seine Erklärung wirkt nach § 164 Abs. 1 S. 1 BGB unmittelbar für und gegen M, gleichzeitig auch nach § 164 Abs. 3 i. V. m. Abs. 1 S. 1 BGB unmittelbar für und gegen U. Dieses Angebot könnte aber nach § 146 Alt. 2 i. V. m. § 147 Abs. 2 BGB erloschen sein. Da L dem P das Angebot per Mail unterbreitete, ist Voraussetzung, dass P es bis zu dem Zeitpunkt annahm, in welchem M den Eingang der Antwort unter regelmäßigen Umständen erwarten darf. Entscheidend ist, ob U die Antwort des P nach fünf Monaten unter regelmäßigen Umständen hätte erwarten dürfen. Dies beurteilt sich anhand der Umstände dieses Falles. L und P kommunizierten per E-Mail, sodass ihnen ihre Erklärungen sofort zukamen. Maßgeblich kann daher nur der Überlegungszeitraum sein, der der U zugesprochen werden muss. Berücksichtigung finden muss hier, dass es sich um eine Gesellschaft handelt, bei der notwendige interne Absprachen vorausgesetzt werden können. Vor allem ist aber relevant, dass L um zeitnahe Antwort bat. Das Personal müsste entsprechend verplant werden. Damit ist der U großzügig ausgelegt, einen Überlegungszeitraum von maximal wenigen Wochen einzuräumen, jedenfalls aber keine fünf Monate, in dem M den Eingang der Antwort unter regelmäßigen Umständen erwarten darf. Das Angebot der M ist nach § 146 Alt. 2 i. V. m. § 147 Abs. 2 BGB erloschen.
Soweit L dem P in einer weiteren Fallabwandlung eine Frist von beispielsweise zwei Wochen setzt und U sie verstreichen lässt, erlischt das obige Angebot der M nach § 146 Alt. 2 i. V. m. § 148 BGB.

*7. Übungsfall: „Entwendeter Schulschlüssel" – Vertragsschluss (vgl. § 151 S. 1 BGB) – Angebot s. Fall- und Übungsbuch*

### 2. Annahme

**Hinweise zur Einordnung** 195

Soweit die Annahme Prüfungsschwerpunkt ist, kommen regelmäßig einer der folgenden Problemkreise vor:
- Abgrenzung zur Gefälligkeit bei fehlendem Rechtsbindungswillen (hierzu näher Rn. 76)
- Schweigen als konkludente Annahmeerklärung (hierzu näher Rn. 79 und 198)
- Verspätete und abändernde Annahme nach § 150 Abs. 1 und Abs. 2 BGB (hierzu näher Rn. 196 ff.)
- Wirksamwerden in Form des Zugangs unter Abwesenden (hierzu näher Rn. 90 ff.)

196 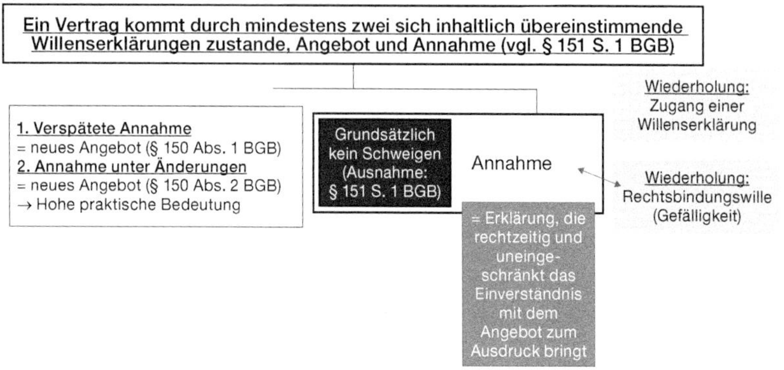


**Abb. 22:** Vertragsannahme

Als Annahme wirkt eine Erklärung, die **rechtzeitig und uneingeschränkt** das Einverständnis mit dem Angebot zum Ausdruck bringt.
Die verspätete Annahme gilt nach § 150 Abs. 1 BGB als ein neues Angebot. Eine **Annahme unter Erweiterungen, Einschränkungen oder sonstigen Änderungen** gilt nach § 150 Abs. 2 BGB als Ablehnung verbunden mit einem neuen Angebot. Die jeweiligen neuen Angebote führen nur zu einem Vertragsschluss, wenn der ursprüngliche Angebotserklärer das neue Angebot des ursprünglichen Angebotsempfängers wiederum annimmt.

**Beispiel**
In Erweiterung des vorgenannten Beispielfalles der Universitas gGmbH (U) bietet der Mitarbeiter Lenz (L) namens und in Vollmacht der Rostocker Stadtmaler GmbH (M) dem Geschäftsführer Pahs (P) per E-Mail an, die verbliebenen 35 Farbeimer für 350,00 € brutto zzgl. Transportkosten zu verkaufen. Mitarbeiter der M hatten zuvor vereinbarungsgemäß die Räume der U gestrichen. P verfasst eine Antwort-E-Mail, in der er schreibt: „Ich kaufe namens der U die 35 Farbeimer für 350,00 € brutto mit freier Lieferung zu uns."
Die Annahmeerklärung des P, die nach § 164 Abs. 1 S. 1 BGB unmittelbar für und gegen U wirkt, stimmt nicht mit dem Angebot des L überein, das nach § 164 Abs. 1 S. 1 BGB unmittelbar für und gegen M wirkt. Die Transportkosten differieren. Es handelt sich um eine Annahme unter Änderungen, die nach § 150 Abs. 2 BGB als Ablehnung gilt, verbunden mit einem neuen Angebot an M. Es liegt nun an M, das Angebot anzunehmen und einen solchen Vertrag zustande kommen zu lassen.

197 Dem § 150 Abs. 2 BGB ist eine **hohe praktische Bedeutung** beizumessen, da es in der Rechtspraxis häufig vorkommt, dass ein Vertragsangebot während umfangreicher Verhandlungen durch eine „Angebotsbestätigung" mit inhaltlichen Modifikationen „angenommen" wird. Hier kann es dann zu einer schnellen Abfolge von neuen Angeboten nach § 150 Abs. 2 BGB kommen. In einer solchen Situation ist es besonders wichtig, durch **chronologische Analyse** der abgegebenen Erklärungen genau nachzuvollziehen, ob überhaupt ein Vertrag zustande gekommen ist, und wenn ja, zu welchen Bedingungen.

**Beispiel**
Der vorgenannten Universitas gGmbH-Beispielsfall könnte auch wie folgt abgewandelt werden:
**Kein Angebot der Universiats gGmbH (U):**
Der Geschäftsführer Pahs (P) fragt den Mitarbeiter Lenz (L) noch immer telefonisch an, ob die Rostocker Stadtmaler GmbH (M) zu Malerarbeiten bereit wäre (=kein Angebot wegen fehlendem Rechtsbindungswille, da es sich um eine bloße Anfrage handelt).

1. **Angebot der M durch L:**
   L unterbreitet namens und in Vollmacht der M der U per E-Mail das Angebot, die gewünschten Arbeiten zu einer Festvergütung i. H. v. 10.000,00 € brutto auszuführen und behält sich vor, es zwei Wochen lang aufrechtzuerhalten (=Angebot).
2. **Angebot der U durch P:**
   Innerhalb von einer Woche erklärt P namens der U gegenüber L, die Vergütung sei ihm zu hoch. Er könne sich eine Festvergütung von 8.000,00 € brutto vorstellen (=Ablehnung des Angebots mit neuem Angebot nach § 150 Abs. 2 BGB).
3. **Angebot der M durch L:**
   Dem entgegnet L, dass ein solcher Rabatt für M unwirtschaftlich sei. Er stellt aber in Aussicht, dass M alle Klassenzimmer zu einer Festpreisvergütung i. H. v. 18.000,00 € brutto streichen könne (=Ablehnung des Angebots mit neuem Angebot nach § 150 Abs. 2 BGB).
4. **Angebot der U durch P:**
   P stellt gegenüber L klar, dass er von einem anderen Unternehmen ein besseres Angebot für die Streichung der Hälfte der Klassenzimmer erhalten habe. Soweit M aber alle Klassenzimmer streichen würde, so wäre die von ihm vertretene U mit einer Festvergütung i. H. v. 16.000,00 € brutto einverstanden. Es handele sich um den letzten Vorschlag (=Ablehnung des Angebots mit neuem Angebot nach § 150 Abs. 2 BGB).
5. **Annahme der M durch P:**
   L willigt ein. Dieser Vorschlag ist aufgrund des größeren Volumens für M wirtschaftlich. Im Übrigen erhofft er sich weitere „Mundpropaganda" (=Ablehnung des Angebots mit neuem Angebot nach § 150 Abs. 2 BGB).

Dem Empfänger muss die Annahme als empfangsbedürftige Willenserklärung zugehen. Es ergeben sich daraus kaum Besonderheiten. Einzig § 151 S. 1 BGB lässt einen Vertrag auch durch die Annahme des Angebots zustande kommen, **ohne** dass die **Annahme** dem Angebotserklärer gegenüber erklärt zu werden braucht, wenn eine solche Erklärung nach der Verkehrssitte nicht zu erwarten ist oder der Antragende auf sie verzichtet hat. Dies beurteilt sich nach dem Einzelfall aus Sicht eines objektiven dritten Beobachters nach den §§ 133, 157 BGB. Auch hier kann das ursprüngliche Angebot nach § 151 S. 2 BGB zu dem Zeitpunkt erlöschen, der sich aus dem Angebot oder den Umständen zu entnehmenden Willen des Angebotserklärers ergibt. Es stellt einen Sonderfall zu dem Grundsatz dar, dass durch bloßes **Schweigen** in der Regel kein Vertrag zustande kommt (vgl. § 241a BGB, näher hierzu Rn. 79). 198

**Beispiel**

Manfred Leipler (L) betreibt die Rostocker „andere Buchhandlung“. Auf seiner Homepage bewirbt er das Buch „Allgemeines Privatrecht“ von Herrn Kaminski. Der Sachbearbeiter Herr Oken (O) entdeckt es dort und bestellt es in dem Online-Shop von L. Ohne weitere Ankündigung schickt L dem O das Buch postalisch nach Hause zu. Zuhause angekommen, ignoriert er das Buch. Auch nach einem Monat hat O dem L den Kaufpreis nicht bezahlt.

Das Inserat auf der Homepage der Buchhandlung des L stellt ein invitatio ad offerendum dar. Andernfalls könnte L sich zum einen den (zahlungsunfähigen) Vertragspartner nicht aussuchen und zum anderen bei einer Vielzahl an Bestellungen seinen kaufvertraglichen Pflichten aus § 433 Abs. 1 S. 1 BGB nicht nachkommen. Die Bestellung des O stellt ein Angebot dar. Fraglich ist, ob L dieses Angebot annahm, indem er das Buch ohne weitere Äußerung absendete. Ein Schweigen kann grundsätzlich keine Annahmeerklärung darstellen, was sich bereits aus einem Vergleich zu § 241a BGB ergibt. O bestellte aber das Buch. Nach § 151 S. 1 BGB bedarf es für die Annahme des Angebots keine Annahmeerklärung gegenüber dem Angebotserklärer, wenn eine solche Erklärung nach der Verkehrssitte nicht zu erwarten ist oder der Angebotsempfänger auf sie verzichtet hat. Dies beurteilt sich nach dem Einzelfall aus der Sicht eines objektiven dritten Beobachters nach den §§ 133, 157 BGB. Bei einer Internetbestellung erwartet der Besteller lediglich, dass der Verkäufer ihm die Ware mit einer Rechnung zuschickt und nicht, dass er ihm eine (schriftliche) Annahmeerklärung zukommen lässt. Das Beharren auf eine ausdrückliche Annahmeerklärung würde den Rechtsverkehr spürbar bremsen. L nahm daher das Angebot des O durch das Versenden des Buches an, ohne dass er die Annahme nach § 151 S. 1 BGB gegenüber L erklären brauchte. O und L schlossen einen Kaufvertrag nach § 433 BGB über das Buch. O ist zur Zahlung des Kaufpreises nach § 433 Abs. 2 Hs. 1 BGB verpflichtet.

***8. Übungsfall: „Angelieferte Trauraumstühle“ – Vertragsschluss (vgl. § 151 S. 1 BGB) – Annahme s. Fall- und Übungsbuch***

## II. Wichtige Vertragsarten

199 Der Gesetzgeber hat im 8. Abschnitt des BGB „Einzelne Schuldverhältnisse“ in den §§ 433 ff. BGB die im Privatrechtsverkehr bedeutsamsten Verträge normiert, die eine Vielzahl von alltäglichen Fallgestaltungen aufgreifen.

Aufgrund der privatautonomen Gestaltungsfreiheit sind die vom Gesetzgeber normierten Vertragsarten nicht abschließend. Sog. **gemischte oder atypische Verträge** sind zulässig und in der Praxis nicht selten. Gemeint sind damit Verträge, die gesetzlich nicht normiert und daher in keine der gesetzlich vorgesehenen Vertragsarten passen.

**Beispiel**

Bewirtungsvertrag, der Bestandteile des Kauf- und Dienstvertrags enthält.

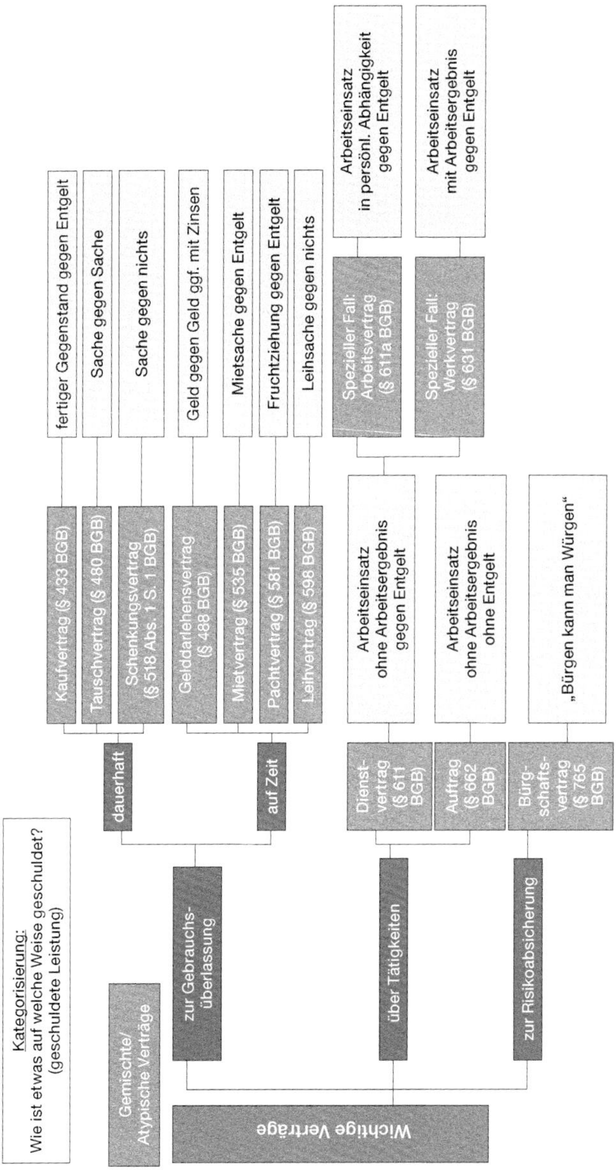


**Abb. 23:** Wichtige Vertragsarten

200 Die gesetzlich geregelten Vertragsarten dürften sich am verständlichsten nach der **geschuldeten Leistung** kategorisieren lassen, wie also etwas auf welche Weise geschuldet ist:
- Verträge zur Gebrauchsüberlassung,
- dauerhaft und
- auf Zeit,
- Verträge über Tätigkeiten und
- Verträge zur Risikoabsicherung.

201 Die Einordnung in eine bestimmte Vertragsart ist **bedeutsam** für das Entstehen der jeweiligen Primär- und Sekundärpflichten (vgl. hierzu Rn. 105 ff. und 150 ff.). Im Folgenden sollen Vertragstypen samt ihren Pflichten vorgestellt werden, denen die größte Bedeutung zugemessen wird.

**Beispiel**

Nur bei einem Werkvertrag nach § 631 BGB bestehen spezielle Rechte des Bestellers bei Mängeln nach § 634 BGB, so beispielsweise das Recht auf Mangelselbstbeseitigung nach § 634 Nr. 2 Alt. 1 i. V. m. § 637 Abs. 1 Alt. 1 BGB. Ein solches Recht kennt ein Dienstvertrag nach § 611 BGB nicht.

202 **Hinweise zur Fallbearbeitung**

Zur Erinnerung: Soweit im Folgenden von Pflichten des einen die Rede ist, sind sie gleichzeitig in den weit überwiegenden Fällen Rechte, also auch gerade Ansprüche, des anderen (näher hierzu Rn. 101 und 143). Die Primärpflichten der Vertragsarten sind regelmäßig unter „I. Anspruch entstanden?“ auf der ersten Ebene der primären Vertragsansprüche zu prüfen (vgl. zur privatrechtliche Anspruchshierarchie Rn. 149).

### 1. Verträge zur Gebrauchsüberlassung

203 Bei den Verträgen zur Gebrauchsüberlassung darf die eine Vertragspartei eine Sache der anderen Vertragspartei entweder dauerhaft oder zeitweise benutzen, die einem anderen gehört.

204 a) **Dauerhaft.** Verträge zur dauerhaften Gebrauchsüberlassung sind vor allem:
- der Kaufvertrag nach § 433 BGB,
- der Tauschvertrag nach § 480 BGB und
- der Schenkungsvertrag nach § 518 Abs. 1 S. 1 BGB.

205 aa) **Kaufvertrag (§ 433 BGB).** Der Kaufvertrag nach **§ 433 BGB** ist ein gegenseitiger Vertrag, in dem sich der Verkäufer zur Veräußerung eines fertigen Vermögensgegenstandes und der Käufer zur Zahlung einer Geldsumme verpflichtet. Der Rechtskauf ist in § 453 BGB normiert, auf den hier nicht weiter eingegangen werden soll.

Der Verkäufer ist nach **§ 433 Abs. 1 S. 1 BGB** verpflichtet, dem Käufer eine Sache als fertigen Gegenstand zu übergeben und zu übereignen. Ferner ist er nach § 433 Abs. 1 S. 2 BGB verpflichtet, dem Käufer die Sache frei von Sach- und Rechtsmängeln zu verschaffen, woraus sekundäre kaufrechtliche Gewährleistungsansprüche oder -rechte des Käufers aus § 437 BGB erwachsen können.

Der Käufer ist nach **§ 433 Abs. 2 Hs. 1 BGB** verpflichtet, dem Verkäufer den Kaufpreis zu zahlen. Ferner ist er nach § 433 Abs. 2 Hs. 2 BGB verpflichtet, dem Verkäufer die gekaufte Sache abzunehmen.

**Beispiel**
Verkäufer Vollmann (V) ist nach § 433 Abs. 1 S. 1 BGB zur Übergabe und Übereignung des Mercedes, wohingegen Käufer Kluge (K) nach § 433 Abs. 2 Hs. 1 BGB zur Zahlung des Kaufpreises i. H. v. 10.000,00 € brutto verpflichtet ist.
Sollte V gegen seine Pflicht nach § 433 Abs. 1 S. 2 BGB verstoßen, K den Mercedes frei von Sach- und Rechtsmängeln zu verschaffen, stehen K kaufrechtliche Gewährleistungsansprüche oder -rechte nach § 437 BGB zu. Denkbar ist beispielsweise, dass die Klimaanlage des Mercedes defekt ist und K von V die Beseitigung dieses Mangels nach § 437 Nr. 1 i. V. m. § 439 Abs. 1 Alt. 1 BGB verlangt.

**bb) Tauschvertrag (§ 480 BGB).** Mit dem Kaufvertrag eng verwandt ist der 206
Tauschvertrag nach **§ 480 BGB.** Er ist ein gegenseitiger Vertrag, in dem sich die Vertragsparteien wechselseitig zum Austausch von Sachen oder Rechten verpflichten. Im Gegensatz zum Kaufvertrag nach § 433 BGB schuldet aber kein Tauschpartner eine Zahlung wie in § 433 Abs. 2 Hs. 1 BGB. Dies widerspräche dem Wesen des Tauschvertrags.
Da nach § 480 BGB auf den Tausch die **Vorschriften über den Kauf entsprechende** Anwendung finden, ist jeder Vertragspartner hinsichtlich seiner Leistung als Verkäufer und hinsichtlich der ihm gebührenden Leistung als Käufer zu betrachten.
Der eine Tauschpartner ist daher nach **§ 480 i. V. m. § 433 Abs. 1 S. 1 BGB** verpflichtet, dem anderen Tauschpartner die Sache oder das Recht zu übergeben und zu übereignen. Ferner ist er nach § 480 i. V. m. § 433 Abs. 1 S. 2 BGB verpflichtet, dem anderen Tauschpartner die Sache oder das Recht frei von Sach- und Rechtsmängeln zu verschaffen, woraus sekundäre tauschrechtliche Gewährleistungsrechte des einen Tauschpartners aus § 480 i. V. m. § 437 BGB erwachsen können.
Der andere Tauschpartner ist nach **§ 480 i. V. m. § 433 Abs. 2 Hs. 2 BGB** verpflichtet, dem einen Tauschpartner die andere Sache oder das andere Recht abzunehmen.

**Beispiel**
Herr Vollmann (V) ist nach § 480 i. V. m. § 433 Abs. 1 S. 1 BGB zur Übergabe und Übereignung seines Mercedes, wohingegen Herr Kluge (K) nach § 480 i. V. m. § 433 Abs. 1 S. 1 BGB zur Übergabe und Übereignung seines Skoda verpflichtet ist.

**cc) Schenkungsvertrag (§ 518 Abs. 1 S. 1 BGB).** Der Schenkungsvertrag nach 207
**§ 518 Abs. 1 S. 1 BGB** ist ein einseitiger Vertrag, in dem der Schenkende dem Beschenkten eine Zuwendung unentgeltlich verspricht.
Der Schenkende ist nach **§ 518 Abs. 1 S. 1 BGB** verpflichtet, dem Beschenkten eine Leistung schenkweise zuzuwenden. Schenkweise heißt unentgeltlich (vgl. § 516 Abs. 1 BGB). Er wird etwa an ihn das Eigentum an einer beweglichen

Sache nach § 929 ff. BGB übertragen oder eine geschenkte Forderung nach § 398 S. 2 BGB abtreten.

**Beispiel**
Herr Vollmann (V) ist nach § 518 Abs. 1 S. 1 BGB verpflichtet, Herrn Kluge (K) das Eigen-tum an seinem Mercedes nach § 929 S. 1 BGB zu übertragen.

208 Von einem Schenkungsvertrag nach § 518 Abs. 1 S. 1 BGB zu unterscheiden, ist die **Handschenkungsvereinbarung** nach § 516 Abs. 1 BGB. Es handelt sich hier weder um einen Vertrag noch um die Begründung einer Verpflichtung des Schenkenden, sondern um die Vereinbarung eines Rechtsgrundes i. S. v. § 812 BGB mit der Folge, dass der Beschenkte die Zuwendung behalten darf.

**Beispiel**
- Geburtstagsgeschenk
- Weihnachtsgeschenk
- Gelegenheitsgeschenk

209 **b) Zeitweise.** Verträge zur zeitweisen Gebrauchsüberlassung sind primär:
- der Gelddarlehensvertrag nach § 488 BGB,
- der Mietvertrag nach § 535 BGB,
- der Pachtvertrag nach § 581 BGB und
- der Leihvertrag nach § 598 BGB.

210 **aa) Gelddarlehensvertrag (§ 488 BGB).** Der Gelddarlehensvertrag nach **§ 488 BGB** ist ein in der Regel gegenseitiger Vertrag, in dem sich der Darlehensgeber zur Verfügungstellung von Geld und der Darlehensnehmer zur Rückzahlung des Geldes und Zahlung eines Entgeltes in Form eines Zinses verpflichten. Die **praktische Bedeutung** ist groß, so insbesondere im Kreditverkehr bei Krediten der Banken und Sparkassen, bei Krediten der Genossenschaften an ihre Genossen oder bei Anleihen der Industrie, des Staates, der Länder und der Gemeinden.

211 Der Darlehensgeber ist nach **§ 488 Abs. 1 S. 1 BGB** verpflichtet, dem Darlehensnehmer einen Geldbetrag in der vereinbarten Höhe zur Verfügung zu stellen. Der Darlehensnehmer ist nach **§ 488 Abs. 1 S. 2 Hs. 2 BGB** verpflichtet, dem Darlehensgeber bei Fälligkeit das zur Verfügung gestellte Darlehen zurückzuzahlen. Fälligkeit meint – ohne dies an dieser Stelle zu weit vorwegnehmen zu wollen – den Zeitpunkt, ab dem der Gläubiger die Leistung verlangen kann (vgl. § 271 Abs. 1 BGB; näher hierzu Rn. 390), hier also den Zeitpunkt, ab dem der Darlehensgeber von dem Darlehensnehmer die Rückzahlung des Darlehens verlangen kann. Dies richtet sich nach § 488 Abs. 3 S. 1 BGB von der Bestimmung der Vertragsparteien oder einer Kündigung. Die Fälligkeit ist als Tatbestandsvoraussetzung einer Anspruchsgrundlage zu betrachten, soweit sie Probleme aufwirft. Der Darlehensnehmer kann ferner nach **§ 488 Abs. 1 S. 2 Hs. 1 BGB** verpflichtet sein, dem Darlehensgeber einen geschuldeten Zins zu zahlen. Wie sich aus der Formulierung des § 488 Abs. 1 S. 2 Hs. 1 BGB („einen geschuldeten Zins“) und § 488 Abs. 3 S. 3 BGB ergibt, besteht die Verpflichtung zur Zahlung eines Entgelts in Form eines Zinses für die vorübergehende Nutzungsmöglichkeit des Darlehensbetrages nur bei entsprechender Vereinbarung. Das Gesetz geht davon als Regelfall aus. Im Ausnahmefall entsprechen aber auch

**unentgeltliche, also zinslose Darlehensverträge** dem gesetzlichen Typ des „Darlehensvertrags“ i. S. d. § 488 BGB.

> **Beispiel**
> Herr Vollmann (V) ist nach § 488 Abs. 1 S. 1 BGB verpflichtet, Herrn Kluge (K) einen Geldbetrag i. H. v. 100.000,00 € zur Verfügung zu stellen. K ist nach § 488 Abs. 1 S. 2 Hs. 2 BGB verpflichtet, V bis zur Fälligkeit am 1. Januar 2050 das zur Verfügung gestellte Darlehen i. H. v. 100.000,00 € zurückzuzahlen. Ggf. kann er auch nach § 488 Abs. 1 S. 2 Hs. 1 BGB bis dahin verpflichtet sein, V einen Zins i. H. v. 4 % p. a. zu zahlen, der grundsätzlich nach § 488 Abs. 2 BGB nach dem Ablauf je eines Jahres zu entrichten ist. Letzteres wäre aber nicht Voraussetzung, um einen Darlehensvertrag nach § 488 BGB annehmen zu können.

bb) **Mietvertrag** (**§ 535 BGB**). Der Mietvertrag nach **§ 535 BGB** ist ein gegenseitiger Vertrag, in dem sich der Vermieter zur Gewährung einer Sache auf Zeit und der Mieter zur Entrichtung einer Miete verpflichten. 212

Der Vermieter ist nach **§ 535 Abs. 1 S. 1 BGB** verpflichtet, dem Mieter den Gebrauch der Mietsache während der Mietzeit zu gewähren. Er ist nach § 535 Abs. 1 S. 2 Hs. 1 BGB verpflichtet, dem Mieter die Mietsache in einem zum vertragsgemäßen Gebrauch geeigneten Zustand zu überlassen. Ferner ist er nach § 535 Abs. 1 S. 2 Hs. 2 BGB verpflichtet, die Mietsache während der Mietzeit in einem zum vertragsgemäßen Gebrauch geeigneten Zustand zu erhalten.

Der Mieter ist nach **§ 535 Abs. 2 BGB** verpflichtet, dem Vermieter die vereinbarte Miete zu entrichten.

> **Beispiel**
> Herr Vollmann (V) ist nach § 535 Abs. 1 S. 1 zur Gewährung des Gebrauchs seiner Mietwohnung in der August-Bebel-Straße in 18057 Rostock, wohingegen Herr Kluge (K) zur Entrichtung der monatlichen Miete i. H. v. 600,00 € brutto verpflichtet ist.

cc) **Pachtvertrag** (**§ 581 BGB**). Der Pachtvertrag nach **§ 581 BGB** ist ein gegenseitiger Vertrag, in dem sich der Verpächter zur Gewährung des Gebrauchs eines Gegenstandes und des Genusses der Früchte auf Zeit und der Pächter zur Entrichtung einer Pacht verpflichtet. 213

Im Vordergrund des Vertrags steht nicht der Gebrauch, sondern die Fruchtziehung durch den Pächter. **Früchte** einer Sache sind nach § 99 Abs. 1 BGB die Erzeugnisse der Sache und die sonstige Ausbeute, welche aus der Sache ihrer Bestimmung gemäß gewonnen wird.

> **Beispiel**
> - Unmittelbare Erzeugnisse der Sache: Obst der Obstplantage
> - Unmittelbare bestimmungsgemäße Gewinnung: Kies aus der Kiesgrube
> - Mittelbare Früchte: Einnahmen, die aufgrund der Überlassung zum Gebrauch (z. B. Vermietung) oder zur Fruchtziehung (z. B. Verpachtung) erzielt werden

Auf den Pachtvertrag sind neben den §§ 581 bis 584b BGB nach § 581 Abs. 2 BGB in der Regel die **Vorschriften über den Mietvertrag** nach den §§ 535 ff. BGB entsprechend anzuwenden. 214

Der Verpächter ist nach **§ 581 Abs. 1 S. 1 Hs. 1 BGB** verpflichtet, dem Pächter den Gebrauch des verpachteten Gegenstands während der Pachtzeit zu gewähren. Ferner ist er nach **§ 581 Abs. 1 S. 1 Hs. 2** BGB verpflichtet den Pächter den Genuss der Früchte, soweit sie nach den Regeln einer ordnungsmäßigen Wirtschaft als Ertrag anzusehen sind, während der Pachtzeit zu gewähren.
Der Pächter ist nach **§ 581 Abs. 2 BGB** verpflichtet, dem Verpächter die vereinbarte Pacht zu entrichten.

> **Beispiel**
> Herr Vollmann (V) ist nach § 581 Abs. 1 S. 1 Hs. 1 BGB zur Gewährung des Gebrauchs seines Kleingartens und nach § 581 Abs. 1 S. 1 Hs. 2 BGB zur Gewährung des Genusses seines Obstes der sich auf seinem Kleingarten befindlichen Obstbäume, wohingegen Herr Kluge (K) nach § 581 Abs. 1 S. 2 BGB zur Entrichtung der monatlichen Pacht i. H. v. 200,00 € brutto verpflichtet ist

215 dd) **Leihvertrag** (**§ 598 BGB**). Der Leihvertrag nach **§ 598 BGB** ist ein einseitiger Vertrag, in dem sich der Verleiher zur unentgeltlichen Gestattung des Gebrauchs einer Sache verpflichtet. Er ist von einem bloßen Gefälligkeitsverhältnis ohne Rechtsbindungsverhältnis zu unterscheiden. Soweit im täglichen Leben häufig von „Leihe" gesprochen wird, wie bei einem „Leihwagen" oder einer „Leihbücherei", so handelt es sich oftmals nicht um einen Leihvertrag nach § 598 BGB, sondern um einen Mietvertrag nach § 535 BGB.
Der Verleiher ist nach **§ 598 BGB** verpflichtet, dem Entleiher den Gebrauch einer Sache unentgeltlich zu gestatten.
Der Entleiher ist nach **§ 604 BGB** – je nach einschlägiger Modalität – verpflichtet, die Sache dem Verleiher zurückzugeben.

> **Beispiel**
> Herr Vollmann (V) ist nach § 598 BGB verpflichtet, Herrn Kluge (K) den Gebrauch seines Mercedes unentgeltlich für dessen Italien-Reise zu gestatten. K ist verpflichtet, dem V seinen Mercedes nach § 604 Abs. 1 bis 4 BGB – je nachdem, was einschlägig ist – zurückzugeben.

## 2. Verträge über Tätigkeiten

216 Bei den Verträgen über Tätigkeiten darf die eine Vertragspartei eine Tätigkeit der anderen Vertragspartei in Anspruch nehmen.
Verträge über Tätigkeiten sind vor allem
- der Dienstvertrag nach § 611 BGB,
- der Arbeitsvertrag nach § 611a BGB,
- der Werkvertrag nach § 631 BGB

217 a) **Dienstvertrag** (**§ 611 BGB**). **– aa) Inhalt.** Der Dienstvertrag nach **§ 611 BGB** ist ein gegenseitiger Vertrag, in dem sich der Dienstverpflichtete zur Leistung der versprochenen Dienste in Form eines Arbeitseinsatzes ohne ein bestimmtes Arbeitsergebnis und der Dienstberechtigte zur Gewährung der vereinbarten Vergütung verpflichtet. Gegenstand des Dienstvertrags können nach § 611 Abs. 2 BGB Dienste jeder Art sein. Der Dienstverpflichtete schuldet insbesondere im Unterschied zum Werkvertrag nach § 631 BGB **nur einen Arbeitseinsatz**, ohne

dass er für ein bestimmtes Arbeitsergebnis einstehen muss. Er handelt selbstständig und eigenverantwortlich (sog. **freier Dienstvertrag**).
Der Dienstverpflichtete ist nach **§ 611 Abs. 1 Hs. 1 BGB** verpflichtet, dem Dienstberechtigten die versprochenen Dienste zu leisten.
Der Dienstberechtigte ist nach **§ 611 Abs. 1 Hs. 2 BGB** verpflichtet, dem Dienstverpflichteten die vereinbarte Vergütung zu gewähren.

**Beispiel**
- Herr Thiesen (T) ist Volljurist und hauptberuflicher Repetitor. Herr Fischer (F), den er persönlich zuvor nicht kannte, nimmt bei ihm Nachhilfestunden im Privatrecht. Nach § 611 Abs. 1 Hs. 1 BGB ist T zum Erteilen von privatrechtlichen Nachhilfeunterrichtsstunden, wohingegen F nach § 611 Abs. 1 Hs. 2 BGB zur Gewährung der vereinbarten Vergütung i. H. v. 38,00 € pro Stunde verpflichtet ist.
- Erteilung von privaten Nachhilfestunden oder Vorlesungen (Honorarverträge)
- Beratungstätigkeiten wie die eines Architekten für die Mängelbeseitigung eines Hauses oder eines Rechtsanwaltes für Aussichten eines Klageweges bei einem Rechtsstreit
- Tierbehandlungen
- Bereitstellung von Kommunikationsdiensten hauptsächlich bei Mobiltelefonen, Festnetzanschlüssen und Internetverbindungen (Telekommunikationsverträge)
- wohl auch Zurverfügungstellung eines Internetzuganges mit einer vertraglich vereinbarten Leitungskapazität (Access-Provider-Vertrag), andere Ansichten denkbar
- Partnerschaftsvermittlung (auch mittels Online-Plattformen)
- wohl auch Abo von Streaming-Diensten wie Spotify, Youtube-Premium, andere Ansichten denkbar
- Bewachung eines Objekts (Bewachungs- und Detektivverträge)

Hinsichtlich der sog. essentialia negotii eines Dienstvertrags nach § 611 BGB **218**
stellt **§ 612 Abs. 1 BGB** eine **Fiktion der Vergütungsvereinbarung** auf. Danach gilt eine Vergütung als stillschweigend vereinbart, wenn die Dienstleistung den Umständen nach nur gegen eine Vergütung zu erwarten ist. Dies ist im Einzelfall nach den §§ 133, 157 BGB aus der Sicht eines objektiven dritten Beobachters zu beurteilen. Kraft Gesetzes wird mit § 612 Abs. 1 BGB eine unwiderlegbare Vermutung normiert, dass der Dienstberechtigte dem Dienstverpflichteten bei Diensten, die normalerweise nur entgeltlich erbracht werden, auch ohne ausdrückliche oder stillschweigende Vereinbarung eine Vergütung schuldet. Für das Zustandekommen eines Vertrags braucht es daher nur die Vereinbarung über die Vertragsparteien und Dienste, nicht auch über die Vergütung.

**Beispiel**
Angenommen, Herr Thiesen (T) und Herr Fischer (F) hätten im vorgenannten Beispielsfall vor Erteilen der Nachhilfestunden weder eine ausdrückliche noch eine konkludente Vereinbarung über die Vergütung der Dienste des L getroffen. Fraglich könnte dann sein, ob sie einen Dienstvertrag nach § 611 BGB schlossen, indem womöglich es an einer sog. essentialia negotii fehlt.

§ 611 Abs. 1 Hs. 2 BGB normiert die Vergütungsfrage als wesentlichen Bestandteil eines jeden Dienstvertrags. Nach § 612 Abs. 1 BGB gilt jedoch eine Vergütung zwischen T und K als stillschweigend vereinbart, wenn das Erteilen der Nachhilfestunden den Umständen nach nur gegen eine Vergütung zu erwarten ist. Dies beurteilt sich nach den §§ 133, 157 BGB aus Sicht eines objektiven Dritten. T ist hauptberuflicher Repetitor und lebt von dieser Tätigkeit. Er kannte F zuvor nicht. Das Erteilen der Nachhilfestunden im Privatrecht war den Umständen nach nur gegen eine Vergütung zu erwarten. Alle sog. essentialia negotii eines Dienstvertrags nach § 611 BGB liegen vor, den T und F miteinander schlossen.

219 Die **Höhe der Vergütung** richtet sich in erster Linie nach der getroffenen Vereinbarung. Ist diese nicht bestimmt, so ist nach **§ 612 Abs. 2 BGB** bei dem Bestehen einer Taxe die taxmäßige Vergütung, in Ermangelung einer Taxe die übliche Vergütung als vereinbart anzusehen. Taxen im Sinne des § 612 Abs. 2 BGB sind nur die auf gesetzlicher Grundlage ergangenen (abdingbaren) Gebührenordnungen, z. B. für Rechtsanwälte und Ärzte. Üblich ist die Vergütung, die zur Zeit des Vertragsschlusses nach allgemeiner Auffassung der beteiligten Kreise am Ort der Leistung für Leistungen gleicher Art und Güte gewährt zu werden pflegt.

**Beispiel**

Angenommen, Herr Thiesen (T) und Herr Fischer (F) hätten im obigen Beispielfall vor Erteilen der Nachhilfestunden zwar eine Vergütungspflicht, aber nicht die Höhe der Vergütung vereinbart. In Ermangelung einer Taxe ist hier nach § 612 Abs. 2 Hs. 2 BGB, die übliche Vergütung als vereinbart anzusehen. Üblich ist die Vergütung, die zur Zeit des Vertragsschlusses nach allgemeiner Auffassung der beteiligten Kreise am Ort der Leistung für Leistungen gleicher Art und Güte gewährt zu werden pflegt. Jura-Studenten zahlen in Mecklenburg-Vorpommern für Einzelunterrichtsstunden von Volljuristen in etwa 40,00 € brutto pro Stunde, das als üblich anzusehen ist. F schuldet T eine Vergütung i. H. v. 40,00 € brutto pro Stunde.

220 Die Vergütung ist nach **§ 614 S. 1 BGB** grundsätzlich **nach der Leistung** der Dienste **zu entrichten.** Ist die Vergütung nach Zeitabschnitten bemessen, so ist sie nach § 614 S. 2 BGB nach dem Ablauf der einzelnen Zeitabschnitte zu entrichten. Soweit also der Dienstverpflichtete nach § 611 Abs. 1 Hs. 1 BGB seine versprochenen Dienste bisher nicht leistet, ist die Pflicht des Dienstberechtigten zur Gewährung der vereinbarten Vergütung nach § 611 Abs. 1 Hs. 2 BGB im Grundfall auch nicht **fällig.** Fälligkeit meint – ohne dies an dieser Stelle zu weit vorwegnehmen zu wollen – den Zeitpunkt, ab dem der Gläubiger die Leistung verlangen kann (vgl. § 271 Abs. 1 BGB; näher hierzu Rn. 390), hier also den Zeitpunkt, ab dem der Dienstverpflichtete nach § 611 Abs. 1 Hs. 2 BGB die Gewährung der vereinbarten Vergütung verlangen kann. Sie ist als Tatbestandsvoraussetzung einer Anspruchsgrundlage zu betrachten, soweit sie Probleme aufwirft.

**Beispiel**

Angenommen Herr Thiesen (T) und Herr Fischer (F) vereinbaren im obigen Beispielsfall, dass T dem F insgesamt 10 privatrechtliche Nachhilfestunden zu einer Vergütung von 40,00 € brutto pro Stunde erteilt. Tatsächlich leistet

er keine Stunden, verlangt aber die Gewährung der Vergütung. Von dem Vorliegen eines Dienstvertrags nach § 611 BGB ist auszugehen.
T könnte gegen F einen Anspruch auf die Gewährung einer Vergütung i. H. v. 400,00 € brutto nach § 611 Abs. 1 Hs. 2 BGB haben. T und F schlossen miteinander einen Dienstvertrag nach § 611 BGB. Möglicherweise ist aber die Pflicht zur Gewährung der Vergütung nach § 611 Abs. 1 Hs. 2 BGB noch nicht fällig. Darunter versteht man den Zeitpunkt, ab dem der Gläubiger die Leistung verlangen kann (vgl. § 271 Abs. 1 BGB). F ist als Dienstberechtigter mangels anderer Vereinbarung mit T nach § 614 S. 1 BGB verpflichtet, die Vergütung nach der Leistung der Dienste zu gewähren. T erteilte F keine Nachhilfestunden, die er aber als Dienste zu leisten hat. Die Pflicht zur Gewährung der Vergütung ist nicht fällig. T hat gegen F keinen Anspruch auf Gewährung der Vergütung i. H. v. 400,00 € brutto nach § 611 Abs. 1 Hs. 2 BGB.

**Hinweise zur Fallbearbeitung** 221
Streit besteht darüber, ob die Fälligkeit eine Anspruchsvoraussetzung darstellt und damit unter „I. Anspruch entstanden?“ bzw. bei den Rechtsfolgen zu prüfen ist oder ob sie eine Einrede darstellt und damit unter „III. Anspruch durchsetzbar?“ zu prüfen ist. Beides ist vertretbar. Die Wahl des Prüfungsstandorts ist letztlich im Rahmen der Falllösung nicht zu begründen.

Es gibt eine Reihe von Dienstverträgen, die besondere Konstellationen zum Gegenstand und daher als **spezielle Dienstverträge** bezeichnet werden. Darunter fallen vor allem: 222
- der Arbeitsvertrag nach § 611a BGB und
- der Werkvertrag nach § 631 BGB

**bb) Spezieller Dienstvertrag: Arbeitsvertrag** (§ **611a BGB**). Der Arbeitsvertrag 223
nach § **611a BGB** ist ein spezieller gegenseitiger Dienstvertrag, in dem sich der Arbeitnehmer zur Leistung weisungsgebundener, fremdbestimmter Arbeit in persönlicher Abhängigkeit und der Arbeitgeber zur Zahlung einer Vergütung verpflichtet. Man spricht hier auch von einem sog. abhängigen Dienstvertrag. Seine Abgrenzung zum Dienstvertrag nach § 611 BGB ist oft schwierig und soll hier nicht weiter vertieft werden.
Der Arbeitnehmer ist nach § **611a Abs. 1 S. 1 BGB** verpflichtet, im Dienste eines anderen weisungsgebundene, fremdbestimmte Arbeit in persönlicher Abhängigkeit zu leisten.
Der Arbeitgeber ist nach § **611a Abs. 2 BGB** verpflichtet, die vereinbarte Vergütung zu zahlen.

**Beispiel**
Frau Maulwurf (M) ist angestellte Sachbearbeiterin der Hanse- und Universitätsstadt Rostock (R). Nach § 611a Abs. 1 S. 1 BGB ist M verpflichtet, auf Weisung der die R vertretenen hauptamtlichen Bürgermeisterin Löger (L) Akten zu bearbeiten, wohingegen R nach § 611a Abs. 2 BGB zur Zahlung der vereinbarten monatlichen Vergütung von 4.000,00 € brutto verpflichtet ist.

224 **cc) Spezieller Dienstvertrag: Werkvertrag (§ 631 BGB).** Der Werkvertrag nach **§ 631 BGB** ist ein spezieller gegenseitiger Dienstvertrag, in dem der Werkunternehmer zur Herstellung des versprochenen Werkes und der Werkbesteller zur Entrichtung der Vergütung verpflichtet ist. Die Herstellung eines Werkes meint – anders als beim Dienstvertrag nach § 611 BGB – nicht nur einen Arbeitseinsatz, sondern auch ein bestimmtes Arbeitsergebnis im Sinne eines bestimmten Arbeitserfolges (vgl. § 631 Abs. 2 BGB „herbeizuführender Erfolg sein"), für dessen Eintritt der Werkunternehmer das Risiko trägt. Gegenstand des Werkvertrags kann nach § 631 Abs. 2 BGB sowohl die Herstellung oder Veränderung einer Sache als auch ein anderer durch Arbeit oder Dienstleistung herbeizuführender Erfolg sein. Man spricht hier auch von **Werkerfolgen i. S. d. § 631 Abs. 2 BGB.** Ein Kostenanschlag, beispielsweise für Vorarbeiten, ist nach § 632 Abs. 3 BGB im Zweifel nicht zu vergüten. Hierfür bedürfte es eines weiteren Werkvertrags. Da sich der Leistende bei einem Dienstvertrag nach § 611 BGB eben „nur" zu einem Arbeitseinsatz verpflichtet und er bei einem Werkvertrag nach § 631 BGB durch diesen Arbeitseinsatz zusätzlich noch einen Erfolg herbeizuführen hat, enthält ein Werkvertrag alle Elemente eines Dienstvertrags und darüber hinaus mit eben jenem Erfolg eine zusätzliche Komponente. Deshalb stellt der Werkvertrag nach überzeugender Ansicht einen speziellen Fall des Dienstvertrags dar.[15] Praktische Auswirkungen hat diese Kategorisierung aber kaum, da wegen der Regelungsdichte der §§ 631 ff. BGB ein Rückgriff auf die § 611 ff. BGB tatsächlich kaum vorstellbar erscheint.

Der Werkunternehmer ist nach **§ 631 Abs. 1 Hs. 1 BGB** verpflichtet, für den Werkbesteller das versprochene Werk herzustellen.

Der Werkbesteller ist nach **§ 631 Abs. 1 Hs. 2 BGB** verpflichtet, dem Werkunternehmer die vereinbarte Vergütung zu entrichten.

**Beispiele**

- Der Bürgermeister Cozian (C) beauftragt namens seiner Stadt Ostseebad Kühlungsborn (K) die 1-2-3-Plakat.de GmbH (P) mit der Erstellung von zwanzig großen Werbeplakaten für das anstehende Sommerfest. Zuvor hatten sie noch keinen Kontakt. Die Erstellung eines Werbe-plakats ist ein Werkerfolg i. S. d. § 632 Abs. 2 BGB. Nach § 631 Abs. 1 Hs. 1 BGB ist P zur Erstellung eines solchen Werbeplakats, wohingegen K nach § 631 Abs. 1 Hs. 2 BGB zur Gewährung einer Vergütung i. H. v. 2.000,00 € brutto verpflichtet ist.
- Erteilung von privaten Nachhilfestunden oder Vorlesungen (Honorarverträge)
- Beratungstätigkeiten wie die eines Architekten für die Mängelbeseitigung eines Hauses oder eines Rechtsanwaltes für Aussichten eines Klageweges bei einem Rechtsstreit
- Tierbehandlungen

15 Häufig wird auch vertreten, dass es sich bei einem Werkvertrag nach § 631 BGB um einen eigenständigen Vertrag handelt, der kein spezieller Fall eines Dienstvertrags nach § 611 BGB darstellt. Argumentiert wird, dass der Werkvertrag auf eine schöpferische Leistung abzielt und diese Erfolgsbezogenheit der Unternehmerverpflichtung im Vordergrund steht. Beide Ansichten können gut vertreten werden.

- Bereitstellung von Kommunikationsdiensten vor allem bei Mobiltelefonen, Festnetzanschlüssen und Internetverbindungen (Telekommunikationsverträge)
- wohl auch Zurverfügungstellung eines Internetzuganges mit einer vertraglich vereinbarten Leitungskapazität (Access-Provider-Vertrag), andere Ansichten denkbar
- Partnerschaftsvermittlung (auch mittels Online-Plattformen)
- wohl auch Abo von Streaming-Diensten wie Spotify, YouTube-Premium, andere Ansichten denkbar
- Bewachung eines Objekts (Bewachungs- und Detektivverträge)
- Nagelmodelage

Hinsichtlich der sog. essentialia negotii eines Werkvertrags nach § 631 BGB stellt 225
**§ 632 Abs. 1 BGB** – vergleichbar mit der Rechtsnorm des § 612 Abs. 1 BGB – eine **Fiktion der Vergütungsvereinbarung** auf. Danach gilt auch hier eine Vergütung als stillschweigend vereinbart, wenn die Herstellung des Werkes den Umständen nach nur gegen eine Vergütung zu erwarten ist. Insoweit kann auf die Ausführungen zu § 612 Abs. 1 BGB verwiesen werden.

**Beispiel**
Angenommen, die Stadt Ostseebad Kühlungsborn (K) und die 1-2-3-Plakat.de GmbH (P) hätten im vorgenannten Beispielfall vor Beauftragung der Werbeplakaterstellung weder eine ausdrückliche noch eine konkludente Vereinbarung über die Vergütung der Dienste des L getroffen. Fraglich könnte dann sein, ob sie einen Werkvertrag nach § 611 BGB schlossen, indem womöglich es an einer sog. essentialia negotii fehlt. § 631 Abs. 1 Hs. 2 BGB normiert die Vergütungsfrage als wesentlichen Bestandteil eines jeden Werkvertrags. Nach § 632 Abs. 1 BGB gilt jedoch eine Vergütung zwischen K und P als stillschweigend vereinbart, wenn die Erstellung eines Werbeplakats den Umständen nach nur gegen eine Vergütung zu erwarten ist. Dies beurteilt sich nach den §§ 133, 157 BGB aus Sicht eines objektiven dritten Beobachters. P ist gewerblicher Plakatersteller und pflegt ansonsten keine Beziehungen zu K., wonach die Erstellung eines Werbeplakats den Umständen nach nur gegen eine Vergütung zu erwarten ist. Alle sog. essentialia negotii eines Werkvertrags nach § 631 BGB liegen vor, den K und P miteinander schlossen.

Die **Höhe der Vergütung** richtet sich in erster Linie nach der getroffenen Verein- 226
barung. Ist diese nicht bestimmt, so ist nach **§ 632 Abs. 2 BGB** – vergleichbar mit der Rechtsnorm des § 612 Abs. 2 BGB – bei dem Bestehen einer Taxe die taxmäßige Vergütung, in Ermangelung einer Taxe die übliche Vergütung als vereinbart anzusehen. Insoweit kann auf die Ausführungen zu § 612 Abs. 2 BGB verwiesen werden.

**Beispiel**
Angenommen, die Stadt Ostseebad Kühlungsborn (K) und die 1-2-3-Plakat.de GmbH (P) hätten im obigen Beispielfall vor Erteilen der Nachhilfestunden zwar eine Vergütungspflicht, aber nicht die Höhe der Vergütung vereinbart. In Ermangelung einer Taxe ist hier nach § 632 Abs. 2 Hs. 2 BGB, die übliche Vergütung als vereinbart anzusehen. Üblich ist die Vergütung, die zur Zeit des Vertragsschlusses nach allgemeiner Auffassung der beteilig-

ten Kreise am Ort der Leistung für Leistungen gleicher Art und Güte gewährt zu werden pflegt. Für die Erstellung eines großen Werbeplakats könnten im Internetvergleich um die 100,00 € brutto gefordert werden, sodass eine Vergütung von 2.000,00 € brutto als üblich anzusehen sein könnte. Für eine etwaige Feststellung bedürfte es weiterer Einzelheiten.

227 Die Vergütung ist nach § 641 Abs. 1 S. 1 BGB grundsätzlich erst **bei der Abnahme** des Werkes **zu entrichten**. Unter einer Abnahme i. S. d. § 640 Abs. 1 S. 1 BGB versteht man in aller Regel sowohl die reale Entgegennahme des Werkes als auch die ausdrückliche oder stillschweigende Erklärung des Werkbestellers, dass er das Werk als in der Hauptsache vertragsgemäß anerkenne. Eine Pflicht des Werkbestellers zur Abnahme kann sich dabei erst ab vertragsmäßiger Herstellung des Werkes ergeben (vgl. § 640 Abs. 1 S. 1 BGB). Soweit also der Werkunternehmer nach § 631 Abs. 1 Hs. 1 BGB das versprochene Werk nicht herstellt und der Werkbesteller dieses nicht i. S. d. § 640 Abs. 1 BGB abnimmt, ist die Pflicht zur Entrichtung der Vergütung nach § 631 Abs. 1 Hs. 2 BGB im Grundsatz auch nicht nach § 641 Abs. 1 S. 1 BGB fällig.

**Beispiel**
Angenommen, der Geschäftsführer Finkemeier (F) entscheidet nach anfänglichem Arbeitseinsatz von Mitarbeitern der 1-2-3-Plakat.de GmbH (P) im obigen Beispielsfall die Arbeiten nicht mehr fortzuführen. Es würde sich nicht rentieren, anders als er dies zunächst angenommen habe. Er fordert von der Stadt Ostseebad Kühlungsborn (K) die Entrichtung der vereinbarten Vergütung i. H. v. 2.000,00 € brutto. P liefert K keine Werbeplakate aus.
P könnte gegen K einen Anspruch auf die Entrichtung einer Vergütung i. H. v. 2.000,00 € brutto nach § 631 Abs. 1 Hs. 2 BGB haben. Zwischen P und K ist ein Werkvertrag nach § 631 BGB zustande gekommen. Die entsprechenden Erklärungen des Bürgermeisters Cozian (C) und des F wirkten nach § 164 BGB unmittelbar für und gegen K oder P. Möglicherweise ist aber die Pflicht zur Entrichtung der Vergütung noch nicht fällig. Darunter versteht man den Zeitpunkt, ab dem der Gläubiger die Leistung verlangen kann (vgl. § 271 Abs. 1 BGB). K ist mangels anderweitiger Vereinbarungen nach § 641 Abs. 1 S. 1 BGB verpflichtet, die Vergütung erst bei der Abnahme des Werkes zu entrichten. Unter einer Abnahme i. S. d. § 640 Abs. 1 S. 1 BGB versteht man in aller Regel sowohl die reale Entgegennahme des Werkes als auch die ausdrückliche oder stillschweigende Erklärung des Werkbestellers, dass er das Werk als in der Hauptsache vertragsgemäß anerkenne. Eine Pflicht des Werkbestellers zur Abnahme kann sich dabei erst ab vertragsmäßiger Herstellung des Werkes ergeben (vgl. § 640 Abs. 1 S. 1 BGB). P entwarf bisher kein Werbeplakat für das anstehende Sommerfest der K. F entschied sich als Geschäftsführer der P dazu, den anfänglichen Arbeitseinsatz ihrer Mitarbeiter aus wirtschaftlichen Gründen nicht fortzuführen. Eine Abnahme konnte und fand daher auch nicht statt. Die Pflicht zur Entrichtung der Vergütung ist nicht fällig. P hat gegen K keinen Anspruch auf Entrichtung der Vergütung i. H. v. 2.000,00 € brutto nach § 631 Abs. 1 Hs. 2 BGB.

228 Die **Abgrenzung** des Werkvertrags nach § 631 BGB zu einem Dienstvertrag nach § 611 BGB kann u. U. Schwierigkeiten bereiten.

In der **Theorie** dürfte sie zwar **leicht** fallen, indem – wie bereits dargelegt – beim Dienstvertrag nach § 611 BGB der Dienstverpflichtete nur einen Arbeitseinsatz ohne einen bestimmten Arbeitserfolg und beim Werkvertrag nach § 631 BGB der Werkunternehmer einen Arbeitseinsatz mit einem bestimmten Arbeitserfolg schuldet.
In der **Praxis** fällt sie hingegen im Einzelfall oft **schwer**, da oft unklar bleibt, ob nur ein Arbeitseinsatz oder auch ein Arbeitsergebnis im Sinne eines Arbeitserfolges geschuldet wird. Auch bei einem Dienstvertrag nach § 611 BGB leistet der Dienstverpflichtete seine Tätigkeiten nicht zum Selbstzweck, sondern für ein bestimmtes Arbeitsergebnis. Ansonsten würde ihm der Dienstberechtigte keinen Arbeitsauftrag erteilen. Zu Recht wird daher die Abgrenzung – gerade von Prüflingen – oft als schwerfällig empfunden.

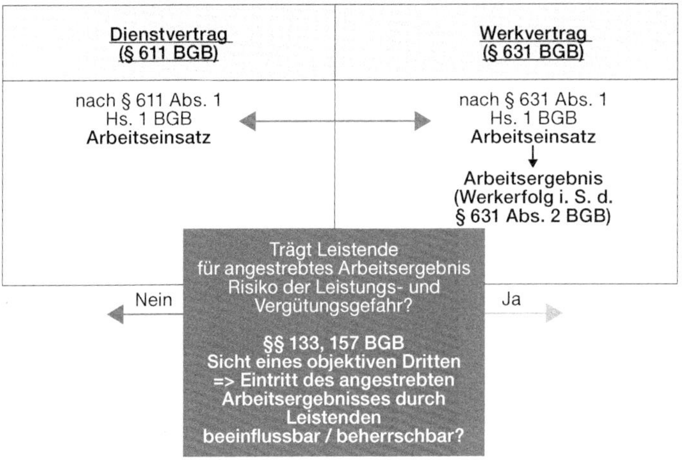


**Abb. 24:** Abgrenzung Dienst- (§ 611 BGB) und Werkvertrag (§ 631 BGB)

Der **maßgebliche Unterschied** zwischen beiden Vertragsarten liegt darin, dass 229
der Werkunternehmer aus einem Werkvertrag nach § 631 BGB für den Eintritt des angestrebten Arbeitsergebnisses im Sinne eines Arbeitserfolges geradestehen muss, also insoweit das Unternehmerrisiko trägt, während der Dienstverpflichtete aus einem Dienstvertrag nach § 611 BGB für den Eintritt des angestrebten Arbeitsergebnisses nicht einstehen muss, also insoweit das Unternehmerrisiko gerade nicht trägt. Entscheidend ist also, wer das **Risiko** des mit dem Arbeitseinsatz angestrebten Arbeitsergebnisses im Sinne eines Arbeitserfolges, der **Leistungs- und Vergütungsgefahr trägt**. Liegt dieses Risiko beim Leistenden, handelt es sich um einen Werkvertrag nach § 631 BGB, trägt es hingegen der Leistungsempfänger, handelt es sich um einen Dienstvertrag nach § 611 BGB. Welche Vertragsart im Einzelfall angenommen werden kann, ist zum Zeitpunkt des Vertragsschlusses nach den §§ 133, 157 BGB aus der Sicht eines objektiven Dritten zu ermitteln. Ein **wichtiges Indiz** für die Annahme eines Dienstvertrags nach § 611 BGB ist an den vorhergegangenen Ausführungen anknüpfend, dass

sich der Dienstverpflichte nicht zu etwas verpflichten wird, auf das er nur bedingt oder gar keinen Einfluss hat, wenn er also den Eintritt des Erfolges nicht beherrschen kann. Er trägt dann nicht die Leistungs- und Vergütungsgefahr.

230 Der Abgrenzungsfrage vor allem wegen Folgendem **Bedeutung** beizumessen: Der Werkunternehmer wird seine Vergütungsforderung nach § 631 Abs. 1 Hs. 2 BGB bei Ausbleiben des angestrebten Arbeitsergebnisses regelmäßig nicht von dem Werkbesteller fordern können, da sie in den überwiegenden Fällen mangels Werkabnahme nicht nach § 641 Abs. 1 S. 1 BGB fällig sein wird. Der Dienstverpflichtete wird hingegen seine Vergütungsforderung nach § 611 Abs. 1 Hs. 2 BGB auch bei Ausbleiben des angestrebten Arbeitsergebnisses regelmäßig von dem Dienstberechtigten fordern können, soweit er – was meistens der Fall sein wird – seinen Arbeitseinsatz als geschuldeten Dienst leistet und wodurch seine Vergütungsforderung regelmäßig nach § 614 S. 1 BGB fällig werden wird.

**Beispiel**
Die Stadt Bad Doberan (BD) erwirbt von der Auto-Birne GmbH (A) einen Audi A6. Der vorgenannte Pkw verliert nach zwei Jahren Öl aufgrund eines undichten Motors. Der Bürgermeister Larenz (L) beauftragt im Namen der BD den berufserfahrenen Kfz-Meister Thoß (T) mit der Behebung dieser Sache. Er kann den Grund für den Ölverlust nicht finden. Für seine notwendigen Vorarbeiten zum Auffinden der Fehlerquelle verlangt T keinen Kostenanschlag, da BD für ihn eine wichtige Auftraggeberin ist.
Zwischen P und T liegt ein Vertrag vor. Fraglich ist, ob es sich bei diesem um einen Werkvertrag nach § 631 BGB handelt *[Hinweis: Hier einmal zum leichteren Verständnis anhand eines unproblematischen Falles einmal (zu) ausführlich. In einem solchen Fall bedürfte es in einer Falllösung keiner Ausführungen zum Vertragstyp eines Werkvertrags. Vgl. zu einem problematischen Fall mit erörterungsbedürftigen Ausführungen den 9. Übungsfall, s. Fall- und Übungsbuch].*
T müsste nach § 631 Abs. 1 Hs. 1 BGB durch seinen Arbeitseinsatz am Motor des Pkws zur Herbeiführung der Behebung des Ölauslaufens aus dem undichten Motor im Sinne eines Werkerfolges nach § 631 Abs. 2 BGB verpflichtet sein. Das wird der Fall sein, wenn T für den Eintritt der Behebung das Risiko der Leistungs- und Vergütungsgefahr trägt. Dies beurteilt sich nach den §§ 133, 157 BGB aus der Sicht eines objektiven dritten Beobachters, insbesondere nach dem Umstand, ob er die Behebung beeinflussen oder beherrschen kann.
L, dessen Handlungen und Äußerungen nach § 164 BGB unmittelbar für und gegen BD wirken, kommt es darauf an, dass das Auslaufen des Öls behoben wird, sodass es ihm gerade auf das Ergebnis ankommt. Die Ursache für das Öl-Auslaufen ist weder L noch den übrigen Mitarbeitern der BD bekannt. T ist berufserfahrener Kfz-Meister, für den im normalen Lauf der Dinge das Auslaufen von Öl aus einem Motorraum einen typischen Kfz-Mangel darstellt. Für gewöhnlich hat ein Kfz-Meister auf die Behebung eines solchen Mangels durch eigene Reparaturleistungen Einfluss, womit er den Eintritt der Behebung beherrscht, jedenfalls aber beeinflussen kann. Sollte er die Fehlerquelle nicht ausfindig machen können, hätte er sich in der Weise absichern können, dass er mit dem Auftraggeber i. S. d. § 632 Abs. 3 BGB einen entsprechenden weiteren Werkvertrag schließt. Dies unterließ T be-

wusst, da BD für ihn eine wichtige Auftraggeberin darstellt. T ist nach § 631 Abs. 1 Hs. 1 BGB durch seinen Arbeitseinsatz am Motor des Pkws zur Herbeiführung der Behebung des Ölauslaufens aus dem undichten Motor verpflichtet. Der Vertrag zwischen ihm und BD ist ein Werkvertrag nach § 631 BGB.

**b) Auftrag** (**§ 662 BGB**). Der Auftrag nach **§ 662 BGB**, wie das BGB verkürzend den Auftragsvertrag bezeichnet, ist ein unvollkommen zweiseitiger Vertrag, in dem sich der Beauftragte zur unentgeltlichen Besorgung eines Geschäfts des Auftraggebers verpflichtet. Unvollkommen zweiseitig ist er, da nur der Beauftragte notwendigerweise Pflichten übernimmt. Pflichten für den Auftraggeber können, müssen aber nicht begründet werden und bilden keine Gegenleistung für die Leistung des Beauftragten. Wegen der Unentgeltlichkeit ist der Auftrag kein gegenseitiger Vertrag und wird auch als **Gefälligkeitsvertrag** bezeichnet. Dabei ist er begrifflich streng von bloßen Gefälligkeitsverhältnissen ohne einen Rechtsbindungswillen zu unterscheiden. 231

Der Auftragnehmer ist nach **§ 662 BGB** verpflichtet, ein ihm von dem Auftraggeber übertragenes Geschäft für diesen unentgeltlich zu besorgen. Eine **Geschäftsbesorgung** umfasst jede Tätigkeit im Interesse des Auftraggebers.

**Beispiel**
Herr Klagenmeister (K) ist nach § 662 BGB verpflichtet, für Frau Hilscher (H) unentgeltlich einzukaufen, ihren Briefkasten zu leeren oder ihren Hund zu füttern.

Im **täglichen Leben** wird das Wort „Auftrag“ häufig in einem anderen Sinne verwendet. Wenn beispielsweise von einem „Auftrag“ für die Lieferung bestimmter Waren gesprochen wird, so wird damit in aller Regel ein Antrag (Angebot) auf den Abschluss eines Kaufvertrags nach § 433 BGB gemeint sein. Soweit das BGB von einem Auftrag spricht, meint es aber regelmäßig nur den Auftragsvertrag nach § 662 BGB und nur ausnahmsweise in §§ 662 f. BGB das Angebot des Auftraggebers auf den Abschluss eines solchen Vertrags. 232

### 3. Bürgschaftsvertrag (§ 765 BGB) als Vertrag zur Risikoabsicherung

Der Bürgschaftsvertrag nach **§ 765 BGB** ist ein Vertrag, in dem sich der Bürge gegenüber dem Gläubiger eines Dritten verpflichtet, für die Erfüllung einer Verbindlichkeit des Dritten einzustehen. Vertragspartner sind der Bürger und der Gläubiger, nicht hingegen der Dritte. Da der Bürgschaftsvertrag nur dem Bürgen Pflichten auferlegt, handelt es sich um einen einseitigen Vertrag. 233

**Beispiel**
Herr Vollmann (V) schließt mit Frau Dritte (D) einen Kaufvertrag nach § 433 BGB über den Verkauf seines Grundstücks zu einem Kaufpreis i. H. v. 1.000.000,00 € ab. Um sich abzusichern, schließt V einen Bürgschaftsvertrag nach § 765 BGB mit Herrn Kluge (K) ab, mit dem sich K gegenüber V verpflichtet, für die Erfüllung der Verbindlichkeiten der D einzustehen.

*9. Übungsfall: „Schlechter Unterricht“ – Vertragsbestimmung s. Fall- und Übungsbuch*

## III. Vertragsschluss mit Hilfe von Hilfspersonen im Wege der Stellvertretung (§ 164 BGB)

234 Grundsätzlich treffen die **Rechtsfolgen einer Willenserklärung** den Erklärenden selbst, so beispielsweise, wenn er ein Angebot gegenüber einer anderen Person abgibt. Nimmt sie das Angebot an, kommt ein Vertrag zwischen diesen Personen zustande. Die Konstellation mit zwei bei einer Vertragsentstehung involvierten Personen stellt die übliche Fallkonstellation dar, von der die Privatrechtsnormordnung als **Grundfallkonstellation** ausgeht.

**Beispiel**
Herr Kaller (K) gibt gegenüber Herrn Vogel (V) ein Angebot für den Erwerb seines Teslas ab. V nimmt es an. Ein Kaufvertrag nach § 433 BGB ist zwischen K und V zustande gekommen.

235 Die in der Praxis häufiger vorkommende Fallkonstellation ist jedoch diejenige, dass die **Willenserklärung** nicht den Erklärenden selbst trifft, sondern sie unmittelbar für und gegen einen Dritten wirkt. Erklärt der Erklärende beispielsweise gegenüber einer anderen Person namens und in Vollmacht eines Dritten ein Angebot, kommt bei dessen Annahmeerklärung der Vertrag zwischen ihm und der anderen Person zustande. Den Erklärenden selbst treffen hingegen nicht die Rechtsfolgen seiner Willenserklärung, da er nicht Vertragspartei wird. In dieser **Ausnahmefallkonstellation** sind bei der Vertragsentstehung mindestens drei Personen involviert. Denkbar ist auch, dass gar vier oder mehr Personen beteiligt sind.

**Beispiel**
Herr Dreier (D) gibt im Namen und in Vollmacht des Herrn Kaller (K) gegenüber Herrn Vogel (V) ein Angebot für den Erwerb seines Teslas ab. V nimmt es an. Ein Kaufvertrag nach § 433 BGB ist zwischen K und V zustande gekommen, bei dem D keine Vertragspartei ist. Das Angebot des Vertreters D wirkt nach § 164 Abs. 1 S. 1 BGB unmittelbar für und gegen den Vertretenen K.

236 Das Bedürfnis nach der „Einschaltung" einer Hilfsperson ist im Wirtschafts- und Rechtsleben groß, woraus sich auch ihre **hohe Bedeutung** speist. Zum einen können juristische Personen nicht selbst, sondern erst durch ihre Organe am Privatrechtsverkehr rechtsgeschäftlich handeln und dadurch erst an diesem teilnehmen. Zum anderen wird der rechtsgeschäftliche Wirkungskreis des Vertretenen aufgrund einer dadurch möglich werdenden Arbeitsteilung erheblich erweitert.
Das Institut der Stellvertretung ermöglicht also **die Wahrnehmung der Interessen des Vertretenen** durch einen Vertreter. Es hat zum Ziel, eine Person durch Zurechnung der Willenserklärung einer anderen Person rechtsgeschäftlich zu berechtigen und zu verpflichten, ohne dass sie selbst eine Willenserklärung abgeben muss.

**Beispiele**
- Die Usedomer amtsfreie Gemeinde Ostseebad Heringsdorf (H) kann als juristische Person nur durch Hilfspersonen im Wirtschafts- und Rechtsleben handeln, so insbesondere durch ihr Organ, der hauptamtlichen Bürgermeisterin Lalisken (vgl. § 21 i. V. m. § 38 Abs. 1 S. 1 KV M-V).

- Die Nordwasser GmbH (N) kann als juristische Person nur durch Hilfspersonen im Wirtschafts- und Rechtsleben handeln, so insbesondere durch ihr Organ des Geschäftsführers Haltmann (vgl. § 35 Abs. 1 S. 1 GmbHG)
- H und N können im Wege der Arbeitsteilung am Wirtschafts- und Rechtsleben in einem erheblich größeren Umfang auftreten und wirken.

Geregelt ist die Stellvertretung in den §§ **164 ff. BGB**. Die beteiligten Personen heißen in der Rechtsnorm „**Vertreter**“ (das ist der Stellvertreter) und „**Vertretener**“ (das ist gelegentlich der Geschäftsherr). 237
§ 164 Abs. 1 S. 1 BGB regelt den Fall der Aktivvertretung bei der Abgabe einer Willenserklärung, wohingegen § 164 Abs. 3 i. V. m. Abs. 1 S. 1 BGB den Fall der Passivvertretung bei dem Empfang einer Willenserklärung regelt.

**Hinweise zur Fallbearbeitung** 238

Die Stellvertretung nach § 164 BGB kann in unterschiedlichen Zusammenhängen eine Rolle spielen, so insbesondere bei einer Anspruchsprüfung wie folgt:
- Unter dem Prüfungspunkt „I. Anspruch entstanden?“, soweit sie beispielsweise bei einem Angebot oder einer Annahme aufkommt oder
- unter dem Prüfungspunkt „II. Anspruch untergegangen?“, soweit sie beispielsweise bei einem Gestaltungsrecht wie einer Kündigungserklärung aufkommt.

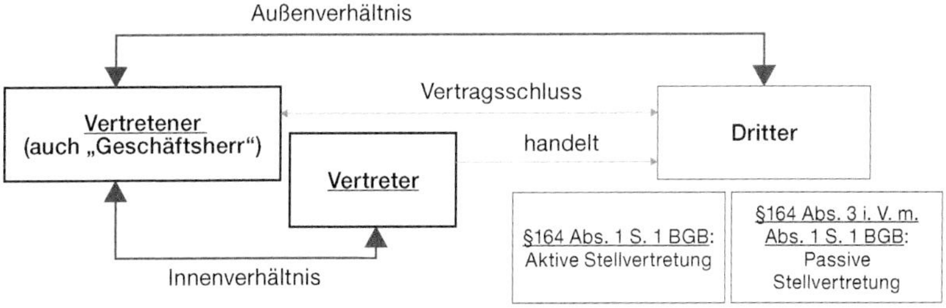


**Abb. 25:** Grundprinzip der Stellvertretung (§ 164 BGB)

Die Stellvertretung basiert auf rechtlichen Beziehungen zwischen mindestens drei Personen, von denen mindestens zwei auf derselben Seite stehen, nämlich der Vertreter und der Vertretene. Die rechtliche Beziehung zwischen Vertreter und Vertretenen wird als „**Innenverhältnis**“ und die Rechtsbeziehung zwischen Vertretenem und Drittem als „**Außenverhältnis**“ bezeichnet. 239

**Beispiel**
Im oben genannten Beispielsfall der Ausnahmekonstellation stellt die Rechtsbeziehung zwischen dem Vertreter Dreier (D) und dem Vertretenen Kaller (K) das Innenverhältnis, wohingegen die Rechtsbeziehung zwischen dem Vertretenen Kaller (K) und dem Dritten Dreier (D) das Außenverhältnis dar.

240 Die drei Voraussetzungen[16] der Zurechnung einer Willenserklärung im Wege der Stellvertretung sind (*7. **Prüfungsschema, vgl. Fall- und Übungsbuch***):

1. Die Abgabe einer eigenen Willenserklärung durch den Stellvertreter,
2. das Handeln des Stellvertreters im Namen des Vertretenen und
3. das Handeln des Stellvertreters mit Vertretungsmacht.

RF: Die Willenserklärung des Vertreters wirkt nach § 164 Abs. 1 S. 1 oder i. V. m. Abs. 3 BGB unmittelbar für und gegen den Vertretenen.

241 **Hinweise zur Einordnung**

Bei der Stellvertretung geht es damit um die Zurechnung von Willenserklärungen (Rechtsgeschäften) des Vertreters. Im Unterschied hierzu geht es dabei nicht um die Zurechnung seines tatsächlichen Handelns (Realakten; näher hierzu Rn. 97 und 457). Dem Vertretenen ist dieses tatsächliche Handeln seines Organs nach §§ 31 (analog), 89 Abs. 1 BGB (näher hierzu Rn. 458 ff.), seines gesetzlichen Vertreters nach § 278 S. 1 Alt. 1 BGB (näher hierzu Rn. 473 f.) und seines Erfüllungsgehilfen nach § 278 S. 1 Alt. 2 BGB (näher hierzu Rn. 465 ff.) zuzurechnen.

Von Bedeutung für die Zurechnung von Willenserklärung ist auch die Zurechnung des ihr zugrunde liegenden Wissens des (Wissens-)Vertreters (näher hierzu Rn. 291 ff.), wenn beispielsweise im Rahmen der Anfechtungskonstellation das Angebot des Verretenen und nicht des Vertreters an einem Erklärungsirrtum nach § 119 Abs. 1 Alt. 2 BGB leidet.

## 1. Eigene Willenserklärung

242 Erste Voraussetzung einer Zurechnung nach § 164 BGB ist, dass die Hilfsperson eine eigene Willenserklärung abgibt („Eine Willenserklärung, die jemand [...] abgibt [...]:"). Diese Tatbestandsvoraussetzung bereitet oft die größten Probleme, da hier die Hilfsperson sowohl als **Bote** – dann handelt es sich um eine **fremde Willenserklärung** – oder als **Stellvertreter** – dann handelt es sich um eine **eigene Willenserklärung** – auftreten kann.

Während der **Stellvertreter** bei seiner eigenen Willenserklärung einen **Entscheidungsspielraum** bezüglich seiner Willenserklärung hat, gibt der **Bote** genau die Willenserklärung ab, die ihm von seinem Hintermann auf den Weg gegeben worden ist. Er ist in gewissen Maßen sein Sprachrohr und „plappert nur nach". Ob der Hilfsperson ein solcher Entscheidungsspielraum zusteht, beurteilt sich anhand des Einzelfalls aus der Sicht eines objektiven Dritten nach den §§ 133, 157 BGB. Maßgeblich ist dadurch das äußere Auftreten der Hilfsperson, wodurch in der Praxis (und vor allem in einer Prüfungskonstellation) die meisten Hilfspersonen Stellvertreter und nur selten Boten sein werden. Der Bote sagt z. B.: *„Ich soll für XY ... kaufen"* oder *„XY hat mir aufgetragen ... zu kaufen"*. Er könnte auch einen vorgefertigten „Einkaufszettel" überreichen. Ganz anders

16 Ausgeklammert wird hier die Voraussetzung der Zulässigkeit der Stellvertretung. Bei höchstpersönlichen Rechtsgeschäften, die der Betroffene nur selbst vornehmen kann (z. B. §§ 1311, 2064, 2274 BGB) ist die Stellvertretung nicht zulässig. Dieser Prüfungspunkt ist selten und nur dann auszuführen, wenn er sich aufdrängt.

hingegen der Stellvertreter: Er verlangt etwa die Präsentation eines Sortiments, damit er entscheiden kann, oder er lässt sich bezüglich der Auswahl beraten. Soweit sich in einer Situation für das eine oder das andere keine Anhaltspunkte ergeben, ist davon auszugehen, dass die Hilfsperson aus Sicht eines objektiven dritten Beobachters nach den §§ 133, 157 BGB über einen Entscheidungsspielraum verfügt und damit Stellvertreter ist. Denn grundsätzlich ist davon auszugehen, dass jede Person selbst eigene Willenserklärungen abgibt.

**Beispiel**

**Stellvertreter**

Herr Kolz (K) erwirbt von Herrn Voigt (V) für seinen Betrieb 1.000 Versandtaschen der Größe A5. Soweit nun nicht K persönlich, sondern für ihn sein Mitarbeiter Herr Dietrich (D) handelt, kann er hierfür sowohl als Bote als auch als Stellvertreter für V handeln.

Angenommen, D soll in der Auswahl der 1.000 Versandtaschen frei sein. Gegenüber V äußert er jetzt, er wolle für K 1.000 Versandtaschen erwerben und bittet ihn, ihm entsprechende Exemplare mehrerer Marken zu zeigen. D entscheidet sich für 1.000 Versandtaschen der Marke Viking.

D ist Stellvertreter. Nach den §§ 133, 157 BGB verfügt D aus Sicht eines objektiven dritten Beobachters über einen Entscheidungsspielraum über die Abgabe seines Kaufangebots. Er lässt sich mehrere Exemplare der Versandtaschen von V zeigen und wählt von diesen eines aus.

**Bote**

Angenommen, D soll nun von vornherein 1000 Versandtaschen der Größe A5 erwerben. Deshalb äußert er jetzt gegenüber V, dass er für K 1.000 Versandtaschen der Marke Viking in der Größe A5 erwerben wolle. Diesbezüglich überreicht er noch einmal V einen Brief des K, in dem diese „Bestellung" noch einmal aufgelistet ist.

D ist Bote. Nach den §§ 133, 157 BGB verfügt D aus Sicht eines objektiven Dritten über keinen Entscheidungsspielraum über die Abgabe eines Kaufangebots und gibt eine fremde Willenserklärung ab. Er äußert gegenüber V, dass er für K 1.000 Versandtaschen der Marke Viking in der Größe A5 erwerben wolle. Ferner übergibt er einen Brief des K, in dem diese „Bestellung" noch einmal aufgelistet ist.

**Hinweise zur Fallbearbeitung** 243

Sollte der Vertreter Bote sein, so ist dies klausurtaktisch so zu behandeln, als ob der vermeintlich Vertretene selbst das Angebot unterbreitet hätte. Zu prüfen ist dies dann also wie gewöhnlich im Rahmen eines Zwei-Personenverhältnisses. Die Rechtsordnung behandelt den Fall damit so, als ob Vertretender und Dritter unmittelbar in Kontakt getreten wären. Ist uneindeutig, ob Stellvertretung oder Botenschaft vorliegt, empfiehlt es sich, mit der Prüfung des § 164 BGB zu beginnen und sie unter dem Prüfungsunkt „eigene Willenserklärung des Vertreters" abzubrechen.

Wenn der Bote seine „Botenmacht" überschreitet, sind die §§ 177 ff. BGB (näher hierzu Rn. 280 ff.) analog anzuwenden.

## 2. Im Namen des Vertretenen

244 Zweite Voraussetzung einer Zurechnung nach § 164 BGB ist, dass der Vertreter seine Willenserklärung **im Namen des Vertretenen** abgibt. Das kann er entweder

- ausdrücklich im Wege der **unmittelbaren Vertretung** tun (vgl. § 164 Abs. 1 S. 2 Hs. 1 BGB) oder
- im Wege der **offenkundigen Vertretung** aus Umständen, aus denen sich ergibt, dass die Willenserklärung im Namen des Vertretenen erfolgen soll (vgl. § 164 Abs. 1 S. 2 Hs. 2 BGB).

Aus Gründen des Rechtsverkehrsschutzes muss offen zutage treten, dass der Vertreter nicht für sich selbst, sondern für den Vertretenen die Willenserklärung abgibt (**Offenkundigkeitsprinzip**). Der Erklärungsempfänger soll wissen können, mit wem er eine Rechtsbeziehung führt.

245 Eine Ausnahme wird nur dann gemacht, wenn es dem Geschäftspartner bei sog. **Geschäften für den, den es angeht** gleichgültig ist, mit wem er ein Rechtsgeschäft abschließt. Erfasst werden hiervon Bargeldgeschäfte des täglichen Lebens.

246 a) **Unmittelbare Vertretung.** Zum einen kann der Vertreter also seine Willenserklärung **ausdrücklich** im Namen des Vertretenen erklären (vgl. § 164 Abs. 1 S. 2 Hs. 1 BGB). Denkbar ist beispielsweise, dass der Vertreter ausdrücklich sagt, dass er etwas für eine andere Person kaufen wolle oder diese vertritt. Im Privatrechtsverkehr am gängigsten dürften aber die Erklärungen des Vertreters *in Vollmacht (i. V.)* und *im Auftrag (i. A.)* des Vertretenen sein.

247 **Im Auftrag (i. A.)** handelt der Vertreter im Namen einer anderen Person basierend auf einer generellen Erlaubnis wegen einer Übertragung von Aufgaben oder Verantwortlichkeiten, die sich von einer gesetzlichen oder rechtsgeschäftlichen Vertretungsmacht ableitet. Diesen Zusatz setzt der Vertreter typischerweise in Situationen ein, bei denen er befugt ist, in bestimmten Angelegenheiten im Namen der juristischen Person zu handeln. Typischerweise wird sie von Mitarbeitern verwendet und verdient auch ihre Verwendung. Sie impliziert, dass der Vertreter im Rahmen der normalen Geschäftstätigkeit und auf Grundlage einer spezifischen Autorisierung oder allgemeinen Richtlinie handelt. Die Bedeutung des Zusatzes **in Vertretung** wird hingegen von Personen im Privatrechtsverkehr oft verkannt. Ein Vertreter verwendet ihn gelegentlich bei Situationen, in denen er vorübergehend die Funktion oder Rolle einer anderen Person einnimmt. Beispiele sind die Abwesenheit wegen Urlaubs oder Krankheit. Rechtlich handelt er hier zwar in Vertretung der anderen Person, aber im Auftrag der juristischen Person. Auf Letzteres wird es in den überwiegenden Fällen ankommen, denkt man hauptsächlich an juristische Personen des Privat- als auch öffentlichen Rechts. Dass der Vertreter ggf. auch einen Kollegen vertritt, ist für den Rechtsverkehr kaum von Relevanz, da diese Person meist selbst nur im Auftrag der juristischen Person handeln wird.

**Beispiele**

- Frau Filbert (F) bestätigt dem nebenamtlichen Dozenten Kaminski (K) Konditionen seines Einsatzes in dem Verwaltungsfachwirtlehrgang ab dem 1. Januar im Auftrag des Zweckverbandes Kommunales Studieninstitut Mecklenburg-Vorpommern.

- Abwesenheit von Entscheidungsträgern
- Delegation von Aufgaben
- Spezielle Projekte und Initiativen
- Vertretung in rechtlichen Angelegenheiten
- Notfallsituationen

**In Vollmacht (i. V.)** handelt der Vertreter im Namen einer anderen Person basierend auf einer rechtsgeschäftlichen Vertretungsmacht, ggf. auch in Untervollmacht. Diesen Zusatz setzt der Vertreter typischerweise nur bei Situationen ein, in denen es ihm darauf ankommt, diese spezielle Vertretungsform kenntlich machen zu wollen. Dieser Zusatz ist begrifflich enger gefasst als der Zusatz im Auftrag (i. A.). 248

**Beispiel**
Herr Krumbein (K) beauftragt Herrn Rechtsanwalt Lordan (L) mit der Geltendmachung einer ihm zustehenden Kaufpreisforderung aus § 433 Abs. 2 Hs. 2 BGB. Diesbezüglich erteilt er ihm eine Vollmacht, eine rechtsgeschäftliche Vertretungsmacht. L setzt nun ein Schreiben auf, in dem er von Frau Sieg (S) in Vollmacht des K die Zahlung eines Kaufpreises i. H. v. 1.000,00 € verlangt. Genauso gut hätte L die Kaufpreiszahlung auch im Auftrag des K fordern können.

Alle soeben beschriebenen Konstellationen haben gemein, dass sie im Sinne einer Stellvertretung nach § 164 BGB deutlich zeigen, dass der Vertreter die Willenserklärung nicht im eigenen, sondern im Namen des Vertretenen abgibt. Juristische Personen haben in der Praxis hierfür oftmals **Unterschriftsrichtlinien o. Ä.** aufgestellt. Als klare Unterschriftsweise empfiehlt sich beispielsweise „*Max Mustermann, i. V./i. A. der Oberbürgermeisterin der Hanse- und Universitätsstadt Rostock*". Der Vertreter darf unter keinen Umständen mit dem Namen der Person unterzeichnen, die er vertritt (Handeln unter fremdem Namen). Das wäre eine strafbare Urkundenfälschung nach § 267 Abs. 1 Var. 3 StGB, der ein Strafrahmen von einer Geldstrafe bis zu einer Freiheitsstrafe von bis zu fünf Jahren vorsieht. 249

**b) Offenkundige Vertretung.** Zum anderen kann sich aber auch **aus den Umständen** ergeben, dass die Willenserklärung des Vertreters im Namen des Vertretenen erfolgen soll (vgl. § 164 Abs. 1 S. 2 Hs. 2 BGB). Nach den §§ 133, 157 BGB ist im Einzelfall aus Sicht eines objektiven dritten Beobachters zu beurteilen, ob der Erklärungsempfänger davon ausgehen konnte, dass nicht der Vertreter, sondern der Vertretene seine Willenserklärung abgibt. Regelmäßig wird dies vor allem bei sog. **unternehmens- oder betriebsbezogenen Rechtsgeschäften** der Fall sein, die nach dem Willen der Parteien im Zweifel für und gegen den Inhaber des Unternehmens wirken sollen. 250

**Beispiele**
- Nach den §§ 133, 157 BGB ist aus Sicht einer objektiv dritten Person erkennbar, dass Frau Kunde (K) als zuständige Mitarbeiterin im Namen der Hanse- und Universitätsstadt Rostock (R) bei der Böttcher AG (B) neues Druckerpapier bestellt, soweit sie beispielsweise anhand der städtischen E-Mail-Adresse, einem Logo o. Ä.

- Nach den §§ 133, 157 BGB ist aus Sicht eines objektiv dritten Beobachters erkennbar, dass der Kassierer Hartwig (H) der Rewe Markt GmbH (R) Filiale in Warnemünde im Namen der R handelt. Dies wird unter anderem deutlich an der Kleidung des H und dem Umstand, dass er sich in einem Markt der R befindet. Soweit Herr Kuhlemann (K) dort einkauft, schließt er einen Kaufvertrag mit R.

**251** In Zweifelsfällen greift **§ 164 Abs. 2 BGB**: Wenn eine Hilfsperson nicht hinreichend klarstellt, dass sie nicht für sich, sondern für eine andere Person handelt, so wird sie selbst Vertragspartei mit allen Rechten und Pflichten. Dies gilt unabhängig davon, ob sie dies gewollt hat oder nicht. Das zeigt, dass die Willenserklärung im eigenen Namen als Eigengeschäft die gesetzliche Regel und die Willenserklärung im fremden Namen als Vertretergeschäft die gesetzliche Ausnahme ist.

**Beispiel**
Angenommen Frau Kunde (K) rief im vorgenannten Beispielsfall eine Mitarbeiterin der Böttcher AG (B) an und gab mündlich die Bestellung auf, ohne dass irgendwie erkennbar gewesen ist, dass sie tatsächlich nicht für sich, sondern für R ihre Willenserklärung abgeben wollte. Nach den §§ 133, 157 BGB ist aus Sicht eines objektiven Dritten nicht erkennbar, dass K für H handelte. Der Kaufvertrag nach § 433 BGB kommt nicht zwischen B und R, sondern zwischen B und K zustande.

### 3. Vertretungsmacht

**252** Dritte Voraussetzung einer Zurechnung nach § 164 BGB ist, dass der Vertreter mit Vertretungsmacht handelt. Er muss also **befugt** sein, im Namen des Vertretenen handeln zu dürfen. Ansonsten könnte jeder, der für einen anderen auftritt, die Rechtsfolgen seines Handelns auf diesen aufladen.
Die Vertretungsmacht kann
1. auf einem Gesetz beruhen (**gesetzliche Vertretungsmacht**),
2. organschaftlich begründet sein (**organschaftliche Vertretungsmacht**) oder
3. von dem Vertretenen rechtsgeschäftlich erteilt werden (**rechtsgeschäftliche Vertretungsmacht**).

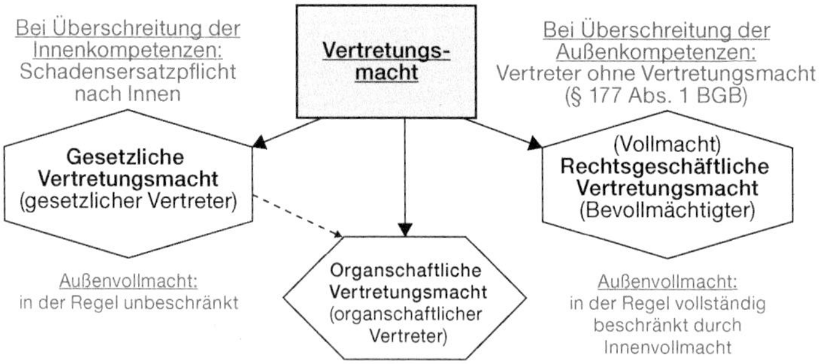


**Abb. 26:** Vertretungsmacht

**Hinweise zur Fallbearbeitung** 253

Hinsichtlich der Prüfung der Vertretungsmacht empfiehlt sich in problematischen Fallkonstellationen, insbesondere bei einer Vollmacht, die Befolgung folgender Prüfungsschritte:
1. Feststellung des Vorliegens einer Vertretungsmacht
2. Benennung des Umfangs der Vollmacht
3. Prüfung der Nichtüberschreitung der Grenzen der Vollmacht
4. Prüfung des Erlöschens der Vollmacht

a) **Gesetzliche Vertretungsmacht.** Bei der Vertretungsmacht kraft Gesetzes wird der Vertreter als **gesetzlicher Vertreter** bezeichnet. Er kommt regelmäßig bei natürlichen Personen zum Vorschein, die ihre Angelegenheiten nicht selbstständig besorgen können und deshalb besonders schutzbedürftig sind. Die gesetzliche Vertretungsmacht leitet sich entweder unmittelbar aus dem Gesetz ab oder ist das Ergebnis einer Bestellung durch das Familiengericht. 254

**Beispiele**
- Die Eltern für das minderjährige Kind (vgl. § 2 BGB) nach § 1629 Abs. 1 S. 1 BGB
- Der Vormund für das Mündel nach § 1789 BGB Abs. 2 S. 1 BGB
- Der Betreuer für den Betreuten nach § 1823 BGB

Die gesetzliche Vertretungsmacht entsteht durch die **Übernahme einer Funktion** und endet entsprechend durch den **Verlust dieser Funktion.** 255

**Beispiel**
Der Geschäftsführer Nienkerk der REBUS Regionalbus Rostock GmbH ist mit seiner Bestellung zum Geschäftsführer nach § 35 Abs. 1 S. 1 GmbH gesetzlicher Vertreter seiner Gesellschaft bis zu dem Zeitpunkt, an dem er entlassen wird.

b) **Organschaftliche Vertretungsmacht.** Bei der Vertretungsmacht kraft Organschaft wird der Vertreter als **organschaftlicher Vertreter** bezeichnet. Es ist eine Unterform der gesetzlichen Vertretung und wird in Teilen auch mit ihr zusammengefasst. Wie bereits erörtert, sind juristische Personen bloße Rechtsgebilde, die nicht selbst, sondern nur durch ihre Organe handeln können. Sie sind es, die im Privatrechtsverkehr für die juristische Person handeln. Aus diesem Umstand gewinnt der organschaftliche Vertreter seine **hohe praktische Bedeutung**, insbesondere auch im Bereich der öffentlichen Verwaltung. Die organschaftliche Vertretungsmacht fußt auf einer Rechtsnorm in Form eines Gesetzes im formellen Sinne oder einer Satzung. 256

**Beispiele**
Juristische Personen des öffentlichen Rechts (vgl. hierzu Rn. 45 ff.):
- Der **hauptamtliche Bürgermeister** als Organ einer Stadt, amtsfreien oder geschäftsführenden Gemeinde (§ 21 i. V. m. § 38 Abs. 1 S. 1 KV M-V) für die Stadt, amtsfreien oder geschäftsführenden Gemeinde nach **§ 38 Abs. 2 S. 1 KV M-V.**

- Der **ehrenamtliche Bürgermeister** als Organ einer amtsangehörigen Gemeinde (§ 21 i. V. m. § 39 Abs. 1 KV M-V) für die amtsangehörige Gemeinde nach **§ 39 Abs. 2 S. 1 KV M-V**
- Der **Landrat** als Organ des Landkreises (§ 103 KV M-V) für den Landkreis nach **§ 115 Abs. 1 S. 1 KV M-V**
- Der **Amtsvorsteher** als Organ eines Amtes, das aus Gemeinden desselben Landkreises besteht (§ 131 KV M-V) für das vorgenannte Amt nach **§ 143 Abs. 1 KV M-V**
- Der **Verbandsvorsteher** als Organ des Zweckverbandes (§ 155 KV M-V) für den Zweckverband nach **§ 158 Abs. 1 KV M-V**, was sich regelmäßig auch aus der Satzung ergeben wird. Letzteres beispielsweise bei dem Zweckverband kommunales Studieninstitut Mecklenburg-Vorpommern, bei dem nach § 3 der Verbandssatzung vom 10. Januar 2008 vor allem der Verbandsvorsteher Organ ist und der nach § 8 Abs. 1 der Verbandssatzung der gesetzliche Vertreter ist.
- Der **Vorsitzende des Vorstandes und ein weiteres Vorstandsmitglied** als Organe der OSPA-Stiftung (§ 6 Abs. 1 b) der OPSA-Stiftung Satzung für die Stiftung nach **§ 11 der OP-SA-Stiftung Satzung.**
- Organ der OSPA-Stiftung ist nach § 6 Abs. 1 b) der Satzung vorwiegend der Vorstand, der nach § 10 Abs. 1 S. 3 der Satzung u. a. auch aus dem Vorsitzenden besteht. Dieser handelt gemeinsam mit einem weiteren Vorstandsmitglied gem. § 164 BGB unmittelbar für und gegen die OSPA-Stiftung, da sie nach § 11 der Satzung die Vertreter sind.

Juristische Personen des privaten Rechts (vgl. hierzu Rn. 48):

- Der Geschäftsführer einer GmbH handelt gem. § 164 BGB unmittelbar für und gegen seine Gesellschaft, da sie nach § 35 Abs. 1 S. 1 GmbH durch ihn vertreten wird.

257 Die organschaftliche Vertretungsmacht entsteht wie auch die gesetzliche Vertretungsmacht durch die **Übernahme einer Funktion** und endet entsprechend durch den Verlust dieser Funktion.

**Beispiel**

Die hauptamtliche Bürgermeisterin Lalisken (L) der amtsfreien Gemeinde Ostseebad Herings-dorf ist mit der Einführung in ihr Amt nach § 38 Abs. 2 S. 1 KV M-V gesetzliche Vertreterin ihrer Gemeinde bis zu dem Zeitpunkt, an dem eine andere Person zum Bürgermeister ernannt wird.

258 c) **Rechtsgeschäftliche Vertretungsmacht (Vollmacht).** Bei der Vertretungsmacht kraft Rechtsgeschäftes räumt der Vertretene dem Vertreter eine Vertretungsmacht ein. Die rechtsgeschäftliche Vertretungsmacht wird als **Vollmacht** (vgl. § 167 BGB), der Vertretene auch als **Vollmachtgeber** und der Vertreter als **Bevollmächtigter** (vgl. § 167 Abs. 1 Alt. 1 BGB) bezeichnet.

259 aa) **Arten der Erteilung.** Anders als die gesetzliche oder organschaftliche Vertretungsmacht **entsteht** die rechtsgeschäftliche Vertretungsmacht nicht kraft Amtes aufgrund einer gesetzlichen oder satzungsmäßigen Rechtsnorm, sondern kraft Willens des Vertretenen durch eine empfangsbedürftige Willenserklärung.

Zur Wirksamkeit der Vollmacht bedarf es aus diesem Grund nicht der Annahme des Bevollmächtigten. Ihre Erteilung erfolgt **durch Erklärung** des Vollmachtgebers:

- nach § 167 Abs. 1 Alt. 1 BGB gegenüber dem zu Bevollmächtigenden (**Innenvollmacht**) oder
- – was seltener vorkommen dürfte – nach § 167 Abs. 1 Alt. 2 BGB gegenüber dem Dritten, dem gegenüber die Vertretung stattfinden soll (**Außenvollmacht**)[17].

**Beispiele**

- **Innenvollmacht** (**§ 167 Abs. 1 Alt. 1 BGB**): Herr Schulze (S) sagt zu Herrn Meier (M): „Hiermit bevollmächtige ich Sie, für mich bei der Autohaus Gebrauchtwagen Ahnefeld GmbH & Co. KG Schwerin einen Neuwagen zu erwerben."
- **Außenvollmacht** (**§ 167 Abs. 1 Alt. 2 BGB**): Herr Schulze (S) teilt dem Geschäftsführer Jens Ahnefeld (A) der Autohaus Gebrauchtwagen Ahnefeld GmbH & Co. KG Schwerin (G) mit: „Ich schicke Ihnen Herrn Meier vorbei, der für mich bei Ihrer Gesellschaft einen Neuwagen erwerben soll."

bb) **Form der Erteilung.** Der Vollmachtgeber kann die Vollmacht ausdrücklich **260**
oder konkludent erteilen. In der Praxis kommt Letzteres häufiger vor. Damit kann sie insbesondere auch mündlich erklärt werden.

**Beispiel**

Herr Messner (M) ist Mitarbeiter des Landes Mecklenburg-Vorpommern (L) und am Amtsgericht Rostock tätig. Er wird einem neuen Arbeitsplatz zugewiesen, in dem er für den Einkauf von Büromaterialien zuständig ist. In seinem Büro findet er sorgfältig sortiert und für alle zugänglich ausgelegt Einkaufsrichtlinien in Textform, in denen steht, dass ein Sachbearbeiter Bestellungen für Büroartikel in einem Wert von bis zu 1.000,00 € brutto selbst vornehmen kann. Ihm ist damit hierfür konkludent nach § 167 Abs. 1 Alt. 1 BGB erteilt worden

Die Vollmachtserklärung ist nach § 167 Abs. 2 BGB **formlos** möglich, grundsätzlich auch, wenn das Vertretergeschäft formpflichtig ist. Grund hierfür ist, dass die Vollmacht – wie noch gleichzusehen sein wird – nach § 168 S. 2 und 3 BGB frei widerruflich ist.

cc) **Erlöschen.** Die Vollmacht **erlischt** nach § 168 S. 1 BGB mit der **Beendigung** **261**
**des Grundgeschäfts**, wenn also etwa ein Arbeitsvertrag nach § 611a BGB zwischen Vollmachtgeber und Bevollmächtigten wegen einer Kündigung endet. Im Übrigen ist die Vollmacht nach § 168 S. 2 und 3 i. V. m. § 167 Abs. 1 Alt. 1 BGB jederzeit gegenüber dem Vertreter oder i. V. m. § 167 Abs. 1 Alt. 2 BGB gegenüber dem Dritten **widerruflich**.

17 Passender wäre die Bezeichnung Innen- und Außenbevollmächtigung, die sich aber in der Literatur überwiegend nicht durchgesetzt hat und daher hier auch keine Verwendung findet.

**Beispiel**
Soweit im vorgenannten Beispielsfall das Land M-V (L) das Arbeitsverhältnis zu seinem Mitarbeiter Messner (M) wirksam kündigt, erlischt auch nach § 168 S. 1 BGB die ihm eingeräumte Vollmacht zum Einkauf von Büromaterialien bis zu 1.000,00 € brutto.
Soweit im vorgenannten Beispielsfall L ihren Mitarbeiter M im Amtsgericht Rostock auf einen anderen Arbeitsplatz wirksam versetzt, in dem er nicht mehr für den Einkauf von Büromaterialien zuständig ist, widerruft es die Vollmacht ihm gegenüber nach § 168 S. 2 und 3 i. V. m. § 167 Abs. 1 Alt. 1 BGB konkludent.

262 dd) **Grundgeschäft der Vollmacht.** Im Rahmen der rechtsgeschäftlichen Vertretungsmacht ist zwischen dem **Innenverhältnis** von Vollmachtgeber (Vertretener) und Bevollmächtigten (Vertreter) sowie zwischen dem **Außenverhältnis** von Vertretenen und Dritten zu unterscheiden.

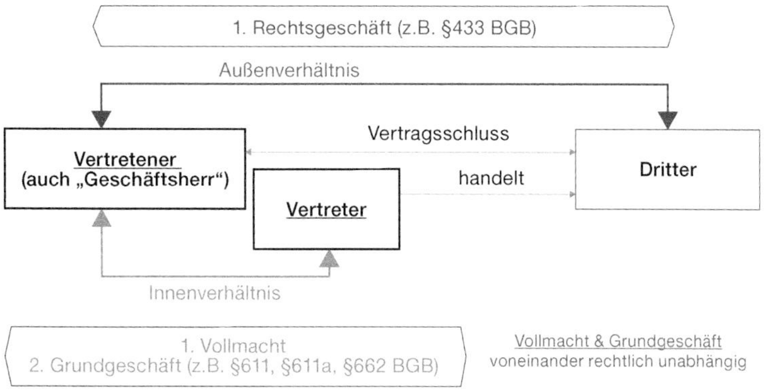


**Abb. 27:** Vollmacht und Grundgeschäft (Innen- und Außenverhältnis)

263 Zwischen Vollmachtgeber und Bevollmächtigten bestehen im Innenverhältnis zwei voneinander unabhängige Rechtsbeziehungen, nämlich ebendieser empfangsbedürftigen **Vollmacht** und dem sog. **Grundgeschäft** als einer dieser fußenden Vertragsbeziehung. Letzteres wird regelmäßig ein Dienstvertrag nach § 611 BGB, ein Arbeitsvertrag nach § 611a BGB oder ein Auftrag nach § 662 BGB sein. Vollmacht und Grundgeschäft sind voneinander rechtlich **unabhängig.**

**Beispiele**
- Herr Wenzel (W) stellt als Geschäftsführer der Rostocker Bike Market GmbH (B) in ihrem Namen Herrn Lorz (L) als Verkäufer ein. Im Innenverhältnis zwischen B und L stellt der zwischen ihnen bestehende Arbeitsvertrag nach § 611a BGB das Grundgeschäft dar. Auf Basis dieses Arbeitsvertrags weist ihm W die Aufgabe zu, Fahrräder und Zubehör zu verkaufen. Hierfür erteilt W dem L eine entsprechende Vollmacht, bestimmte Kaufverträge im Namen der B abschließen zu dürfen. Der Arbeitsvertrag und die Vollmacht sind voneinander rechtlich unabhängig.

- In Abwandlung hierzu bittet nun W seinen Freund und Geschäftspartner Herrn Klein (K) im Namen der B eine Großbestellung an Fahrrädern auszuhandeln und abzuschließen. K erklärt sich hiermit einverstanden, da er W noch etwas „schuldete". Im Innenverhältnis zwischen B und K stellt der zwischen ihnen bestehende Auftrag nach § 662 BGB das Grundgeschäft dar. Auf Basis dieses Auftrages weist ihm W die Vollmacht, den Großauftrag einzufädeln. Der Auftrag und die Vollmacht sind auch hier voneinander rechtlich unabhängig.

Im **Außenverhältnis** der rechtsgeschäftlichen Vertretungsmacht besteht zwischen Vertretenem und Drittem das Rechtsgeschäft, das der Vertreter nach § 164 BGB unmittelbar für und gegen den Vertretenen abschließt. Dies kann unter anderem ein Kaufvertrag nach § 433 BGB sein. **264**

**Beispiel**
Soweit im vorgenannten Beispielsfall der Mitarbeiter Lorz (L) der Rostocker Bike Market GmbH (B) mit Frau Kreiter (K) einen Kaufvertrag über den Erwerb von 100 Fahrrädern abschließt, so wirkt dieser nach § 164 BGB im Außenverhältnis unmittelbar für und gegen B.

ee) **Umfang.** Der Vollmachtgeber kann auch festlegen, welchen Umfang die Vollmacht haben soll, also **für welche Rechtsgeschäfte** sie gelten soll. In Betracht kommt eine: **265**
- Spezialvollmacht,
- Gattungs- oder Artvollmacht und
- Generalvollmacht.

Eine **Spezialvollmacht** berechtigt zu der Vornahme eines einzigen Rechtsgeschäftes.

**Beispiel**
Die Bürgermeisterin Lalisken (L) der Gemeinde Ostseebad Heringsdorf (H) bevollmächtigt in ihrem Namen Rechtsanwalt Gottheit (G) zum Abschluss eines Werkvertrags über die Errichtung neuer Straßenlampen.

Eine **Gattungs-** oder **Artvollmacht** berechtigt zu der Vornahme gleichartiger Rechtsgeschäfte, die zu einem bestimmten Geschäftsbereich gehören oder die für eine bestimmte Zeit bestehen sollen. **266**

**Beispiel**
Die Bürgermeisterin Lalisken (L) der Gemeinde Ostseebad Heringsdorf (H) bevollmächtigt in ihrem Namen den Sachbearbeiter Süß (S) zum Abschluss von Kaufverträgen über Büromaterial.

Eine **Generalvollmacht** berechtigt zu der Vornahme aller Rechtsgeschäfte. **267**

**Beispiel**
Die Bürgermeisterin Lalisken (L) der Gemeinde Ostseebad Heringsdorf (H) bevollmächtigt in ihrem Namen den Sachbearbeiter Süß (S) zum Abschluss aller Art von Rechtsgeschäften.

Soweit zweifelhaft ist, welchen Umfang die Vollmacht aufweist, ist ihr **Inhalt nach den §§ 133, 157 BGB aus Sicht eines objektiven dritten Beobachters** **268**

zu ermitteln. Bei der Innenvollmacht nach § 167 Abs. 1 Alt. 1 BGB ist auf den Bevollmächtigten und bei der Außenvollmacht nach § 167 Abs. 1 Alt. 1 BGB auf den dritten Geschäftspartner abzustellen.
Soweit der Vertretene von mehreren Stellvertretern vertreten wird, kann fraglich sein, ob jeder Vertreter den Vertretenen alleine vertreten kann (sog. **Einzelvertretungsbefugnis**) oder ob alle gemeinsam i. S. e. Mehr-Augen-Prinzips für eine wirksame Vertretung zusammenwirken müssen (sog. **Gesamtvertretungsbefugnis**). Bei der gesetzlichen/organschaftlichen Vertretungsmacht wird dies regelmäßig vom Gesetz vorgegeben. Bei der rechtsgeschäftlichen Vertretungsmacht (Vollmacht) legt der Vollmachtgeber fest, ob der Bevollmächtigte über eine Einzel- oder eine Gesamtvertretungsbefugnis verfügen soll. In der Praxis finden sich häufig bei bedeutsamen Rechtsgeschäften eine Gesamtvertretungsbefugnis.

**Beispiele**

- Im Grundsatz sind bei einer GmbH nach § 35 Abs. 2 S. 1 GmbHG mehrere Gesellschafter nur gemeinschaftlich zur Vertretung der Gesellschaft befugt, es sei denn, dass der Gesellschaftsvertrag etwas anderes bestimmt.
- Die hauptamtlichen Bürgermeisterin Lalisken (L) der Gemeinde Ostseebad Heringsdorf (H) ist nach § 38 Abs. 2 S. 1 KV M-V einzelvertretungsbefugt. Indem die Normen der KV M-V in diesem Zusammenhang eine Gesamtvertretungsbefugnis nicht ansprechen, ist im Umkehrschluss daraus zu folgern, dass L die H alleine vertreten kann.
- Regelmäßig können Mitarbeiter der Hanse- und Universitätsstadt Rostock (R) im Wege einer Untervollmacht Rechtsgeschäfte bis zu einer gewissen Höhe abschließen, beispielsweise bis zu einem Betrag von 1.000,00 € brutto. Bei darüber hinaus liegenden Beträgen bedarf es oft der Unterschrift des Abteilungsleiters. Bei Beträgen von bis zu 1.000,00 € brutto läge eine Einzel-, bei Beträgen über 1.000,00 € brutto eine Gesamtvertretungsbefugnis vor.

269 d) **Sonderfall: Delegation durch Untervollmacht.** In der öffentlichen Verwaltung erfüllt nicht der organschaftliche Vertreter wie der hauptamtliche Bürgermeister nach § 38 Abs. 2 KV M-V die meisten **öffentlichen Aufgaben**, sondern ihre Mitarbeiter als **Unterbevollmächtigte**. Von einer **Untervollmacht** spricht man, wenn der Stellvertreter seinerseits einen Vertreter einschaltet.

270 Im **Außenverhältnis** zwischen dem Vertretenen (Geschäftsherrn) und dem dritten Geschäftspartner ist die Untervollmacht gleichsam wirksam. Hieraus ergeben sich keine Besonderheiten.
Ob die Untervollmacht zwischen Bevollmächtigten und Unterbevollmächtigten im **Innenverhältnis** zwischen dem Vertretenen (Geschäftsherrn) und dem originär bevollmächtigten Stellvertreter wirksam ist, richtet sich nach deren Vereinbarungen. Im Übrigen wird diese Befugnis auch ohne ausdrückliche Vereinbarung konkludent anzunehmen sein, wenn der Vertretene kein erkennbares Interesse an der persönlichen Wahrnehmung der Vertretungsmacht durch den Bevollmächtigten hat.

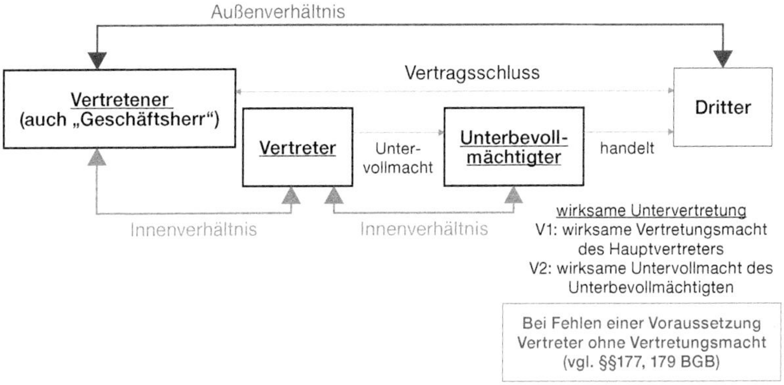


**Abb. 28:** Delegation durch Untervollmacht

Die Untervollmacht stellt dabei eine **gewöhnliche Vollmacht** dar, für die keine weiteren Besonderheiten gelten. Der Hauptvertreter bevollmächtigt den Untervertreter in den meisten Fällen **im Namen des Vertretenen**, der nicht notwendigerweise offenlegen muss, dass er in Untervertretung handelt. Der Untervertreter vertritt den Vertretenen und nicht den (Haupt-)Stellvertreter. In diesen Fällen kommt es unstreitig zu **keinen Kettenvertretungen.**[18] 271

**Beispiel**
Soweit ein unterbevollmächtigter Mitarbeiter der Hanse- und Universitätsstadt Rostock (R) einen Kaufvertrag nach § 433 BGB abschließen möchte, muss er hierfür nach § 164 BGB im Namen der R und nicht im Namen der Oberbürgermeisterin handeln. Sein Handeln würde sodann unmittelbar für und gegen R und nicht unmittelbar für dun gegen die Oberbürgermeisterin wirken.

Denkbar ist, dass der Unterbevollmächtigte seinerseits erneut an eine weitere Person eine weitere Untervollmacht erteilt. Gerade in der behördlichen Verwaltungspraxis finden sich **zahlreiche** solcher **Unterbevollmächtigungen**, die oftmals intern festgelegt sind. 272

**Beispiel**
Die Hanse- und Universitätsstadt Rostock (R) verfügt neben ihrer Oberbürgermeisterin über etwa 2.400 Mitarbeiter, von denen unter ihrer Leitung eine Vielzahl in unterschiedlicher Weise zum Abschluss von Verträgen unterbevollmächtigt ist. Die Oberbürgermeisterin ist nach § 38 Abs. 2 KV M-V gesetzliche Vertreterin der R und eine Vielzahl der nachstehenden Mitarbeiter sind Unterbevollmächtigte, die ihrerseits ggf. wieder gegenüber weiteren Personen Untervollmachten erteilen.

---

18 Streitig ist in hohem Maße die Fallgestaltung, in dem der Hauptvertreter den Untervertreter im eigenen Namen bevollmächtigt, für ihn tätig zu werden. Hierauf soll nicht weiter eingegangen werden.

Angenommen, die R erwirbt ein Grundstück. Selten wird darin die Oberbürgermeisterin der R involviert sein, obwohl nur sie nach § 38 Abs. 2 S. 1 KV M-V ihre gesetzliche Vertreterin ist. Die Besichtigung des Objekts wird oftmals der Abteilungsleiter für Bau- und Liegenschaftssachen oder einer seiner ihm untergeordneten Mitarbeiter übernehmen.

273 Die wirksame Untervertretung verlangt also einerseits eine wirksame Vertretungsmacht des Hauptvertreters und andererseits eine wirksame Untervollmacht des Unterbevollmächtigten. Fehlt eine von beiden, so handelt der Untervertreter als sog. **Vertreter ohne Vertretungsmacht.** Die Folgen seines Handelns richten sich sodann nach den §§ 177, 179 BGB (näher hierzu Rn. 280 ff.).

274 e) **Sonderfall: Überschreiten der Vertretungsmacht.** In manchen Fällen überschreitet der Vertreter seine Vertretungsmacht, was verschiedene Ursachen haben kann. Denkbar ist, dass:
- Eine Vertretungsmacht von vornherein nicht bestand,
- sie zwar bestand, jedoch nachträglich – beispielsweise nach § 168 BGB – entfallen ist oder
- ihre Grenzen überschritten werden.

In diesen Fällen **überschreitet das rechtliche Können** des Vertreters bzw. des Bevollmächtigten **sein rechtliches Dürfen.** Das Letztere richtet sich nach dem schuldrechtlichen Innenverhältnis zwischen Vertretenem/Vollmachtgeber und Vertreter/Bevollmächtigten. Ob solche Beschränkungen im Innenverhältnis gegenüber dem dritten Vertragspartner wirksam sind, bestimmt sich hingegen nach dem Außenverhältnis zwischen Vertretenem und Dritten, das von einer **Interessenkollision** gezeichnet ist: Zum einen pocht der Vertretene auf die Geltung seiner Beschränkungen gegenüber dem dritten Geschäftspartner und zum anderen wird dieser auf die Wirksamkeit des geschlossenen Vertrags drängen, da er regelmäßig von den Beschränkungen keine Kenntnis haben wird und genau dieses Rechtsgeschäft abschließen wollte.

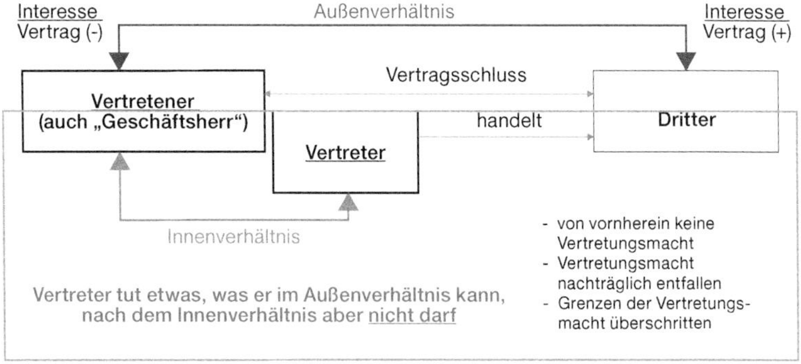


**Abb. 29:** Überschreiten der Vertretungsmacht

**Beispiel**
Herr Messner (M) ist Mitarbeiter des Landes Mecklenburg-Vorpommern (L) und am Amtsgericht Rostock tätig. Er verfügt über die Vollmacht des Landes

M-V (L) für den Erwerb von Büromaterialien im Wert von bis zu 1.000,00 € brutto. Oberhalb dieses Betrages muss seine Vorgesetzte Volk (V) die Artikel bestellen. M, dem seine Beschränkungen bekannt sind, bestellt nun bei der Böttcher AG (B) Büromaterialien im Wert von 8.000,00 € brutto. Schließlich wisse er, was gut sei.
Nun entsteht eine Interessenkollision: L hat ein Interesse daran, dass der zwischen M und B geschlossene Kaufvertrag nach § 433 BGB nicht nach § 164 BGB unmittelbar für und gegen sie wirkt. Ansonsten würde sie die Pflicht der Kaufpreiszahlung i. H. v. § 433 Abs. 2 BGB i. H. v. 8.000,00 € brutto treffen. B hat demgegenüber das Interesse, dass der Kaufvertrag zwischen ihr und L zustande gekommen ist. Sie hat von den internen Beschränkungen gegenüber M nichts gewusst und wollte einen Kaufvertrag mit L schließen.

Für die Auflösung dieser Interessenkollision unterscheidet die Privatrechtsordnung zwischen der **gesetzlichen/organschaftlichen** sowie der **rechtsgeschäftlichen Vertretungsmacht** (**Vollmacht**). 275

**Abb. 30:** Folgen des Überschreitens der Vertretungsmacht

**aa) Gesetzliche/organschaftliche Vertretungsmacht.** Der Vertretene kann die **gesetzliche/organschaftliche Vertretungsmacht** im **Innenverhältnis** je nach Einzelfall ganz oder teilweise beschränken. Dies ergibt sich aus den jeweiligen Rechtsnormen, wie § 37 Abs. 1 GmbHG. 276

**Beispiele**

- Der Warnow-, Wasser- und Abwasserverband (V) ist gemeinsam mit der Rostocker Versorgungs- und Verkehrs-Holding GmbH (G) Gesellschafter und damit Inhaber der Nordwasser GmbH (N). Nach § 37 Abs. 1 GmbHG können ihre jeweiligen Vertreter Beschränkungen festsetzen, welche im Innenverhältnis für den Umfang der Vertretungsmacht der Nordwasser GmbH Geschäftsführer gelten. So können sie unter anderem die Geschäftsführer Altmann (A) und Link (L) anweisen, für Vertragsabschlüsse in einem Volumen von über 100.000,00 € brut-to die Genehmigung der Gesellschafterversammlung einzuholen.

- Die hauptamtliche Bürgermeisterin Lalisken (L) der Gemeinde Ostseebad Heringsdorf (H) ist nach § 38 Abs. 3 S. 2 KV M-V für die Geschäfte der laufenden Verwaltung zuständig, wozu nach § 38 Abs. 3 S. 2 KV M-V insbesondere Entscheidungen von geringer wirtschaftlicher Bedeutung und solche gehören, die den laufenden Betrieb der Verwaltung aufrechterhalten. Im Übrigen bedürfen nach § 38 Abs. 6 S. 7 KV M-V Verträge mit z. B. juristischen Personen regelmäßig der Genehmigung durch die Gemeindevertretung. Im Einzelfall kann die Gemeindevertretung aber auch Angelegenheiten zur Erledigung in eigener Verantwortung übertragen oder auch rückübertragen, was sich – ohne hier in die Tiefe zu gehen – beispielsweise aus § 38 Abs. 4 S. 1 KV M-V ergibt.

277 Im **Außenverhältnis** ist die gesetzliche/organschaftliche Vertretungsmacht anders als im Innenverhältnis in der Regel unbeschränkt und **umfassend.** Dies ergibt sich aus den jeweiligen Rechtsnormen, wie § 37 Abs. 2 S. 1 GmbHG. Beschränkungen im **Innenverhältnis** zum Vertreter wirken sich daher gegenüber dem dritten Geschäftspartner nicht aus. Das abgeschlossene Rechtsgeschäft wirkt nach § 164 BGB unmittelbar für und gegen den Vertretenen, wenngleich der Vertreter sein rechtliches Dürfen **überschritten** hat. Er kann es aber rechtlich und macht sich in diesen Fällen gegenüber dem Vertretenen wegen der Verletzung der ihm obliegenden Pflichten ggf. schadensersatzpflichtig. Die Berechtigung der Wirksamkeit des Rechtsgeschäfts fußt in dem **Schutz des Rechtsverkehrs.** Geschäftsführer tragen innerhalb einer juristischen Person große Verantwortung und führen diese. Der Rechtsverkehr muss daher auf die „Rechtmäßigkeit" ihres Handelns vertrauen dürfen.

**Beispiel**
Soweit im vorgenannten Beispielsfall der Geschäftsführer Altmann (A) im Namen der Nordwasser GmbH (N) mit dem Geschäftsführer Bühner (B) der Laager Tief- und Rohrleitungsbau GmbH (L) einen Werkvertrag nach § 631 BGB über die Erneuerung zahlreicher Rohrleitungen in einem Volumen von 1.000.000,00 € brutto abschließt, ohne dass er zuvor die Genehmigung der Gesellschafterversammlung eingeholt hatte, wirkt dieser Werkvertrag nach § 164 BGB unmittelbar für und gegen N. Nach § 37 Abs. 2 S. 1 GmbHG hat eine Beschränkung der Befugnis der Geschäftsführer, die Gesellschaft zu vertreten, gegen dritte Personen keine rechtliche Wirkung. Der Werkvertrag ist damit zwischen N und L zustande gekommen.

278 **bb) Rechtsgeschäftliche Vertretungsmacht (Vollmacht).** Im Unterschied zu der gesetzlichen/organschaftlichen Vertretungsmacht **schlägt** die individuelle Gestaltungsfreiheit der Vollmacht im Innenverhältnis in der Regel auf das Außenverhältnis **durch.** Der Gedanke des Schutzes des Rechtsverkehrs ist in diesen Fällen nachrangig. Der Wirtschaftsverkehr ist auf die Bereitschaft der Delegation von Aufgaben an nachgeordnete Mitarbeiter angewiesen, da er ansonsten zum Erliegen käme. Delegieren wird aber niemand, soweit ihn ein unkalkulierbares

Haftungsrisiko trifft. Der vermeintliche Schutz des Rechtsverkehrs würde in den „Niedergang“ des Rechtsverkehrs münden.[19]
Wenn der (Unter-)Bevollmächtigte die ihm erteilte **Vollmacht** des Vollmachtgebers **nach außen** hin **überschreitet**, wirkt also das Rechtsgeschäft nach § 164 BGB nicht unmittelbar für und gegen den Vertretenen. Zwischen ihm und dem dritten Geschäftspartner kommt kein Vertrag zustande. Der Bevollmächtigte handelt in diesen Fällen als sog. **Vertreter ohne Vertretungsmacht** (vgl. § 177 Abs. 1 BGB). Die Folgen seines Handelns richten sich nach den §§ 177, 179 BGB (näher hierzu Rn. 280 ff.).

**Beispiele**

- Im obigen Beispielsfall bestellt Mitarbeiter Messner (M) bei der Böttcher AG (B) im Namen des Landes M-V (L) Büromaterialien im Wert von 8.000,00 € brutto, obwohl er weiß, dass seine Vorgesetzte Volk (V) Bestellungen über 1.000,00 € brutto aufgeben muss.
  Dieses Rechtsgeschäft ist nicht von der Art- und Gattungsvollmacht gedeckt, die ihn für den Abschluss von Kaufverträgen über Büromaterialien in einem Wert von bis zu 1.000,00 € brutto ermächtigt. Diese Beschränkung der Vollmacht im Innenverhältnis schlägt auf das Außenverhältnis zwischen L und B durch. Der Kaufvertrag wirkt nicht nach § 164 BGB unmittelbar für und gegen L. M handelte als Vertreter ohne Vertretungsmacht. Die Folgen seines Handelns richten sich nach den §§ 177, 179 BGB.
- In einem anderen obigen Beispielsfall schließt nun Rechtsanwalt Gottheit (G) im Namen der Gemeinde Ostseebad Heringsdorf (H) mit dem Stralsunder Malermeister Eberlein (E) einen Werkvertrag nach § 631 BGB über die Neubemalung aller in der Gemeinde ansässigen Zebrastreifen.
  Dieses Rechtsgeschäft ist nicht von der durch die Bürgermeisterin Lalisken (L) erteilten Spezialvollmacht gedeckt, die ihn für den Abschluss eines Werkvertrags über die Errichtung neuer Straßenlampen bevollmächtigte. Diese Beschränkung der Vollmacht im Innenverhältnis schlägt auf das Außenverhältnis zwischen H und E durch. Der Werkvertrag wirkt nicht nach § 164 BGB unmittelbar für und gegen H. G handelte als Vertreter ohne Vertretungsmacht. Die Folgen seines Handelns richten sich nach den §§ 177, 179 BGB.

Der **Unterschied** zwischen gesetzlicher/organschaftlicher Vertretungsmacht und rechtsgeschäftlicher Vertretungsmacht (Vollmacht) wird nochmals aus dem Umstand deutlich, dass im Rechtsverkehr deutlich mehr Bevollmächtigte als gesetzliche/organschaftliche Vertreter wirken. Von einem Vertretenen (Geschäftsherrn) wird man verlangen können, seine Führungskräfte als originäre Vertreter mit Bedacht zu wählen und deshalb auch für ihr Handeln zu haften. Für die Mehrzahl der nachgeordneten Unterbevollmächtigten wird man dies nicht verlangen können. 279

**Beispiel**

In einer Gemeinde wie der des Ostseebades Heringsdorfes (H) ist nach § 38 Abs. 2 BGB der hauptamtliche Bürgermeister ihr gesetzlicher Vertreter. Da-

19 Ausnahmen ergeben sich von diesem Grundsatz, soweit der Vollmachtgeber die Kompetenzüberschreitung des Bevollmächtigten duldet (sog. Duldungsvollmacht) oder aus Fahrlässigkeit nicht erkennt (sog. Anscheinsvollmacht). Beides soll hier aber nicht weiter vertieft werden.

neben wird H auf Dutzende nachgeordnete Bevollmächtigte zugreifen können, die über jeweils auf ihren Aufgabenbereich zugeschnitten (Unter-)Vollmachten verfügen werden (näher hierzu Rn. 269 ff.). Anders wären die gemeindlichen Aufgaben nicht zu stemmen.

280 Ein Fall des sog. **Vertreters ohne Vertretungsmacht** liegt vor, wenn – wie bereits dargelegt – der (Unter-)Vertreter über keine Vertretungsmacht verfügte, sie zwar bestand, jedoch nachträglich entfallen ist oder er ihre Grenzen überschreitet. Der (Unter-)Vertreter ist in all diesen Fällen ein sog. **falsus procurator.** In diesen Fällen ist rechtlich zu unterscheiden zwischen den **Folgen für den geschlossenen Vertrag** und der **Haftung des Vertreters ohne Vertretungsmacht.**

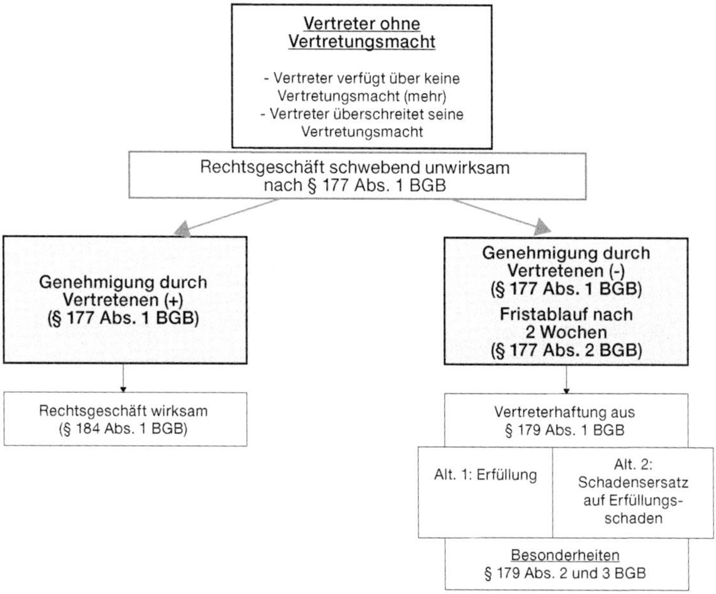


**Abb. 31:** Vertreter ohne Vertretungsmacht (§§ 177, 179 BGB)

281 Zu den **Folgen für den geschlossenen Vertrag:** Die Willenserklärung des falsus procurator wirkt in diesen Fällen zunächst nicht nach § 164 BGB unmittelbar für und gegen den Vertretenen, da es der Voraussetzung der Vertretungsmacht fehlen wird. Das Rechtsgeschäft ist gleichwohl aber nicht sofort nichtig, sondern nach § 177 Abs. 1 BGB **schwebend unwirksam.** Schwebend unwirksam bedeutet, dass der Vertrag zwar besteht und der Vertretene (Geschäftsherr) und Dritte als Vertragsparteien auch daran gebunden sind, sie aber aus ihm keine Rechte und Pflichten herleiten können.

Die Wirksamkeit des Vertrags für und gegen den Vertretenen (Geschäftsherrn) hängt nach § 177 Abs. 1 BGB von dessen **Genehmigung** oder im Falle einer Untervollmacht von der des Untervollmachtgebers ab. Genehmigung heißt nach § 184 Abs. 1 BGB nachträglich Zustimmung. Sie ist eine empfangsbedürftige Willenserklärung, die nach § 182 Abs. 1 BGB sowohl gegenüber dem Vertreter oder Untervollmachtgeber als auch gegenüber dem dritten Vertragspartner abgegeben werden kann.

Den Schwebezustand kann der dritte Vertragspartner nach § 177 Abs. 2 S. 1 BGB durch **Aufforderung** der Erteilung einer Genehmigung beenden. Erteilt sie der Vertretene oder Untervollmachtgeber nicht innerhalb von zwei Wochen, so gilt sie nach § 177 Abs. 2 S. 2 BGB als verweigert. **282**

Erteilt der Vertretene oder Untervollmachtgeber die Genehmigung, so wirkt sie nach § 184 Abs. 1 BGB auf den Zeitpunkt des Vertragsschlusses zurück. Das bedeutet, dass der Vertrag **von Anfang an wirksam** ist. Verweigert der Vertretene oder Untervollmachtgeber die Genehmigung oder gilt sie nach § 177 Abs. 2 S. 2 Hs. 2 BGB als verweigert, ist der Vertrag nach § 177 Abs. 1 BGB **von Anfang an unwirksam**. Der Vertretene (Geschäftsherr) und der dritte Geschäftspartner verfügen bei Letzterem wechselseitig über keine Rechte und sind auch nicht gegenseitig zu etwas verpflichtet. **283**

**Beispiele**

- Im obigen Beispielsfall des Amtsgerichtsmitarbeiters Messner (M) müsste die hierfür berechtigte und unterbevollmächtigte Vorgesetzte Volk (V) den Kaufvertrag nach § 177 Abs. 1 BGB für und gegen L genehmigen. Die Böttcher AG (B) kann sie auch zur Erteilung der Genehmigung auffordern. Lehnt V dies ab oder erteilt sie diese nicht innerhalb der zwei Wochen Frist (§ 177 Abs. 2 S. 2 Hs. 2 BGB), so ist der Kaufvertrag nach § 177 Abs. 1 BGB von Anfang an unwirksam. Erteilt sie hingegen die Genehmigung, so wirkt sie nach § 184 Abs. 1 BGB auf den Zeitpunkt des Vertragsschlusses zwischen dem Mitarbeiter Messner (M) und der B zurück, sodass er von Anfang an wirksam ist. B hätte dann z. B. gegen L einen Anspruch auf Kaufpreiszahlung aus § 433 Abs. 2 BGB.
- Im obigen Beispielsfall mit dem Stralsunder Malermeister Eberlein müsste die Bürgermeisterin Lalisken (L) als nach § 38 Abs. 2 KV M-V gesetzliche Vertreterin der Gemeinde Ostseebad Heringsdorf (H) den Werkvertrag nach § 177 Abs. 1 BGB genehmigen. Im Übrigen gilt das eben Gesagte entsprechend.

Zur **Haftung des Vertreters ohne Vertretungsmacht**: Soweit der Vertretene oder Untervollmachtgeber den Vertrag nicht genehmigt, so steht der dritte Geschäftspartner seinem Wunschvertragspartner gegenüber ohne Rechte gegenüber. **§ 179 Abs. 1 BGB** gibt daher dem dritten Vertragspartner **als Anspruchsgrundlage** die Möglichkeit, von dem (Unter-)Vertreter ohne Vertretungsmacht entweder **284**

- nach der **Alt. 1 Erfüllung** des geschlossenen Vertrags oder
- nach der **Alt. 2 Schadensersatz** wegen der Nichterfüllung

zu verlangen.

Verlangt der dritte Geschäftspartner nach § 179 Abs. 1 Alt. 1 BGB **Erfüllung**, so tritt der (Unter-)Vertreter in die Rolle des Vertretenen. Es wird so getan, als ob er selbst den Vertrag mit dem dritten Vertragspartner geschlossen hätte.

**Beispiele**

- Im obigen Beispielsfall des Amtsgerichtsmitarbeiters Messner (M) könnte die Böttcher AG (B) gegenüber ihm im Falle der Nichtgenehmigung nach § 179 Abs. 1 Alt. 1 BGB Erfüllung verlangen. M wäre daher nach § 433 Abs. 2 i. V. m. § 179 Abs. 1 Alt. 1 BGB verpflichtet, den Kaufpreis i. H. v. 8.000,00 € brutto selbst zu zahlen. Im Gegenzug hat er gegen B nach § 433 Abs. 1 S. 1 BGB i. V. m. § 179 Abs. 1 Alt. 1 BGB einen Anspruch auf Übergabe und Übereignung des Büromaterials.

- Im obigen Beispielsfall mit dem Stralsunder Malermeister Eberlein wäre Rechtsanwalt Gottheit (G) im Falle der Nichtgenehmigung und, soweit der Malermeister Eberlein (E) nach § 179 Abs. 1 Alt. 1 BGB Erfüllung verlangt, nach § 631 Abs. 1 Hs. 2 i. V. m. § 179 Abs. 1 Alt. 1 BGB zur Entrichtung der vereinbarten Vergütung verpflichtet. Mangels Abnahme i. S. d. § 640 Abs. 1 BGB würde diese Forderung aber nach § 641 Abs. 1 S. 1 BGB nicht fällig werden. Naheliegend wäre, dass E von G nach § 179 Abs. 1 Alt. 2 BGB Schadensersatz verlangt.

285 Verlangt der dritte Vertragspartner nach § 179 Abs. 1 Alt. 2 BGB **Schadensersatz**, so muss der (Unter-)Vertreter den Vertragspartner wirtschaftlich so stellen, als hätte er den Vertrag selbst erfüllt. Er hat also den sog. Erfüllungsschaden zu ersetzen. Das ist der Schaden, der beim dritten Vertragspartner entsteht, wenn der (Unter-)Vertreter den Vertrag erfüllt hätte.

**Beispiele**

Angenommen, die Böttcher AG (B) hätte im obigen Beispielsfall des Amtsgerichtsmitarbeiters Messner mit dem Kaufvertrag gegenüber dem Land M-V (L) ein Gewinn von 1.000,00 € netto erwirtschaftet. Soweit nun B von dem Mitarbeiter Messner (M) nicht Erfüllung, sondern Schadensersatz nach § 179 Abs. 1 Alt. 2 BGB verlangt, müsste M der B nicht den Kaufpreis i. H. v. 8.000,00 € brutto, sondern den entgangenen Gewinn i. H. v. 1.000,00 € zahlen, der nach § 252 BGB erstattungsfähig ist. Auf die Übergabe und Übereignung der Büroartikel hat M keinen Anspruch. Wirtschaftlich stünde B durch die Zahlung der Gewinnmarge so dar, als hätte sie dem L die Büromaterialien verkauft.

- Im obigen Beispielsfall mit dem Stralsunder Malermeister Eberlein wäre Rechtsanwalt Gottheit (G) ebenfalls gegenüber dem Malermeister Eberlein (E) zum Schadensersatz aus § 179 Abs. 1 Alt. 2 BGB verpflichtet. Der entgangene Gewinn wäre auch hier nach § 252 BGB erstattungsfähig.

286 **Hinweise zur Fallbearbeitung**

§ 179 Abs. 1 Alt. 1 BGB stellt i. V. m. einer anderen einschlägigen Rechtsnorm – wie § 433 Abs. 2 Hs. 1 BGB – und § 179 Abs. 1 Alt. 2 BGB ohne eine andere Rechtsnorm jeweils eine eigenständige Anspruchsgrundlage dar.

287 Die Haftung des (Unter-)Vertreters ohne Vertretungsmacht nach § 179 Abs. 1 Alt. 1 oder 2 BGB kennt drei Voraussetzungen (***8. Prüfungsschema, vgl. Fall- und Übungsbuch***):

1. den Vertragsschluss als Vertreter ohne Vertretungsmacht,
2. das Nichtvorliegen einer Genehmigung (§ 177 Abs. 1 und Abs. 2 S. 2 BGB) und
3. kein Haftungsausschluss (§ 179 Abs. 3 BGB).

RF: Nach Wahl des dritten Vertragspartners
- Erfüllung nach § X BGB i. V. m. § 179 Abs. 1 Alt. 1 BGB oder
- Schadensersatz nach § 179 Abs. 1 Alt. 2 BGB

Grundfall: Erfüllungsschaden
Ausnahmefall: Vertrauensschaden (§ 179 Abs. 2 BGB), soweit keine Kenntnis von fehlender Vertretungsmacht

**Hinweise zur Fallbearbeitung** 288

Haftungsfragen des Untervertreters ohne Vertretungsmacht können große Probleme aufwerfen, da es für eine wirksame Unterstellvertretung nach § 164 BGB sowohl einer wirksamen Haupt- als auch Untervertretungsmacht bedarf. Soweit es an einer wirksamen Hauptvertretungsmacht fehlt, stellen sich Fragen, ob der dritte Vertragspartner den Hauptvertreter und/oder den Unterbevollmächtigten nach § 179 Abs. 1 BGB in Anspruch nehmen kann. Im Einzelnen sind in diesem Themenbereich viele Fragen hoch streitig, die hier nicht näher beleuchtet werden können und sollen. In einer Prüfungsklausur ist daher im Falle einer Untervollmacht kaum mit einer unwirksamen Hauptvertretungsmacht zu rechnen. Im Rahmen einer Prüfungsleistung dürfte in diesem Zusammenhang allein das Erkennen dieser Problematik abverlangt werden, nicht hingegen die Lösung dieser Problematik.
Prüfungsrelevant dürfte im Rahmen einer Untervollmacht hingegen vor allem sein, soweit es an einer wirksamen Unterbevollmächtigung fehlen könnte. Der Unterbevollmächtigte könnte also in einer Prüfungskonstellation ohne Untervollmacht handeln, mit einer beispielsweise durch Widerruf erloschenen Untervollmacht handeln oder ihre Grenzen bei seinem Handeln überschreiten. In diesen Fällen haftet allein der Unterbevollmächtigte dem dritten Vertragspartner gegenüber nach § 179 Abs. 1 BGB. Hier ergeben sich keine rechtlichen Besonderheiten im Verhältnis zu der Konstellation eines klassischen Drei-Personen-Verhältnisses zwischen Vertretenem (Geschäftsherrn), Vertreter und dritten Geschäftspartner. Der Untervollmachtgeber.

Für den Vertragsschluss als (Unter-)Vertreter ohne Vertretungsmacht und das Nichtvorliegen einer Genehmigung ergeben sich keine weiteren Besonderheiten. Der (Unter-)Vertreter haftet nach **§ 179 Abs. 3 S. 1 BGB** nicht, wenn der dritte Geschäftspartner als **anderer Teil** den Mangel der (Unter-)Vertretungsmacht **kannte** oder kennen musste. Kennen müssen meint nach § 122 Abs. 2 BGB die Unkenntnis infolge von Fahrlässigkeit. 289

**Beispiel**
Im obigen Beispielfall des Amtsgerichtsmitarbeiters Messner (M) hätte er beispielsweise der Böttcher AG (B) mitteilen können, dass der Kaufvertrag noch genehmigt werden müsse, weil der Rechnungsbetrag über seinen eigenen Kompetenzen liege. Auch wenn er gesagt hätte, dass die Genehmigung „reine Formsache" sei, kannte B den Mangel der Vertretungsmacht. M haftet gegenüber B wegen eines Schadensersatzanspruches nach § 179 Abs. 1 Alt. 2 BGB nicht aufgrund des § 179 Abs. 3 S. 1 BGB.

290 **Je nach Wahl** des dritten Vertragspartners kann dieser gegenüber dem (Unter-)Vertreter nach § 179 Abs. 1 Alt. 1 BGB i. V. m. der einschlägigen Rechtsnorm Erfüllung oder nach § 179 Abs. 1 Alt. 2 BGB Schadensersatz verlangen. Der Grundfall ist die Ersetzung des oben dargestellten Erfüllungsschadens. Hat jedoch der (Unter-)Vertreter den Mangel der Vertretungsmacht nicht gekannt, so ist er nach § 179 Abs. 2 BGB nur zum Ersatz des **Vertrauensschadens** verpflichtet.[20] Danach ist der Geschädigte so zu stellen, wie dieser wirtschaftlich stünde, wenn das Rechtsgeschäft nie zustande gekommen wäre. Die Uhr wird in gewisser Weise zurückgedreht. Darunter fallen insbesondere aufgewendete Kosten oder entgangene Gewinne, die sich dadurch ergeben, dass der dritte Vertragspartner ein anderes Rechtsgeschäft nicht abschließen konnte. Entgangene Gewinne des abgeschlossenen Vertrags zählen dagegen nicht dazu.

**Beispiele**
- Herrn Kaufmann (K) sind bei einem Grundstückskaufvertrag Notar- und Fahrtkosten entstanden. Ohne den Abschluss des Grundstückkaufvertrags, wäre es auch nicht zur Einschaltung eines Notars und zu Fahrten gekommen, wodurch diese Kosten einen Vertrauensschaden darstellen.
- Herr Tellner (T) kaufte als Textilhändler eine Hose für 30,00 € brutto ein und verkaufte sie an Frau Lenker (L) für 80,00 € brutto weiter. Ihm ist ein Gewinn i. H. v. 50,00 € brutto entstanden. Ohne den Abschluss des Kaufvertrags gem. § 433 BGB, hätte er die Hose nicht gewinnbringend weiterverkaufen können, wodurch diese Kosten keinen Vertrauensschaden darstellen. Was anderes würde gelten, wenn er zuvor die Hose an Frau Senker (S) für den gleichen Preis sicher hätte verkaufen können.

### f) Sonderfall: Zurechnung von Wissen (§ 166 Abs. 1 BGB)

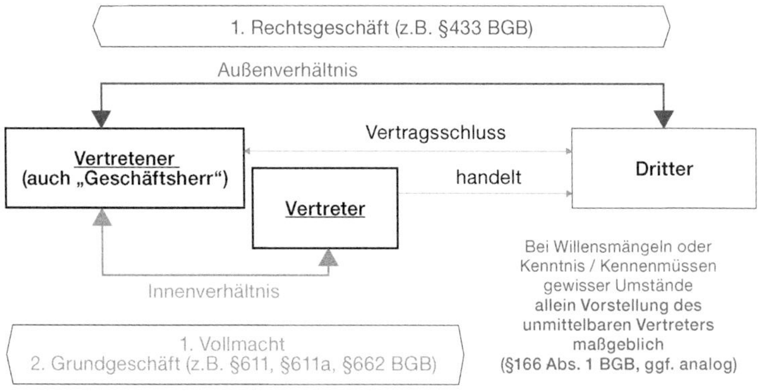


**Abb. 32:** Zurechnung des Vertreterwissens (§ 166 Abs. 1 BGB)

20 Bei der (wohl) nicht prüfungsrelevanten Fallkonstellation, dass im Rahmen einer Untervollmacht die Hauptvertretungsmacht unwirksam ist, würde der Unterbevollmächtige bei fehlender Kenntnis des Mangels der Hauptvertretungsmacht regelmäßig nach § 179 Abs. 2 BGB nur auf den Vertrauensschaden haften.

§ 166 Abs. 1 BGB ist scheinbar verborgen, doch in der Praxis und Fallbearbeitung bedeutsam. Die Rechtsnorm regelt **bei Willenserklärungen** die Folgen ihrer Beeinflussung durch Willensmängel oder Umständen der Kenntnis und des Kennenmüssens (Unkenntnis infolge von Fahrlässigkeit, § 122 Abs. 2 BGB). § 166 Abs. 1 BGB ordnet an, dass es in diesen Fällen nicht auf die Person des Vertretenen (Geschäftsherrn), sondern auf die des **Vertreters** ankommt. Sein Wissen wird ihm zugerechnet. Bei einer juristischen Person wird das Wissen ihr unmittelbar und nicht ihrem Organ oder Vertretungsberechtigten zugerechnet. Gleiches gilt bei Untervollmachten, durch die das Wissen des Unterbevollmächtigten nicht dem Vollmachtgeber, sondern dem Vertretenen zugerechnet wird. Es kommt allein auf die Vorstellungen des Vertreters und nicht des Vertretenen an, ganz gleich, ob er das aufgrund einer rechtsgeschäftlichen, gesetzlichen oder organschaftlichen Vertretungsmacht ist. Dies ist konsequent, da der Vertreter derjenige ist, der rechtsgeschäftlich handelt und den entsprechenden Willen bildet. 291

Dem Geschäftsherrn kann aber auch das Wissen aller anderen Personen nach § 166 Abs. 1 BGB analog zugerechnet werden, die ohne Vertretungsmacht eigenverantwortlich für den Geschäftsherrn handeln. Hierfür ist weder eine rechtsgeschäftliche Vertretungsmacht noch eine Bestellung zum „Wissensvertreter" erforderlich. Zugerechnet wird geschäftliches, nicht privates Wissen. **Wissensvertreter** ist jeder, der nach der Arbeitsorganisation des Geschäftsherrn dazu berufen ist, im Rechtsverkehr als dessen Repräsentant bestimmte Aufgaben in eigener Verantwortung zu erledigen und die dabei anfallenden Informationen zur Kenntnis zu nehmen und ggf. weiterzugeben. So beispielsweise ein Sachbearbeiter, der eine Zahlung entgegennimmt. 292

Sind an dem Vorgang mehrere Vertreter beteiligt, so kommt es gleichfalls zu einer Wissenszurechnung. Diese kann auch dann gerechtfertigt sein, wenn Informationsträger eine am Vorgang unbeteiligte Person ist. Größere Betriebe, worunter auch Träger der öffentlichen Verwaltung zählen, dürfen durch die mit stärkerer Arbeitsteilung verbundene Wissensaufspaltung nicht begünstigt werden. Voraussetzung für eine Wissenszurechnung ist, dass sich aus § 242 BGB eine **Pflicht zur Organisation** eines Informationsaustausches ergibt. Sie setzt voraus, dass Anlass zur Speicherung des Wissens bestand und kommt vor allem bei Wissen in Betracht, das typischerweise aktenmäßig gehalten wird. 293
**Bei tatsächlichem Handeln (Realakten)** eines (Wissens-)vertreters findet § 166 Abs. 1 BGB keine Anwendung.

**Beispiel**
Der Abteilungsleiter Zarmuth (Z) des Stadtforstamtes der Hanse- und Universitätsstadt Rostock (R) einigt sich mit dem Geschäftsführer Heinemann (H) der Grönfingers Rostocks Gartenfachmarkt GmbH (G) über einen Kaufvertrag nach § 433 BGB über die Lieferung von 100 Nadelbäumen. Z weist H aber darauf hin, dass für den Abschluss solcher Kaufverträge nicht er, sondern nur Frau Fischer-Flähte (F) als zuständige Senatorin der R befugt ist.
Mangels Unterbevollmächtigung des Z kommt zwischen R und G kein Kaufvertrag nach § 433 BGB zustande. G wird aber auch nicht Z nach § 179

Abs. 1 BGB in Haftung nehmen können, da H nach § 179 Abs. 3 BGB als anderer Teil von der fehlenden Vertretungsmacht des Z wusste. Sein Wissen beim Vertragsschluss als gesetzlicher Vertreter der G nach § 35 Abs. 1 S. 1 GmbHG wird ihr nach § 166 Abs. 1 BGB zugerechnet. Es kommt allein auf die Vorstellung des Vertreters Z an.
Würde in einem anderen Telefonat H etwas gegenüber einem dem Z unterstellten Sachbearbeiter erklären, könnte dieser sog. Wissensvertreter. R würde aber in jedem Falle nach § 242 BGB eine Pflicht zur Organisation eines Informationsaustausches treffen. Sein Wissen würde R daher nach § 166 Abs. 1 BGB analog zugerechnet werden.

294 **Hinweise zur Fallbearbeitung**

§ 166 Abs. 1 BGB (analog) kann **bei Willenserklärungen** in vielen Fallkonstellationen auftreten. So etwa bei den Anfechtungsgründen der §§ 119 ff. BGB, beim subjektiven Tatbestand des § 138, bei der Kenntnis vom Mangel der Vertretungsmacht nach § 179 Abs. 3 S. 1 BGB, bei der Begründung von Aufklärungspflichten i. S. d. § 241 Abs. 2 BGB, bei der Kenntnis von Mängeln nach § 442 BGB oder der Zurechnung von bösem Glauben i. S. d. § 932 Abs. 2 BGB.

***10. Übungsfall: „Vermietetes Greifennest" – Stellvertretung (§ 164 BGB) vgl. Fall- und Übungsbuch***

# 4. Kapitel: Wichtige rechtshindernde Einwendungen

Rechtshindernde Einwendungen sind – wie bereits erörtert – Rechtsnormen, die bewirken, dass ein Anspruch **gar nicht erst entsteht** (vgl. hierzu Rn. 162 ff.). Der Anspruch ist damit rechtlich so zu behandeln, als ob er nie in der Welt war, so als ob ein Kind nie „geboren" worden ist. Es handelt sich dabei um eine Gegennorm, die den Fall eines Anspruchs bewirken kann. **295**

**Hinweise zur Fallbearbeitung** **296**

Dem Anspruchsaufbau (juristischem Dreiklang) folgend sind rechtshindernde Einwendungen in einer Falllösung nach den Tatbestandsvoraussetzungen als Zweites zu prüfen. Ausführungen gehören zum Prüfungspunkt „I. Anspruch entstanden".
Ob eine Rechtsnorm eine rechtshindernde Einwendung darstellt, erkennt man in der Regel an den Worten „nichtig", „ungültig" oder „unwirksam" (vgl. § 105 Abs. 1 BGB: „Die Willenserklärung eines Geschäftsunfähigen ist nichtig").

**Wichtige rechtshindernde Einwendungen sind** (*2. Übersicht, vgl. Fall- und Übungsbuch*): **297**

1. Die Geschäftsunfähigkeit nach § 105 Abs. 1 BGB,
2. die vorübergehend gestörte Geistestätigkeit nach § 105 Abs. 2 BGB,
3. die beschränkte Geschäftsfähigkeit nach § 108 Abs. 1 BGB,
4. der Formmangel nach § 125 S. 1 oder S. 2 BGB,
5. der Verstoß gegen ein Verbotsgesetz nach § 134 BGB,
6. die Sittenwidrigkeit nach § 138 Abs. 1 BGB,
7. das Wuchergeschäft nach § 138 Abs. 2 BGB als besonderer Fall der Sittenwidrigkeit,
8. die Anfechtung nach § 142 Abs. 1 BGB und
9. die Klauselverbote für allgemeine Geschäftsbedingungen nach den §§ 305 ff. BGB.

**Hinweise zur Fallbearbeitung** **298**

Vertretbar ist es, dass man die Anfechtung nach § 142 Abs. 1 BGB auch als rechtsvernichtende Einwendung einordnet. Die hiesige Darstellung folgt der Argumentation, dass es sich bei ihr um eine rechtshindernde Einwendung handelt (näher hierzu Rn. 165 und 316).

## I. Geschäftsfähigkeit (§§ 104 ff. BGB)

Geschäftsfähigkeit ist die **Fähigkeit, Rechtsgeschäfte wirksam vorzunehmen.** **299**
Das BGB geht grundsätzlich davon aus, dass ein Mensch normalerweise in der

Lage ist, die Tragweite seines rechtsgeschäftlichen Handelns zu erkennen. Im Falle der Geschäftsunfähigkeit nach § 104 BGB und der beschränkten Geschäftsfähigkeit nach § 106 BGB ist er das ausnahmsweise nicht. Gleiches gilt nach § 105 Abs. 2 BGB für Personen mit vorübergehend gestörter Geistestätigkeit.

### 1. Geschäftsunfähigkeit (§ 105 Abs. 1 BGB)

300 Geschäftsunfähigkeit ist das Gegenteil von Geschäftsfähigkeit. Ein Geschäftsunfähiger kann keine Rechtsgeschäfte wirksam vornehmen. Geschäftsunfähig sind nach **§ 104 BGB:**

1. Kinder **unter sieben Jahren** (§ 104 Nr. 1 BGB) und
2. Menschen, denen aufgrund einer **dauerhaften psychischen Störung** die notwendige Einsichtsfähigkeit fehlt (§ 104 Nr. 2 BGB).

Die von einem Geschäftsunfähigen abgegebene Willenserklärung ist nach **§ 105 Abs. 1 BGB** nichtig. Das bedeutet aber nicht, dass der Geschäftsunfähige nicht am Rechtsverkehr teilnehmen kann. Dies bestimmt sich vielmehr nach der Rechtsfähigkeit, über die jeder Mensch verfügt. Im Unterschied zum Geschäftsfähigen kann aber ein Geschäftsunfähiger allerdings nur mit Hilfe von Vertretern im Rahmen einer Stellvertretung nach § 164 BGB rechtlich agieren.

### 2. Vorübergehend gestörte Geistestätigkeit (§ 105 Abs. 2 BGB)

301 Ebenfalls nichtig ist nach **§ 105 Abs. 2 BGB** die Willenserklärung eines Bewusstlosen oder vorübergehend in der Geistestätigkeit Gestörten; in diese Kategorie gehören vor allem Volltrunkene. Voraussetzung ist allerdings wie bei dauerhaft psychisch gestörten Menschen, dass die Störung im konkreten Einzelfall die freie Willensbestimmung ausschließt.

### 3. Beschränkte Geschäftsfähigkeit (§ 108 Abs. 1 BGB)

302 Kinder und Jugendliche im Alter von sieben bis siebzehn Jahren sind nach § 106 BGB beschränkt geschäftsfähig.

Ihre Willenserklärung bedarf gem. **§ 107 BGB** grundsätzlich zu ihrer Wirksamkeit der **Einwilligung** des gesetzlichen Vertreters, soweit es nicht – was fast immer der Fall sein wird – lediglich rechtlich vorteilhaft ist. Das ist nämlich schon dann der Fall, wenn Pflichten jeglicher Art begründet werden. Im Regelfall sind das die Eltern (§ 1629 Abs. 1 S. 1 BGB). Einwilligung meint die vorherige Zustimmung (§ 183 S. 1 BGB). Diese Einwilligung kann vorab oder nachträglich erteilt werden. Liegt sie vor, kann das Kind oder der Jugendliche selbstständig einen Vertrag schließen, aus dem er selbst berechtigt oder verpflichtet wird.

Soweit keine Einwilligung vorliegt, ist das Rechtsgeschäft ggf. nach **§ 110 BGB** wirksam, wenn der Minderjährige die vertragsmäßige Leistung mit Mitteln bewirkt, die ihm zu diesem Zweck oder zu **freier Verfügung** von dem Vertreter oder mit dessen Zustimmung von einem Dritten überlassen worden sind.

Schließt der Minderjährige einen Vertrag ohne die erforderliche Einwilligung des gesetzlichen Vertreters ab und greift kein Fall des § 110 BGB, so hängt die Wirksamkeit des Vertrags von der **Genehmigung** des Vertreters ab. Genehmigung meint die nachträgliche Zustimmung (§ 184 Abs. 1 BGB). Liegt sie vor, ist der Vertrag nach § 108 Abs. 1 BGB wirksam. Fehlt sie, ist der Vertrag nach **§ 108 Abs. 1 BGB** endgültig unwirksam.

**Beispiel** (s. bereits hierzu Rn. 166)
**Sachverhalt:** Der sechsjährige Simon (S) erklärt gegenüber Herrn Vull (V), dass er sein Buch zum Preis von 20,00 € kaufen wolle. V willigt bereitwillig ein. Nach Erhalt des Buches verweigert S die Zahlung. Stolz erzählt er V, dass seine Mama ihm gesagt habe, dass er nichts kaufen könne. Das Buch wolle er aber erhalten.
**Frage:** Steht V gegen S ein Anspruch auf Kaufpreiszahlung i. H. v. 20,00 € zu?
**Ausformulierter Lösungsvorschlag:** V könnte gegen S ein Anspruch auf Kaufpreiszahlung i. H. v. 20,00 € nach § 433 Abs. 2 Hs. 1 BGB zustehen.

I. Fraglich ist, ob zwischen S und V ein Kaufvertrag nach § 433 BGB über das Buch zustande gekommen ist. Voraussetzung hierfür ist, dass mindestens zwei übereinstimmende Willenserklärungen vorliegen, Angebot und Annahme (vgl. § 151 S. 1 BGB). Indem S gegenüber V erklärte, dass er sein Buch zum Preis von 20,00 € kaufen wolle, gab er ein Angebot ab. Dieses Angebot könnte aber nach § 105 Abs. 1 BGB nichtig sein. Voraussetzung hierfür ist, dass S sie als Geschäftsunfähiger abgegeben hat. Geschäftsunfähig ist nach § 104 Nr. 1 BGB, wer nicht das siebente Lebensjahr vollendet hat. S ist sechs Jahre alt und damit geschäftsunfähig. Sein Angebot ist nichtig nach § 105 Abs. 1 BGB. Die Einwilligungserklärung des V ist allenfalls als eigenes Angebot gegenüber S zu werten, dass S aber nicht angenommen hat. Zwischen beiden ist kein Kaufvertrag nach § 433 BGB zustande gekommen.

II. V steht gegen S kein Anspruch auf Kaufpreiszahlung i. H. v. 20,00 € nach § 433 Abs. 2 Hs. 1 BGB zu.

## II. Formmangel (§ 125 BGB)

Rechtsgeschäfte bedürfen grundsätzlich aufgrund der privatautonomen **Formfreiheit** als Ausprägung der Vertragsfreiheit keiner besonderen Form. Es besteht – wie bereits dargelegt – die private Freiheit, einen Vertrag in einer Form abzuschließen, die man selbst will (näher hierzu Rn. 123 f.). 303

### 1. Formerfordernis

Ausnahmsweise kann eine Privatrechtsnorm der Formfreiheit **Grenzen** aufzeigen, indem eine Rechtsnorm bei Verstößen gegen Formvorschriften die Nichtigkeit bzw. Unwirksamkeit des Rechtsgeschäfts erklären. Dies ergibt sich: 304

1. entweder aus der Rechtsnorm selbst – so beispielsweise § 623 Hs. 1 BGB – oder
2. aus der Generalklausel des § 125 BGB, bei dem noch wie folgt unterschieden werden muss:

Nach **§ 125 S. 1 BGB** ist ein Rechtsgeschäft nichtig, welches der durch Gesetz vorgeschriebenen Form (**gesetzliches Formerfordernis**) ermangelt.
Nach **§ 125 S. 2 BGB** ist ein Rechtsgeschäft im Zweifel gleichfalls nichtig, wenn es der durch Rechtsgeschäft bestimmten Form (**rechtsgeschäftliches Formerfordernis**) ermangelt. Denn die Vertragspartner sind aufgrund der Formfreiheit frei, eine bestimmte Form zu vereinbaren.

305 **Sonderfälle** finden sich in der KV M-V.
Erklärungen des **hauptamtlichen Bürgermeisters** sowie einem seiner Stellvertreter, durch die die Gemeinde verpflichtet werden soll oder mit denen eine Vollmacht erteilt wird, bedürfen nach **§ 38 Abs. 6 S. 1 KV M-V** der Schriftform. Hierfür ist nach **§ 38 Abs. 6 S. 2 KV M-V** erforderlich, dass der Bürgermeister und einer seiner Stellvertreter die Erklärung handschriftlich unterzeichnen und sie mit einem Dienstsiegel versehen. Nach **§ 38 Abs. 6 S. 3 KV M-V** kann die Hauptsatzung Wertgrenzen bestimmen, bis zu denen es dieser Formvorschriften ganz oder teilweise nicht bedarf. Das wird regelmäßig Geschäfte der laufenden Verwaltung betreffen. Erklärungen, die diesen Formvorschriften nicht genügen, bedürfen **nach § 38 Abs. 6 S. 5 KV M-V** zu ihrer Wirksamkeit der Genehmigung durch die Gemeindevertretung. Weitere Regelungen ergeben sich aus dem Absatz.
Fast wortgleiche Rechtsnormen finden sich insbesondere für

- den **ehrenamtlichen Bürgermeister** nach **§ 39 Abs. 2 S. 5, 6, 7 und 9 KV M-V**,
- den **Landrat** nach **§ 115 Abs. 5 S. 1, 2, 3 und 5 KV M-V**,
- den **Amtsvorsteher** nach **§ 143 Abs. 2 S. 1, 2, 3 und 5 KV M-V**,
- den **Verbandsvorsteher** nach **§ 158 Abs. 2 S. 1, 2, 3 und 5 KV M-V** und
- den öffentlich-rechtlichen Vertrag nach § 167 Abs. 5 S. 1 KV M-V.

Für Erklärungen, durch die Gemeinden, Landkreise, Ämter oder Zweckverbände verpflichtet werden, kann nach § 173a Abs. 1 S. 1 KV M-V die Haupt- oder Verbandssatzung vorsehen, dass neben der Schriftform auch die elektronische Form zulässig ist.

**Beispiel**

Die hauptamtliche Bürgermeisterin Lalisken (L) der Gemeinde Ostseebad Heringsdorf (H) bestellt im Namen der H über eine elektronische Handelsplattform Bürobedarf im Gegenwert von 150,00 € brutto.
Dieses Angebot, das nach § 164 BGB unmittelbar für und gegen H wirkt, verpflichtet H als Gemeinde, sodass es nach § 38 Abs. 6 S. 1 KV M-V der Einhaltung der Schriftform bedarf. Da L ihre Online-Bestellung nicht eigenhändig durch Namensunterschrift oder mittels notariell beglaubigten Handzeichens unterzeichnete, genügt sie nicht den Schriftformerfordernissen nach § 126 Abs. 1 BGB. Das Angebot der L könnte daher unwirksam sein.
Nach § 38 Abs. 6 S. 3 KV M-V kann jedoch die Hauptsatzung der H Wertgrenzen bestimmen, bis zu denen es dieser Formvorschrift ganz oder teilweise nicht bedarf. Dies wird regelmäßig bei laufenden Geschäften – wie es hier eines ist – der Fall sein. § 38 Abs. 6 S. 1 KV M-V wäre damit durch § 38 Abs. 6 S. 3 KV M-V abgedungen.
Angenommen, dass eine solche Satzung keine Formfreiheit eines solchen Rechtsgeschäfts normiert, so könnte noch nach § 38 Abs. 6 S. 5 KV M-V die Gemeindevertretung der H das Angebot der L für ihre Wirksamkeit genehmigen.

## 2. Formarten

306 Man unterscheidet verschiedene Formarten, deren Erfordernisse in den **§§ 126 ff. BGB** geregelt sind:

- Schriftform (§ 126 BGB),
- elektronische Form (§ 126a BGB),

- Textform (§ 126b BGB),
- notarielle Beurkundung (§ 128 BGB) und
- öffentliche Beglaubigung (§ 129 BGB)

Nach der **Schriftform nach § 126 Abs. 1 BGB** muss die Urkunde von dem Aussteller eigenhändig durch Namensunterschrift oder mittels notariell beglaubigten Handzeichens unterzeichnet werden. Eine Urkunde ist die schriftliche Verkörperung einer Erklärung. Den Text der Urkunde muss der Erklärende nicht selbst verfassen. Voraussetzung ist auch, dass der Erklärer die Urkunde „eigenhändig" unterzeichnet. Darunter fällt als mechanische Vervielfältigung keine eingescannte Unterschrift. Im Fall der Übermittlung per Telefax erhält der Gläubiger nicht das Dokument mit der Originalunterschrift, sondern nur die fotomechanische Reproduktion. Gleiches gilt für eine E-Mail mit PDF-Anhang. Die Originalurkunden erfüllen zwar die Voraussetzungen nach § 126 Abs. 1 BGB, doch gehen sie dem Gläubiger nicht nach § 130 Abs. 1 S. 1 BGB zu. Das Ankunftstelegramm oder die Ankunfts-PDF gehen zwar dem Gläubiger nach § 130 Abs. 1 S. 1 BGB zu, ist aber nicht vom Erklärer eigenhändig unterzeichnet. Dieser Umstand folgt auch aus dem Umkehrschluss des § 127 Abs. 2 S. 1 BGB, der dies nur bei der rechtsgeschäftlich vereinbarten Schriftform zulässt. 307

**Beispiele**

- Beendigung eines Arbeitsverhältnisses durch Kündigung oder Auflösungsvertrag nach § 623 Hs. 1 BGB → normiert Unwirksamkeit selbst
- Bürgschaftsvertrag nach § 766 S. 1 BGB → normiert Unwirksamkeit selbst
- Schuldversprechen nach § 780 S. 1 BGB → normiert Unwirksamkeit selbst
- Schuldanerkenntnis nach § 781 S. 1 BGB → normiert Unwirksamkeit selbst
- Die allgemeinen Geschäftsbedingungen eines großen Unternehmens sehen vor, dass „sämtliche Änderungen, Ergänzungen und nachträgliche Absprachen" schriftlich erfolgen müssen. → § 125 S. 1 BGB

Die **elektronische Form** (**§ 126a BGB**) ersetzt die gesetzlich vorgeschriebene schriftliche Form nach § 126 BGB, soweit der Aussteller der Erklärung dieser seinen Namen hinzufügen und das elektronische Dokument mit seiner qualifizierten elektronischen Signatur versehen kann. Auch hier gilt, dass eine eingescannte Unterschrift nicht die Anforderungen einer qualifiziert elektronischen Signatur erfüllt. 308

Nach der **Textform** (**§ 126b BGB**) muss eine lesbare Erklärung, in der die Person des Erklärenden genannt ist, auf einem dauerhaften Datenträger abgegeben werden.

**Beispiele**

- Widerrufsbelehrung nach § 482a S. 2 BGB → § 125 S. 1 BGB
- Betriebsübergang nach § 613a Abs. 5 BGB → § 125 S. 1 BGB

Nach der **notariellen Beurkundung** (**§ 128 BGB**) muss ein Notar zunächst das Angebot und sodann die Annahme des Angebots beurkunden. 309

**Beispiele**

- Grundstückskaufvertrag nach § 311b Abs. 1 S. 1 BGB → § 125 S. 1 BGB
- Schenkungsversprechen nach § 518 Abs. 1 S. 1 BGB → normiert Unwirksamkeit selbst

310 Nach der **öffentlichen Beglaubigung** (§ **129 BGB**) muss die Erklärung in schriftlicher Form abgefasst und die Unterschrift des Erklärenden von einem Notar oder in elektronischer Form abgefasst und die qualifizierte elektronische Signatur des Erklärenden von einem Notar beglaubigt werden.

**Beispiel**
Gehaltsabtretung nach § 411 S. 1 BGB → § 125 S. 1 BGB

### 3. Sinn und Zweck

311 Sinn und Zweck der Formbedürftigkeit sind vielerlei: Die Beteiligten sollen vor unüberlegten, potenziell besonders bedeutsamen Rechtsgeschäften bewahrt werden (**Warnfunktion**). Zudem soll mit der Beurkundung durch einen Notar eine Beratung und Belehrung (**Beratungsfunktion**) sowie darüber hinaus sichergestellt werden, dass die Erklärungen der Beteiligten eindeutig, richtig und vollständig fixiert werden (**Klarstellungsfunktion**). Letztlich ist mit dem besonderen Formerfordernis auch eine erhöhte Beweiswirkung verbunden (**Beweisfunktion**), womit nicht nur dem Interesse der Beteiligten, sondern des Rechtsverkehrs im Allgemeinen Rechnung getragen wird.

***11. Übungsfall: „1.000.000,00 € Deal" – Formmangel (§ 125 BGB) und Abdingbarkeit von Rechtsnormen s. Fall- und Übungsbuch***

## III. Verstoß gegen ein Verbotsgesetz (§ 134 BGB)

312 Nach § 134 BGB ist ein Rechtsgeschäft, das gegen ein gesetzliches Verbot verstößt, nichtig, wenn sich aus dem Gesetz nicht ein anderes ergibt. Voraussetzungen sind (***9. Prüfungsschema, vgl. Fall- und Übungsbuch***):

1. ein Verstoß des Rechtsgeschäfts gegen ein Verbotsgesetz,
2. das Vorliegen eines Verbotsgesetzes und
3. dass das Verbotsgesetz seinem Sinn und Zweck nach die Nichtigkeit des Rechtsgeschäfts verlangt („wenn sich nicht aus dem Gesetz ein anderes ergibt").

RF: Nichtigkeit des Rechtsgeschäfts nach § 134 BGB

**Verbotsgesetze** in diesem Sinne sind regelmäßig öffentlicher, insbesondere auch strafrechtlicher Natur. § 134 BGB kann daher auch als „Einbruchsstelle" des öffentlichen Rechts in das Privatrecht bezeichnet werden. Gelegentlich finden sich aber auch privatrechtliche Verbotsnormen. Die Feststellung des Verstoßes gegen ein Verbotsgesetz und des Vorliegens eines solchen dürften selten problematisch sein.
Im Einzelfall muss sich aber die Verbotsnorm gerade **gegen den wirtschaftlichen Erfolg des Rechtsgeschäfts** richten. Nur dann ist die dritte Voraussetzung des § 134 BGB erfüllt. Richtet sich die Verbotsnorm dagegen nur gegen die Begleitumstände des Rechtsgeschäfts, fehlt es an der dritten Voraussetzung des § 134 BGB. Maßgeblich ist eine Auslegung nach Sinn und Zweck der einzelnen Gesetzesvorschrift.

**Beispiele**

- Herr Kronberg (K) erwirbt am Sonntag bei dem Bützower Lebensmittelhändler Voll (V), der unplanmäßig vor Ort ist, einen Kasten Bier zu einem Preis von 10,00 € und gibt vor, diesen in zwei Tagen am kommenden Dienstag zu bezahlen. Hierzu kommt es nicht.
  V könnte gegen K einen Anspruch auf Kaufpreiszahlung i. H. v. 10,00 € aus einem Kaufvertrag nach § 433 Abs. 2 BGB haben. Sie schlossen einen Kaufvertrag nach § 433 BGB. Dieser könnte jedoch nach § 134 BGB nichtig sein, indem sie ihn an einem Sonntag schlossen. § 3 Abs. 2 Nr. 1 Alt. 1 ÖffZG M-V lässt Öffnungszeiten für den Sonntag nicht zu, gegen das K und V als Verbotsgesetz verstießen. Fraglich ist, ob § 3 Abs. 2 Nr. 1 Alt. 1 ÖffZG M-V seinem Sinn und Zweck nach die Nichtigkeit des Rechtsgeschäfts verlangt, es sich also gerade gegen den wirtschaftlichen Erfolg des Rechtsgeschäfts richtet. § 3 Abs. 2 Nr. 1 ÖffZG M-V beeinflusst den Zeitpunkt eines Vertragsschlusses, verbietet einen solchen aber zu keinen Voraussetzungen. Es richtet sich nur gegen die Begleitumstände eines Vertragsschlusses. Der Kaufvertrag nach § 433 BGB ist daher nicht nach § 134 BGB nichtig. V hat gegen K einen Anspruch auf Kaufpreiszahlung i. H. v. 10,00 € aus einem Kaufvertrag nach § 433 Abs. 2 BGB.
- V verkauft nun K 10 kg Marihuana zu einem Preis von 30.000,00 €. K bezahlt ihn entgegen ihrer Absprache nicht. Der Kaufpreiszahlungsanspruch des V aus § 433 Abs. 2 BGB ist nichtig nach § 134 BGB. Das Handeltreiben mit Cannabis ist nach § 34 Abs. 1 Nr. 4, Abs. 3 S. 1 und 2 Nr. 1 KCanG unter Strafe gestellt, der dadurch ein Verbotsgesetz ist und gegen das K und V mit dem Abschluss ihres Kaufvertrags verstößt. § 34 Abs. 1 Nr. 4, Abs. 3 S. 1 und 2 Nr. 1 KCanG richtet sich gerade gegen den wirtschaftlichen Erfolg des Kaufvertrags, indem es den Abschluss eines Drogenkaufvertrags verbietet.
- Frau Löwe (L) ist Coachin und bietet nun auch entgeltliche rechtliche Prüfungen an. K beauftragt sie mit der Formulierung eines Testaments. Nach Fertigstellung verweigert K die vereinbarte Vergütung i. H. v. 1.000,00 €. L steht gegen K kein Anspruch auf Entrichtung der vereinbarten Vergütung i. H. v. 1.000,00 € aus § 631 Abs. 1 Hs. 2 BGB zu, da er nach § 134 BGB nichtig ist. Nach § 6 Abs. 1 Rechtsdienstleistungsgesetz (RDG) sind für sie als Nichtrechtsanwältin nur unentgeltliche Rechtsdienstleistungen erlaubt, gegen L verstieß und das sich gerade gegen den Abschluss eines Vertrags richtet, das entgeltliche Rechtsdienstleistungen zum Gegenstand hat.
- Die visamare GmbH (G) betreibt die Rostocker Seniorenresidenz „Am Warnowschlösschen". Ihr ist als Trägerin einer stationären Einrichtung nach § 16 Abs. 1 Wohn-, Teilhabe- und Pflegegesetz (WTPG) untersagt, sich von oder zugunsten von Bewohnern oder Bewerbern um einen Platz in stationären Einrichtungen oder ambulant betreuten Wohngemeinschaften Geldleistungen oder geldwerte Leistungen über das vereinbarte oder zu vereinbarende Entgelt hinaus versprechen oder gewähren zu lassen. Ein in diese Richtung geschlossener Vertrag wäre nach § 134 BGB nichtig.

- Soweit sich die Hanse- und Universitätsstadt Rostock (R) mit einem Investor vertraglich zur Aufstellung eines bestimmten Bauleitplans verpflichtet, wäre dieser Vertrag nach § 134 BGB nichtig. Wegen der eingegangenen Vertragsbindung kann sie keine Abwägung nach § 2 Abs. 3 BauGB mehr treffen.
- Die hauptamtliche Bürgermeisterin Lalisken (L) der Gemeinde Ostseebad Heringsdorf (H) beauftragt den Fliesenleger Settner (S) mit dem Austausch von Fliesen des Rathausgebäudes in Ahlbeck. Wegen finanzieller Engpässe vereinbaren sie, dass S „schwarz" für 5.000,00 € tätig sein soll. Wegen verkanteten Fliesen lässt L im Namen der H ihm keine Vergütung auszahlen. Sein Anspruch auf Entrichtung der Vergütung i. H. v. 5.000,00 € aus § 631 Abs. 1 Hs. 2 BGB ist nichtig nach § 134 BGB. Nach § 1 Abs. 2 Nr. 2 Schwarzarbeitsbekämpfungsgesetz (SchwarzArbG) handelt es sich u. a. um Schwarzarbeit, wer Werkleistungen erbringt und dabei als Steuerpflichtiger seine sich aufgrund der Werkleistungen ergebenden steuerlichen Pflichten nicht erfüllt. Es richtet sich auch gerade gegen die Zahlungen. Das Gesetz hilft nicht den Parteien, die bewusst gegen das Gesetz gehandelt haben.

**313** Der letzte Halbsatz des § 134 BGB schränkt die Reichweite dieser Rechtsnorm allerdings ein. Danach bleibt ein Rechtsgeschäft trotz eines Verstoßes gegen ein gesetzliches Verbot wirksam, wenn sich aus dem Gesetz ein anderes Rechtsgeschäft ergibt. Gemeint ist damit, dass die **privatrechtliche Wirksamkeit des Rechtsgeschäfts** mit dem **Sinn und Zweck des Verbotsgesetzes unvereinbar** ist, was regelmäßig durch Auslegung zu ermitteln sein wird.

***12. Übungsfall: „Zwangsabgabe" – Gesetzliches Verbot (§ 134 BGB) s. Fall- und Übungsbuch***

## IV. Sittenwidrigkeit und Wucher (§ 138 BGB)

**314** Nach § 138 Abs. 1 BGB ist ein Rechtsgeschäft, das gegen die guten Sitten verstößt, nichtig. Er ist die **Auffangrechtsnorm zu § 134 BGB**, da der Gesetzgeber nicht alle Fallgestaltungen vorhersehen kann, in denen ein Rechtsgeschäft aus Gerechtigkeitsgründen keinen Bestand haben darf.
Einzige Tatbestandsvoraussetzung ist die **Sittenwidrigkeit** des betroffenen Rechtsgeschäfts. Darunter ist ein Zustand zu verstehen, der gegen das Anstandsgefühl aller billig und gerecht Denkenden verstößt. Aufgrund dieser anerkannten, inhaltsleeren Formulierung bildeten sich in der Praxis eine Vielzahl an Konkretisierungen. Im Rahmen einer **Interessenabwägung** sind bei ihr nicht nur die Interessen der Vertragspartner, sondern auch der Allgemeinheit zu berücksichtigen. Bestimmte anstößige Geschäftspraktiken können daher den individuellen Vertragspartnern zwar nutzen, wegen ihrer Gemeinschaftsschädlichkeit sie aber gleichwohl nichtig machen. § 138 Abs. 1 BGB wird aber regelmäßig nur bei schweren Fehlabwägungen der betroffenen Interessen einschlägig und die Feststellung im Allgemeinen eher schwierig sein. Erschwerend kann hinzukommen, dass eine Vereinbarung ggf. auch nach § 134 BGB nichtig sein kann. Soweit

sich in der Praxis – was häufig geschieht – die Vertragsparteien aus wirtschaftlichen Gründen von einem Vertrag lösen und sich hierzu auf § 138 Abs. 1 BGB berufen wollen, wird dies nur selten erfolgreich sein. Das Aufweichen des Grundsatzes der Vertragsfreiheit kann nur im Ausnahmefall gestattet sein. Im

**Beispiele**

- Die öffentliche Hand ist nicht befugt, für die Erfüllung von öffentlichen Aufgaben eine Gegenleistung zu verlangen („Koppelungsverbot"). So ist es sittenwidrig, wenn eine Gesellschaft einer Gemeinde eine Geldsumme dafür offeriert, dass der Gemeinderat die Beratung und Entscheidung über eine Beschaffung vor und nicht erst nach der Sommerpause vollzieht. Diese Problematik stellt sich in der Praxis primär bei komplexen Bauplanungssachverhalten, in denen Gemeinden und Investoren Verträge schließen.
- Soweit Bürger eine Bürgerinitiative gegen eine geplante Baumaßnahme wegen eines Flughafens, einer Flüchtlingsunterkunft, eines Kraftwerks, einer Windkraft- oder Müllverbrennungsanlage gründen und im Verlauf auf Rechtsmittel gegen Entgelt verzichten, kann regelmäßig keine Sittenwidrigkeit angenommen werden. Anders wäre dies, soweit die Bürger ihre Initiative einzig zu diesem Zweck bildeten.
- Sittenwidrig sind regelmäßig auch Kaufverträge über Radarwarngeräte, die die öffentliche Aufgabenwahrnehmung erhöhter Geschwindigkeitsüberwachung einschränken. Bürger halten sich eher an Geschwindigkeitsbegrenzungen, wenn sie nicht wissen, wann ihre Geschwindigkeit überwacht wird.

**§ 138 Abs. 2 BGB** normiert als lex specialis zu § 138 Abs. 1 BGB den Wuchertatbestand, für den der Gesetzgeber eine eigene Rechtsnorm geschaffen hat. **Objektiv** muss hierfür ein auffälliges Missverhältnis zwischen Leistung und Gegenleistung bestehen, **subjektiv** muss der Wucherer die Zwangslage, die Unerfahrenheit, den Mangel an Urteilsvermögen oder die erhebliche Willensschwäche eines anderen ausbeuten. Dabei liegt ein Ausbeuten immer dann vor, wenn die schlechte Situation des Geschäftsgegners ausgenutzt wird, um einen übermäßigen Gewinn zu erzielen. **315**

**Beispiele**

Gelddarlehensverträge mit erhobenen Zinsen des sechsfachen des marktüblichen Zinses

## V. Anfechtung (§ 142 Abs. 1 BGB)

**Hinweise zur Fallbearbeitung** **316**

Wie bereits erörtert, kann die Anfechtung nach § 142 Abs. 1 BGB sowohl als rechtshindernde als auch als rechtsvernichtende Einwendung in den Anspruchsaufbau eingeordnet werden (näher hierzu Rn. 165, vgl. auch Rn. 298). Die hiesige Darstellung folgt der Argumentation, dass es sich bei der Anfechtung nach § 142 Abs. 1 BGB um eine rechtshindernde Einwendung handelt. Sie ist danach unter dem Prüfungspunkt „I. Anspruch entstanden?" grundsätzlich nach der jeweiligen Willenserklärung wie dem Angebot, der Annahme, der Kündigungserklärung u. ä. zu untersuchen. Geht der Sachverhalt von dem Abschluss eines Vertrags aus, wo unter anderem die Willenserklärungen des Angebots und der Annahme nicht angesprochen werden müssen, so wäre es aber widersinnig, den feststehenden Vertragsschluss künstlich aufzuspalten. In diesen Fällen ist es empfehlenswert, die Anfechtung nach dem Vertragsschluss zu prüfen. § 142 Abs. 1 BGB spricht von „Rechtsgeschäft", worunter sowohl eine einzelne Willenserklärung als auch ein Vertrag fallen. Geht man davon aus, dass es sich bei der Anfechtung um eine rechtsvernichtende Einwendung handelt, bietet es sich an, diese unter dem Prüfungspunkt „II. Anspruch nicht untergegangen?" nach dem Entstehen des Anspruches und des Vertrags zu untersuchen.

317 Es kann zur Situation kommen, dass eine Seite sich von ihrer erklärten **Willenserklärung lösen** möchte:

- Zum einen kann der Inhalt einer abgegebenen Erklärung mit dem eigentlichen Willen des Erklärten nicht übereinstimmen, bedingt durch einen **Irrtum** des Erklärenden, ohne den er die Willenserklärung nicht abgegeben hätte. Irrtum meint das unbewusste Auseinanderfallen von Willen und Erklärung bei der Willensbildung.
- Zum anderen kann der Inhalt einer abgegebenen Erklärung zwar mit dem eigentlichen Willen des Erklärten übereinstimmen, dies aber nur bedingt durch **unlautere Mittel** wie einer Täuschung und Drohung, ohne die der Erklärende die Erklärung nicht abgegeben hätte.

**Beispiele**

**Irrtumsbedingte Diskrepanz zwischen abgegebener Erklärung und eigentlichem Willen des Erklärten:**

- Herr Meier (M) ist Verkaufsberater der Autohaus Kruse GmbH (G) und vertritt diese nach § 164 BGB. M verschreibt sich bei der Abgabe seines Verkaufsangebots und bietet Frau Lalisken (L), die als hauptamtliche Bürgermeisterin nach § 164 BGB die Gemeinde Ostseebad Heringsdorf (H) vertritt, namens der G einen VW Golf 8 zu einem Preis von 5.000,00 € brutto statt 50.000,00 € brutto an.
- Herr Kluft (K) äußert im Scherz zu seinem Kollegen Herrn Röhl (R): „Meinen Kater Oskar verkaufe ich dir jetzt für einen symbolischen Euro, da er zuletzt wieder die Tapete im Wohnungsflur aufgekratzt hatte."

**Durch unlautere Mittel bedingte abgegebene Willenserklärung:**

- Angenommen, die Bürgermeisterin Lalisken (L) nimmt im vorgenannten Beispielsfall das Kaufangebot des Herrn Meier (M) täuschungsbedingt in der Annahme an, es handele sich um einen unfallfreien VW Golf 8.
- Angenommen, Herr Meier (M) zwingt die Bürgermeisterin Lalisken (L) im vorgenannten Beispielsfall zur Abgabe einer Annahmeerklärung über ein „korrigiertes" Verkaufsangebot i. H. v. 70.000,00 € brutto für den VW Golf 8, indem er ihr in aggressiver Weise kundtut, dass er ansonsten die ihm bekannten beiden Kinder der L umbringen werde.

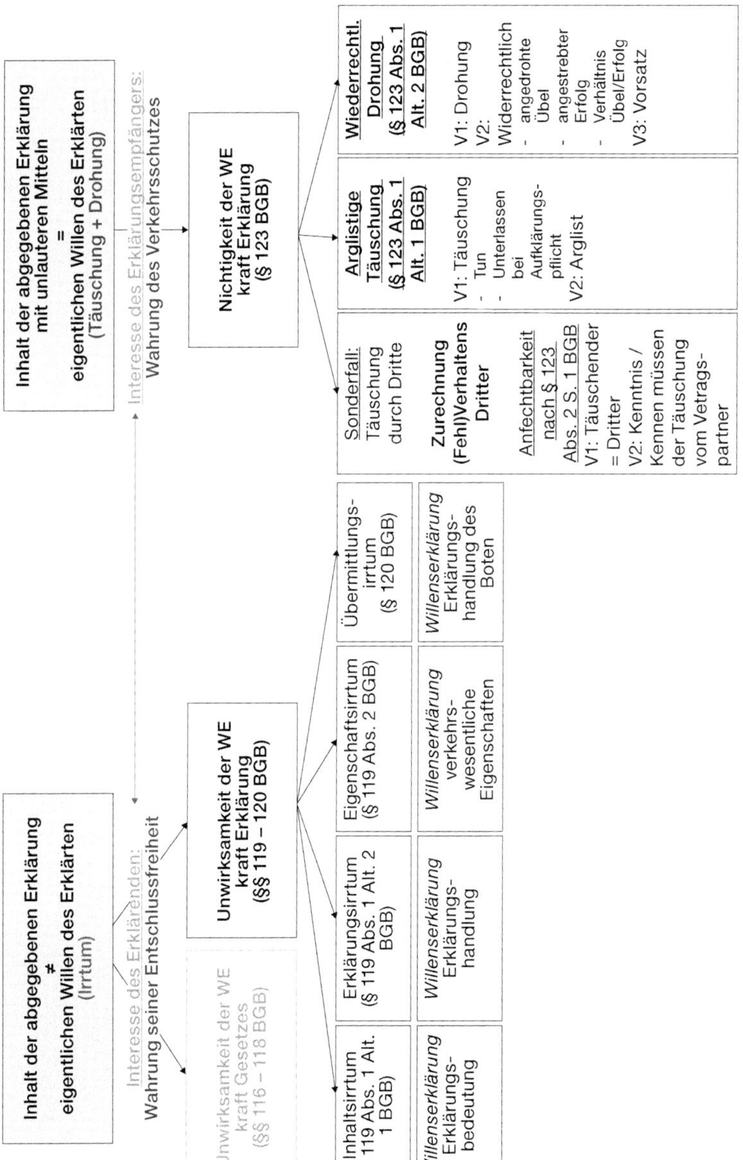


**Abb. 33:** Gesetzessystematik der Anfechtungstatbestände

318 In diesen Fällen kommt es zu einem Interessenkonflikt, in dem das Interesse des Erklärenden an der Wahrung seiner Entschlussfreiheit gegen das Interesse des Rechtsverkehrs an der Wahrung des Verkehrsschutzes aufeinanderprallen. Der Erklärende möchte an dem gebunden sein, was er auch tatsächlich will. Der Rechtsverkehr möchte dagegen an dem gebunden sein, was der Erklärenden tatsächlich auch sagte.
Hinsichtlich der irrtumsbedingten Willenserklärungen unterscheidet das Bürgerliche Gesetzbuch weiter zwischen:
- einer Unwirksamkeit der Willenserklärung kraft Gesetzes nach den §§ 116–118 BGB, auf die nicht näher eingegangen werden soll, und
- einer Nichtigkeit kraft Anfechtungserklärung nach § 142 Abs. 1 BGB, dessen irrtumsbedingte Gründe in den §§ 119 f. BGB und die Gründe wegen unlauterer Mittel in § 123 BGB geregelt sind.

319 Die erste Voraussetzung für die Beseitigung einer irrtumsbehafteten oder aufgrund unlauterer Mittel entstandenen Willenserklärung ist somit, ob ein zur **Anfechtung** berechtigender **Grund** nach den §§ 119, 120 BGB (Irrtum) oder nach § 123 BGB (unlautere Mittel) vorliegt.
Das Vorliegen eines Anfechtungsgrundes führt aber nicht automatisch dazu, dass die abgegebene Willenserklärung unwirksam wird. Sie gewährt dem Erklärenden lediglich das Recht, eine nichtige Willenserklärung herbeizuführen. Erforderlich ist also als zweite Voraussetzung, dass der Erklärende dieses Recht nach § 143 Abs. 1 BGB durch Abgabe einer **Anfechtungserklärung** ausübt. Anders weiß der Erklärungsempfänger nicht, woran er ist.
Dritte Voraussetzung ist im Interesse der Rechtssicherheit des Erklärungsempfängers, dass der Erklärende eine **Anfechtungsfrist** einhält, die sich nach § 121 Abs. 1 BGB oder § 124 Abs. 1 BGB richtet.
Bei Vorliegen dieser Voraussetzungen treten Rechtsfolgen in der Weise ein, dass die Willenserklärung oder der Vertrag – es handelt sich bei beidem um Rechtsgeschäfte – nach § 142 Abs. 1 BGB **von Anfang an nichtig** ist. Gleichfalls kann den Anfechtenden in den Fällen des §§ 119, 120 BGB eine **Schadensersatzpflicht** nach § 122 Abs. 1 BGB treffen.

320 **Hinweise zur Fallbearbeitung**

Verfehlt wäre es, bei Prüfung der Anfechtung mit den Anfechtungsgründen der §§ 119 ff. BGB zu beginnen. Die rechtliche Prüfung beginnt mit der Rechtsnorm, die die Rechtsfolgen normiert. Bei der Anfechtung ist dies § 142 Abs. 1 BGB, nach der das anfechtbare Rechtsgeschäft als von Anfang an nichtig anzusehen ist. Mit dieser Rechtsnorm ist daher die Rechtsprüfung zu beginnen.

321 Zusammenfassend sind im Rahmen der Anfechtung bei einer kurzen Betrachtung **drei Voraussetzungen** zu prüfen (***10. Prüfungsschema, vgl. Fall- und Übungsbuch***):

1. Anfechtungsgrund (§§ 119, 120, 123 BGB),
2. Anfechtungserklärung (§ 143 BGB) und
3. Anfechtungsfrist (§§ 121, 124 BGB)

RF 1: Nichtigkeit des Rechtsgeschäfts von Anfang an nach § 142 Abs. 1 BGB
RF 2: Schadensersatzanspruch des Anfechtungserklärungsempfängers nach § 122 Abs. 1 BGB

### 1. Anfechtungsgründe (§§ 119, 120, 123 BGB)

322 Bei der Prüfung eines Anfechtungsgrundes ist der Gesetzessystematik folgend, zwischen denen eines Irrtums nach den §§ 119 f. BGB und denen eines unlauteren Mittels nach § 123 BGB zu unterscheiden (***5. Übersicht, vgl. Fall- und Übungsbuch***):

I. Anfechtungsgründe wegen Irrtums
   - Inhaltsirrtum nach § 119 Abs. 1 Alt. 1 BGB
   - Erklärungsirrtum nach § 119 Abs. 1 Alt. 2 BGB
   - Eigenschaftsirrtum nach § 119 Abs. 2 BGB
   - Übermittlungsirrtum nach § 120 BGB

II. Anfechtungsgründe wegen unlauterer Mittel
   - Arglistige Täuschung nach § 123 Abs. 1 Alt. 1 BGB
   - Widerrechtliche Drohung nach § 123 Abs. 1 Alt. 2 BGB

323 a) **Anfechtungsgründe wegen Irrtums (§§ 119 f. BGB).** Die Prüfung eines irrtumsbedingten Anfechtungsgrundes erfolgt in zwei Schritten, in denen vor der eigentlichen Prüfung – jedenfalls gedanklich – eine Vorprüfung zu erfolgen hat. Zu fragen ist:

- in einer Vorprüfung, ob ein Irrtum überhaupt vorliegt (Grundsatz der Auslegung vor Anfechtung) und, falls dies der Fall ist,
- dieser in einer Hauptprüfung zur Anfechtung berechtigt.

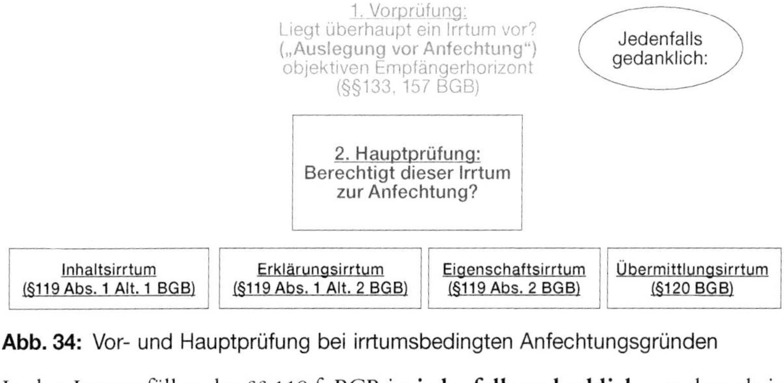


**Abb. 34:** Vor- und Hauptprüfung bei irrtumsbedingten Anfechtungsgründen

324 In den Irrtumsfällen der §§ 119 f. BGB ist **jedenfalls gedanklich** – anders als in den Fällen unlauterer Mittel von Täuschung und Drohung – die Erklärung des Erklärenden in einer Vorprüfung aus der Sicht eines objektiven dritten Beobachters nach den §§ 133, 157 BGB auszulegen. Sollte danach kein Irrtum vorliegen, so verbietet sich jede Anfechtung. Es gilt der **Grundsatz der Auslegung vor Anfechtung.** Relevant ist hier insbesondere der Grundsatz der falsa demonstratio non nocet. Diesbezüglich wird auf das oben zur Auslegung aus der Sicht

eines objektiven dritten Beobachters nach den §§ 133, 157 BGB verwiesen (näher hierzu Rn. 69 ff.).

325 **Hinweise zur Fallbearbeitung**

Erörterungsbedürftig ist der Grundsatz Auslegung vor Anfechtung nur, soweit die angefochtene Erklärung des Anfechtenden Spielraum für einen Nichtirrtum in der Willensbildung lässt. In aller Regel wird aber die Voraussetzung des Irrtums unproblematisch erfüllt sein.

326 **Beispiele** (vgl. hierzu bereits Rn. 69)

- Der Bürgermeister Herr Fläusche (F) der Stadt Sassnitz (S) und der Geschäftsführer Kornfeld (K) der Management-Institut Dr. A. Kitzmann GmbH & Co. KG (M) verhandeln über eine Fortbildung zur Personalführung, die M für die Mitarbeiter der S veranstalten soll. K schickt im Namen der M dem F ein von ihm unterzeichnetes Vertragsformular, in dem die Nummer 26 bezeichnet ist. F unterzeichnet das Formular im Namen der S und übersendet es zurück zu K.
  F und K gehen davon aus, dass es sich bei der Nummer 26 um die Fortbildung zur Personalführung handelt. Tatsächlich bezeichnet diese Nummer aber ein Rhetorikseminar, das beiden nicht aufgefallen ist. Aus Sicht eines objektiven dritten Beobachters stimmen nach den §§ 133, 157 BGB das Gewollte und das Erklärte überein, nämlich dass es sich bei der Nummer 26 nicht um ein Rhetorikseminar, sondern um eine Fortbildung zur Personalführung handelt. Die beidseitige Falschbezeichnung schadet nicht. Ein Irrtum liegt nicht vor.
- Ein Klassiker aus dem Urteil des deutschen Reichsgerichts vom 8. Juni 1920: Herr Kabbes (K) schließt mit Herrn Vacek (V) einen Kaufvertrag nach § 433 über den Erwerb von 214 Fass „Haakjöringsköd" aus Norwegen. Beide gehen davon aus, dass es sich bei „Haakjöringsköd" um Walfleisch handele. Tatsächlich bezeichnet im Norwegischen das Wort „Haakjöringsköd" jedoch Haifischfleisch. Aus Sicht eines objektiven dritten Beobachters stimmen nach den §§ 133, 157 BGB das Gewollte und das Erklärte überein, nämlich dass es sich bei dem Wort „Haakjöringsköd" nicht um Haifischfleich, sondern um Walfleisch handelt. Die beidseitige Falschbezeichnung schadet nicht. Ein Irrtum liegt nicht vor.

Zu prüfen ist sodann das Vorliegen eines irrtumsbedingten Anfechtungsgrundes nach §§ 119 f. BGB.

327 aa) **Inhaltsirrtum** (**§ 119 Abs. 1 Alt. 1 BGB**). Ein Inhaltsirrtum nach § 119 Abs. 1 Alt. 1 BGB liegt vor, wenn der Erklärende „bei Abgabe einer Willenserklärung über deren Inhalt im Irrtum war". Der Erklärende erklärt zwar, was er erklären will, aber er irrt sich über die **Bedeutung oder Tragweite seiner Erklärung** (materieller Irrtum). Er weiß, was er sagt, aber nicht, was er „damit" meint. Der Erklärende irrt also nicht bei der Erklärungshandlung, da er äußerlich betrachtet genau das erklärt, was er erklären will. Er verbindet mit dieser Erklärung aber eine andere Bedeutung. Das wirklich Gewollte stimmte mit dem Erklärten

nicht überein. In der Praxis ist der Inhaltsirrtum nach § 119 Abs. 1 Alt. 1 BGB selten.

**Beispiel**
Herr Hallstedt (H) ist gebürtiger Rostocker und bestellt auf dem Oktoberfest „ein" Bier, in der Meinung 0,5 Liter zu bekommen. H weiß, was er erklärt („Ich hätte gerne ein Bier"), aber erfasst die Bedeutung des Erklärten (Bestellung von 1 Liter statt 0,5 Liter Bier) nicht.

bb) **Erklärungsirrtum (§ 119 Abs. 1 Alt. 2 BGB).** Ein Erklärungsirrtum nach 328
§ 119 Abs. 1 Alt. 2 BGB liegt vor, wenn der Erklärende „eine Erklärung dieses Inhalts überhaupt nicht abgeben wollte". Er unterliegt einem Irrtum in der **Erklärungshandlung**, in dem er nicht weiß, was er erklärt (formeller Irrtum). Die Äußerung des Erklärenden weicht also von dem ab, was er eigentlich erklären will. Typische Fälle sind das Verschreiben, Vergreifen oder Versprechen. Unter § 119 Abs. 1 Alt. 2 BGB fallen auch Erklärungsirrtümer eines Stellvertreters.

**Beispiele**
- Herr Meier (M) ist Verkaufsberater der Autohaus Kruse GmbH (G) und vertritt diese nach § 164 BGB. M verschreibt sich und bestellt bei der Großlieferanten RSU GmbH versehentlich 84 statt wie beabsichtigt 48 Autoreifen.
- Herr Kluge (K) will 10 Beutel Katzenfutter bestellen, vertippt sich jedoch und schreibt „100" Beutel.
- Frau Wert (W) ist als Wertpapierhändlerin unkonzentriert und bietet statt „1.000 Aktien Deutsche Post" „1.000 Akten Deutsche Bank" zum Verkauf an.

cc) **Eigenschaftsirrtum (§ 119 Abs. 2 BGB).** § 119 Abs. 2 BGB berechtigt zur 329
Anfechtung einer Willenserklärung, die auf einem Irrtum über „solche Eigenschaften der Person oder der Sache, die im Verkehr als wesentlich angesehen werden".
Auch wenn der Irrtum über verkehrswesentliche Eigenschaften in § 119 Abs. 2 BGB dem Inhaltsirrtum nach § 119 Abs. 1 S. 1 BGB gleichgestellt wird, stellt er einen **Motivirrtum** dar. Darunter versteht man einen Irrtum bei der Willensbildung, wenn also der Erklärende von einem falschen Umstand ausgeht. Der Erklärende weiß eine verkehrswesentliche Eigenschaft nicht. Diese sind im Privatrechtsverkehr im Grundsatz **unbeachtlich**. Aus Gründen des Rechtsschutzes ist dies erforderlich, da ansonsten insbesondere wirtschaftlich komplexe Rechtsgeschäfte einer erheblichen Unsicherheit ausgesetzt sein würden. Hiervon stellt **§ 119 Abs. 2 BGB** eine **Ausnahme** dar.

**Beispiel**
Herr Meier (M) ist Verkaufsberater der Autohaus Kruse GmbH (G) und vertritt diese nach § 164 BGB. Er einigt sich mit Frau Lalisken (L), die als hauptamtliche Bürgermeisterin nach § 164 BGB die Gemeinde Ostseebad Heringsdorf (H) vertritt, über den Verkauf eines VW Golf 8 zu einem Preis von 50.000,00 € brutto.
Mögliche Motive können hier sein, dass L der Überzeugung ist, dass das Angebot preisgünstig sei, der tatsächliche Marktwert bei 60.000,00 € liege

oder H prompt einen Dienstwagen benötige. All dies sind unbeachtliche Motive.
Angenommen, dass L nun das Geld wegen eines Haushaltsstopps lieber für offene Schulden der H benutzen wolle, was ihr auch zum Zeitpunkt des Kaufs hätte klar sein müssen, so würde es sich um einen unbeachtlichen Motivirrtum der L handeln. Zur Anfechtung berechtigt dies nicht. Das wäre nur bei Einschlägigkeit des § 119 Abs. 2 BGB der Fall, was hier nicht gegeben ist.

330 § 119 Abs. 2 BGB setzt einen Irrtum über verkehrswesentliche Eigenschaften des Vertragsgegenstandes oder des Vertragspartners **voraus**, d. h. es muss (***11. Prüfungsschema, vgl. Fall- und Übungsbuch***)

1. ein Irrtum über
2. eine Eigenschaft vorliegen,
3. die verkehrswesentlich ist.

RF: Eigenschaftsirrtum i. S. d. § 119 Abs. 2 BGB

Die **Eigenschaft einer Sache** ist jeder wertbildende Faktor.

**Beispiele**
- Das Alter einer Sache
- Die Herkunft oder Echtheit (insbesondere bei Kunstwerken, Antiquitäten)
- Die Bebaubarkeit eines Grundstücks
- Die rechtlichen Verhältnisse einer Sache (Belastung, Eigentumsverhältnisse)

331 Der Wert der Sache ist das Ergebnis der Wertbildung und **kein wertbildender Faktor**. Ein Irrtum darüber stellt daher keinen Anfechtungsgrund dar.

**Beispiel**
- Der tatsächliche Wert einer Sache ist dagegen keine Eigenschaft i. S. d. § 119 Abs. 2 BGB. So kann niemand einen Kaufvertrag über den Erwerb eines Pkws anfechten, da er irrig davon ausgegangen sei, ein Schnäppchen gemacht zu haben, da der Pkw tatsächlich nicht wie erwartet 15.000,00 €, sondern nur 10.000,00 € wert sei.

332 Die **Eigenschaft einer Person** ist jeder wertschätzenden Faktor. Praktische Bedeutung gewinnt dies vorwiegend im Arbeitsrecht.

**Beispiele**
- Das Alter
- Das Geschlecht
- Die Konfession
- Die politische Einstellung
- Die Vorstrafen

333 Ferner muss die Eigenschaft der Sache oder der Person, über die sich der Erklärende irrt, verkehrswesentlich sein. **Verkehrswesentlich** ist eine Eigenschaft, wenn sie nicht bloß nach Auffassung des Erklärenden, sondern auch nach der

Verkehrsanschauung für das konkrete Rechtsgeschäft wesentlich, also ausschlaggebend für seinen Abschluss ist. Eine Eigenschaft kann demnach bei dem einen Vertrag verkehrswesentlich sein, bei einem anderen nicht.

**Beispiele**

- Der Landrat Konstien (K) des Landkreises Rostock (L) erwirbt nach § 164 BGB unmittelbar für und gegen L ein Grundstück von Herrn Vadler (V), das gegenwärtig als Ackerland genutzt wird. Als V noch vor der Übergabe des Grundstücks erfährt, dass die Stadt Güstrow zwei Monate vor Abschluss des Kaufvertrags zwischen L und V einen Bebauungsplan für das betroffene Grundstück erlassen hatte, durch den die Bebauung des Grundstücks ermöglicht wird, möchte V wegen der Wertsteigerung zu dem vereinbarten Preis nicht mehr am Vertrag festhalten. Hätte er das gewusst, hätte er seinen Sohn dort ein Haus bauen lassen. Dies teilt er dem K sofort mit. K, der den Bebauungsplan zwar kannte, das Grundstück derzeit aber ohnehin bislang nicht bebauen möchte, verlangt die Übertragung des Grundeigentums und Übergabe des Grundstücks.
  Fraglich ist, ob dies einen Eigenschaftsirrtum nach § 119 Abs. 2 BGB begründet. V irrt über die Bebaubarkeit des Grundstücks. Sie ist als wert bildender Faktor jedenfalls eine Eigenschaft i. S. d. § 119 Abs. 2 BGB. Sie müsste aber auch verkehrswesentlich sein. Das ist der Fall, wenn sie nicht bloß nach Auffassung des Erklärenden, sondern auch nach der Verkehrsanschauung für das konkrete Rechtsgeschäft wesentlich, also ausschlaggebend für seinen Abschluss ist. Bei Kenntnis der Bebaubarkeit hätte V den Kaufvertrag nicht abgeschlossen, sondern hätte dort seinen Sohn ein Haus bauen lassen. Die Bebaubarkeit des Grundstücks ist auch verkehrswesentlich. Ein Eigenschaftsirrtum nach § 119 Abs. 2 BGB liegt vor.
- Herr Anton (A) erspäht bei Herrn Fromm (F) ein mit einem Preis von 100,00 € brutto ausgezeichnetes Ölgemälde, das er für ein Original des Künstlers „Artis“ hält. Er erwirbt das Ölgemälde. Als er es vereinbarungsgemäß am nächsten Tag abholt und es bezahlt, erkennt er, dass es sich bei dem Gemälde nicht um ein etwa 20.000,00 € wertes Original handelt, sondern lediglich um eine Kopie, deren Wert dem Kaufpreis entspricht. Die Echtheit eines Kunstwerkes stellt als wert bildender Faktor eine Eigenschaft i. S. d. § 119 Abs. 2 BGB dar. Indem A das Gemälde bei Abschluss des Kaufvertrags für ein Original hielt, war diese Eigenschaft auch maßgeblich für den Vertragsabschluss, mithin verkehrswesentlich i. S. d. § 119 Abs. 2 BGB.

Bei der Annahme eines Eigenschaftsirrtums nach § 119 Abs. 2 BGB ist noch Folgendes zu beachten: Soweit in einem Sachverhalt **kaufrechtliche Gewährleistungsrechte** nach den §§ 437 ff. BGB zur Anwendung kommen, ist eine **Anfechtung nach § 119 Abs. 2 BGB ausgeschlossen**. Beides gleichzeitig geht nicht, anders als bei den Anfechtungsgründen nach § 119 Abs. 1 BGB oder § 123 BGB. Kämen nämlich §§ 437 ff. BGB und § 119 Abs. 2 BGB gleichzeitig zur Anwendung, so würde sich die Abwicklung eines Kaufvertrags verzögern. Die recht kurze Verjährungsfrist des § 438 Abs. 1 Nr. 3 BGB von zwei Jahren würde unterlaufen werden, da ansonsten auch die zehnjährige Verjährungsfrist des § 121 Abs. 2 BGB gelten würde. Praktische Bedeutung findet § 119 Abs. 2 BGB 334 also in der Praxis nur in den Fällen, in denen Privatpersonen miteinander kaufrechtliche Gewährleistungsrechte nach §§ 437 ff. BGB ausschließen.

335 dd) **Übermittlungsirrtum** (**§ 120 BGB**). Ein Übermittlungsirrtum nach § 119 Abs. 2 BGB liegt vor, wenn eine Willenserklärung „durch die zur Übermittlung verwendete Person oder Einrichtung unrichtig übermittelt worden ist". Der Erklärende bedient sich also zur Übermittlung seiner Erklärung eines **Erklärungsboten**, der die Willenserklärung **irrtümlich** wie beim Erklärungsirrtum nach § 119 Abs. 1 Alt. 2 BGB unrichtig übermittelt. Voraussetzungen sind also (*12.* ***Prüfungsschema, vgl. Fall- und Übungsbuch***),

1. dass ein Erklärungsbote
2. eine Willenserklärung irrtümlich übermittelt.

RF: Übermittlungsirrtum i. S. d. § 119 Abs. 2 BGB

**Erklärungsbote** ist – anders als ein Stellvertreter i. S. d. § 164 BGB – derjenige, der keine eigene, sondern eine fremde Willenserklärung überbringt. Die Beurteilung, ob ihm kein Entscheidungsspielraum zusteht, ist anhand der Auslegung aus der Sicht eines objektiven dritten Beobachters nach den §§ 133, 157 BGB zu ermitteln (näher hierzu Rn. 69 ff.). Stellt sich danach heraus, dass er Stellvertreter ist, so ist § 119 Abs. 1 Alt. 2 BGB unmittelbar anzuwenden.
Diese Willenserklärung muss der Erklärungsbote **irrtümlich unrichtig** übermittelt haben. Es gilt das zu § 119 Abs. 1 Alt. 2 BGB gesagte. Der Bote weiß nicht, was er sagt. Typische Fälle sind also auch hier das Verschreiben, Vergreifen oder Versprechen. Überbringt der Erklärungsbote hingegen absichtlich eine falsche Willenserklärung, so finden die §§ 177, 179 BGB Anwendung.

**Beispiele**
Frau Lalisken (L) beauftragt als hauptamtliche Bürgermeisterin der Gemeinde Ostseebad Heringsdorf (H) ihren Auszubildenden Andrich (A) mit der telefonischen Bestellung von 1.000,00 Packungen Kopierpapier (Steinbeis No. 1 Classic White A4) bei der Böttcher AG (B). Der zerstreute und überforderte A bestellt stattdessen versehentlich das von L verlangte Kopierpapier bei der büroshop24 GmbH (S), bei der eine Packung 0,50 € mehr kostet als bei B.
Fraglich ist, ob dies einen Übermittlungsirrtum nach § 119 Abs. 1 Alt. 2 BGB begründet. A müsste Erklärungsbote sein. Dies ist derjenige, der keine eigene, sondern eine fremde Willenserklärung überbringt. Ob ihm ein Entscheidungsspielraum zusteht, ist anhand der Auslegung aus der Sicht eines objektiven dritten Beobachters nach den §§ 133, 157 BGB zu ermitteln. L beauftragte A mit dem Kauf eines bestimmten Kopierpapiers, in einer Stückzahl von 1.000,00 Packungen bei der Böttcher AG. Er hatte damit keinen Entscheidungsspielraum und war Erklärungsbote. Indem seine Äußerung gegenüber S von dem abweicht, was er eigentlich gegenüber B erklären will, unterliegt er einem Irrtum in der Erklärungshandlung nach § 119 Abs. 1 Alt. 2 BGB. Ein Übermittlungsirrtum nach § 119 Abs. 1 Alt. 2 BGB ist begründet.

336 b) **Anfechtungsgründe wegen unlauterer Mittel** (§ 123 Abs. 1 BGB). – aa) **Arglistige Täuschung** (§ 123 **Abs. 1 Alt. 1 BGB**). Anfechten kann auch derjenige seine Willenserklärung, wer nach § 123 Abs. 1 Alt. 1 BGB „zur Abgabe einer Willenserklärung durch arglistige Täuschung bestimmt worden ist", also hierzu mit unlauteren Mitteln gedrängt worden ist, ohne die er diese Willenserklärung nicht abgegeben hätte. Voraussetzungen sind also (***13. Prüfungsschema, vgl. Fall- und Übungsbuch***)

1. eine Täuschung,
2. die arglistig begangen worden
3. [und im Falle der Zurechnung eines (Fehl)verhaltens Dritter, dass die Anfechtung nicht nach § 123 Abs. 2 S. 1 BGB ausgeschlossen ist].

RF: Arglistige Täuschung i. S. d. § 123 Abs. 1 Alt. 1 BGB

**Täuschung** bedeutet das Hervorrufen oder Aufrechterhalten eines Irrtums durch Vorspiegeln oder Unterdrücken von Tatsachen. Kurz: Eine unwahre Tatsachenbehauptung. **Tatsachen** sind konkrete Vorgänge oder Zustände in der Vergangenheit oder Gegenwart, die objektiv dem Beweis zugänglich sind. Die Täuschung kann sowohl durch Tun als auch durch Unterlassen – z. B. durch Verschweigen – erfolgen. Das Unterlassen wir dem Tun allerdings aber nur gleichstellt, wenn eine sog. Aufklärungspflicht besteht. Diese ist anzunehmen, wenn die Mitteilung einer Tatsache nach Treu und Glauben geboten ist, wofür regelmäßig ein Informationsgefälle auf einer Seite der Parteien sprechen wird. Anerkannte Fallgruppen einer **Aufklärungspflicht** bestehen in den folgenden drei Konstellationen:

- Soweit eine Vertragspartei Fragen stellt,
- soweit besonders wichtige Umstände bestehen, die für die Willensbildung notwendig und erkennbar von ausschlaggebender Bedeutung sind und
- Bei dem Bestehen eines besonderen Vertrauensverhältnisses.

**Beispiele**

- Tun: Herr Kruse (K) ist Geschäftsführer der Autohaus Kruse GmbH (G), der diese nach § 164 BGB vertritt. Er preist gegenüber Frau Lalisken (L), die ihm gegenüber nach § 164 BGB als ehrenamtliche Bürgermeisterin der Gemeinde Ostseebad Heringsdorf (H) auftritt, den VW Golf 8 ausdrücklich als unfallfreien Wagen an. In Wahrheit handelt es sich um einen Unfallwagen.
- Unterlassen: Im vorgenannten Beispiel schweigt K auf die Aussage der L, dass sie davon ausgehe, dass es sich bei dem VW Golf 8 um keinen Unfallwagen handele. Hier trifft K eine Aufklärungspflicht, da der Umstand „Unfallfreiheit" für L von ausschlaggebender Bedeutung ist.

337 Sofern nicht der Vertragspartner selbst täuscht, sondern sich im Privatrechtsverkehr Hilfspersonen bedient, so muss er sich deren **(Fehl-)Verhalten zurechnen** lassen. Ausreichend hierfür ist, dass sich der Täuschende **im Lager** des Vertragspartners steht. Das ist regelmäßig der Fall bei Hilfspersonen wie einem Stellvertreter, einem vollmachtlosen Vertreter nach Genehmigung, einen Verhandlungsgehilfen, einem Vermittler oder einer anderen Vertrauensperson, deren Verhalten

sich der Erklärungsempfänger unter Billigkeitsgesichtspunkten zurechnen lassen muss. Diese Zurechnung rechtfertigt sich nach § 242 BGB aus den Rechtsgedanken der §§ 31 analog, 89 Abs. 1, § 166 BGB, § 278 S. 1, BGB heraus, in denen sich ein Vertragspartner ebenfalls eines Erfüllungsgehilfen oder Stellvertreters bedient, die mit seinem Wissen und Wollen im Privatrechtsverkehr tätig sind. Die Zurechnung hat eine hohe **praktische Bedeutung**, da sich insbesondere öffentliche Verwaltungsträger Mitarbeiter bedienen und nicht selbst Verträge schließen können. Gleiches gilt auch für die Privatwirtschaft, so beispielsweise bei Geschäftsführern einer GmbH.

**Beispiel**
Herr Meier (M) ist Verkaufsberater der Autohaus Kruse GmbH (G). Er preist gegenüber Frau Lalisken (L), die ihm gegenüber als ehrenamtliche Bürgermeisterin der Gemeinde Ostseebad Heringsdorf (H) auftritt, den VW Golf als unfallfreien Wagen an. Der Geschäftsführer Kruse (K) weiß hiervon nichts. Da aber M als sein Mitarbeiter in seinem Lager steht, muss die G sich seine Täuschungshandlung nach § 242 BGB zurechnen lassen.

338 **Arglistig** handelt, wer weiß und will, dass der Getäuschte eine Willenserklärung abgibt, die er ohne die Täuschung nicht abgegeben hätte. Hierbei genügt bedingter Vorsatz. Ausreichend hierfür ist, dass der Handelnde bestimmte Folgen seines Handelns zwar nicht wünscht, sie aber als möglich erkennt und billigend in Kauf nimmt. Bei der arglistigen Täuschung kommt dies insbesondere dann in Betracht, wenn der Handelnde nicht genau weiß, ob seine Behauptung richtig ist, ihm dies aber letztlich gleichgültig ist, weil er unbedingt das Rechtsgeschäft zu ihm genehmen Bedingungen herbeiführen will.

**Beispiel**
Herr Meier (M) ist Verkaufsberater der Autohaus Kruse GmbH (G). Er preist gegenüber Frau Lalisken (L), die ihm gegenüber als ehrenamtliche Bürgermeisterin der Gemeinde Ostseebad Heringsdorf (H) auftritt, den VW Golf als unfallfreien Wagen an. Er hat nicht näher geprüft, ob es wirklich unfallfrei ist. Es ist ihm vielmehr gleichgültig. Er will so einen möglichst hohen Verkaufspreis erzielen, weil er weiß, dass die G in Geldnöten steckt.

339 Die Standardkonstellation ist, dass der Erklärungsempfänger auch derjenige ist, der den Erklärenden täuscht. Möglich ist aber, dass nicht der Erklärungsempfänger, sondern ein Dritter den Erklärenden täuscht. Das Problem besteht in diesen Fällen darin, dass der Erklärungsempfänger eventuell gar nichts dafür kann, dass der Dritte den Erklärenden täuschte und ihm gegenüber wegen der Täuschung eine bestimmte Willenserklärung abgab. In diesen Fällen ordnet **§ 123 Abs. 2 S. 1 BGB** an, dass die Erklärung nur dann anfechtbar ist, wenn „ein Dritter die Täuschung verübt" und der Vertragspartner „die Täuschung kannte oder kennen musste". Die Anfechtung darf danach **nicht ausgeschlossen** sein. Wenn also der Erklärungsempfänger weiß, dass der Erklärende getäuscht worden ist, ganz egal von wem, dann ist sein Vertrauen auf die Willenserklärung nicht schutzwürdig. Wenn er gewollt hätte, so hätte er nämlich den Irrtum des Erklärenden verhindern können. Soweit er aber nichts von der Täuschung weiß, so ist sein Vertrauen auf die Willenserklärung schutzwürdig. Der Getäuschte hat in diesen Fällen das Nachsehen. Das ist eine Privilegierung des Vertragspartners und Be-

nachteiligung des Getäuschten, der bei Vorliegen des § 123 Abs. 2 S. 1 BGB nicht anfechten kann. Diese Rechtsnorm enthält zwei Voraussetzungen (***14. Prüfungsschema, vgl. Fall- und Übungsbuch***):

1. Der Täuschende ist Dritter i. S. d. § 123 Abs. 2 S. 1 BGB und
2. der Vertragspartner diese Täuschung kannte oder kennen musste.

RF: Erklärung nach § 123 Abs. 2 S. 1 BGB nicht mehr anfechtbar

Erste Voraussetzung ist damit, dass der Täuschende **Dritter i. S. d. § 123 Abs. 2 S. 1 BGB** ist. Der Begriff des „Dritten" ist eng auszulegen, woran es oft scheitern wird. Dritter i. S. der Norm ist nur derjenige, der an dem betreffenden Rechtsgeschäft in keiner Weise beteiligt ist. Erfasst werden also lediglich völlig Unbeteiligte und regelmäßig nicht Hilfspersonen des Erklärungsempfängers wie einen Stellvertreter, einen vollmachtlosen Vertreter nach Genehmigung, einen Verhandlungsgehilfen, einen Vermittler oder eine andere Vertrauensperson, deren Verhalten sich der Erklärungsempfänger unter Billigkeitsgesichtspunkten zurechnen lassen muss.
Zweite Voraussetzung ist, dass der Vertragspartner die **Täuschung kannte oder hätte kennen müssen.** Letzteres ist nach § 122 Abs. 2 BGB der Fall, wenn der Erklärungsempfänger die Täuschung infolge von Fahrlässigkeit nicht kannte.

**Beispiele**

- Herr Meier (M) ist Verkaufsberater der Autohaus Kruse GmbH (G). Er preist gegenüber Frau Lalisken (L), die ihm gegenüber im Namen der Gemeinde Ostseebad Heringsdorf (H) auftritt, den VW Golf als unfallfreien Wagen an. Der Geschäftsführer der G Kruse (K) weiß hiervon nichts. Dies entspricht auch nicht den Tatsachen.
  Die Erklärung der L ist nach § 123 Abs. 2 S. 1 BGB nur dann anfechtbar, wenn M Dritter i. S. d. § 123 Abs. 2 S. 1 BGB ist und G davon Kenntnis hatte, das M der L gegenüber den Pkw als unfallfrei angepriesen hatte. Da M an dem Vertragsschluss beteiligt gewesen ist, ist er bereits kein Dritter im vorgenannten Sinne. Ein Ausschluss nach § 123 Abs. 2 S. 1 BGB scheidet aus. Die Erklärung der L bleibt anfechtbar. Im Übrigen müsste sich aber G das Wissen des M nach § 166 Abs. 1 BGB zurechnen lassen.
- Der verkaufswillige Hauseigentümer Herr Fricke (F) schaltet für den Verkauf seines Hauses die Maklerin Melchior (M) ein, da seine eigenen Verkaufsbemühungen bisher erfolglos geblieben sind. Ohne sein Wissen macht sie dem potenziellen Käufer Herrn Kronberg (K) falsche Angaben über die Rentabilität des Hauses und die Erreichbarkeit steuerlicher Vorteile. Danach gibt K dem E ein Kaufangebot ab, in das E einwilligt. Mit notarieller Beurkundung schließen sie einen Grundstückskaufvertrag nach § 433 BGB ab.
  Die Erklärung des K ist nach § 123 Abs. 2 S. 1 BGB nur dann anfechtbar, wenn M Dritte i. S. d. § 123 Abs. 2 S. 1 BGB ist und F davon Kenntnis hatte, das M dem K gegenüber falsche Angaben über die Rentabilität des Hauses und die Erreichbarkeit steuerlicher Vorteile angepriesen hatte. Da M an dem Vertragsschluss beteiligt gewesen ist, ist sie bereits keine Dritte

im vorgenannten Sinne. Ein Ausschluss nach § 123 Abs. 2 S. 1 BGB scheidet aus. Die Erklärung der L bleibt anfechtbar. Im Übrigen müsste sie sich aber F das Wissen der M nach § 166 Abs. 1 BGB zurechnen lassen.

340 bb) **Widerrechtliche Drohung** (**§ 123 Abs. 1 Alt. 2 BGB**). Anfechten kann auch derjenige seine Willenserklärung, wer nach § 123 Abs. 1 Alt. 2 BGB „zur Abgabe einer Willenserklärung widerrechtlich durch Drohung bestimmt worden ist“, also hierzu mit unlauteren Mitteln gedrängt worden ist, ohne die er diese Willenserklärung nicht abgegeben hätte. Voraussetzungen sind also (***15. Prüfungsschema, vgl. Fall- und Übungsbuch***):

1. eine Drohung,
2. die widerrechtlich ist und
3. wobei der Drohende den Willen hat, den Bedrohten zu einer Willenserklärung zu bestimmen (Vorsatz).

RF: Widerrechtliche Drohung i. S. d. § 123 Abs. 1 Alt. 2 BGB

Eine **Drohung** ist das Inaussichtstellen eines künftigen Übels, auf dessen Eintritt der drohende Einfluss hat oder zu haben vorgibt. Als **Übel** genügt dabei jeder Nachteil. Soweit ein Übel ohnehin mit Sicherheit eintritt, kann mit ihm nicht gedroht werden.
Soweit nicht der Vertragspartner selbst droht, sondern sich im Privatrechtsverkehr Hilfspersonen bedient, so muss er sich deren **(Fehl-)Verhalten zurechnen** aus bei der Täuschung ausgeführten Gründen nach § 242 BGB zurechnen lassen (näher hierzu Rn. 337).

**Beispiel**
Der Geschäftsführer Kruse (K) der Autohaus Kruse GmbH (G) erklärt gegenüber der hauptamtlichen Bürgermeisterin Lalisken (L) der Gemeinde Ostseebad Heringsdorf (H), dass er ihre ihm bekannten Kinder umbringen werde, wenn sie nicht das Verkaufsangebot für den VW Golf 8 i. H. v. 70.000,00 € brutto annehmen werde. Der Tod der Kinder ist ein Übel.

341 **Widerrechtlich** kann die Drohung sein
1. aus dem angedrohten Übel,
2. dem angestrebten Erfolg oder
3. dem Verhältnis von angedrohtem Übel und angestrebtem Erfolg.

Das **angedrohte Übel** ist widerrechtlich, soweit das Verhalten, mit dem gedroht wird, nicht mit der Rechtsordnung im Einklang steht. Das Androhen einer strafbaren Handlung stellt also immer eine widerrechtliche Drohung dar.

**Beispiel**
Der Geschäftsführer Kruse (K) der Autohaus Kruse GmbH (G) erklärt gegenüber der hauptamtlichen Bürgermeisterin Lalisken (L) der Gemeinde Ostseebad Heringsdorf (H), dass er ihre ihm bekannten Kinder umbringen werde, wenn sie nicht das Verkaufsangebot für den VW Golf 8 i. H. v. 70.000,00 € brutto annehmen werde. Das Töten der Kinder stellt einen Totschlag nach § 212 StGB oder ggf. auch Mord nach § 211 StGB dar, das nicht im Einklang mit der Rechtsordnung steht.

Der **angestrebte Erfolg** ist widerrechtlich, soweit der Drohende mit seinem Verhalten eine Willenserklärung erreichen will, die nicht mit der Rechtsordnung im Einklang steht. 342

**Beispiel**
Herr Bauer (B) fährt Herrn Selz (S) hinten in seinen Pkw, da er betrunken ist. S versucht durch den Unfall seine Chance zu ergreifen, auch noch seine kaputte Fahrertür reparieren zu lassen, für die B nichts kann. S fordert B auf, ein Schuldanerkenntnis nach § 781 S. 1 BGB zu unterzeichnen, nach dem B auch für die kaputte Fahrertür einstehen soll. Er beabsichtigt dadurch, die Versicherung des S zu betrügen. Sollte S nicht unterzeichnen, so wäre er leider gezwungen, die Polizei und seinen Dienstvorgesetzten zu benachrichtigen. S unterzeichnet.
Das Rufen der Polizei ist kein angedrohtes Übel, da das Polizeirufen im Falle eines Unfalls mit der Rechtsordnung im Einklang steht. Er verfolgt aber mit der erzwungenen Willenserklärung einen widerrechtlichen Zweck: Ein Versicherungsbetrug stellt nämlich nach § 263 Abs. 3 Nr. 5 StGB einen besonders schweren Fall des Betruges dar.

Das **Verhältnis von angedrohtem Übel und angestrebtem Erfolg** ist widerrechtlich, soweit genau dieses Mittel zur Erreichung dieses Erfolges mit der Rechtsordnung nicht in Einklang steht. 343

**Beispiel**
Im vorgenannten Beispielsfall fordert Herr Bauer (B) von Herrn Selz (S) die Unterschrift unter ein Schuldanerkenntnis nach § 781 S. 1 BGB, wonach S sich verpflichtet, den tatsächlich verursachten Schaden zu ersetzen. Sollte S diese Erklärung nicht unterzeichnen, dann würde B Anzeige gegen S erstatten wegen einer von diesem Unfall unabhängigen begangenen Fahrerflucht von vor drei Wochen.
Das Anzeigen bei der Polizei ist kein angedrohtes Übel, da die Fahrerflucht nach § 142 StGB mit der Rechtsordnung nicht in Einklang steht. Die Erstattung bestehender privat-rechtlicher Ansprüche aus dem Vorfall von vor drei Wochen ist legitim und steht auch im Einklang mit der Rechtsordnung, sodass auch der angestrebte Erfolg nicht widerrechtlich ist. In diesem Fall ist das Verhältnis von angedrohtem Übel (Anzeige bei der Polizei) und angestrebtem Erfolg (Erstattung bestehender privatrechtlicher Ansprüche) mit der Rechtsordnung aber deshalb nicht in Einklang zu bringen, da die Schadensersatzforderung mit der Unfallflucht vor drei Wochen nichts zu tun hat.

Schließlich sieht § 123 Abs. 1 Alt. 2 BGB vor, dass der Erklärende „zur Abgabe der Willenserklärung bestimmt worden ist". Daraus folgt, dass der Drohende den **Willen** haben muss, **den Bedrohten** zu einer Willenserklärung zu bestimmen, diesbezüglich also vorsätzlich gehandelt haben muss. 344

**Beispiel**
In den vorgenannten beiden Beispielfällen hatte B den Willen, S zu der Abgabe des Schuldanerkenntnisses nach § 781 S. 1 BGB zu bestimmen.

## 2. Anfechtungserklärung (§ 143 Abs. 1 BGB)

345 Wenn ein Anfechtungsgrund vorliegt, ändert das zunächst erst einmal nichts an der abgegebenen Willenserklärung. Diese bleibt weiter wirksam. Solange der Erklärende nichts weiter unternimmt, bleibt beispielsweise sein Angebot und damit auch ein geschlossener Vertrag wirksam. Erst wenn derjenige, der die anfechtbare Willenserklärung abgegeben hatte, eine Anfechtungserklärung abgibt, wird im erwähnten Beispiel sein Angebot nach § 142 Abs. 1 BGB als von Anfang an nichtig angesehen. Der Vertrag wäre also nie entstanden. Der Anfechtungsberechtigte hat damit die **freie Wahl**, ob er den Vertrag weiter aufrechterhalten oder sich von dem Vertrag lösen will. Deswegen handelt es sich bei der Anfechtung auch um ein Gestaltungsrecht.
Die Anfechtung erfolgt nach § 143 Abs. 1 BGB durch Erklärung gegenüber dem Anfechtungsgegner. Sie ist eine formfreie und empfangsbedürftige Willenserklärung. Soweit sie unter Abwesenden erklärt wird, muss sie – wie bereits erörtert –, um wirksam zu werden, nach § 130 Abs. 1 S. 1 BGB dem Erklärungsempfänger zugehen.
**Anfechtungsgegner** ist

- bei einem Vertrag nach **§ 143 Abs. 2 BGB** der Vertragspartner („der andere Teil"),
- bei einem einseitigen empfangsbedürftigen Rechtsgeschäft nach **§ 143 Abs. 3 S. 1 BGB** der Erklärungsempfänger („der andere") und
- bei einem einseitigen nicht empfangsbedürftigen Rechtsgeschäft gem. **§ 143 Abs. 4 BGB** derjenige, der aus dem Rechtsgeschäft unmittelbar einen rechtlichen Vorteil erlangt.

**Beispiele**
Anfechtungsgegner ist

- bei einem Kaufvertrag der Vertragspartner nach § 143 Abs. 2 BGB,
- bei einer Kündigung des Arbeitsverhältnisses der Arbeitgeber als Erklärungsempfänger nach § 143 Abs. 3 S. 1 BGB
- bei einer Erbeinsetzung mittels Testaments nach § 1937 BGB der Erbe, dem eine Immobilie in sein Vermögen zugeflossen ist.

346 Dabei muss der Anfechtungsberechtigte nicht unbedingt den Ausdruck „Anfechtung" verwenden. Der Anfechtungsgrund aber **zumindest laienhaft** mitgeteilt werden. Daher genügt es, wenn nach Auslegung aus der Sicht eines objektiven dritten Beobachters nach den §§ 133, 157 BGB deutlich wird, dass der Erklärende wegen eines Willensmangels oder aufgrund von unlauteren Mitteln seine Erklärung beseitigen möchte.

**Beispiel**
Jemand erklärt, dass er wegen der „Tachospielerei" im Leben nicht mehr den Kaufpreis für den Pkw zahlen werde. Dies genügt für eine Anfechtungserklärung aus der Sicht eines objektiven dritten Beobachters nach den §§ 133, 157 BGB.

## 3. Anfechtungsfrist (§§ 121, 124 BGB)

347 Der Anfechtungsberechtigte muss seine Anfechtungserklärung aus Gründen des Verkehrsschutzes rechtzeitig innerhalb einer Anfechtungsfrist abgeben. Dabei

muss man zwischen den verschiedenen Anfechtungsgründen unterscheiden, je nachdem ob sie auf Grundlage eines Irrtums oder eines unlauteren Mittels entstanden sind.
Bei einer Anfechtung wegen eines Irrtums nach den §§ 119 f. BGB muss der Anfechtungsberechtigte diese **nach § 121 Abs. 1 S. 1 BGB** ohne schuldhaftes Zögern (unverzüglich) erklären, nachdem er von dem Anfechtungsgrund Kenntnis erlangt hat. Die konkrete Länge hängt von den Umständen des Einzelfalles ab.

**Beispiel**
Bei einem Alltagsgeschäft von geringer wirtschaftlicher Bedeutung kann die Überlegungsfrist schon nach einigen Minuten abgelaufen sein. Bei einem bedeutsameren Geschäft wird sie länger zu bemessen sein, z. B. weil der Erklärende anwaltlichen Rat einholen will.

Bei einer Anfechtung wegen eines unlauteren Mittels nach § 123 Abs. 1 BGB **348** muss der Anfechtungsberechtigte diese **nach § 124 Abs. 1 BGB** binnen einer **Jahresfrist** erklären. Die Frist beginnt nach § 124 Abs. 1 S. 1 Alt. 1 BGB im Falle der arglistigen Täuschung mit dem Zeitpunkt, in welchem der Anfechtungsberechtigte die Täuschung entdeckt, nach § 124 Abs. 1 Alt. 2 BGB im Falle der Drohung mit dem Zeitpunkt, in welchem die Zwangslage aufhört.

### 4. Rechtsfolgen

Eine wirksame Anfechtung bewirkt, dass das Rechtsgeschäft nach § 142 Abs. 1 **349** BGB von Anfang an nichtig ist und der Anfechtungsberechtigte nach § 122 Abs. 1 BGB ggf. zur Schadensersatzzahlung verpflichtet ist.

a) **Nichtigkeit des Rechtsgeschäfts** (**§ 142 Abs. 1 BGB**). Die Anfechtung führt **350** nach § 142 Abs. 1 BGB dazu, dass die Willenserklärung oder der Vertrag – es handelt sich bei beidem um Rechtsgeschäfte – **von Anfang an nichtig** ist und damit vollständig beseitigt wird. Die Wirkung des Rechtsgeschäfts fällt damit **rückwirkend** („ex tunc") weg. Soweit die Primärpflicht noch nicht erfüllt ist, entfällt sie. Ist die Leistung aber schon an den Vertragspartner bewirkt, wird sie regelmäßig nach § 812 Abs. 1 S. 1 Alt. 1 BGB wieder zurückgefordert werden können, weil sie ohne Rechtsgrund geleistet worden ist.
Zusammenfassend sind also im Rahmen der Anfechtung bei einer ausführlichen Betrachtung folgende Voraussetzungen zu prüfen (***16. Prüfungsschema, vgl. Fall- und Übungsbuch***):

1. Anfechtungsgrund (§§ 119, 120, 123 BGB)
   Vorprüfung: „Auslegung vor Anfechtung"
   (1) Inhaltsirrtum nach § 119 Abs. 1 Alt. 1 BGB
   (2) Erklärungsirrtum nach § 119 Abs. 1 Alt. 2 BGB
   (3) Eigenschaftsirrtum nach § 119 Abs. 2 BGB
   (4) Übermittlungsirrtum nach § 120 BGB
   (5) Arglistige Täuschung nach § 123 Abs. 1 Alt. 1 BGB
   (6) Widerrechtliche Drohung nach § 123 Abs. 1 Alt. 1 BGB
2. Anfechtungserklärung nach § 143 BGB

3. Anfechtungsfrist
   - bei Irrtum nach §§ 121 Abs. 1 S. 1 BGB
   - bei unlauteren Mitteln nach § 124 Abs. 1 BGB

RF 1: Nichtigkeit des Rechtsgeschäfts von Anfang an nach § 142 Abs. 1 BGB
RF 2: Schadensersatzanspruch des Anfechtungserklärungsempfängers nach § 122 Abs. 1 BGB

***13. Übungsfall: „Geplante Eiscafé" – Anfechtung (§ 142 Abs. 1 BGB) s. Fall- und Übungsbuch***

351 b) **Schadensersatzanspruch des Anfechtungsgegners (§ 122 Abs. 1 BGB).** Der Anfechtende kann wegen seiner ausgeübten Anfechtung vor allem dem Vertragspartner gegenüber nach § 122 Abs. 1 BGB zum Schadensersatz verpflichtet sein. Voraussetzungen hier sind nach dieser Rechtsnorm, dass (***17. Prüfungsschema, vgl. Fall- und Übungsbuch***):

1. eine Anfechtung insbesondere aufgrund der §§ 119 f. BGB vorliegt und
2. der Geschädigte nach § 122 Abs. 2 BGB den Grund der Anfechtung nicht kannte und auch nicht infolge von Fahrlässigkeit nicht kannte.

RF: Ersetzung des Vertrauensschadens bei Begrenzung auf Erfüllungsinteresse nach § 122 Abs. 1 BGB

352 Erste Tatbestandsvoraussetzung ist, dass der Anfechtungsberechtigte seine Willenserklärung insbesondere aufgrund der **§§ 119 f. anficht.** Tatbestandlich sind damit keine Anfechtungen nach § 123 Abs. 1 BGB wegen unlauterer Mittel. Der Anfechtende soll nur für die Anfechtungsgründe schadensersatzpflichtig werden, die er selbst wegen eines Irrtums geschaffen hat. Im Falle des § 123 Abs. 1 BGB ist der Anfechtungsgegner nicht schutzbedürftig, da er durch sein eigenes Handeln den Anfechtungsgrund lieferte. Ferner muss der Anfechtungsberechtigte seine Anfechtung nach § 143 Abs. 1 BGB gegenüber dem richtigen Anfechtungsgegner nach den §§ 143 Abs. 2 bis 4 BGB innerhalb der maßgeblichen Frist des § 121 Abs. 1 BGB erklären.

353 Zweite Tatbestandsvoraussetzung ist, dass **§ 122 Abs. 2 BGB** nicht einschlägig ist. Danach tritt die Schadensersatzpflicht nicht ein, wenn der Beschädigte den Grund der Nichtigkeit oder der Anfechtbarkeit kannte oder infolge von Fahrlässigkeit nicht kannte. Maßgeblich ist der Zeitpunkt der Vermögensdispositionen. Der Begriff der Fahrlässigkeit bestimmt sich auch hier wiederum nach § 276 Abs. 2 BGB, wonach derjenige fahrlässig handelt, der die im Verkehr erforderliche Sorgfalt außer Acht lässt.

354 Zu ersetzen ist nach § 122 Abs. 1 BGB der **Vertrauensschaden.** Das ist der Schaden, der beim Vertragspartner entsteht, wenn er den Vertrag nie geschlossen hätte. Der Ersatzanspruch wird allerdings auf das **Erfüllungsinteresse begrenzt** (§ 122 Abs. 1 BGB: „jedoch nicht über den Betrag des Interesses hinaus"), das darin besteht, den Vertragspartner so zu stellen, als hätten sie den Vertrag wirksam geschlossen. Die einzelnen Schadenspositionen richten sich nach den

§§ 249 ff. BGB, worunter nach § 252 BGB insbesondere auch der entgangene Gewinn zählt.

***14. Übungsfall: „Leere Rostocker Stadthalle" – Schadensersatzanspruch (§ 122 Abs. 1 BGB) s. Fall- und Übungsbuch***

## VI. Klauselverbote allgemeiner Geschäftsbedingungen (§§ 305 ff. BGB)

Wie bereits dargelegt, herrscht im Privatrechtsverkehr der Grundsatz der Privatautonomie, insbesondere ihre Ausprägung als Vertragsfreiheit. Ihre Inhaltsfreiheit ermöglicht Vertragspartnern im Grundsatz, den Inhalt ihres Vertrags frei zu bestimmen und auch Rechtsnormen der privaten Rechtsordnung gegen sich gelten zu lassen oder diese mittels vertraglicher Vereinbarungen abzubedingen. Solche Vertragsgestaltungen sind regelmäßig komplex und in vielen Situationen der Praxis kaum praktikabel. Zur Lösung dieses Problems ist es möglich, dass eine Vertragsperson als Verwender **allgemeine Geschäftsbedingungen** (**AGB**) einführt. Dies sind nach § 305 Abs. 1 S. 1 BGB alle für eine Vielzahl von Verträgen vorformulierte Vertragsbedingungen, die eine Vertragspartei der anderen Vertragspartei bei Abschluss eines Vertrags stellt. Vertragspartner verwenden diese in der Praxis vielfach, so beispielsweise im Verhältnis zwischen Verbrauchern (§ 13 BGB) und Unternehmern (§ 14 BGB), zwischen Unternehmern untereinander oder zwischen Unternehmern und Trägern der öffentlichen Verwaltung. **355**

Auch wenn mit solchen allgemeinen Geschäftsbedingungen auf der einen Seite ein großer **positiver Rationalisierungseffekt** einhergeht und sie aus diesem Grund für den Rechtsverkehr als unverzichtbar erscheinen mögen, können sie auf der anderen Seite ein **großes Ungleichgewicht** zugunsten desjenigen begründen, der die allgemeinen Geschäftsbedingungen einführt (dem sog. Verwender). Er wird die AGBs regelmäßig in seinem Sinne gestalten, die er gar zur Bedingung eines Vertragsschlusses erklären kann. Begünstigt wird Letzteres dadurch, dass im Rechtsverkehr bestimmte Vertragsanbieter wie Amazon oder Google annähernd eine Monopolstellung erlangen konnten oder sich ganze Branchen wie im Banken- oder Versicherungssektor auf eine solche Verhaltensweise einigten. Eine Verhandlungsoption bleibt dem anderen Vertragspartner aus Zeitgründen oder Gründen fehlenden Sachverstands verwehrt. Es bleibt sodann oftmals nur noch die Möglichkeit, das Angebot anzunehmen oder ganz abzulehnen, mit teils gravierenden Folgen, dass beispielsweise kein Haftpflichtversicherungsvertrag für ein Kfz geschlossen werden kann. **356**

Diesem „Diktat" des AGB-Verwenders begegnet das BGB dadurch, dass es den Schutz des Schwächeren dadurch versucht zu garantieren, bestimmte Rechtsnormen der Privatrechtsordnung für **unabdingbar** zu erklären. Um den Rechtsverkehr durch einen „Überschutz" nicht zum Erliegen kommen zu lassen, **differenziert** das BGB hinsichtlich seiner Rechtsnormen wie folgt: **357**

- Nur ein geringer Teil ist generell unabdingbar.
- Ein größerer, aber immer noch geringer Teil ist vorwiegend gegenüber Verbrauchern, Arbeitnehmern und Wohnraummietern unabdingbar, wozu öffentliche Träger nicht zählen.
- Etwa ein Drittel der privaten Rechtsnormen sind in AGB unabdingbar, wohl aber durch eine individuelle Vertragsgestaltung im Einzelfall, auch mit der öffentlichen Hand.
- Ein weiteres Drittel der privaten Rechtsnormen sind in AGB nur gegenüber Verbrauchern unabdingbar, nicht also gegenüber öffentlichen Verwaltungsträgern.
- Übrig bleibt ein weiteres Drittel der privaten Rechtsnormen, die frei abdingbar sind.

**358** Diese „Unabdingbarkeit" der Rechtsnormen kommt hauptsächlich durch eine AGB-Kontrolle nach den §§ 305 ff. BGB zu tragen. Soweit es sich bei einer Vertragsbestimmung um allgemeine Geschäftsbedingungen i. S. d. § 305 Abs. 1 S. 1 BGB handelt und es sich insbesondere nicht um eine individuelle Vertragsabrede i. S. d. § 305b BGB handelt, so ist vor allem zu prüfen, ob sie nach den §§ 307–309 BGB unwirksam ist. Sind danach die AGB oder einzelne Klauseln nicht wirksam in den Vertrag einbezogen, so bleibt der **Vertrag** nach § 306 Abs. 1 BGB im Übrigen **wirksam.** Jene Klauseln also, die einer AGB-Kontrolle standhalten, werden Vertragsbestandteil. Soweit die Klauseln nicht Vertragsbestandteil geworden oder unwirksam sind, richtet sich der Inhalt des Vertrags nach § 306 Abs. 2 BGB nach den gesetzlichen Vorschriften. Auf weitere Details der rechtlichen Prüfung soll hier nicht weiter eingegangen werden.

**Beispiel**
Nach § 280 Abs. 1 S. 1 BGB kann der eine Vertragspartner von dem anderen Vertragspartner den Ersatz des Schadens verlangen, der aufgrund einer Pflichtverletzung aus einem Schuldverhältnis entsteht. Der Verwender einer AGB formuliert in diesem Zusammenhang folgende Klausel: „Die Haftung wegen Schadensersatzes soll auf grob fahrlässige Pflichtverletzungen beschränkt werden". Eine solche AGB-Klausel wäre nach § 390 Nr. 7b BGB unwirksam. Der Vertrag bleibt sodann nach § 306 Abs. 1 BGB im Übrigen wirksam. An-stellte der vorgenannten Klausel tritt nach § 306 Abs. 2 BGB die gesetzliche Vorschrift der §§ 267, 278 BGB, wonach der Schuldner vorsätzliches und fahrlässiges Handeln zu vertreten hat.

**359** Auch wenn im Verhältnis zwischen Unternehmen und Verbrauchern oder auch zwischen Unternehmern untereinander – wie oben beispielhaft aufgezählt durch Amazon und Google – faktisch immer ein Unternehmer derjenige ist, der als Verwender die AGB in den Vertrag einführt, gilt dies überwiegend nicht im Verhältnis zwischen einem Unternehmer und einem öffentlichen Verwaltungsträger. Zwar mag auch hier der Unternehmer über eine bessere Marktübersicht verfügen, doch wird die **größere Marktmacht** in der wirtschaftlichen Potenz der öffentlichen Hand liegen. Im Verhältnis dieser beiden Akteure führen deshalb größtenteils nicht die Unternehmer, sondern Träger der öffentlichen Verwaltung als öffentliche Auftraggeber ihre AGB in das Vertragsverhältnis mit ein und schließen die Geltung anderer AGB gleichzeitig aus. Hoher praktischer Bedeutung ist in diesem Zusammenhang der **Vergabe- und Vertragsordnung für Bauleistungen (VOB)** beizumessen. Obwohl sie kein staatlicher Rechtsakt ist, wird sie in der Praxis oftmals von den betroffenen Kreisen der öffentlichen Hand verabredet. Er ist im Vergabe- und Vertragsausschuss für Bauleistungen organisiert und unterteilt sich Teile A, B und C:

- Der **A-Teil** (VOB/A) enthält detaillierte Vertragsbestimmungen zum Vergabeverfahren, das bestimmt, wer Vertragspartner des öffentlichen Auftraggebers wird.
- Der **B-Teil** (VOB/B) enthält als standardisiertes Vertragswerk Bestimmungen, die einschlägige private Rechtsnormen ergänzen, konkretisieren oder abbedingen.
- Der **C-Teil** (VOB/C) enthält eine Vielzahl von DIN-Normen aus dem Baubereich, die ebenfalls meist Bestandteil eines Bauvertrags werden.

**Beispiele**

- Nach § 3 VOB/A muss ein Auftrag grundsätzlich öffentlich ausgeschrieben werden, der auszuwählende Vertragspartner muss nach § 6 VOB/A bestimmte Eignungskriterien erfüllen und der Zuschlag ist nach § 16 VOB/A nur auf das wirtschaftlichste Angebot zu erteilen.
- Nach § 12 Abs. 1 VOB/B hat der Auftraggeber binnen 12 Werktagen die Abnahme der Leistung durchzuführen, soweit der Auftragnehmer diese nach Fertigstellung verlangt. Damit wird § 640 Abs. 1 S. 1 BGB abgedungen, wonach der Auftraggeber zur Abnahme eines Bauwerkes nach Fertigstellung verpflichtet ist.
- Der Abschnitt 5.2.3 der DIN 18300 (VOB/C) besagt, dass der Aushub von Bodenmassen nach dem anstehenden, gewachsenen Bodenvolumen berechnet wird.

# 5. Kapitel: Wichtige rechtsvernichtende Einwendungen

**360** Rechtsvernichtende Einwendungen sind – wie bereits erörtert – Rechtsnormen, die bewirken, dass ein **entstandener Anspruch wieder untergeht** (näher hierzu Rn. 167 ff.). Sie „vernichtet" wieder ein zunächst geborenes Kind.

**361** **Hinweise zur Fallbearbeitung**

Dem Anspruchsaufbau (juristischem Dreiklang) folgend sind rechtsvernichtende Einwendungen in einer Falllösung nach den Tatbestandsvoraussetzungen und rechtshindernden Einwendungen als Drittes zu prüfen. Ausführungen gehören zum Prüfungspunkt „II. Anspruch nicht untergegangen?".

Ob eine Rechtsnorm eine rechtsvernichtende Einwendung darstellt, erkennt man in der Regel an den Worten „erlischt", „ausgeschlossen", „entfällt" oder „als erloschen gelten" (vgl. § 362 Abs. 1 BGB: „Das Schuldverhältnis erlischt, wenn die geschuldete Leistung an den Gläubiger bewirkt wird.").

**362** **Wichtige rechtsvernichtende Einwendungen** sind (***3. Übersicht, vgl. Fall- und Übungsbuch***):

1. Die Unmöglichkeit der Leistung nach § 275 Abs. 1 BGB,
2. die Befreiung von der Gegenleistung im Falle der Unmöglichkeit nach § 326 Abs. 1 S. 1 Hs. 1 BGB,
3. der Rücktritt nach § 346 Abs. 1 BGB,
4. die Erfüllung nach § 362 Abs. 1 BGB,
5. die Aufrechnung nach § 389 BGB,
6. die Kündigung z. B. nach § 314 Abs. 1 S. 1 BGB und
7. der Widerruf z. B. nach § 355 Abs. 1 S. 1 BGB.

## I. Unmöglichkeit (§ 275 Abs. 1 BGB)

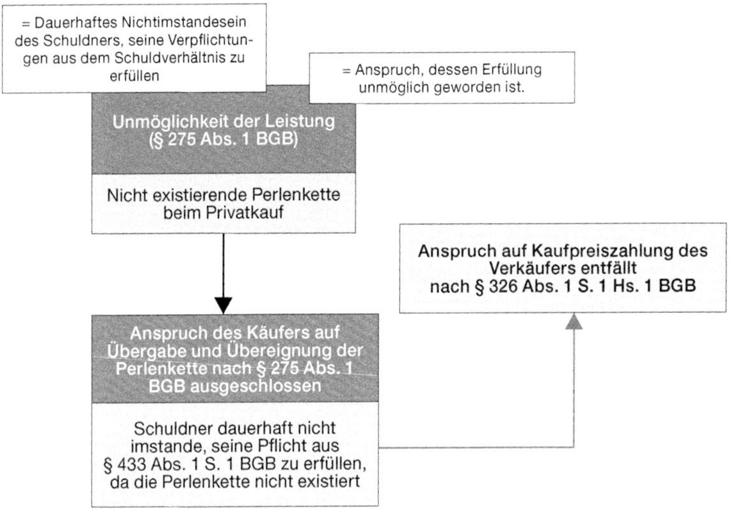


**Abb. 35:** Unmöglichkeit § 275 Abs. 1 BGB) und Befreiung von der Gegenleistungspflicht (§ 326 Abs. 1 S. 1 Hs. 1 BGB)

Nach § 275 Abs. 1 BGB ist der Anspruch auf Leistung ausgeschlossen, soweit diese für den Schuldner oder für jedermann unmöglich ist. **Leistung** meint hier den Anspruch, dessen Erfüllung unmöglich geworden ist. **Unmöglichkeit** liegt vor, wenn der Schuldner dauerhaft nicht imstande ist, seine Verpflichtungen aus dem Schuldverhältnis zu erfüllen. Es macht keinen Unterschied, ob die Unmöglichkeit von vornherein bestand oder erst nachträglich eingetreten ist und ob ein Dritter zur Leistung imstande wäre (vgl. § 275 Abs. 1 BGB: *„soweit diese für den Schuldner oder für jedermann unmöglich ist"*). 363

**Beispiele**

- Her Vogel (V) einigt sich über die Plattform Kleinanzeigen mit Frau Kraß (K) gegen Zahlung von 400,00 € über die Übergabe und Übereignung eines iPhones, das tatsächlich nicht existiert. V ist dauerhaft nicht imstande, ihre Verpflichtung aus § 433 Abs. 1 S. 1 BGB zu erfüllen, wodurch ihr diese Pflicht unmöglich ist. Der Anspruch der V gegen K auf Übergabe und Übereignung des iPhones nach § 433 Abs. 1 S. 1 BGB ist nach § 275 Abs. 1 BGB ausgeschlossen.
- Frau Lalisken (L) erwirbt im Namen der Gemeinde Ostseebad Heringsdorf (H) als hauptamtliche Bürgermeisterin nach § 164 BGB bei der Autohaus Kruse GmbH (G) einen speziellen, gebrauchten Mercedes-Benz Vito zu einem Preis von 60.000,00 € brutto. Nach Vertragsschluss, aber vor geplanter Übergabe, stiehlt den Pkw ein unbekannter Dieb (D). Zwar könnte D den Pkw übergeben und übereignen, nicht jedoch die Schuldnerin G, dem ihre Erfüllung nach § 433 Abs. 1 S. 1 BGB unmöglich ist.

Der Anspruch der H gegen G auf Übergabe und Übereignung des Pkws nach § 433 Abs. 1 S. 1 BGB ist nach § 275 Abs. 1 BGB ausgeschlossen.

364 Besonderheiten sind vor allem in zwei Fällen zu beachten:
Bei **Gattungsschulden** liegt Unmöglichkeit nur vor, wenn der Schuldner auf kein Gattungsexemplar zugreifen kann oder wenn **Konkretisierung** eingetreten ist (näher hierzu Rn. 378 ff.)

**Beispiele**

- Frau Kraß (K) bestellt nun bei der Media-Saturn-Holding GmbH (G) ein vorrätiges iPhone zu einem Preis von 700,00 € brutto. Vereinbarungsgemäß überweist sie diesen Geldbetrag. Wie abgesprochen verschickt G ein Gerät über die Deutsche Post AG. G schuldet hier eine sog. Schickschuld, die in solch vergleichbaren Situationen der Regelfall ist. Geht die Kaufsache auf dem Postweg verloren, tritt Unmöglichkeit hinsichtlich dieser wegen der Übergabe zur P eingetretenen Konkretisierung ein. Der Anspruch der K gegen M auf Übergabe und Übereignung des iPhones nach § 433 Abs. 1 S. 1 BGB wäre nach § 275 Abs. 1 BGB ausgeschlossen.
- Angenommen, G hat das iPhones bei Abschluss des Kaufvertrags nach § 433 BGB nicht vorrätig und muss es bestellen. K und G vereinbaren, dass G die K über den Eingang des bestellten iPhones informiert, damit K es im örtlichen Markt im Rostocker KTC-Center abholen kann. G schuldet hier eine sog. Holschuld. Als das iPhone bei G in der Rostocker Filiale eintrifft, zerstört es ein Lehrling wegen einer Unachtsamkeit. Eine Konkretisierung ist noch nicht eingetreten, da Mitarbeiter der G die K bisher nicht über das Eintreffen des iPhones und die Abholmöglichkeit informiert hatten. Der Anspruch der K gegen G auf Übergabe und Übereignung der Kaufsache nach § 433 Abs. 1 S. 1 BGB ist nach § 275 Abs. 1 BGB nicht ausgeschlossen.

365 Da auch **Geldschulden** Gattungsschulden sind und Geld im Grundsatz immer vorhanden sein wird, kann sich der Geldschuldner nur dann auf eine Unmöglichkeit i. S. d. § 275 Abs. 1 BGB berufen, wenn auch hier bei vereinbarter Bezahlung bereits Konkretisierung eingetreten ist. Bloße Zahlungsunfähigkeit zählt hierzu nicht, da andernfalls Zahlungsverpflichtungen nach § 275 Abs. 1 BGB ausgeschlossen wären. Der Rechtsverkehr käme so zum Erliegen. Daher gilt der Grundsatz, dass man Geld zu haben hat. In der Praxis werden daher Geldschulden so gut wie nie unmöglich i. S. d. § 275 Abs. 1 BGB.

**Beispiel**

Frau Kraß (K) wagt nochmal einen Versuch bei Kleinanzeigen und einigt sich mit Herrn Volkert (V) dahingehend, dass sie ihm für ein iPhone 400,00 € in bar übergibt (Bringschuld) und er ihr das Gerät im Gegenzug vor Ort übergibt und übereignet. Sie verabreden sich für den 1. Oktober an seiner Wohnanschrift um 12:00 Uhr. K hat wieder Pech und trifft niemanden an. Über die Übergabe des Geldes ist hier in einem seltenen Fall Konkretisierung eingetreten. Sollten sie Räuber auf dem Rückweg ausrauben, wäre ihre Kaufpreiszahlungspflicht nach § 433 Abs. 2 Hs. 1 BGB unmöglich i. S. d. § 275 Abs. 1 BGB. Der Anspruch des V auf Kaufpreiszahlung i. H. v. 400,00 € wäre nach § 275 Abs. 1 BGB ausgeschlossen. In praktisch allen anderen Fallkonstellationen gilt hinsichtlich der Zahlungsverpflichtung, dass sie nicht unmöglich i. S. d. § 275 Abs. 1 BGB sein kann.

## II. Befreiung von der Gegenleistungspflicht im Falle der Unmöglichkeit (§ 326 Abs. 1 S. 1 Hs. 1 BGB)

Soweit nun ein Anspruch auf eine Leistung wie der Anspruch nach § 433 Abs. 1 S. 1 BGB auf Übergabe und Übereignung einer Sache nach § 275 Abs. 1 BGB wegen Unmöglichkeit ausgeschlossen ist, so stellt sich die Frage, was mit dem Anspruch auf die Gegenleistung geschieht. Darunter fällt beispielsweise der Anspruch auf Kaufpreiszahlung nach § 433 Abs. 2 Hs. 1 BGB. Im Grundsatz entfällt dieser nach § 326 Abs. 1 S. 1 Hs. 1 BGB. **Gegenleistung** meint dabei die Leistung, die der unmöglich gewordenen Leistung gegenübersteht. 366

**Beispiele**
- In dem obigen Beispielsfall entfällt nach § 326 Abs. 1 S. 1 Hs. 1 BGB der Anspruch des Herrn Vogel (V) gegen Frau Kraß (K) auf Kaufpreiszahlung i. H. v. 400,00 € nach § 433 Abs. 2 BGB, da die Übergabe- und Übereignungspflicht des V aus § 433 Abs. 1 S. 1 BGB nach § 275 Abs. 1 BGB wegen Unmöglichkeit ausgeschlossen ist. Das iPhone existiert nicht.
- In dem obigen Beispielsfall entfällt auch nach § 326 Abs. 1 S. 1 Hs. 1 BGB der Anspruch der Autohaus Kruse GmbH (G) gegen die Gemeinde Ostseebad Heringsdorf (H) auf Kaufpreiszahlung i. H. v. 60.000 € brutto, da die Übergabe- und Übereignungspflicht der G aus § 433 Abs. 1 S. 1 BGB nach § 275 Abs. 1 BGB wegen Unmöglichkeit ausgeschlossen ist. Ein unbekannter Dieb hat den Pkw gestohlen.

## III. Rücktritt (§ 346 Abs. 1 BGB)

Soweit der Schuldner eine Leistungsstörung zu verantworten hat, beispielsweise weil er eine Kaufsache mangelhaft übergibt und dadurch seine Pflicht aus § 433 Abs. 1 S. 2 BGB verletzt, kann das Vertrauen des Gläubigers in die Leistungsfähigkeit und -willigkeit des Schuldners so nachhaltig beeinträchtigt sein, dass dieser sich von dem zugrunde liegenden Vertrag lösen möchte. In Ausnahme zu dem Grundsatz, dass Verträge einzuhalten sind (pacta sunt servanda) sieht die Privatrechtsordnung hierfür zwei Möglichkeiten vor: 367
- Durch **Rücktritt** nach § 346 Abs. 1 BGB bei einem auf eine einmalige Leistung gerichteten gegenseitigen Vertrag und
- durch **Kündigung** bei einem auf dauerhafte Leistungen gerichteten gegenseitigen Vertrag.

Der Rücktritt nach § 346 Abs. 1 BGB stellt für den Schuldner eine einschneidende Maßnahme, da er in den Bestand des Vertrags vertraut und eine Auflösung des Vertrags ihn wirtschaftlich schwer belasten könnte. Aus diesem Grund gewährt die Privatrechtsordnung dem Gläubiger nur in der Form eine Rücktrittsmöglichkeit, dass auch die Schuldnerinteressen angemessen berücksichtigt werden. So wird eine mangelhafte Leistung per se, keinen ad hoc Rücktritt ermöglichen können. Die einzelnen Voraussetzungen sollen im Rahmen der kaufrechtlichen Gewährleistungsrechte angerissen werden.

## IV. Erfüllung (§ 362 Abs. 1 BGB)

368 Nach § 362 Abs. 1 BGB erlischt das Schuldverhältnis, wenn die geschuldete Leistung an den Gläubiger **bewirkt** wird. Das ist der Fall, wenn (***18. Prüfungsschema, vgl. Fall- und Übungsbuch***):

1. der richtige Schuldner
2. die richtige Leistung
3. an den richtigen Gläubiger
4. zur richtigen Zeit
5. am richtigen Ort erbringt.

RF: Schuldverhältnis erlischt nach § 362 Abs. 1 BGB

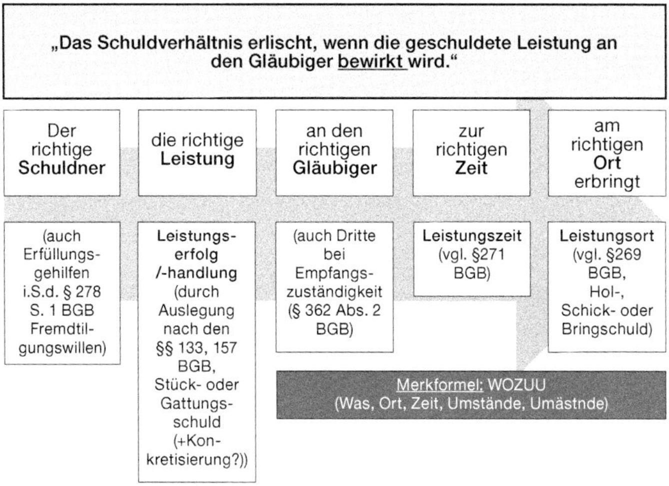


**Abb. 36:** Erfüllung (§ 362 Abs. 1 BGB)

**Beispiel**
Die Pflicht zur Kaufpreiszahlung des Käufers nach erlischt nach § 362 Abs. 1 BGB, wenn der Käufer dem Verkäufer den Kaufpreis in bar entrichtet.
Die Pflicht des Verkäufers zur Übergabe und Übereignung der Kaufsache nach § 433 Abs. 1 S. 1 BGB erlischt nach § 362 Abs. 1 BGB, wenn er die Kaufsache an den Käufer übergibt und das Eigentum an ihn überträgt.

369 **Hinweise zur Fallbearbeitung**

Im Rahmen der Erfüllung nach § 362 Abs. 1 BGB werden nun die Inhalte eines Schuldverhältnisses vorgestellt, nämlich Schuldner, Leistung, Gläubiger, Zeit und Ort der Leistung. Sie ergeben sich aus einer getroffenen Vereinbarung oder dem Gesetz. Der Systematik des BGB nach betrifft dies den allgemeinen Teil der Schuldverhältnisse, der in den §§ 241–432 BGB normiert ist.

Dieser Gegenstand kann daher nicht nur im Rahmen einer Erfüllung nach § 362 Abs. 1 BGB abgeprüft werden. Es wird immer um die Frage gehen, wie die einzelne Schuld jeweils ausgeprägt ist. So ist beispielsweise auch denkbar, dass unklar ist, wie eine Primärpflicht konkret ausgestaltet ist, ob also insbesondere ein Verkäufer an einen Käufer nach § 433 Abs. 1 S. 1 BGB diesen einen konkret ausgewählten VW Golf 8 (Stückschuld) übergeben und übereignen muss oder auch einen anderen VW Golf 8 (Gattungsschuld) wählen darf. Die Fallfrage kann dann einfach lauten, ob ein Käufer gegen einen Verkäufer einen Anspruch auf Übergabe und Übereignung des konkret ausgewählten VW Golf 8 hat. Aber auch für die Begründung einer Schadensersatzpflicht aus § 280 Abs. 1 BGB bedarf es einer Pflichtverletzung. Hierfür kann relevant sein, ob ein Verkäufer gegen einen Käufer nach § 433 Abs. 1 S. 1 BGB zur Übergabe und Übereignung des einen (Stückschuld) oder irgendeinen (Gattungsschuld) Golfes verpflichtet gewesen ist. Viele den Inhalt des Schuldverhältnisses betroffene Rechtskreise sind oftmals unproblematisch und bedürfen keiner Ausführungen. Gestaltet sich der Fall wie eben skizziert, wäre der Käufer und Verkäufer unproblematisch anzunehmen und soweit auch der Leistungsort und die -zeit nicht auffällig werden, bedürfen Letzteres auch keiner Erwähnung. Die einzelnen Zurechnungsfragen sollen erst im 8. Kapitel der Leistungsstörungen vertieft und in diesem Kapitel nur angerissen werden.

### 1. Richtiger Schuldner

Der richtige Schuldner betrifft die Frage, wer leisten darf. Über den Leistenden 370
enthält der Wortlaut des § 362 Abs. 1 BGB keine Festlegung. Die vorgenannte Rechtsnorm legt beispielsweise nicht fest, dass die Leistung „durch den Schuldner" zu erfolgen hat. Denkbar ist zunächst, dass der **Schuldner persönlich** leistet. Er kann hierfür auch **Hilfspersonen** einschalten. In diesen Fällen wird ihm das tatsächliche Handeln (Realakt) seines Organs nach §§ 31 (analog), 89 Abs. 1 BGB (näher hierzu Rn. 458 ff.), seines gesetzlichen Vertreters nach § 278 S. 1 Alt. 1 BGB (näher hierzu Rn. 473 f.), seines Erfüllungsgehilfen nach § 278 S. 1 Alt. 2 BGB (näher hierzu Rn. 465 ff.) oder eines Dritten nach § 276 Abs. 1 S. 1 BGB (näher hierzu Rn. 373) zugerechnet (vgl. hierzu Rn. 97).

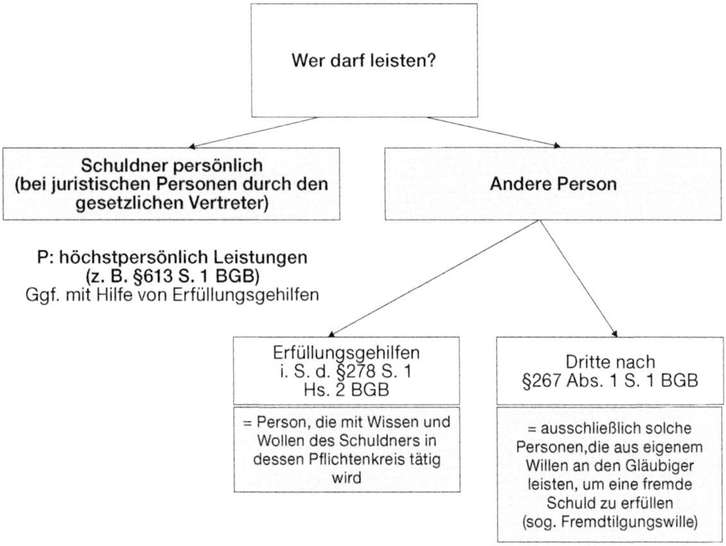


**Abb. 37:** Richtiger Schuldner

**Beispiele**

- Die Bürgermeisterin Lalisken (L) der Gemeinde Ostseebad Heringsdorf (H) übergibt dem Geschäftsführer Krause (K) der Autohaus Krause GmbH (A) persönlich den Audi A8 zur Reparatur. Die Übergabe der L wird der H nach §§ 31 analog, 89 Abs. 1 BGB zugerechnet.
- Die Polizeiinspektion Rostock (P) unterhält als Vertreterin des Landes M-V (L) mit der Autohaus Rostock Ost GmbH (G) eine Rahmenvereinbarung über mögliche Reparaturleistungen ihrer Dienstfahrzeuge. Führen Mitarbeiter der G die Reparaturen durch, so wird deren Handeln nach § 278 S. 1 Alt. 2 BGB der G zugerechnet.

371 Persönlich leisten muss der Schuldner bei sog. **höchstpersönlichen Leistungen** wie in dem relevantesten Beispiel des § 613 S. 1 BGB, wonach der zur Dienstleistung Verpflichtete die Dienste im Zweifel in Person leisten muss. Sie schließen den Einsatz eines Dritten nach § 267 Abs. 1 S. 1 BGB aus. Der Schuldner bleibt aber regelmäßig nicht daran gehindert, sich bei der Erbringung der Leistung durch Erfüllungsgehilfen unterstützen zu lassen. In welchem Umfang aber die Heranziehung von Erfüllungsgehilfen in den Fällen höchstpersönlicher Leistungen zulässig ist, muss im Einzelfall durch Auslegung aus der Sicht eines objektiven dritten Beobachters nach den §§ 133, 157 BGB unter besonderer Berücksichtigung des für die Höchstpersönlichkeit der Leistung maßgeblichen Zwecks ermittelt werden. „Im Zweifel" ist, hat er aber die Dienste in Person zu leisten.

**Beispiel**

Herr Kaminski (K) schloss mit der Güstrower Fachhochschule für öffentliche Verwaltung, Polizei und Rechtspflege (FH) einen „Dozenten-Vertrag", in dem er sich als Lehrkraft zur Ableistung von Privatrechtslehrstunden im Umfang von 68 Lehrstunden innerhalb von zwei Jahren verpflichtete. Dabei handelt es sich mangels vereinbarten „Erfolges" um einen Dienstvertrag nach § 611 BGB, wonach er die Dienste nach § 613 S. 1 BGB in Person zu leisten hat. Aus Sicht eines objektiven dritten Beobachters nach den §§ 133, 157 BGB verpflichtete die FH den K, damit dieser den Unterricht auch hält. Er ist als Richter hierzu qualifiziert. Sollte K nun andere Personen in seinem Pflichtenkreis tätig werden lassen, so hätte die FH beispielsweise keinen Einfluss auf die Qualität der Lehre o. Ä. Dieses Risiko wird sie kaum eingehen wollen. K wird zur Erfüllung seiner Dienstleistung keine Erfüllungsgehilfen i. S. d. § 178 S. 1 Hs. 2 BGB einsetzen können.

**Verfassungsmäßig berufenes Organ** i. S. d. § 31 BGB ist jede Person, der für 372
die juristische Person wesensmäßige Funktionen zur selbstständigen, eigenverantwortlichen Erfüllung zugewiesen sind, sodass sie sie im Rechtsverkehr repräsentiert. Darunter fallen vor allem Geschäftsführungs- und Vertretungsorgane. Wichtige Beispiele sind der Bürgermeister einer Gemeinde oder der Geschäftsführer einer GmbH (näher hierzu Rn. 458 ff.).
**Gesetzlicher Vertreter** i. S. d. § 278 S. 1 Alt. 1 BGB sind in einer weiten Auslegung alle Personen, die aufgrund gesetzlicher Vorschriften mit Wirkung für andere handeln können. Erfasst werden hiervon in erster Linie Vertreter natürlicher Personen wie Eltern (näher hierzu Rn. 473 f.).
**Erfüllungsgehilfe** i. S. d. § 278 S. 1 Alt. 2 BGB ist die Person, die mit Wissen und Wollen des Schuldners in dessen Pflichtenkreis tätig wird (näher hierzu Rn. 465 ff.). Das in der Praxis bedeutsamste Beispiel eines Erfüllungsgehilfen ist der **Mitarbeiter** des Schuldners, wie im öffentlichen Dienst ein angestellter Sachbearbeiter eines Landkreises.

**Beispiele**
- Die Rostow Bau GmbH (G) führt bestimmte Arbeiten, die er der Bauherrin der Hanse- und Universitätsstadt Rostock (R) schuldet, nicht selbst aus, sondern beauftragt hierfür Maurer Herrn Ernst (E).
- Rechtsanwalt Riemer (R) berät den Vorstand der Universitätsmedizin Rostock (V) rechtlich über einen Ärztefehler während einer Operation.
- Die Sachbearbeiterin Frau Socker (S) der Stadt Bad Doberan (BD) schließt mit der Böttcher AG (B) einen Kaufvertrag über die Lieferung von 1.000 Packungen Druckpapier zu je 500 Blatt.
- Die Knöpfel GmbH & Co. Versorgungstechnik KG entsendet für die Reparatur einer Heizung ihren Lehrling Lose (L).

**Dritter** i. S. d. § 267 Abs. 1 S. 1 BGB ist ausschließlich eine Person, die aus eige- 373
nem Willen an den Gläubiger leistet, um eine fremde Schuld zu erfüllen (sog. Fremdtilgungswille). In Abgrenzung hierzu handelt ein Erfüllungsgehilfe aus fremdem Willen. Ob jemand Dritter oder Erfüllungsgehilfe ist, beurteilt sich aus der Sicht eines objektiven dritten Beobachters nach den §§ 133, 157 BGB. Maßgeblich ist daher nicht der innere Wille der erfüllenden Person, sondern ihr geäußerter Wille.

**Beispiel**
Herr Groß (G) ließ seinen Pkw bei der Autohaus Rostock Ost GmbH (A) reparieren, weswegen er ihr nach § 631 Abs. 1 Alt. 2 BGB zur Entrichtung einer Vergütung i. H. v. 5.000,00 € brutto verpflichtet ist. Tatsächlich kann sich G die Zahlung eines solchen Betrages nicht leisten, ist aber auf den Pkw beruflich angewiesen.
Da G sich nicht zu helfen weiß, berichtet er dies seinem Freund Herrn Sewerin (S). S empfindet Mitleid und überweist der A die 5.000,00 €, um die Reparaturkosten des G zu begleichen. Er handelt aus eigenem Willen an die Gläubigerin A, um die fremde Schuld des G zu erfüllen, mithin mit Fremdtilgungswillen. Er ist Dritter nach § 267 Abs. 1 S. 1 BGB. Der Entrichtungsanspruch der A gegen G aus § 631 Abs. 1 Alt. 2 BGB erlischt nach § 362 Abs. 1 BGB.

## 2. Richtige Leistung

374 Die richtige Leistung betrifft die Frage, wie zu leisten ist. Unter **Leistung** i. S. d. § 362 Abs. 1 BGB ist im Regelfall der Eintritt des **Leistungserfolges** und nicht die Erbringung der Leistungshandlung zu verstehen. Letzteres ist nur der Fall, soweit das Schuldverhältnis selbst den Eintritt eines Erfolges nicht verlangt. Bei der Leistungserfüllung handelt es sich um eine **reale Leistungsbewirkung**, um einen rein tatsächlichen Vorgang (Realakt). Der Leistende ist also tätig, übergibt beispielsweise etwas. Selten wird mit der Leistung die Abgabe einer Willenserklärung gemeint sein.

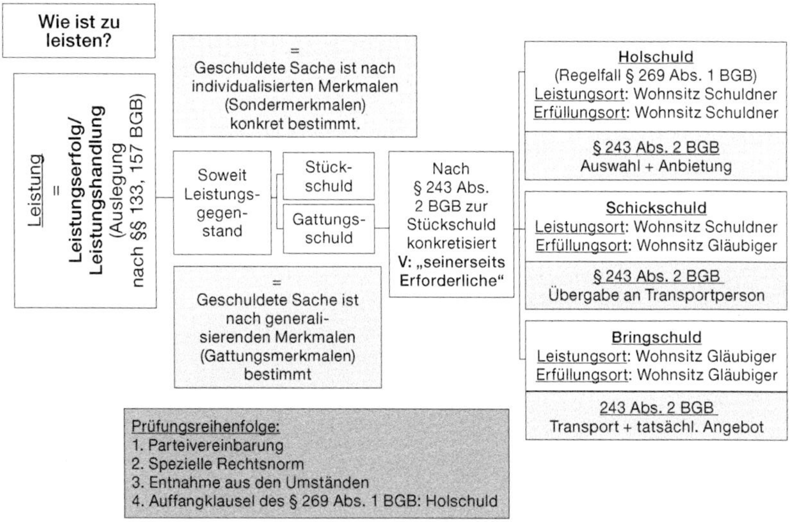


**Abb. 38:** Richtige Leistung

375 Der geschuldete **konkrete Leistungserfolg** oder die geschuldete **konkrete Leistungshandlung** sind dem zu erfüllenden Schuldverhältnis zu entnehmen und

ist im Einzelfall sorgfältig durch Auslegung aus der Sicht eines objektiven dritten Beobachters nach den §§ 133, 157 BGB zu ermitteln. Die reale Leistungsbewirkung stellt einen rein tatsächlichen Vorgang, einen sog. Realakt dar (näher hierzu Rn. 96 f.).

Soweit der Leistungserfolg mit einem **Leistungsgegenstand** zusammenhängt, kennt die Privatrechtsordnung der Art nach die **Stück-** und die **Gattungsschuld**.

**Beispiele**
- Die Übergabe eines Buches im Rahmen eines Kaufvertrags nach § 433 BGB
- Das Abhalten von Lehrstunden im Rahmen eines Dozentenvertrags nach § 611 BGB

a) **Stückschuld.** Eine Stückschuld liegt vor, wenn die geschuldete Sache nach **individualisierten Merkmalen** (Sondermerkmalen) konkret bestimmt ist. 376

**Beispiel**
Herr Vollmann (V) ist Herrn Kluge (K) nach § 433 Abs. 1 S. 1 BGB zur Übergabe und Übereignung einer einzigartigen antiken Porzellanfigur verpflichtet. Es handelt sich hier um eine Sache nach individuellen Merkmalen. Vorliegend ist Leistungsgegenstand der Übergabe- und Übereignungsverpflichtung nach § 433 Abs. 1 S. 1 BGB die Porzellanfigur als Stückschuld.
Andere Beispiele wären ein bestimmtes Gemälde, ein bestimmter gebrauchter BMW oder ein bestimmtes Reitpferd.

b) **Gattungsschuld.** Eine Gattungsschuld liegt vor, wenn die geschuldete Leistung nach **generalisierenden Merkmalen** (Gattungsmerkmalen) bestimmt ist. 377
Bei der Gattungsschuld existieren also mehrere erfüllungstaugliche Gegenstände. Soweit einzelne Gattungsgegenstände untergehen, bleibt die Erfüllung des Leistungserfolgs durch den Schuldner möglich, es sei denn, die gesamte Gattung geht unter. **Geldschulden** sind Gattungsschulden besonderer Art.

Bei der Gattungsschuld stellt sich die Frage, welches Gattungsexemplar denn nun konkret geliefert werden muss. Die Antwort liefert § 243 Abs. 1 BGB, wonach eine Sache von **mittlerer Art und Güte** zu leisten ist. Der Schuldner hat also die Wahl, welches Exemplar er zum Leistungsgegenstand machen will, es muss aber mindestens mittlere Qualität haben.

**Beispiele**
Herr Vollmann (V) ist Herrn Kluge (K) nach § 433 Abs. 1 S. 1 BGB zur Übergabe und Übereignung irgendeines fabrikneuen VW Pkws in schwarzer Farbe verpflichtet. Es handelt sich hier um einen nach generalisierenden Merkmalen bestimmten Gegenstand, der mehrmals existiert. Vorliegend ist Leistungsgegenstand der Übergabe- und Übereignungsverpflichtung nach § 433 Abs. 1 S. 1 BGB ein VW Pkw in schwarzer Farbe als Gattungsschuld.
Andere Beispiele wären 5 Zentner Kartoffeln, ein BWM 1er oder 100 Liter Moselwein.

Aber auch eine Gattungsschuld kann sich nach **§ 243 Abs. 2 BGB** auf eine **Stückschuld konkretisieren**. Der Schuldner, der aus einer Gattung zu leisten verpflichtet ist, wird regelmäßig hieran ein Interesse haben, damit bei einem Untergang § 275 Abs. 1 BGB eingreift. Voraussetzung der Konkretisierung nach 378

§ 243 Abs. 2 BGB ist, dass der Schuldner das **seinerseits Erforderliche** tat. Was das „seinerseits Erforderliche" im konkreten Einzelfall ist, richtet sich zunächst nach der getroffenen Vereinbarung über die Art der Schuld, wie der Schuldner die Leistung zu übergeben hat. In Betracht kommt, dass die Parteien miteinander diesbezüglich

- eine **Holschuld**,
- eine **Schickschuld** oder
- eine **Bringschuld**

vereinbarten. Relevant hierfür ist:

- der vereinbarte Ort der Leistungshandlung (Leistungsort) und
- der vereinbarte Ort des Leistungserfolgs (Erfüllungsort).

379 Der **Ort der Leistungshandlung (Leistungsort)** ist der Ort, an dem die Leistungshandlung vorgenommen werden muss. Der **Ort des Leistungserfolgs (Erfüllungsort)** ist der Ort, an dem der Leistungserfolg eintreten muss. Ist die Art der Leistungsübergabe weder bestimmt (Parteivereinbarung), noch durch eine spezielle Rechtsnorm vorgegeben oder aus den Umständen zu entnehmen, so hat die Leistung nach **§ 269 Abs. 1 BGB** an dem Orte zu erfolgen, an welchem der Schuldner zur Zeit der Entstehung des Schuldverhältnisses seinen Wohnsitz hatte. Gemeint ist damit eine Holschuld. Im Ausnahmefall gilt bei Geldschulden **§ 270 Abs. 1 BGB**, wonach in diesen Fällen eine Bringschuld vereinbart ist. Die richtige Art der Leistungsübergabe ist daher in dieser **Reihenfolge** zu prüfen:

1. Parteivereinbarung,
2. spezielle Rechtsnorm,
3. Entnahme aus den Umständen und
4. Auffangklausel des § 269 Abs. 1 BGB: Holschuld (Bei Geldschulden § 270 Abs. 1 BGB: Bringschuld).

380 **aa) Holschuld.** Die Holschuld ist der **gesetzliche Regelfall**. Nach § 269 Abs. 1 BGB hat die Leistung an dem Orte zu erfolgen, an welchem der Schuldner zur Zeit der Entstehung des Schuldverhältnisses seinen Wohnsitz (oder Geschäftssitz) hatte. Bei der Holschuld muss der Gläubiger also die Leistung/Ware beim Schuldner abholen. Leistungsort und Erfüllungsort sind beim **Wohn- oder Geschäftssitz des Schuldners.**

**Beispiele**

- Möbelkauf im Abholmarkt.
- Kauf von Benzin an der Tankstelle.

381 Bei der Holschuld tritt **Konkretisierung** nach § 243 Abs. 2 BGB ein, wenn der Schuldner eine Sache mittlerer Art und Güte ausgewählt und dem Gläubiger zumindest mündlich angeboten hat. Letzteres regeln die §§ 294 ff. BGB. Ein tatsächliches Angebot i. S. d. § 294 ist ein in der Leistungshandlung enthaltener Realakt. Die Rechtsnormen der §§ 130 ff. BGB über Abgabe und Zugang von Willenserklärungen finden keine Anwendung. Das tatsächliche Angebot ist Beginn der Leistungshandlung des Schuldners. Voraussetzung ist, dass der Schuldner alles getan hat, was ohne die Mitwirkung des Gläubigers möglich ist. Der Schuldner muss die von ihm zu erbringenden Leistungshandlungen so weit vorgenommen haben, dass der Gläubiger nur noch zuzugreifen und die Leistung

anzunehmen braucht. Denkbar ist auch ein nur wörtliches Angebot nach § 295 bei z. B. vereinbarter Abholung, das aber ggf. aber auch entbehrlich sein kann nach § 296 BGB, so beispielsweise, wenn die Parteien für die Leistung einen Kalendertag bestimmten.

**Hinweise zur Fallbearbeitung** 382

Der Inhalt eines Schuldverhältnisses ist alles andere als leicht verständlich. Wichtig ist, sich zu vergegenwärtigen, dass der Schuldner oder seine Hilfspersonen das Angebot real unterbreiten müssen. Als Realakt können nicht die Vorschriften über die Willenserklärungen nach den §§ 130 ff. BGB Anwendung finden. Ein Angebot i. S. d. § 294 BGB (nicht i. S. d. § 151 S. 1 BGB) kann daher beispielsweise auch nicht zugehen nach § 130 Abs. 1 S. 1 BGB. Nicht definiert zu werden, braucht unter anderem der Zugang. Unerheblich und sogar falsch ist die Erörterung, ob hier etwas in den Briefkasten des Gläubigers derart in den Machtbereich gelangt, dass nach der Verkehrsanschauung unter gewöhnlichen Umständen mit seiner Kenntnisnahme zu rechnen ist. Dies alles betrifft nur Willenserklärungen als Rechtsgeschäfte.

bb) **Schickschuld.** Bei der Schickschuld ist der Schuldner zum Versenden der Ware verpflichtet. Leistungsort ist der **Wohn- oder Geschäftssitz des Schuldners.** Erfolgsort ist der **Wohn- oder Geschäftssitz des Gläubigers.** 383

**Beispiel**
Kauf von Waren im Internet über eBay.

Bei der Schickschuld tritt **Konkretisierung** nach § 243 Abs. 2 BGB ein, sobald der Schuldner die Sache mittlerer Art und Güte an die Transportperson übergeben hat (z. B. Aufgabe eines Pakets bei der Deutschen Post AG).

cc) **Bringschuld.** Bei der Bringschuld muss der Schuldner dem Gläubiger die Ware/Leistung bringen. Leistungsort und Erfüllungsort liegen am **Wohn- oder Geschäftssitz des Gläubigers.** Relevant ist dies insbesondere für Geldschulden nach § 270 Abs. 1 BGB. 384

**Beispiel**
Kaufverträge über die Anlieferung von Heizöl oder Kohle.

Bei der Bringschuld tritt **Konkretisierung** nach § 243 Abs. 2 BGB ein, wenn der Schuldner die Sache mittlerer Art und Güte an den Wohn- oder Geschäftssitz des Gläubigers transportiert und ihm tatsächlich angeboten hat. 385

**Beispiel**
Herr Vollmann (V) ist Herrn Kluge (K) nach § 433 Abs. 1 S. 1 BGB zur Übergabe und Übereignung irgendeines fabrikneuen VW Pkws in schwarzer Farbe verpflichtet (Gattungsschuld). Läuft nun beispielsweise etwas bei der Auslieferung des Pkws schief, beispielsweise indem Diebe den Pkw stehlen, ist insbesondere zu prüfen, ob der vorgenannte Anspruch nach § 275 Abs. 1 BGB ausgeschlossen ist.
Wegen der vereinbarten Gattungsschuld wäre V verpflichtet, einen Ersatzpkw mittlerer Art und Güte zu liefern. Ggf. hat sich aber seine Leistungs-

pflicht auf den ausgelieferten Pkw nach § 243 Abs. 2 BGB konkretisiert. Voraussetzung hierfür ist, dass er das seinerseits Erforderliche tat. Was von ihm in diesem Sinne zu erwarten ist, richtet sich danach, was die Parteien hinsichtlich der Leistungsübergabe vereinbarten.
Soweit sie eine Holschuld vereinbarten, muss V den entwendeten Pkw ausgewählt und K mündlich angeboten haben. Haben sie einen Abholtermin vereinbart, ist Letzteres entbehrlich (vgl. §§ 295, 296 BGB).
Soweit sie eine Schickschuld vereinbarten, muss V den entwendeten Pkw an ein Transportunternehmen übergeben haben, was regelmäßig ein Spediteurunternehmen sein wird.
Soweit sie eine Bringschuld vereinbarten, muss V den entwendeten Pkw an den Wohnsitz des K transportieren und ihm tatsächlich angeboten haben.
Angenommen, Diebe stehlen den Pkw noch auf dem Grundstück des V, so hätte V in den Fällen der Hol- und Schickschuld noch nicht das nach § 243 Abs. 2 BGB für eine Konkretisierung seinerseits Erforderliche getan mit der Folge, dass der Anspruch des K gegen V nach § 433 Abs. 1 S. 1 BGB auf Übergabe und Übereignung eines fabrikneuen VW Pkws in schwarzer Farbe in den Fällen der Hol- und Schickschuld nicht nach § 275 Abs. 1 BGB wegen Unmöglichkeit ausgeschlossen wäre. Er müsste im Grundsatz Ersatz verschaffen, selbst wenn ihm hierfür hohe Kosten entstehen. In den Fällen einer Holschuld wäre dies nur bei einem zuvor vereinbarten Abholtermin anders zu beurteilen, wodurch Konkretisierung nach § 243 Abs. 2 auf den entwendeten Pkw eintreten würde und der Anspruch des K nach § 275 Abs. 1 BGB ausgeschlossen wäre. Je nach Einzelfall kann in einem zweiten Schritt der Kaufpreiszahlungsanspruch des V aus § 433 Abs. 2 BGB nach § 326 Abs. 1 S. 1 Hs. 1 BGB entfallen oder auch nicht

### 3. Der richtige Gläubiger

386 An den richtigen Gläubiger betrifft die Frage, an wen geleistet werden muss. § 362 Abs. 1 BGB regelt, dass die Leistung „an den Gläubiger" zu bewirken ist. Der Gläubiger muss das bekommen, was er nach der ihm zustehenden Forderung beanspruchen kann. Die Erfüllungswirkung tritt aber nur ein, wenn der Gläubiger zur **Annahme der Leistung befugt** ist. Die Befugnis zur Annahme der Leistung (sog. Empfangszuständigkeit) deckt sich, wie § 362 Abs. 2 BGB erkennen lässt, mit der Verfügungsmacht. Da dem Gläubiger im Allgemeinen die Verfügungsbefugnis zusteht, ist auch seine Empfangszuständigkeit regelmäßig gegeben.

**Beispiel**

Der Mitarbeiter Meier (M) der Autohaus Krause GmbH (G) übergibt einen reparierten Pkw Opel an den Kunden Ballhorn (B), der in seinem Eigentum steht.

387 Die Leistung muss aber auch in den Fällen des § 362 Abs. 1 BGB nicht an den **Gläubiger persönlich** erfolgen. Der Gläubiger kann bei der Entgegennahme der Leistung ähnlich wie der Schuldner auch empfangszuständige Hilfspersonen wie einen Empfangsstellvertreter oder einen Empfangsboten sowie einen Dritten einschalten.

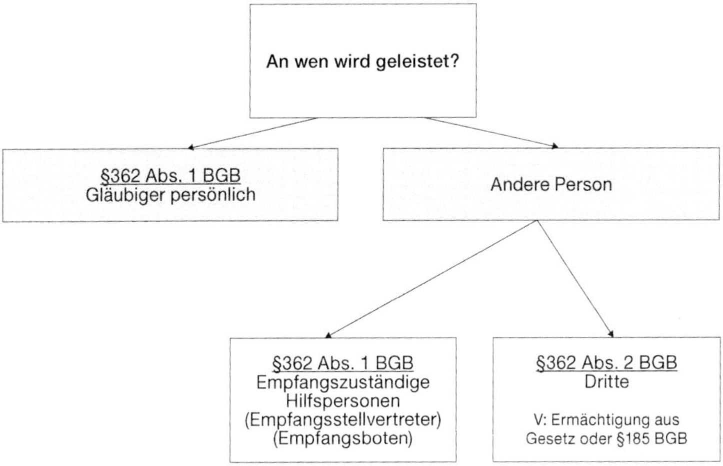


**Abb. 39:** Richtiger Gläubiger

Um **Empfangsvertreter** sein zu können, müssen die Voraussetzungen der § 164 Abs. 3 i. V. m. Abs. 1 S. 1 BGB vorliegen (näher hierzu Rn. 240 ff.). **Empfangsbote** ist als „menschlicher Briefkasten" jede zur Entgegennahme rechtsgeschäftlicher Erklärungen nach der Organisation des Empfängers grundsätzlich geeignete und bereite Person (näher hierzu Rn. 91). 388

Erfüllung nach § 362 Abs. 1 BGB tritt aber nur ein, wenn die Leistung an einer der vorgenannten Hilfspersonen den geschuldeten Erfolg auch tatsächlich herbeiführt. So ist etwa der Verkäufer nach § 433 Abs. 1 S. 1 verpflichtet, dem Käufer die Sache zu übergeben und das Eigentum zu verschaffen. Leistet der Verkäufer an eine **empfangszuständige Hilfsperson des Käufers**, so muss daher geprüft werden, ob der Käufer hierdurch Eigentum und Besitz an der Sache erworben hat. Ein Empfangsstellvertreter muss dafür über die zum Eigentumserwerb notwendige Vollmacht verfügen. Ein Empfangsbote muss in der Lage sein, die Sache als Besitzdiener oder -mittler tatsächlich dem Gläubiger zu übergeben (vgl. § 929 S. 1 BGB). Entsprechendes gilt, wenn der Schuldner eine Geldschuld per Überweisung bezahlt und das Geld folglich an die Bank des Gläubigers übermittelt. Die Bank fungiert in diesen Fällen als Zahlstelle des Gläubigers. Die Erfüllung tritt mit der Gutschrift auf dem Konto des Gläubigers ein.

**Beispiel**

Der Geschäftsführer Krause (K) der Autohaus Krause GmbH (G) übergibt im Rahmen eines Kaufvertrags mit der Gemeinde Ostseebad Heringsdorf (H) das Dienstfahrzeug an deren hauptamtliche Bürgermeisterin Lalisken (L). Sie ist wegen § 38 Abs. 2 S. 1 KV M-V die gesetzliche Empfangsvertreterin der H nach § 164 Abs. 3 i. V. m. Abs. 1 S. 1 BGB.

Hätte sie den Mitarbeiter der H Herrn Mock (M) hierzu bevollmächtigt, wäre auch er Empfangsvertreter nach § 164 Abs. 3 i. V. m. Abs. 1 S. 1 BGB

389 Zum anderen kann sich der Gläubiger nach § 362 Abs. 2 BGB auch **Dritter** bedienen. Bei ihr handelt es sich um Dritte ähnlich wie bei § 267 Abs. 1 S. 1 BGB, also um Personen, die jedenfalls keine Hilfspersonen des Gläubigers sind und deshalb nicht in seinem Lager stehen. Voraussetzung hierfür ist, dass der Dritte empfangszuständig ist. Dies kann sich aus Gesetz (insbesondere aus § 80 Abs. 1 InsO) oder gerichtlicher Entscheidung ergeben. Denkbar ist auch, dass der Gläubiger den Dritten rechtsgeschäftlich zur Annahme der Leistung ermächtigt, hierzu also nach § 185 Abs. 1 zuvor einwilligt (vorherige Zustimmung, § 183 BGB) oder dies nachträglich nach § 185 Abs. 2 S. 1 Var. 1 BGB genehmigt (nachträgliche Zustimmung, § 184 BGB). Eine solche Ermächtigung muss sich auf eine Leistung zum Zwecke der Erfüllung beziehen. Die vorgesehene und praxisbedeutsame Zahlung eines Kaufpreises auf ein Notaranderkonto führt deshalb regelmäßig nicht zur Erfüllung, da die Leistung nach der Interessenlage der Parteien nur Sicherungszwecken dient. Erfüllungswirkung kommt ihr nur dann zu, wenn die Parteien das ausnahmsweise vereinbaren.

**Beispiel**
Die hauptamtliche Bürgermeisterin Lalisken (L) der Gemeinde Ostseebad Heringsdorf (H) bevollmächtigte ihren Mitarbeiter Mock (M), mit dem Geschäftsführer Krause (K) der Autohaus Krause GmbH (G) einen Reparaturauftrag für ein Dienstfahrzeug auszuhandeln. Sie vereinbaren, dass H im Voraus 2.000,00 € brutto der G überweist. Zwischenzeitlich eröffnete das Amtsgericht Greifswald über das Vermögen der G das Insolvenzverfahren und bestellte Herrn Inckmann (I) zum zuständigen Insolvenzverwalter. Deswegen überweist M im Namen der H die Summe auf das Konto des Insolvenzverwalters bei der Ostseesparkasse Rostock (O). I handelt nicht im Willen und Wissen des K in seiner Funktion als Geschäftsführer der G und ist daher Dritter i. S. d. § 362 Abs. 2 BGB. Er ist als Insolvenzverwalter über das Vermögen der G empfangszuständig nach § 80 Abs. 1 InsO. Auf eine Einwilligung des K für G i. S. d. § 185 BGB kommt es daher nicht an. H leistete durch M an den richtigen Gläubiger nach § 362 Abs. 2 BGB.

### 4. Richtige Zeit

390 Die richtige Zeit betrifft die Frage, wann geleistet werden muss. Es geht also um den Zeitpunkt, ab dem der Gläubiger die Leistung verlangen kann. Gemeint ist damit die **Fälligkeit**, die sich nach § 271 Abs. 1 BGB richtet. Ist eine Leistungszeit weder bestimmt (Parteivereinbarung), noch durch eine spezielle Rechtsnorm vorgegeben oder aus den Umständen zu entnehmen, so kann der Gläubiger die Leistung nach **§ 271 Abs. 1 BGB sofort** verlangen. Die richtige Zeit entnimmt man daher dieser **Prüfungsreihenfolge**:

1. Parteivereinbarung,
2. spezielle Rechtsnorm,
3. Entnahme aus den Umständen und
4. Auffangklausel des § 271 Abs. 1 BGB: sofort.

**Sofort** i. S. d. § 271 Abs. 1 BGB bedeutet, dass die Leistung so schnell zu erbringen ist, wie dies dem Schuldner unter den jeweiligen Umständen des Einzelfalls möglich ist. Dies ist also Sache des Einzelfalls, generalisierende Ausführungen sind kaum möglich.

Die Parteien können den jeweiligen Fälligkeitszeitpunkt jederzeit ändern, indem sie diesbezüglich nachträglich etwas vereinbaren. Praxisrelevant ist primär die sog. **Stundungsvereinbarung** über eine Forderung, wonach die Parteien ihre Fälligkeit (näher hierzu Rn. 390) nach hinten hinausschieben (näher hierzu Rn. 415). 391

**Beispiele**

- Parteivereinbarung: Herr Vollmann (V) und Herr Kluge (K) vereinbaren für die Kaufpreiszahlung des Pkws eine Ratenzahlung. Hier ist die erste Rate nach § 271 Abs. 1 BGB sofort fällig. Für die anderen Raten trafen sie eine von § 271 Abs. 1 BGB abweichende Vereinbarung, die vorrangig ist.
- Spezielle Rechtsnorm: § 556b Abs. 1 BGB bestimmt für den Mietvertrag, dass die Miete zu Beginn, spätestens bis zum dritten Werktag der einzelnen Zeitabschnitte, zu entrichten ist, nach denen sie bemessen ist. Im Regelfall ist die Miete monatlich zu zahlen, also bis zum dritten Werktag eines jeden Monats im Voraus.
- Aus den Umständen: Ein Bauunternehmer verpflichtet sich gegenüber einem Grundstückseigentümer, auf dessen Grundstück ein Fertighaus zu errichten. Diese Verpflichtung ist erst dann fällig, wenn die Baugenehmigung für das Haus erteilt worden ist. Der Grund liegt in den Umständen, dass wenn der Grundstückseigentümer bisher nicht bauen darf, dass dann auch der Bauunternehmer nicht tun darf.
- § 271 Abs. 1 BGB: Im Zweifel sofort. Bei größeren Gebrauchsgütern (z. B. einem Pkw) kann „sofort" auch eine Stunde sein.

### 5. Richtige Ort

Der richtige Ort betrifft die Frage, wo geleistet werden muss. Es geht also um den Ort, an dem der Gläubiger die Leistung verlangen kann, die sich nach § 269 Abs. 1 BGB richtet. Der Leistungsort kann je nach Einzelfall der Wohn- oder Geschäftssitz sein. Ist dieser weder bestimmt (Parteivereinbarung), noch durch eine spezielle Rechtsnorm vorgegeben oder aus den Umständen zu entnehmen, so ist die Leistung nach **§ 269 Abs. 1 BGB** am **Ort des Schuldners** zu erbringen (Holschuld). Gläubiger muss die Leistung also am Ort des Schuldners in Empfang nehmen. Denkbar wäre aber – soweit der Auffangtatbestand nicht in Betracht kommt –, dass auch eine Bring- oder Schickschuld greifen kann. Insoweit ist auf das hierzu bereits Erörterte zu verweisen. Ausnahmsweise ist die Leistung bei **Geldschulden** nach **§ 270 Abs. 1 BGB** am **Ort des Gläubigers** zu erbringen (Bringschuld). Den richtigen Ort entnimmt man daher dieser **Prüfungsreihenfolge:** 392

1. Parteivereinbarung,
2. spezielle Rechtsnorm,
3. Entnahme aus den Umständen und
4. Auffangklausel des § 269 Abs. 1 BGB: Ort des Schuldners (=Holschuld); Ausnahme § 270 Abs. 1 BGB bei Geldschulden Ort des Gläubigers (=Bringschuld)

**Beispiele**

- Parteivereinbarung: Der Kunde K und das Möbelhaus I vereinbaren eine Lieferung der Möbel an den Wohnsitz des K.
- Spezielle Rechtsnorm: § 697 Abs. 1 BGB bestimmt, dass bei einem Verwahrungsvertrag die Rückgabe an dem Ort zu erfolgen hat, wo die Sache aufbewahrt war.
- Aus den Umständen: K kauft beim Unternehmen „Versandhandel V GmbH" Ware über das Internet. Auch ohne ausdrückliche Vereinbarung, dass V die Ware zu versenden hat, ergibt sich aus der Natur des Schuldverhältnisses, dass V dem K die Ware übersenden muss.
- § 269 Abs. 1 BGB: Im Zweifel am Ort des Schuldners (Holschuld) (- § 270 Abs. 1 BGB: bei Geldschulden am Ort des Gläubigers (Bringschuld))

***15. Übungsfall: „Stadtfestrettung" – Erfüllung (§ 362 Abs. 1 BGB) s. Fall- und Übungsbuch***

## V. Aufrechnung (§ 389 BGB)

393 Im Privatrechtsverkehr kommt es häufig vor, dass sich Personen **gegenseitig Geld schulden**. In solchen Fällen wäre es unsinnig, sich gegenseitig Geld zu übereignen. Deshalb kann eine der Personen nach § 388 S. 1 BGB die Aufrechnung erklären.

Die Aufrechnung bewirkt nach § 389 BGB, dass die Forderungen, soweit sie sich decken, als in dem Zeitpunkt erloschen gelten, in welchem sie zur Aufrechnung geeignet einander gegenübergetreten sind. Die Aufrechnung ist neben der Erfüllung nach § 362 Abs. 1 BGB die in der Praxis am häufigsten vorkommende rechtsvernichtende Einwendung. Sie tritt regelmäßig bei Dauerschuldverhältnissen, etwa bei Mietverhältnissen, auf. Die Aufrechnung hat folgende Voraussetzungen (***19. Prüfungsschema, vgl. Fall- und Übungsbuch***):

1. Aufrechnungslage nach § 387 BGB
   a) wirksame, fällige und durchsetzbare Gegenforderung
   b) wirksame und erfüllbare Hauptforderung
   c) Gegenseitigkeit der Gegen- und Hauptforderung
   d) Gleichartigkeit der Gegen- und Hauptforderung
2. Aufrechnungserklärung nach § 388 S. 1 BGB
3. Kein Ausschluss der Aufrechnung

RF: Forderungen, soweit sie sich decken, gelten nach § 389 BGB als erloschen

**Beispiel**

Der Mieter Meier (M) lässt die Heizung für 500,00 € brutto reparieren, weil die WIRO Wohnen in Rostock Wohnungsgesellschaft mbH (W) als seine Vermieterin die Reparatur verweigert hat. Steht M gegen W ein solcher Aufwendungsersatzanspruch aus § 536a Abs. 2 Nr. 1 BGB zu, kann er ihr gegenüber nach § 388 S. 1 BGB die Aufrechnung erklären. Die Mietforderung der

W gegen M gilt nach § 389 BGB in diesem Umfang zu diesem Zeitpunkt als erloschen. Die übrigen Ansprüche der Parteien bleiben davon unberührt.

Bei der Aufrechnungslage nach § 387 BGB muss der Aufrechnende über eine **wirksame** (näher hierzu Rn. 162 ff. und 295 ff.), **fällige** und **durchsetzbare** (näher hierzu Rn. 171 ff. und 403 ff.) **Gegenforderung** gegenüber dem Anfechtungsgegner verfügen („sobald er die ihm gebührende Leistung fordern [...] kann"). Die Gegenforderung ist also die Forderung, mit der aufgerechnet wird. Die Fälligkeit ist der Zeitpunkt, ab dem der Gläubiger die Leistung verlangen kann, nach § 271 Abs. 1 BGB sofort (näher hierzu Rn. 390). Der Schuldner darf daher beispielsweise nicht mit einer gestundeten Forderung oder mit einer Mietforderung aufrechnen, die erst in den kommenden Monaten fällig wird. In der Praxis fehlt es häufig an dieser Gegenforderung. So kommt es vor, dass zahlungsunwillige Schuldner zur Vermeidung oder Verzögerung von Zahlungen mit Forderungen aufrechnen, die tatsächlich nicht bestehen. 394

Der Aufrechnungsgegner muss hingegen über eine **wirksame** (näher hierzu Rn. 162 ff. und 295 ff.) und **erfüllbare Hauptforderung** gegenüber dem Aufrechnenden verfügen („sobald er [...] die ihm obliegende Leistung bewirken kann"). Die Hauptforderung ist die Forderung, gegen die aufgerechnet wird. Die **Erfüllbarkeit** bezeichnet den Zeitpunkt, ab dem der Schuldner die Leistung bewirken darf, nach § 271 Abs. 2 BGB im Zweifel sofort. Die Hauptforderung muss jedoch – anders als die Gegenforderung – nicht durchsetzbar sein (näher hierzu Rn. 171 ff. und 403 ff.). Daher kann der Aufrechnende theoretisch auch gegenüber einer verjährten Hauptforderung des Anfechtungsgegners die Aufrechnung erklären. 395

Schließlich müssen Gegen- und Hauptforderung **gegenseitig** sein. Das bedeutet, dass der Gläubiger der einen Forderung Schuldner der anderen Forderung sein muss und umgekehrt. 396
Sie müssen auch **gleichartig** sein. Das bedeutet, dass der Leistungsgegenstand gleichartig sein muss. Regelmäßig werden Geldschulden vorliegen, bei denen der Gegenstand der Leistung jeweils Geld ist. Nicht gleichartig sind beispielsweise Geldschulden und ein Befreiungsanspruch.

Neben der zuvor dargestellten Aufrechnungslage nach § 387 BGB muss der Aufrechnende die Aufrechnung nach § 388 S. 1 BGB **erklären.** Es handelt sich dabei um eine einseitige, empfangsbedürftige Willenserklärung (näher hierzu Rn. 64 ff.). 397
Außerdem darf die Aufrechnung **nicht ausgeschlossen** sein. Neben der Möglichkeit, vertraglich ein Aufrechnungsverbot zu vereinbaren, gibt es gesetzliche Aufrechnungsverbote, die in den §§ 392 ff. BGB geregelt sind, insbesondere in § 393 und § 394 S. 1 BGB.

## VI. Kündigung

Im Unterschied zum Rücktritt nach § 346 Abs. 1 BGB erlaubt die Kündigung die Loslösung von einem Vertrag, der auf Dauer angelegt ist (Dauerschuldver- 398

hältnisse). Sie entfaltet nur **Wirkung für die Zukunft**. Anders als beim Rücktritt findet mithin keine Rückabwicklung des Vertrags statt.
Der Kündigende muss die Kündigung **erklären**. Sie ist eine einseitige, empfangsbedürftige Willenserklärung. Das Wort „Kündigung" muss in der Erklärung nicht auftauchen. Es genügt, dass sich der Kündigungswille im Wege der Auslegung nach den §§ 133, 157 BGB aus der Sicht eines objektiven dritten Beobachters ermitteln lässt.
Es gibt **zwei Formen** der Kündigung:
- die ordentliche und
- die außerordentliche Kündigung.

### 1. Ordentliche Kündigung

399 Das BGB regelt die ordentliche Kündigung nur sporadisch. Sie unterliegt regelmäßig einer Kündigungsfrist und kann **ohne besonderen Grund** erfolgen, auch ohne ausdrückliche Rechtsnorm. Unterschieden werden muss bei einer ordentlichen Kündigung zwischen:
- einem befristeten Dauerschuldverhältnis und
- einem unbefristeten Dauerschuldverhältnis.

Handelt es sich um ein **befristetes Dauerschuldverhältnis**, so würde die Einräumung eines ordentlichen Kündigungsrechts dem Grundsatz der Vertragsbindung (pacta sunt servanda) entgegenstehen. Die Parteien haben sich gerade darauf geeinigt, eine Vertragsbeziehung auf Zeit einzugehen. Ordentlich kündbar wird dieses Verhältnis nur dann sein, soweit die Parteien dies miteinander vertraglich vereinbaren.

**Beispiele**
- Das Mietverhältnis über Gewerberäume, das Rechtsverhältnis eines Girokontovertrags mit einer Bank, ein Internet-Provider-Vertrag oder ein Fitnessstudiovertrag können mit einer ordentlichen Kündigung nach Ablauf einer Kündigungsfrist und ohne Vorliegen besonderer Gründe aufgelöst werden.
- Die ordentliche Vermieterkündigung eines Wohnraummietverhältnisses bedarf nach § 573 Abs. 1 S. 1 BGB eines besonderen Grundes.
- Die ordentliche Arbeitgeberkündigung eines Arbeitsverhältnisses bedarf nach § 1 KSchG einer sozialen Rechtfertigung.

400 Bei einem **unbefristeten Dauerschuldverhältnis** besteht ohne Kündigungsmöglichkeit die Gefahr einer unbegrenzten Laufzeit, die darauf hinauslaufen würde, dass die Vertragsparteien auf ewig miteinander verbunden sind, soweit nicht ein Verhalten des anderen zu einer außerordentlichen Kündigung berechtigt. Auch ohne ausdrückliche Rechtsnorm sind daher Vertragspartner in diesen Fällen dazu berechtigt, den Vertrag ordentlich zu kündigen. Ggf. müssen sie aber Sonderrechtsnormen wie aus dem Arbeits- oder Mietrecht beachten.

**Beispiel**
Schließt ein Arbeitnehmer mit einem Arbeitgeber einen auf ein Jahr befristeten Arbeitsvertrag nach § 611a BGB, darf diesen keine Vertragspartei kündigen, es sei denn, sie vereinbaren dies. Unerheblich ist, ob eine Partei unter anderem zwischenzeitlich eine bessere Option hat.

### 2. Außerordentliche Kündigung

Nach § 314 Abs. 1 S. 1 BGB kann jeder Vertragsteil Dauerschuldverhältnisse aus wichtigem Grund ohne Einhaltung einer Kündigungsfrist kündigen. Nach § 314 Abs. 1 S. 2 BGB liegt ein wichtiger Grund vor, wenn dem kündigenden Teil unter Berücksichtigung aller Umstände des Einzelfalls und unter Abwägung der beiderseitigen Interessen die Fortsetzung des Vertragsverhältnisses bis zur vereinbarten Beendigung oder bis zum Ablauf einer Kündigungsfrist nicht zugemutet werden kann. Bei einer außerordentlichen Kündigung bedarf es also eines **wichtigen Grundes**. Regelmäßig wird dies eine erhebliche Pflichtverletzung eines Vertragsteils sein. Außerordentlich kündbar sind **alle Dauerschuldverhältnisse**, also wohl ordentliche als auch außerordentliche. Sie ist fristlos, sodass eine Kündigungsfrist nicht einzuhalten ist. **401**

## VII. Widerruf

In den Fällen, in denen keinem Vertragsteil eine Pflichtverletzung zur Last fällt, kann ein Vertrag auch durch eine Widerrufserklärung aufgelöst werden. Praxisrelevant sind neben einem vertraglich vereinbarten Widerrufsrecht bei Vergleichen in Gerichtsprozessen vor allem ein gesetzlich geregeltes Widerrufsrecht für Verbraucher bei außerhalb von Geschäftsräumen geschlossenen Verträgen mit einem Unternehmer nach **§ 312g Abs. 1 BGB**. Bei Erklärung des Widerrufs z. B. nach § 355 Abs. 1 S. 2 BGB wäre dann nach § 355 Abs. 1 S. 1 BGB der Verbraucher und der Unternehmer an ihre auf den Abschluss gerichteten Willenserklärungen nicht mehr gebunden. Die Widerrufsfrist beträgt nach § 355 Abs. 2 S. 1 BGB in diesen Fällen vierzehn Tage (vgl. hierzu Rn. 54). **402**

# 6. Kapitel: Wichtige rechtshemmende Einreden

403 Rechtshemmende Einreden sind – wie bereits erörtert – Rechtsnormen, die die **Durchsetzung** eines entstandenen und nicht untergegangenen Anspruchs verhindern (näher hierzu Rn. 171 ff.). Ein geborenes und nicht vernichtetes Kind wird bewegungsunfähig „in Fesseln gelegt". Einreden müssen erhoben werden, auch wenn sie nicht als solche ausdrücklich bezeichnet werden müssen.

404 **Hinweise zur Fallbearbeitung**

Dem Anspruchsaufbau (juristischem Dreiklang) folgend sind rechtshemmende Einreden in einer Falllösung nach den Tatbestandsvoraussetzungen, rechtshindernden Einwendungen und rechtsvernichtenden Einwendungen als Viertes zu prüfen. Ausführungen gehören zum Prüfungspunkt „III. Anspruch durchsetzbar".
Ob eine Rechtsnorm eine rechtshemmende Einrede darstellt, erkennt man in der Regel an den Worten „ist berechtigt/kann die Leistung verweigern" (vgl. § 214 Abs. 1 BGB: „Nach Eintritt der Verjährung ist der Schuldner berechtigt, die Leistung zu verweigern").

405 **Wichtige rechtshemmende Einreden** sind *(4. Übersicht, vgl. Fall- und Übungsbuch)*:

**peremptorisch (dauernd)**

1. Die Verjährung nach § 214 Abs. 1 BGB,

**dilatorisch (aufschiebend)**

2. die Einrede des nicht erfüllten Vertrags nach § 320 Abs. 1 BGB,
3. das Zurückbehaltungsrecht nach § 273 Abs. 1 BGB,
4. die praktische Unmöglichkeit nach § 275 Abs. 2 BGB,
5. die persönliche Unmöglichkeit nach § 275 Abs. 3 BGB und
6. die Stundungsvereinbarung

## I. Verjährung (§ 214 Abs. 1 BGB)

406 Verjährungsrechtsnormen dienen dem **Rechtsfrieden**. Sie bietet demjenigen Schutz, der – ganz gleich, ob zu Recht oder Unrecht – in Anspruch genommen wird. Dies ist nachvollziehbar. Je länger etwas zurückliegt, desto schwieriger wird es im Rahmen eines Gerichtsprozesses festzustellen, welche Partei im Recht ist. Die Verjährung kommt in der Privatrechtsordnung dadurch zum Ausdruck, dass der Schuldner nach § 214 Abs. 1 BGB berechtigt ist, nach Ablauf der Verjährungsfrist die Erbringung der Leistung zu verweigern. Der Verjährung unterliegen nur Ansprüche, also Rechte, von einem anderen ein Tun oder Unterlassen zu verlangen (§ 194 Abs. 1 BGB). Darunter fallen also beispielsweise nicht Gestaltungsrechte, wie Anfechtungs- oder Widerrufsrechte.

Die **Prüfung**, ob ein Anspruch verjährt ist, erfolgt in drei Schritten (***20. Prüfungsschema, vgl. Fall- und Übungsbuch***):

1. Zunächst ist die Verjährungsfrist für den konkreten Anspruch,
2. danach der Beginn der Verjährungsfrist und
3. zuletzt das Ende der Verjährungsfrist zu ermitteln.

### 1. Ermittlung der Verjährungsfrist

Eine einheitliche Verjährungsfrist für alle Ansprüche gibt es nicht. Zu prüfen 407
sind daher zunächst Rechtsnormen, die **spezielle Verjährungsfristen** vorsehen. Hierunter fallen beispielsweise:

- § 438 BGB: Verjährung der Mängelansprüche, regelmäßig in zwei Jahren nach § 438 Abs. 1 Nr. 3 BGB, oder
- § 197 BGB: Dreißigjährige Verjährungsfrist, so z. B. nach § 197 Abs. 1 Nr. 1 BGB bei Schadensersatzansprüchen, die auf der vorsätzlichen Verletzung des Lebens, des Körpers, der Gesundheit, der Freiheit oder der sexuellen Selbstbestimmung beruhen und nach § 197 Abs. 1 Nr. 3 BGB bei rechtskräftig festgestellten Ansprüchen.

Ist keine spezielle Rechtsnorm einschlägig, so greift die **allgemeine Verjährungsfrist** nach § 195 BGB von drei Jahren.

### 2. Ermittlung des Fristbeginns

Hier ist zunächst zu prüfen, ob spezielle Rechtsnormen den Beginn einer **spezi- 408
ellen Verjährungsfrist** festlegen. So beginnt der Lauf der Verjährungsfrist für kaufrechtliche Gewährleistungsansprüche nach § 438 Abs. 2 BGB mit Ablieferung der Sache.

**Beispiel**
Die Bürgermeisterin Lalisken (L) der Gemeinde Ostseebad Heringsdorf (H) erwirbt nach § 164 unmittelbar für und gegen H bei der Autohaus Kruse GmbH (G) einen Dienstwagen. Der G zustehende Kaufpreiszahlungsanspruch aus § 433 Abs. 2 Hs. 1 BGB von zwei Jahren nach § 438 Abs. 1 Nr. 3 BGB beginnt hier nach § 438 Abs. 2 BGB mit der Ablieferung des Dienstwagens, also beispielsweise am 1. November.

Kommt keine spezielle Rechtsnorm zu tragen, so beginnt der Lauf der **allgemei- 409
nen dreijährigen Verjährungsfrist** (**§ 195 BGB**) nach § 199 Abs. 1 BGB erst mit dem Schluss des Jahres,

1. in dem der Anspruch entstanden ist und
2. der Gläubiger von den anspruchsbegründenden Umständen und der Person des Schuldners Kenntnis erlangt oder ohne grobe Fahrlässigkeit erlangen müsste.

**Grob fahrlässig** handelt derjenige, der die im Verkehr erforderliche Sorgfalt nach den gesamten Umständen in ungewöhnlich hohem Maß verletzt und unbeachtet lässt, was im gegebenen Fall jedem hätte einleuchten müssen (vgl. § 276 Abs. 2 BGB).

**Beispiel**
Herr Wolfram (W) fährt Frau Langer (L) am Silvesterabend 2020 gegen 22.00 Uhr mit dem Pkw versehentlich an. Er flieht. Die Polizei ermittelt ihn als Täter am 10. Januar 2021 und setzt L diesbezüglich in Kenntnis. Aus einem Unsicherheitsgefühl heraus lässt sie sich erst drei Jahre später am 10. Januar 2025 von einem Rechtsanwalt wegen privatrechtlicher Ansprüche aufgrund des Unfalls beraten.
L steht gegen W ein Schadensersatzanspruch aus § 823 Abs. 1 BGB zu. Mangels besonderer Rechtsnormen gilt nach § 195 BGB die allgemeine Verjährungsfrist von drei Jahren.
Fraglich ist, wann diese Verjährungsfrist nach § 199 Abs. 1 BGB begann. Danach beginnt sie mit dem Schluss des Jahres, in dem der Anspruch entstanden ist und der Gläubiger von den anspruchsbegründenden Umständen und der Person des Schuldners Kenntnis erlangt oder ohne grobe Fahrlässigkeit erlangen müsste. Zwar ist der Schadensersatzanspruch aus § 823 Abs. 1 BGB noch im Jahr 2020 entstanden. Kenntnis von der Person des W als Schuldner hatte sie aber erst am 10. Januar 2021. Die Verjährungsfrist von drei Jahren nach § 195 BGB beginnt damit nach § 199 Abs. 1 BGB erst am Schluss des Jahres 2021, mithin am 31. Dezember 2024 um 24.00 Uhr. T kann die Zahlung eines Schadensersatzes aus einem Anspruch nach § 823 Abs. 1 BGB wegen des Verkehrsunfalles nach § 214 Abs. 1 BGB verweigern.

Daneben können auch noch Höchstfristen zum Tragen kommen, beispielsweise nach § 199 BGB.

### 3. Ermittlung des Verjährungsendes

410 Das Fristende ermittelt man nun, indem die Verjährungsfrist mit dem Fristbeginn **addiert** wird (vgl. § 188 Abs. 2 BGB). So endet beispielsweise die dreijährige Verjährungsfrist nach § 188 Abs. 2 BGB mit Ablauf desjenigen Tages, welcher durch seine Zahl dem Tage entspricht, auf den das Ereignis (hier: Beginn der Verjährungsfrist) fällt.

**Beispiel**
Soweit die Verjährungsfrist am 31. Dezember 2024 um 24:00 Uhr beginnt, endet sie beispielsweise aufgrund der dreijährigen Verjährungsfrist am 31. Dezember 2027 um 24:00 Uhr.

Daneben gibt es Möglichkeiten der Verjährungshemmung nach den §§ 203, 204 BGB und des Verjährungsneubeginns nach § 212 BGB.

## II. Zurückbehaltungsrecht (§ 273 Abs. 1 BGB)

411 Hat der Schuldner aus demselben rechtlichen Verhältnis, auf dem seine Verpflichtung beruht, einen fälligen Anspruch gegen den Gläubiger, so kann er, soweit nicht aus dem Schuldverhältnis sich ein anderes ergibt, nach § 273 Abs. 1 BGB die geschuldete Leistung verweigern, **bis die ihm gebührende Leistung bewirkt wird**. Die Wirkung dieses Zurückbehaltungsrechts besteht entweder darin, dass der Gläubiger zur Abwehr des Zurückbehaltungsrechts Sicherheit leistet (§ 273 Abs. 3 BGB) oder die beiden Leistungen jetzt nicht mehr uneinge-

schränkt gefordert werden können. Vielmehr darf nach § 274 Abs. 1 BGB eine Verurteilung nur noch Zug um Zug gegen Erfüllung der anderen Leistung erfolgen.

**Beispiel**
In der Praxis von großer Bedeutung ist die Möglichkeit des Arbeitnehmers von seinem Zurückbehaltungsrecht nach § 273 BGB Gebrauch zu machen, soweit der Arbeitgeber mit der Zahlung seiner Vergütung in Verzug gerät.

## III. Einrede des nicht erfüllten Vertrags (§ 320 Abs. 1 S. 1 BGB)

§ 320 BGB ist eine Sonderform des Zurückbehaltungsrechts aus § 273 BGB. 412
Diese Einrede des nichterfüllten Vertrags berechtigt so lange zur Leistungsverweigerung, wie der andere Vertragspartner die **Gegenleistung bisher nicht erbrachte**. Zweck von § 320 BGB ist damit vor allem, Druck auf einen vorleistungspflichtigen Schuldner auszuüben.

**Beispiel**
Ein typisches Beispiel für die Anwendung der Einrede des nicht erfüllten Vertrags nach § 320 Abs. 1 S. 1 BGB ist der Kaufvertrag nach § 433 BGB. Wenn ein Käufer eine Ware bestellt und der Verkäufer die Ware nicht liefert, kann der Käufer die Zahlung des Kaufpreises so lange verweigern, bis der Verkäufer ihm die Ware zugänglich macht. Diese Verpflichtung des Verkäufers muss also erfüllt sein, bevor der Käufer seine Leistung erbringt.

## IV. Praktische Unmöglichkeit (§ 275 Abs. 2 S. 1 BGB)

§ 275 Abs. 2 S. 1 BGB erfasst die Fälle der **praktischen Unmöglichkeit**. Dies 413
sind Fälle, in denen die Behebung des Leistungshindernisses zwar theoretisch möglich, aber der Aufwand keinem Schuldner zumutbar ist. Voraussetzung des § 275 Abs. 2 S. 1 BGB ist, dass die **Leistung** einen Aufwand erfordert, der unter Beachtung des Inhalts des Schuldverhältnisses und der Gebote von Treu und Glauben in einem **groben Missverhältnis zu dem Leistungsinteresse des Gläubigers** steht. Der erforderliche Aufwand ist objektiv zu bestimmen. Subjektive Leistungserschwerungen spielen im Rahmen des § 275 Abs. 2 S. 1 BGB keine Rolle.

**Beispiel**
Herr Vollmann (V) verkauft Herrn Kluge (K) einen einzigartigen Ring. Vor der Übergabe fällt der Ring auf den Grund eines Baggersees. Hier liegt keine Unmöglichkeit nach § 275 Abs. 1 BGB vor, da es technisch möglich ist, den Ring vom Grund des Sees zu suchen und zu bergen. Jedoch würde durch die Bergung dem V ein Aufwand abverlangt werden, der mit dem Leistungsinteresse des K in grobem Missverhältnis steht. Eine Bergung mit einem derartigen technischen Aufwand ist dem V nicht zuzumuten. Soweit K von V nach § 433 Abs. 1 S. 1 BGB die Übergabe und Übereignung des Ringes verlangt, ist V nach § 214 Abs. 1 BGB berechtigt, dies zu verweigern.

## V. Persönliche Unmöglichkeit (§ 275 Abs. 3 BGB)

414 § 275 Abs. 3 BGB erfasst die persönliche Unmöglichkeit, die Fälle der sog. **„moralischen“ Unmöglichkeit**. Die Rechtsnorm ist nur auf solche Leistungspflichten anwendbar, die der Schuldner persönlich, also in eigener Person, zu erbringen hat. Hierunter fällt v. a. die Hauptleistungspflicht von Dienstverpflichteten und Arbeitnehmern (vgl. auch § 613 S. 1 BGB). Aber auch bei Werkverträgen kann sich durch Auslegung aus der Sicht eines objektiven dritten Beobachters nach den §§ 133, 157 BGB ergeben, dass der Werkunternehmer einen persönlichen Dienst schuldet.

Voraussetzung des § 275 Abs. 3 BGB ist, dass der Schuldner die **Leistung persönlich zu erbringen hat** und sie ihm unter Abwägung des seiner Leistung entgegenstehenden Hindernisses mit dem Leistungsinteresse des Gläubigers **nicht zugemutet** werden kann. Die zuletzt angesprochene Unzumutbarkeit der Leistung des Schuldners ist im Wege einer Abwägung zwischen den der Leistung entgegenstehenden Hindernissen und des Leistungsinteresses des Gläubigers zu ermitteln.

**Beispiel**

Die Stadt Bad Doberan (BD) engagiert Herrn Drews (D) als Sänger für ein Stadtkonzert, die miteinander mit einem „Konzertvertrag“ verbunden sind. Ärzte teilen ihm kurz vor dem Auftritt mit, dass sein Kind aufgrund eines Verkehrsunfalls im Sterben liegt. Er weigert sich zu singen.

Unabhängig davon, ob es sich bei dem „Konzertvertrag“ um einen Dienstvertrag nach § 611 BGB oder um einen Werkvertrag nach § 631 BGB handelt, hat D das Singen persönlich zu erbringen. Entweder aus § 613 S. 1 BGB oder nach Auslegung aus der Sicht eines objektiven dritten Beobachters nach den §§ 133, 157 BGB.

Für die Unzumutbarkeit für das Singen des D ist eine Abwägung zwischen seinem entgegenstehenden Interesse dem Leistungsinteresse der DB vorzunehmen. Da das Kind aufgrund eines plötzlichen Ereignisses im Sterben liegt, genießt das Interesse des D als Vater Vorrang.

Da D die Einrede auch erhob, indem er sich weigerte zu singen, kann er nach § 275 Abs. 3 BGB den Auftritt verweigern.

## VI. Stundungsvereinbarung

415 Die wohl bedeutsamste Einrede ist die Stundungsvereinbarung. Die Parteien können den jeweiligen Fälligkeitszeitpunkt jederzeit ändern, indem sie diesbezüglich nachträglich etwas vereinbaren. Es geht also darum, die **Fälligkeit** (näher hierzu Rn. 390) **nach hinten** zu verschieben (vgl. hierzu Rn. 391). Bei ihr handelt es sich um eine Vertragsänderung, die ein gewöhnlicher Vertrag ist, also durch mindestens zwei sich inhaltlich übereinstimmende Willenserklärungen zustande kommt, Angebot und Annahme (vgl. § 151 S. 1 BGB; näher hierzu Rn. 185 ff.).

**Beispiel**

Frau Porchert (P) ist Privatpatientin bei dem Klinikum Südstadt Rostock (K). K verlangte von ihr die Begleichung eines Rechnungsbetrages i. H. v.

500,00 € brutto bis zum 1. März. P vereinbart mit der zuständigen Sachbearbeiterin Frau Suhl (S), dass sie den Betrag bis zum 1. April überweist. Eine solche Stundungsvereinbarung verschob die Fälligkeit nach hinten.

# 7. Kapitel: Einbeziehung Dritter in den Vertrag und Mehrpersonenverhältnisse

416 Bis jetzt wurde der privatrechtliche Regelfall vorgestellt, dass je Vertragsseite eine Person steht, ein Gläubiger und ein Schuldner. Soweit eine dritte Person eine Rolle spielte, so trat sie für eine dieser Personen auf, ohne dass sie selbst Rechte und Pflichten erwarb. Dritte können jedoch zum einen auch in den Vertrag einbezogen werden oder zum anderen auch Gläubiger bzw. Schuldner sein.

## I. Einbeziehung Dritter in den Vertrag

417 Vertragspartner können Dritte, also andere Personen als sie selbst, in ihren Vertrag einbeziehen, sodass auch sie Rechte und Pflichten treffen können. Unterschieden werden muss, ob sie einbezogen werden:

- aufseiten des Gläubigers im Wege der Abtretung nach den §§ 398 ff. BGB oder
- aufseiten des Schuldners im Wege der Schuldübernahme nach den §§ 414 ff. BGB.

### 1. Gläubigerseite: Abtretung (§ 398 S. 2 BGB)

418 Mit dem Abschluss eines Abtretungsvertrags **tritt** nach § 398 S. 2 BGB der neue Gläubiger **an die Stelle** des bisherigen Gläubigers. Der Abtretungsvertrag (§ 398 S. 1 BGB) wird Zession, der bisherige Gläubiger Zedent und der neue Gläubiger Zessionar genannt. Gegenstand dieses Vertrags ist, dass der Zedent seine Forderung gegenüber dem Schuldner dem Zessionar überträgt. Der Gläubigerwechsel durch Abtretung ist ein **Verfügungsgeschäft**. Er verändert nicht den Inhalt der Forderung und ist wegen des Abstraktionsprinzips i. e. S. unabhängig vom jeweiligen schuldrechtlichen Verpflichtungsgeschäft wirksam. Dem Verpflichtungsgeschäft liegt häufig ein Forderungskaufvertrag nach § 453 Abs. 1 S. 1 BGB i. V. m. § 433 BGB, ein Geschäftsbesorgungsvertrag nach § 675 Abs. 1 BGB und ein Treuhandverhältnis, aber auch ein Tauschvertrag nach § 480 BGB oder Schenkungsvertrag nach § 518 Abs. 1 S. 1 BGB zugrunde. Es ist das tagtägliche Geschäft von Inkassodienstleistern.
Ein Wechsel der Gläubigerstellung nach § 398 S. 2 BGB verlangt folgende Voraussetzungen (***21. Prüfungsschema, vgl. Fall- und Übungsbuch***):

1. Das Vorliegen eines Abtretungsvertrags (§ 398 S. 1 BGB),
2. das Bestehen einer Forderung,
3. die Bestimmbarkeit der Forderung und
4. den fehlenden Ausschluss der Abtretung.

RF: Der neue Gläubiger tritt nach § 398 S. 2 BGB an die Stelle des bisherigen Gläubigers

**Beispiele**

- Herrn Kuschke (K) steht wegen einer Flugverspätung gegen die Lufthansa AG (L) eine Entschädigungsforderung i. H. v. 100,00 € zu. Da es ihm zu mühselig ist, seine Forderung gegenüber L gerichtlich durchzusetzen, verkauft er seine Forderung an die Myflyright GmbH (G). Hierfür zahlt G dem K nach Zahlung der L 70,00 € aus.
- Bert Götz (G) hat eine Kaufpreiszahlungsforderung in Höhe von 1.000,00 € gegen Sabine Stur (S). Fälligkeitstermin dieser Forderung ist der 31. Dezember. G benötigt aber bereits im Oktober das Geld. Da S nicht bereit ist, vor der Fälligkeit zu zahlen, verkauft G mit Kaufvertrag vom 1. Oktober die Forderung an Norbert Reich (R), dem er wegen eines Kaufvertrags 1.000,00 € schuldete.

Für den Abtretungsvertrag nach § 398 S. 1 BGB gelten die allgemeinen **Vetragsvorschriften** der §§ 145 ff. BGB (näher hierzu Rn. 185 ff.). Der Zedent überträgt seine bestehende Forderung gegenüber dem Schuldner, dem Zessionar. Er ist grundsätzlich formfrei. Der Abtretungsvertrag bedarf auch nicht der Zustimmung des Schuldners. § 398 BGB setzt nur einen Vertrag zwischen dem Zedenten und Zessionar voraus. 419

Damit die Forderung auf den neuen Gläubiger übergehen kann, ist erforderlich, dass die **Forderung besteht** und der Abtretende über diese Forderung verfügen kann.

Eine abgetretene Forderung muss **genügend bestimmt**, mindestens aber bestimmbar sein. Das ist der Fall, wenn die Abtretungsvereinbarung so getroffen wird, dass ohne weiteres Zutun der Parteien der Inhalt der Forderung, also die Höhe und der Schuldner der Forderung im Zeitpunkt ihrer Entstehung bestimmt sind.

Schließlich kann die Abtretung insb. aus den folgenden Gründen **ausgeschlossen** sein:

- Inhaltsänderung, § 399 Alt. 1 BGB
- Ausschluss der Abtretung, § 399 Alt. 2 BGB
- Unpfändbarkeit, § 400 BGB

## 2. Schuldnerseite: Schuldübernahme (§§ 414 ff. BGB)

Bei der Schuldübernahme tritt der Dritte entweder „an die Stelle" des bisherigen Schuldners (befreiende Schuldübernahme, § 414 BGB) oder der neue Schuldner tritt „neben" den alten Schuldner, sodass zwei Schuldner selbstständig nebeneinander haften (Schuldbeitritt oder kumulative Schuldübernahme, die eine Gesamtschuld entstehen lässt, §§ 421 ff. BGB). Auch hier schließen Alt- und Neuschuldner einen Vertrag miteinander ab. 420

**Beispiel**

Der Großvater des Herrn Vollmann (G) hat mit ihm Mitleid. Sie möchte seine kompletten Schulden übernehmen. Sie beide schließen diesbezüglich einen Vertrag ab. Nun ist G Schuldnerin gegenüber den Gläubigern (§ 414 BGB).

## II. Mehrpersonenverhältnisse

421 Auf der Seite einer Vertragspartei können als Gläubiger oder Schuldner auch mehrere Personen stehen:

- Von Gläubigern im Wege der Gesamtgläubigerschaft nach § 428 BGB oder
- Von Schuldnern im Wege der Gesamtschuld nach § 421 BGB.

Bei der **Gesamtgläubigerschaft** kann jeder Gläubiger die Leistung ganz oder teilweise fordern, der Schuldner muss aber nur einmal leisten und kann dabei in der Regel wählen, an wen er schuldbefreiend leistet (§ 428 BGB). Dies erfordert regelmäßig einen Ausgleich der Gläubiger im Innenverhältnis (§ 430 BGB).

**Beispiel**
Herr Vollmann (V) und seine Frau (F) haben ein Konto bei der Bank eröffnet. Beide sind Kontoinhaber und jeweils befugt, die Auszahlung der gesamten auf dem Konto befindlichen Beträge zu fordern. Die Bank muss dabei nur einmal das Geld auszahlen. V und F sind hier Gesamtgläubiger nach § 428 Abs. 1 S. 1 BGB.

422 Eine **Gesamtschuld** ist dadurch gekennzeichnet, dass der Gläubiger mehrere Schuldner hat, von denen er die Leistung beliebig, aber nur einmal beanspruchen kann (§ 421 BGB). Dies erfordert regelmäßig einen Ausgleich der Gläubiger im Innenverhältnis (§ 426 BGB).

**Beispiel**
Zwei Eheleute unterschreiben gemeinsam einen Mietvertrag oder einen Darlehensvertrag. Sie sind Gesamtschuldner nach § 421 S. 1 BGB.

# 8. Kapitel: Leistungsstörungen

**Hinweise zur Einordnung** 423

Das Gebiet der Leistungsstörungen ist aus Sicht eines Prüflings schwer zu fassen sein. Ein tiefes Durchringen der Materie ist angesichts der knappen Zeit und des begrenzten Lernstoffes kaum möglich. Daher wird in diesem und dem nachfolgendem 9. Kapitel nur das wirklich notwendige Basiswissen dargestellt. Für das leichtere Erlenen der Leistungsstörungen kann es hilfreich sein, sich die Inhalte der nachfolgenden Lernschwerpunkte einzuprägen:

- Der Schadensersatzanspruch nach § 280 Abs. 1 S. 1 BGB (näher hierzu Rn. 429 ff.)
- Das vorvertragliches Schuldverhältnis nach § 311 Abs. 2 BGB (näher hierzu Rn. 441 ff.)
- Die Schutzpflichtverletzung nach § 241 Abs. 2 BGB (näher hierzu Rn. 445 ff.)
- Die Fahrlässigkeit nach § 276 Abs. 2 BGB (näher hierzu Rn. 453)
- Die Haftung der Organe juristischer Personen nach §§ 31 (anlaog), 89 Abs. 1 BGB (näher hierzu Rn. 458 ff.)
- Die Haftung des Erfüllungsgehilfen nach § 278 S. 1 Alt. 2 BGB (näher hierzu Rn. 465 ff.)
- Die Haftung des gesetzlichen Vertreters nach § 278 S. 1 Alt. 1 BGB (näher hierzu Rn. 473 f.)
- Die Art und der Umfang des Schadensersatzes nach den §§ 249 ff. BGB, insbesondere das Mitverschulden nach § 254 S. 1 BGB (näher hierzu Rn. 482 ff.)

Für Rechtssubjekte ergeben sich – wie bereits aufgezeigt – unterschiedliche 424
Haupt- und Nebenleistungspflichten (näher hierzu Rn. 105 ff.), so beispielsweise im Rahmen eines Kaufvertrags die Pflicht des Verkäufers zur Übergabe und Übereignung der Kaufsache nach § 433 Abs. 1 S. 1 BGB. Wenn nun ein Rechtssubjekt der ihm obliegenden Pflicht nicht oder nicht wie vorgesehen nachkommt, begeht er eine sog. **Pflichtverletzung.** Das ist die objektive Verletzung der aus einem primären Schuldverhältnis bestehenden Pflicht. Daraus erwachsen sog. **Leistungsstörungen**, da die Leistung nicht mehr oder nicht so erbracht wird, wie vereinbart.

Liegt eine Pflichtverletzung vor, so stehen dem Geschädigten gegen den Pflichtenverletzer sog. **vertragliche Sekundäransprüche** zu. Geregelt sind sie in den §§ 280 ff. BGB (vor allem in den §§ 280–283, 286 BGB). Sie erhalten ihrer Struktur nach eine Vielzahl von Anspruchsgrundlagen, die nicht alle dargestellt werden sollen. Ihr gemeinsamer Grundtatbestand findet sich in **§ 280 Abs. 1 S. 1 BGB.** Sie eint u. a., dass der Pflichtverletzer einen **Schaden** verursacht haben muss, dessen Ersatz sich nach Art und Umfang nach den §§ 249 ff. BGB richtet.

425 **Hinweise zur Fallbearbeitung**

Bei der Prüfungsreihenfolge privatrechtlicher Anspruchsgrundlagen (privatrechtliche Anspruchshierarchie) sind vertragliche Sekundäransprüche wie der Schadensersatzanspruch neben der Leistung aus § 280 Abs. 1 BGB, den wir gleich kennenlernen werden, auf der zweiten Ebene zu prüfen. Sie sind also erst dann zu prüfen, wenn für das Begehren des Rechtssubjekts ein auf der ersten Ebene liegender vertraglicher Primäranspruch nicht (mehr) infrage kommt.
Das Leistungsstörungsrecht ist – wie erwähnt – höchst komplex. Das Auffinden der richtigen Anspruchsgrundlage der §§ 280 ff. BGB stellt für den Prüfling regelmäßig eine große Herausforderung dar. Wichtig ist sich zu vergegenwärtigen, dass sie alle den grundlegenden Schadensersatzanspruch neben der Leistung aus § 280 Abs. 1 S. 1 BGB modifizieren, der in diesem Kapitel vorgestellt wird. Die Systematik der Schadensersatzansprüche soll im Übrigen anhand der kaufrechtlichen Gewährleistungsrechte nach § 437 Nr. 3 BGB im 9. Kapitel näher vorgestellt werden.

Bevor nun auf den Schadensersatzanspruch neben der Leistung aus § 280 Abs. 1 S. 1 BGB eingegangen werden kann, sollen als Vorbereitung hierzu mögliche Arten von Pflichtverletzungen vorgestellt werden.

## I. Arten von Pflichtverletzungen

426 Eine Person kann auf unterschiedliche Weise Pflichten verletzen, die ihn gegenüber einer anderen Person treffen.

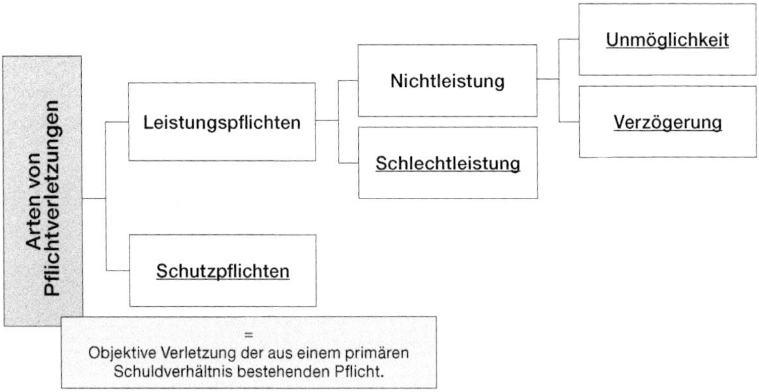


**Abb. 40:** Arten von Pflichtverletzungen

427 **Hinweis zur Einordnung**

Die Arten von Pflichten sind bereits vorgestellt worden (näher hierzu Rn. 105 ff.). Es gibt Leistungspflichten i. S. d. § 241 Abs. 1 BGB und Schutzpflichten i. S. d. § 241 Abs. 2 BGB. Leistungspflichten i. S. d. § 241 Abs. 1 BGB unterteilen sich weiter in Haupt- und Nebenleistungspflichten.

Strukturell können Pflichtverletzungen in **vier Arten** unterteilt werden: 428

1. Eine Person kann ihrer Leistungspflicht ordnungsgemäß nachkommen, aber eine sie im Einzelfall daneben treffende **Schutzpflicht** verletzen.
2. Eine Person kann ihre Leistungspflicht verletzen, indem sie eine schlechte Leistung erbringt (**Schlechtleistung**).
3. Eine Person kann ihre Leistungspflicht verletzen, indem sie nicht leistet, weil sie nicht mehr möglich, also unmöglich ist. (**Nichtleistung wegen Unmöglichkeit**).
4. Eine Person kann ihre Leistungspflicht verletzen, indem sie zwar leistet, aber verspätet, also verzögert (**Nichtleistung wegen Verzögerung**).

**Beispiele**

- **Verletzung einer Schutzpflicht:** Die Hanse- und Universitätsstadt Rostock (R) betreibt das Hallenschwimmbad Neptun. Herr Abel (A) wischt als Reinigungskraft den Boden der Männerumkleiden. Nachdem er fertig ist, verlässt er die Kabine. Die Böden sind nass und rutschig. Herr Sühler (S) betritt die Kabine, rutscht aus und bricht sich das Bein.
  A handelte als Erfüllungsgehilfe der R i. S. d. § 278 S. 1 Alt. 2 BGB. Nach dieser Vorschrift hat R sein Verschulden im gleichen Umfang zu vertreten wie eigenes Verschulden. Ihn trifft während seiner Arbeit die Schutzpflicht i. S. d. § 241 Abs. 2 BGB, bei und nach seiner Tätigkeit die Böden so zu sichern, dass sie für Besucher keine Gefahr darstellen. Hierfür müsste er entsprechende Schilder aufstellen, die darauf hinweisen, dass die Böden nass und rutschig sind. Dies ist vorwiegend deshalb zu verlangen, da Besucher in einem Schwimmbad einer besonderen Gefahr des Ausrutschens ausgesetzt sind. Füße, Badelatschen oder ähnliches Schuhwerk können aus dem Schwimmbad und vor allem der Dusche kommend ebenfalls nass sein. Indem A keine Hinweisschilder aufstellte, verletzte er diese Schutzpflicht i. S. d. § 241 Abs. 1 BGB.
- **Schlechtleistung:** Frau Lalisken (L) erwirbt als hauptamtliche Bürgermeisterin für ihre Gemeinde Ostseebad Heringsdorf (H) nach § 164 BGB von dem Autohaus Kruse GmbH (G) einen gebrauchten Golf Variant. Dieser Pkw verliert Öl, was der Mitarbeiter Möll (M), aber nicht L weiß. Er liefert als Erfüllungsgehilfe i. S. d. § 278 S. 1 Alt. 2 BGB den mangelbehafteten Pkw an L aus, wodurch G wegen dieser Schlechtleistung ihre Nebenleistungspflicht aus § 433 Abs. 1 S. 2 BGB verletzt.
- **Nichtleistung wegen Unmöglichkeit:** Im vorgenannten Beispielsfall M den Pkw nicht mehr ausliefern, da eine unbekannte Person ihn nach Vertragsschluss am Tag vor der geplanten Übergabe in Brand gesetzt hatte. Die Pflicht der G aus § 433 Abs. 1 S. 1 BGB zur Übergabe und Übereignung des Pkw ist nach § 275 Abs. 1 ausgeschlossen, da sie für G unmöglich ist. Die Übereignung und Übergabe dieses Pkw sind dauerhaft nicht mehr zu erbringen, weil er abgebrannt ist. G leistet also nicht, weil es ihr unmöglich ist.
- **Nichtleistung wegen Verzögerung bei möglicher Leistung:** In Abwandlung des vorgenannten Beispielfalls liefert G den Pkw nicht aus, da ihr am vereinbarten Tag keine Mitarbeiter zur Verfügung stehen. Die Grippewelle zog ein, sodass sich die nahezu gesamte Belegschaft arbeits-

unfähig gemeldet hatte. Das verbliebene Personal kann dieser für G nachrangigen Aufgabe nicht nachkommen. Eine Auslieferung gelingt erst entgegen der Absprache mit L eine Woche später. G leistet zwar, aber verzögert, obwohl es ihr möglich gewesen ist.

## II. Schadensersatzanspruch neben der Leistung (§ 280 Abs. 1 S. 1 BGB)

429 Der Schadensersatzanspruch nach § 280 Abs. 1 S. 1 BGB ist im allgemeinen Teil des Schuldrechts (2. Buch) geregelt. Er ist – wie erwähnt – regelmäßig Grundtatbestand weiterer allgemeiner Schadensersatzansprüche, insbesondere derer aus §§ 280–283 und 286 BGB (näher hierzu Rn. 424), die hier nicht weiter vertieft werden sollen. Die Funktion von Schadensersatzansprüchen liegt im Ausgleich erlittener Einbußen und in der Prävention, schädigende Ereignisse möglichst nicht eintreten zu lassen.

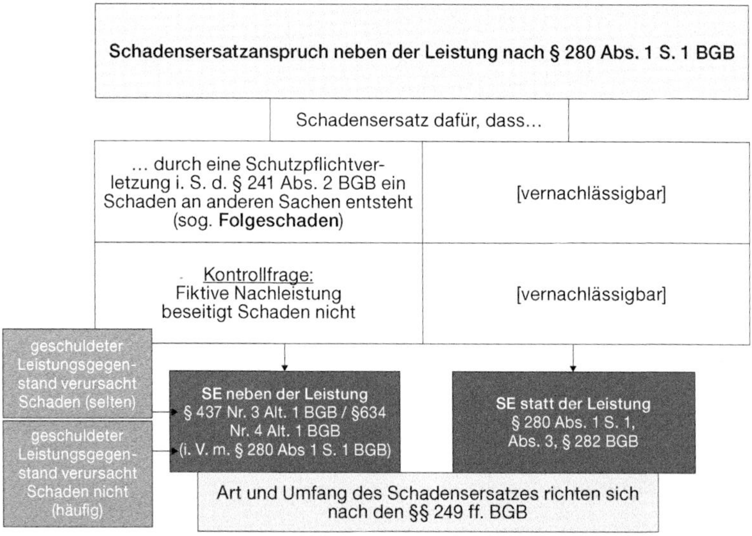


**Abb. 41:** Schadensersatzanspruch neben der Leistung I (§ 280 Abs. 1 S. 1 BGB)

430 In einem ersten Schritt ist der Anwendungsbereich des einfachen Schadensersatzanspruches neben der Leistung nach § 280 Abs. 1 S. 1 BGB zu beleuchten. In der Praxis verbleibt hierfür regelmäßig **nur ein Anwendungsfall**: Der Geschädigte verlangt dabei den Ersatz eines Schadens, der wegen einer **Schutzpflichtverletzung i. S. d. § 241 Abs. 2 BGB** (näher hierzu Rn. 109) an anderen Sachen als – soweit vorhanden – dem Leistungsgegenstand selbst entstanden ist (**Folgeschaden**). In Abgrenzung zu einem Schadensersatz statt der Leistung nach § 280 Abs. 1 S. 1, Abs. 3, 282 BGB darf eine geschuldete fiktive Nachleistung den

Schaden nicht beseitigen, was auch kaum vorstellbar ist.[21] Bei einem Schadensersatzanspruch wegen einer Schutzpflichtverletzung i. S. d. § 241 Abs. 2 BGB ist daher der Schadensersatzanspruch neben der Leistung der absolute Regelfall. Die Person verletzt in Abgrenzung zur Leistungspflicht i. S. d. § 241 Abs. 1 BGB (näher hierzu Rn. 105 ff.) gerade nicht eine Pflicht, die „kraft des Schuldverhältnisses" entsteht. Sie hat deshalb mit dem zugrunde liegenden Schuldverhältnis, wie einem Kaufvertrag nach § 433 BGB oder Werkvertrag nach § 631 BGB, per se nichts zu tun und wird auch nicht von diesem geprägt. Der Schadensersatzanspruch nach § 280 Abs. 1 S. 1 BGB ist daher ein **Schadensersatzanspruch *neben der Leistung* wegen der Verletzung sonstiger Rechtsgüter**.

In einem zweiten Schritt ist zu klären, ob § 280 Abs. 1 S. 1 BGB allein oder unter Hinzuziehung der besonderen schadensersatzrechtlichen Anspruchsgrundlage wie § 437 Nr. 3 Alt. 1 BGB oder § 634 Nr. 4 Alt. 1 BGB Anwendung findet. Maßgeblich hierfür ist, was den Folgeschaden verursachte. 431

- Soweit der geschuldete Leistungsgegenstand selbst den Folgeschaden verursacht, ist § 280 Abs. 1 S. 1 BGB i. V. m. der betroffenen besonderen Schadensersatzvorschrift wie § 437 Nr. 3 Alt. 1 BGB oder § 634 Nr. 4 Alt. 1 BGB anzuwenden.
- Soweit ein anderer Gegenstand oder ein nicht geschuldetes Fehlverhalten der Person den Folgeschaden verursacht, ist § 280 Abs. 1 S. 1 BGB isoliert, also allein anzuwenden.

Anhand eines **Beispielfalles** soll das zuvor Ausgeführte **verständlicher werden**: *Die Bürgermeisterin Bibbe (B) der Stadt Eggesin (E) erteilt einem Tischler (T) den Auftrag, in einem Zimmer im Rathausgebäude eine passgenaue Regalfront aufzubauen. Das Vertragsverhältnis stellt einen Werkvertrag nach § 631 BGB dar.*

---

21 Der zweite Fall eines Schadensersatzanspruches statt der Leistung wegen einer Schutzpflichtverletzung nach § 280 Abs. 1 S. 1, Abs. 3, 282 BGB kommt in der Praxis so gut wie nie vor. Ihre Abgrenzung zum hier vorgestellten Schadensersatzanspruch neben der Leistung nach § 280 Abs. 1 S. 1 BGB ist deshalb jedenfalls an dieser Stelle vernachlässigbar und soll bei den kaufrechtlichen Gewährleistungsrechten erörtert werden (näher hierzu Rn. 546).

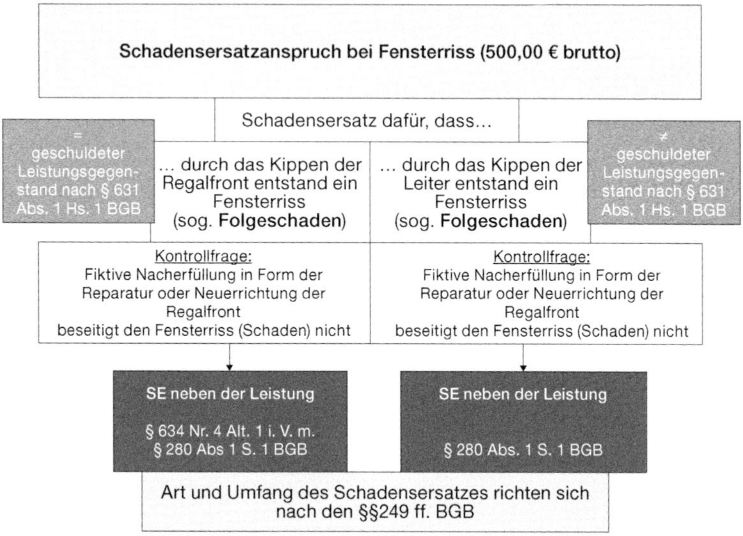


**Abb. 42:** Schadensersatzanspruch neben der Leistung II (§ 280 Abs. 1 S. 1 BGB)

**432** In einer *ersten Abwandlung* sichert T während der Arbeiten die von ihm bereits in großen Teilen erbaute Regalfront nicht ab. Sie wackelt. In einem unachtsamen Moment kippt sie um und kracht gegen ein Wohnzimmerfenster. Es entsteht ein großer Riss. Der erforderliche Fensteraustausch kostet 500,00 € brutto, die B namens der E von T ersetzt verlangt.
T trifft die Verkehrssicherungspflicht i. S. d. § 241 Abs. 2 BGB, das Regal so zu bauen, dass es während der Anfertigung nicht umkippen und dadurch andere Rechtsgüter der E wie das Fenster schädigen kann. Diese Pflicht verletzt er, indem er das Regal nicht ausreichend abgesichert hat. E verlangt deshalb den Ersatz der Fensteraustauschkosten i. H. v. 500,00 € brutto. Da der Aufbau der Regalfront selbst als geschuldeter Leistungsgegenstand i. S. d. § 631 Abs. 2 BGB den Fensterriss verursachte, ist richtige Anspruchsgrundlage **§ 280 Abs. 1 S. 1 i. V. m. § 634 Nr. 4 Alt. 1 BGB.**[22]

**433** In einer *zweiten Abwandlung* sichert T während der Arbeiten die von ihm genutzte Leiter nicht ab. Sie wackelt. In einem unachtsamen Moment kippt sie um und kracht gegen ein Wohnzimmerfenster. Im Fenster entsteht wieder ein großer Riss. Der erforderliche Fensteraustausch kostet wieder 500,00 € brutto, die B unmittelbar für und gegen E von T ersetzt verlangt.
T trifft die Verkehrssicherungspflicht i. S. d. § 241 Abs. 2 BGB, die Leiter so aufzustellen, dass sie während der Arbeiten nicht umkippt und dadurch andere Rechtsgüter der E, wie das Fenster, schädigen kann. Diese Pflicht verletzt er,

22 § 280 Abs. 1 S. 1 BGB könnte auch hier im seltenen Fall isoliert anzuwenden sein, soweit keine besondere Gewährleistungsvorschrift existiert, wie beispielsweise beim Auftrag nach § 662 BGB.

indem er die Leiter nicht ausreichend abgesichert hat. E verlangt deshalb den Ersatz der Fensteraustauschkosten i. H. v. 500,00 € brutto. Da der Aufbau der Regalfront selbst als geschuldeten Leistungsgegenstand i. S. d. § 631 Abs. 2 BGB den Fensterriss nicht verursachte, sondern seine Leiter, ist die richtige Anspruchsgrundlage **§ 280 Abs. 1 S. 1 BGB**. Verfehlt und falsch wäre es, hier als Anspruchsgrundlage § 634 Nr. 4 Alt. 1 i. V. m. § 280 Abs. 1 S. 1 BGB zu wählen. Der geschuldete Regalaufbau selbst hat mit dem Fensterriss unmittelbar nichts zu tun.

**Beispiele**

- **beim Werkvertrag nach § 631 BGB:** Bei dem Tapezieren einer Wand kippt ein Malermeister einen Farbeimer um, dessen Farbe den Perserteppich verfärbt. Die Reinigung kostet 1.000,00 € brutto. Verlangt wird ein Schadensersatz dafür, dass durch eine Schutzpflichtverletzung i. S. d. § 241 Abs. 2 BGB ein Schaden an anderen Sachen entstanden ist (Folgeschaden). Nicht das Tapezieren einer Wand verfärbte als geschuldeten Leistungsgegenstand i. S. d. § 631 Abs. 2 BGB den Perserteppich, sondern das Auskippen des Farbeimers. Richtige Anspruchsgrundlage ist § 280 Abs. 1 S. 1 BGB.
- **beim Dienstvertrag nach § 611 BGB:** Bei dem Halten einer Vorlesung verschüttet der Dozent seinen Kaffeebecher auf das Notebook der Vertragspartnerin, der dadurch unbrauchbar ist. Die Neuanschaffung kostet 2.000,00 € brutto. Verlangt wird ein Schadensersatz dafür, dass durch eine Schutzpflichtverletzung i. S. d. § 241 Abs. 2 BGB ein Schaden an anderen Sachen entstanden ist (Folgeschaden). Nicht das Halten der Vorlesung machte das Notebook der Vertragspartnerin als geschuldeten Leistungsgegenstand i. S. d. § 611 Abs. 2 BGB unbrauchbar, sondern das Verschütten des Kaffeebechers. Richtige Anspruchsgrundlage ist § 280 Abs. 1 S. 1 BGB.
- **beim Kaufvertrag nach § 433 BGB:** Bei Auslieferung einer erworbenen Waschmaschine beschädigt ein Mitarbeiter den Türrahmen des Kunden. Die Reparatur kostet 500,00 € brutto. Verlangt wird ein Schadensersatz dafür, dass durch eine Schutzpflichtverletzung i. S. d. § 241 Abs. 2 BGB ein Schaden an anderen Sachen entstanden ist (Folgeschaden). Nicht die Waschmaschine selbst beschädigte als geschuldeter Leistungsgegenstand i. S. d. § 433 BGB den Türrahmen des Kunden, sondern ein Mitarbeiter bei ihrer Auslieferung. Richtige Anspruchsgrundlage ist § 280 Abs. 1 S. 1 BGB.

Daneben spielt in der Praxis der Schadensersatzanspruch neben der Leistung **434** nach § 280 Abs. 1 S. 1 BGB wegen der Verletzung einer vorvertraglichen Pflicht i. S. d. § 311 Abs. 2 BGB eine Rolle (näher hierzu Rn. 441 ff.).

**Hinweise zur Fallbearbeitung** **435**

Ein Schadensersatzanspruch neben der Leistung nach § 280 Abs. 1 S. 1 BGB kommt vorwiegend (jedenfalls in der Prüfungssituation) wegen einer Schutzpflichtverletzung i. S. d. § 241 Abs. 2 BGB in Betracht. Ihr wird überwiegend

ein vertragliches Schuldverhältnis i. S. d. § 311 Abs. 1 BGB, u. U. aber auch ein vorvertragliches Schuldverhältnis i. S. d. § 311 Abs. 2 BGB zugrunde liegen. Im Bereich der Schutzpflichtverletzung i. S. d. § 241 Abs. 2 BGB ist die erste Leitplanke darin zu setzen, ob die Person ein sonstiges Rechtsgut der anderen Person verletzte, dass nicht der Leistungsgegenstand selbst ist. Es handelt sich nämlich dann regelmäßig um Schutzpflichtverletzungen i. S. d. § 241 Abs. 2 BGB. Ggf. kann es auch leichter fallen, sich hierfür die erwähnten Beispiele einzuprägen. Soweit eine Schutzpflichtverletzung i. S. d. § 241 Abs. 2 BGB vorliegt, wird die Person ganz überwiegend einen Schadensersatz neben der Leistung geltend machen. Man kann sich die Kontrollfrage stellen, ob der bestimmte Schaden damit behoben werden würde, wenn der Schuldner fiktiv ordnungsgemäß nachleisten würde. Ob in den vorgenannten drei Beispielen der Teppich nicht verfärbt wäre, wenn die Wand ordnungsgemäß neu tapeziert ist; ob das Notebook nicht unbrauchbar wäre, wenn der Dozent die Vorlesung wieder hält oder ob der Türrahmen nicht beschädigt wäre, wenn die Waschmaschine ordnungsgemäß läuft. Verneint man diese Fragen, ist man beim Schadensersatz neben der Leistung nach § 280 Abs. 1 S. 1 BGB (hierzu später Genaueres mehr, an dieser Stelle nur Umrisse der Abgrenzung).
Die zweite Leitplanke ist darin zu setzen, was das sonstige Rechtsgut schädigte. Schädigt nicht der geschuldete Leistungsgegenstand (was eher selten sein dürfte), sondern ein anderer Gegenstand oder ein nicht geschuldetes Verhalten (was eher häufiger sein dürfte) ist richtige Anspruchsgrundlage ausschließlich § 280 Abs. 1 S. 1 BGB.
Der Regelfall ist in der Sache kein schwerer: Jemand zerstört, beschädigt oder verletzt versehentlich etwas anderes.

436 Voraussetzungen des § 280 Abs. 1 S. 1 BGB sind, dass (***22. Prüfungsschema, vgl. Fall- und Übungsbuch***)

1. ein Schuldverhältnis besteht
2. der Schuldner eine Pflicht verletzt,
3. er diese zu vertreten hat (§ 280 Abs. 1 S. 2 BGB) und
4. ein Schaden vorliegt.

RF: Der Gläubiger kann Ersatz des Schadens verlangen. Dessen Art und Umfang richten sich nach den §§ 249 ff. BGB.

437 **Hinweise zur Fallbearbeitung**

Die soeben vorgestellte Reihenfolge der Prüfung ergibt sich aus den Gesetzen der Logik und aus Zweckmäßigkeitserwägungen. Da sich das Vertretenmüssen auf die Pflichtverletzung bezieht, kann es nur nach ihr bearbeitet werden. Wegen des engen Zusammenhangs mit der Rechtsfolgenseite sollte der Schaden regelmäßig als letzte Voraussetzung geprüft werden. Daraus wird dann auch ersichtlich, dass sich das Vertretenmüssen nicht auf den Schaden bezieht.

### 1. Schuldverhältnis

Erste Voraussetzung ist nach § 280 Abs. 1 S. 1 BGB, dass ein **Schuldverhältnis (im weiteren Sinne)** existiert. Darunter fallen allerlei rechtlichen Beziehungen zwischen Privatpersonen, vor allem aber solche aus Vertrag und Gesetz. 438

**Hinweise zur Fallbearbeitung** 439

Der Begriff des Schuldverhältnisses ist während der Fallbearbeitung wie auch der Begriff des Rechtsgeschäfts oder der Willenserklärung subsumtionsbedürftig. Richtigerweise sollte man sich daher von vornherein beispielsweise auf den Kaufvertrag nach § 433 BGB, Werkvertrag nach § 631 BGB o. ä. beziehen.

**Vertragliche Schuldverhältnisse** dürften bekannt sein, etwa der Kaufvertrag nach § 433 BGB (näher hierzu Rn. 103). Ein vertragliches Schuldverhältnis muss bestehen, also durch mindestens zwei inhaltlich übereinstimmende Willenserklärungen entstanden sein (näher hierzu Rn. 185 ff.). Dem dürfen keine rechtshindernden Einwendungen entgegenstehen, wie ein gesetzliches Verbot i. S. d. § 134 BGB (näher hierzu Rn. 162 ff. und 295 ff.). 440

**Vorvertragliche Schuldverhältnisse** entstehen nach § 311 Abs. 2 BGB 441
- aufgrund einer Aufnahme von Vertragsverhandlungen (Nr. 1),
- aufgrund einer Vertragsanbahnung (Nr. 2) und
- aufgrund ähnlicher geschäftlicher Kontakte (Nr. 3).

Die Aufnahme von Vertragsverhandlungen nach § 311 Abs. 2 Nr. 1 BGB stellt einen speziellen Fall der Vertragsanbahnung nach § 311 Abs. 2 Nr. 2 BGB dar, weil Vertragsverhandlungen stets eine Vertragsanbahnung vorausgehen. Eine trennscharfe Abgrenzung zwischen diesen beiden Fällen ist in der Praxis nicht immer möglich und auch nicht immer erforderlich. Die ähnlichen geschäftlichen Kontakte nach § 311 Abs. 2 Nr. 3 BGB stellen einen Auffangtatbestand dar.

Bei der **Aufnahme von Vertragsverhandlungen** nach **§ 311 Abs. 2 Nr. 1 BGB** geht es um einen tatsächlichen Vorgang (Realakt), also noch nicht notwendigerweise um die Abgabe von Willenserklärungen wie eines Angebots. Erforderlich ist aber immer eine „Verhandlung“ und damit ein zweiseitiger Vorgang, der von typischen **wechselseitigen Einwirkungsmöglichkeiten** auf die Rechtsgüter und Interessen der Gegenseite gezeichnet ist. Erfasst werden daher auch unverbindliche Vorgespräche, soweit sie grundsätzlich zu einem Vertragsschluss führen können. Unverbindliche Gespräche, die lediglich gemeinsame (wirtschaftliche) Interessen ausloten, um erst sodann in konkrete Vertragsgespräche einzutreten, fallen hingegen nicht unter § 311 Abs. 2 Nr. 1 BGB. Dies gilt erst recht für rein einseitige Maßnahmen wie Werbemaßnahmen, einschließlich der Übersendung von Prospekten. All dies kann aber u. U. eine Vertragsanbahnung nach § 311 Abs. 2 Nr. 2 BGB darstellen. 442

**Beispiele**
- einen Vertragsschluss in Betracht ziehende Vorgespräche
- keine einseitigen Maßnahmen wie Werbemaßnahmen oder Prospekte

443 Bei der **Anbahnung eines Vertrags** nach **§ 311 Abs. 2 Nr. 2 BGB** handelt es sich um den Grundtatbestand des § 311 Abs. 2 BGB, der grundsätzlich weit auszulegen ist. Erforderlich ist, dass der **eine Teil Einwirkungsmöglichkeiten** auf die Rechte, Rechtsgüter und Interessen des anderen hat. Hierzu sind keine allzu hohen Anforderungen zu stellen. Entgegen dem Wortlaut der Rechtsnorm ist es nicht erforderlich, dass die Einwirkungsmöglichkeit dem anderen Teil „gewährt" oder „anvertraut" wird. Der Hauptanwendungsfall ist die Eröffnung eines Verkehrs zur Ermöglichung rechtsgeschäftlicher Kontakte, insbesondere die Verkehrseröffnung durch Geschäftsräume. Hier lässt sich nicht darauf abstellen, ob die die Geschäftsräume betretenden Personen konkrete Kaufabsichten haben. Die Geschäftsräume sind nämlich dem Publikumsverkehr zu dem Zweck geöffnet worden, um erst die Besucher zur Aufnahme von Vertragsverhandlungen zu animieren.

**Beispiele**
- Aufsuchen eines Geschäftslokals
- Vorgespräche zur Auslotung von (wirtschaftlichen) gemeinsamen Interessen
- Unterbreitung eines Angebots, immer vorausgesetzt, dass damit überhaupt Einwirkungs-möglichkeiten auf die Rechts- und Interessensphäre des anderen Teils verbunden sind

444 **Ähnliche geschäftliche Kontakte** nach **§ 311 Abs. 2 Nr. 3 BGB** sind als Auffangtatbestand solche, die nicht auf den Abschluss eines Vertrags zielen oder die einen Vertragsabschluss vorbereiten sollen. Legt man den Begriff der Vertragsanbahnung nach § 311 Abs. 2 Nr. 2 BGB weit aus, so verbleiben hier nur wenige Anwendungsfälle. Auch hier muss der eine Teil **Einwirkungsmöglichkeiten** auf die Rechte, Rechtsgüter oder Interessen der Gegenseite haben, weil sonst der Haftungsgrund nicht besteht.

**Beispiele**
- Gefälligkeitsverhältnisse mit rechtsgeschäftlichem Charakter ohne Leistungspflicht
- Auskunftsfälle, die für den Empfänger von wesentlicher wirtschaftlicher Bedeutung sind, sofern insoweit kein Auskunftsvertrag vorliegt, was primär im Vergabeverfahren von Bedeutung ist
- Beziehung zwischen dem Versprechenden und dem Dritten, wenn ein Vertrag zugunsten Dritter geschlossen wird
- Unwirksame Verträge wie nach § 134 BGB i. V. m. § 1 SchwarzArbG

### 2. Pflichtverletzung

445 Zweite Voraussetzung nach § 280 Abs. 1 S. 1 BGB ist die Verletzung einer Pflicht aus dem Schuldverhältnis, indem der Schuldner tatsächlich handelt (Realakt; näher hierzu Rn. 97). Dieses tatsächliche Handeln wird häufig eine Schutzpflicht nach § 241 Abs. 2 BGB aufgrund eines vertraglichen Schuldverhältnisses (näher hierzu Rn. 109) oder eines vorvertraglichen Schuldverhältnisses i. S. d. § 311 Abs. 2 BGB (näher hierzu Rn. 441 ff.) verletzen. In beiden Fällen ist zu prüfen (***23. Prüfungsschema, vgl. Fall- und Übungsbuch***)

1. die geschuldete Pflicht,
2. deren Verletzung und
3. ggf. deren Zurechnung nach §§ 31 (analog), 89 Abs. 1 BGB oder § 278 S. 1 BGB.

Typische Schutzpflichten sind die Pflicht zur ordnungsgemäßen Verpackung der Ware, zur Aufklärung oder der Beratung von etwas (näher hierzu Rn. 109).

**Beispiel**
Bei einem Werkvertrag ist nach § 241 Abs. 2 BGB jeder Teil zur Rücksicht auf die Rechte, Rechtsgüter und die Interessen des anderen Teils verpflichtet. Ein Kfz-Mechaniker trifft daher als Werkunternehmer die Pflicht, den Schraubenzieher so bei sich zu halten, sodass er bei Bewegungen den Pkw des Bestellers nicht beschädigt (Schutzpflicht). Indem nun der Schraubenzieher bei einer unachtsamen Bewegung den Fahrersitz aufschlitzt, verletzte er diese Pflicht (Verletzung).

**Hinweise zur Fallbearbeitung** 446

§ 280 Abs. 1 S: 1 BGB findet isoliert, d. h. ohne andere Rechtsnormen des besonderen schuldrechtlichen Teils des BGB, praktisch nur in den folgenden zwei Fällen Anwendung:
1. Bei **Schlechtleistungen** in **Verträgen**, für die **kein Gewährleistungsrecht**, also insb. keine spezielleren Schadensersatznormen geregelt sind und
2. bei **sonstigen Schäden**, die auf einer **Schutzpflichtverletzung** nach § 241 Abs. 2 BGB beruhen.

Der Schuldner kann selbst tatsächlich handeln und dadurch eine ihn selbst treffende Pflicht verletzen. Ihm kann aber auch ein tatsächliches Handeln eines anderen zuzurechnen sein, der diese Pflicht verletzt (näher hierzu Rn. 97). Dem Schuldner wird das tatsächliche Handeln seines Organs nach §§ 31 (analog), 89 Abs. 1 BGB (hierzu näher Rn. 458 ff.), seines gesetzlichen Vertreters nach § 278 S. 1 Alt. 1 BGB (hierzu näher Rn. 473 f.) und seines Erfüllungsgehilfen nach § 278 S. 1 Alt. 2 BGB (hierzu näher Rn. 465 ff.) zugerechnet. 447

**Hinweise zur Fallbearbeitung** 448

Von Wichtigkeit ist die genaue Subsumtion (näher hierzu Rn. 180) der konkreten Pflicht und ihrer konkreten Verletzung. In der Praxis und damit auch in einer Prüfungssituation ist oftmals bereits im Rahmen der Pflichtverletzung die Zurechnung nach § 278 S. 1 BGB oder §§ 31 (analog), 89 Abs. 1 BGB zu prüfen, vgl. 16. Übungsfall im Fall- und Übungsbuch. Aus didaktischen Gründen sollen sie aber im Rahmen des Vertretenmüssen vorgestellt werden (näher hierzu Rn. 449 ff.).

### 3. Vertretenmüssen

449 § 280 Abs. 1 S. 2 BGB bestimmt als dritte Voraussetzung, dass der Gläubiger nicht den Ersatz des Schadens verlangen kann, wenn der Schuldner die Pflichtverletzung **nicht zu vertreten** hat. Wegen der Formulierung „dies gilt nicht, wenn […] nicht zu vertreten" wird das Vertretenmüssen widerlegbar vermutet. Hinsichtlich des Vertretenmüssen ist zu unterscheiden zwischen

- dem eigenen Verschulden nach § 276 Abs. 1 S. 1 BGB und
- dem Verschulden anderer.

Bei dem Verschulden anderer ist weiter zu unterscheiden zwischen

- dem eigenen Verschulden des Organs einer juristischen Person nach §§ 31 (analog), 89 Abs. 1 BGB,
- dem fremden Verschulden des Erfüllungsgehilfen nach § 278 S. 1 Alt. 2 BGB und
- dem fremden Verschulden des gesetzlichen Vertreters nach § 278 S. 1 Alt. 1 BGB.

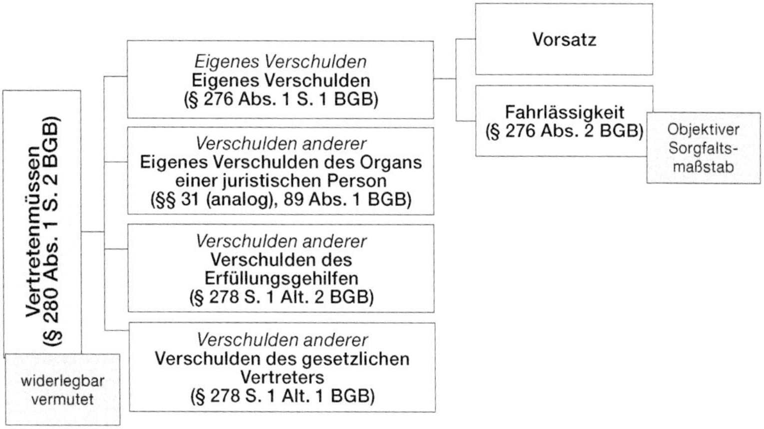


**Abb. 43:** Vertretenmüssen (§ 280 Abs. 1 S. 2 BGB)

450 **Hinweise zur Fallbearbeitung**

Bei der Fallbearbeitung ist strikt zwischen den Verbindlichkeiten einer juristischen Person wie einer Gemeinde und der Haftung ihrer Organe wie einem Bürgermeister und ihren Erfüllungsgehilfen wie einem Mitarbeiter zu unterscheiden.

An dieser Stelle einmal Grundsätzliches vorweg, das ggf. erst nach dem Studium dieses Kapitels verständlich wird: Bei den § 278 S. 1 BGB und §§ 31 (analog), 89 Abs. 1 BGB handelt es sich nicht um Anspruchsgrundlagen, sondern um Zurechnungsnormen. Es geht also darum, ob das Handeln einer natürlichen Person der juristischen Person zuzurechnen ist, ob sie für sie haften muss (näher hierzu Rn. 457, 466 und 583 f.). Geprüft werden müssen diese Rechtsnormen also im Rahmen eines Tatbestandsmerkmals einer Anspruchsgrundlage wie § 280 Abs. 1 S. 1 BGB.

Entgegen dem Wortlaut des § 278 S. 1 BGB („Verschulden") und des § 31 BGB („verantwortlich") führen diese Zurechnungsnormen nach inzwischen einhelliger Ansicht, der ich mich anschließe, nicht nur zu der Zurechnung des Verschuldens, sondern auch zur Zurechnung der Pflichtverletzung, also des Handelns des Erfüllungsgehilfen, des gesetzlichen Vertreters oder des Organs. Zu prüfen sind

- §§ 278 S. 1 BGB, 31, 89 Abs. 1 BGB (analog) daher beispielsweise im Rahmen des § 280 Abs. 1 S. 1 BGB bei der Pflichtverletzung und in gebotener Kürze des Vertretenmüssens;
- die §§ 31 (analog), 89 Abs. 1 BGB beispielsweise im Rahmen des § 823 Abs. 1 BGB bei der Verletzungshandlung und in gebotener Kürze bei dem Verschulden.

Kommt es in einer Prüfungssituation auf Schadensersatzansprüche an, so dürfte es sich lohnen, den schadensersatzrechtlichen Kanon der §§ 280 ff., § 823 Abs. 1 und § 831 Abs. 1 S. 1 BGB jedenfalls gedanklich zu durchdenken.
§ 278 S. 1 BGB regelt nur die Haftung für Hilfspersonen innerhalb bestehender Schuldverhältnisse, das also bereits besteht und nicht erst begründet wird (wie bei einem Verkehrsunfall). Streng davon zu unterscheiden ist die Haftung für Hilfspersonen außerhalb eines Schuldverhältnisses wie eben bei Ansprüchen nach § 823 Abs. 1 BGB oder § 831 Abs. 1 S. 1 BGB. Dort kann deshalb § 278 S. 1 BGB mangels Sonderverbindung nicht zur Anwendung kommen, weswegen – soweit einschlägig – nur §§ 31 (analog), 89 Abs. 1 BGB herangezogen werden könnte. Zu denken ist dann noch an ein mögliches Organisationsverschulden im Rahmen des § 823 Abs. 1 BGB.
Letztlich begründen die §§ 31 (analog), 89 Abs. 1 BGB die Haftung für Eigenhandeln, wohingegen § 278 S. 1 BGB systematisch die Haftung für fremdes Verschulden vorsieht.

a) **Eigenes Verschulden (§ 276 Abs. 1 S. 1 BGB).** § 276 Abs. 1 S. 1 BGB bestimmt, dass der Schuldner Vorsatz (Alt. 1) und Fahrlässigkeit (Alt. 2) zu vertreten hat. Für diese beiden Formen der Verantwortung hat sich als Oberbegriff der Begriff **„Verschulden"** etabliert, der Ausdruck einer subjektiven Vorwerfbarkeit ist und den der Gesetzgeber an vielen Stellen selbst nutzt (vgl. § 278 S. 1 BGB). 451

Der Gesetzgeber definiert den Begriff des Vorsatzes in § 276 Abs. 1 S. 1 Alt. 1 BGB nicht. Nach der Vorsatztheorie besteht er für das Privatrecht aus einem intellektuellen und einem voluntativen Element, das sich jeweils auf die Rechtswidrigkeit des Erfolges erstrecken muss. **Vorsatz** ist Wissen und Wollen des rechtswidrigen Erfolges und im Privatrecht eher die Ausnahme. Der Verletzungserfolg ist im Vertragsrecht die Pflichtverletzung und im Deliktsrecht die Rechtsgut-, Schutzgesetz- oder Amtspflichtverletzung. Der eingetretene Schaden muss dagegen vom Vorsatz nicht erfasst sein. An das Bewusstsein der Rechts- oder Pflichtwidrigkeit, also das Wissen, dass der Schuldner mit seiner Handlung gegen eine vertragliche oder gesetzliche Pflicht verstößt, sind keine zu strengen Anforderungen zu stellen. Soweit der Schuldner gegen grundsätzliche Rechtspflichten verstößt, wird darin regelmäßig zugleich eine vorsätzliche Verletzung 452 vertraglicher Pflichten zu sehen sein, selbst wenn sich der Schuldner dieser Vertragspflichtverletzung konkret nicht bewusst sein sollte. Hinsichtlich des konkreten Vorsatzes sind drei verschiedene Arten denkbar, von denen die schwächste Form des bedingten Vorsatzes (dolus eventualis) genügt. Danach hält der Handelnde den Eintritt des Erfolges lediglich für möglich und nimmt ihn billigend in Kauf (Er sagt sich: Na, wenn schon!).[23] In Abgrenzung zur bewussten Fahrlässigkeit würde er hingegen von der Handlung absehen, wenn er wüsste, dass die als möglich erkannte Folge eintritt (Er sagt sich: Es wird schon gut gehen).

**Beispiele**

- Der Kfz-Mechaniker Pendlandt (P) sichert Frau Lalisken (L) als Bürgermeisterin der Gemeinde Ostseebad Heringsdorf (H) zu, für die Reparaturen des Dienstwagens immer Originalersatzteile zu verwenden. Tatsächlich verwendet er deutlich preiswertere, aus dem benachbarten Ausland importierte Ersatzteile, die laut Angaben angeblich vom Originalhersteller stammen sollen. Obwohl er wegen der geringeren Kaufpreise und schlechten Qualität der Teile Fälschungen vermutet, verwendet er diese weiterhin aus wirtschaftlicher Not. P hält die Verletzung der vertraglichen Pflicht zur Verwendung von Originalteilen bei Reparaturen für möglichen und nimmt sie aus wirtschaftlichen Gründen billigend in Kauf. Er handelt vorsätzlich.
- Herr Schmidt (S) fährt nachts mit seinem Quad auf die Heringsdorfer Seebrücke, die aus Holz besteht und nur für den Zutritt von Menschen erbaut worden ist. Obwohl er nicht sicher ist, ob sie sein Quad trägt, vertraut er darauf, dass sie schon halten werde. Durch eine starke Beschleunigung fräsen sich die Reifen teilweise in die Bretter ein, wodurch die Brücke an dieser Stelle zerstört wird. In diesem Fall mag S zwar den Einsturz der Holzbretter durch sein Befahren mit dem Quad für möglich halten. Er nimmt diesen aber nicht billigend in Kauf, da er subjektiv davon ausgeht, dass es schon gut gehen werde. S handelt nicht vorsätzlich, sondern fahrlässig.

453 **Fahrlässig** handelt nach § 276 Abs. 2 BGB, wer die im Verkehr erforderliche Sorgfalt außer Acht lässt. Die Feststellung der Fahrlässigkeit kann im Einzelfall u. U. schwierig sein. Im Unterschied zum Strafrecht kommt es bei der Beurteilung der Frage, ob der Schuldner die nötige Sorgfalt aufwendete, nicht auf seine individuellen Fähigkeiten an. Maßgeblich ist ein **objektiver Sorgfaltsmaßstab**, wonach es darauf ankommt, wie sich ein gewissenhafter und bedachter Mensch aus dem jeweiligen Verkehrskreis in der betreffenden Lage verhalten hätte. Im Privatrechtsverkehr müssen sich die Beteiligten zum Zwecke des Rechtsverkehrsschutzes darauf verlassen können, dass jeder über die Fähigkeiten und Kenntnisse zur Erfüllung seiner Pflichten verfügt. In der Regel führen daher zum Beispiel mangelndes Fachwissen, fehlende Ausbildung oder Erfahrung, Überbeanspruchung oder der Sehfehler eines Kfz-Fahrers zu keiner Entlastung des Schuldners. Im Einzelfall können aber besondere Fähigkeiten oder Kenntnisse

---

23 Auf die zwei verbliebenen stärkeren Formen der Absicht (dolus directus 1. Grades) und des direkten Vorsatzes (dolus directus 2. Grades) soll nicht weiter eingegangen werden, da diese Unterscheidung für das Privatrecht von vernachlässigbarer Bedeutung ist.

zulasten des Schuldners eine erhöhte Sorgfaltspflicht begründen, wie bestimmte Ortskenntnisse. Diese gesteigerten Anforderungen entsprechen in gleichem Maße dem Zweck des Rechtsverkehrschutzes. Zur Konkretisierung der Sorgfaltsanforderungen können auch andere Rechtsvorschriften oder Regelwerke herangezogen werden wie die StVO, Vorschriften zur Unfallverhütung oder DIN-Normen.

**Beispiele**

- Herr Salzer (S) ist junger Rechtsanwalt und berät Frau Lalisken (L) in ihrer Funktion als Bürgermeisterin der Gemeinde Ostseebad Heringsdorf (H). S muss sich als Berufsanfänger haftungsrechtlich so behandeln lassen, als sei er ein durchschnittlich erfahrener Rechtsanwalt. Macht S versehentlich wegen einer zwischenzeitlich eingetretenen und verkannten Verjährung einen von H bestehenden Anspruch zu spät geltend, kommt es darauf an, ob ein durchschnittlich erfahrener Rechtsanwalt dieses Risiko bei Anwendung der erforderlichen Sorgfalt hätte erkennen können und erforderliche Gegenmaßnahmen, wie der Übermittlung eines Anwaltsschreibens, ergriffen hätte.
- L beauftragt Herrn Kranich (K) mit der Aushebung einer Baugrube und dem Gießen eines Fundaments für die Errichtung einer überschaubaren Hütte auf der Usedomer Promenade. Für dieses Vorhaben besteht die nicht fernliegende Gefahr, dass K bei den erforderlichen Arbeiten auf unbekannte Grundwasseradern stoßen könnte, was zu Überflutungen, erheblichen Bauverzögerungen und damit zu erheblichen Kosten führen würde. Bei der Frage, ob K dieses Risiko erkennen muss, gilt der durchschnittlich erfahrene und qualifizierte Fachmann als Maßstab. Es ist unerheblich, ob K Seiteneinsteiger ist und die technischen Herausforderungen einer solchen Bautätigkeit bisher nicht verinnerlichte.

Nach § 276 Abs. 1 S. 1 Alt. 2 BGB hat der Schuldner **für jede** noch so geringe Fahrlässigkeit einzustehen. Deswegen ist es für die Begründung einer Schadensersatzpflicht nur scheinbar nicht von Bedeutung, welcher Fahrlässigkeitsgrad dem Schuldner zur Last fällt. Der Regelfall ist die bereits dargestellte einfache (leichte) Fahrlässigkeit, von der die grobe Fahrlässigkeit zu unterscheiden ist. **Grob fahrlässig** handelt derjenige, der die im Verkehr erforderliche Sorgfalt in ungewöhnlich hohem Maß verletzt und unbeachtet lässt, was im gegebenen Fall jedem hätte einleuchten müssen (vgl. § 276 Abs. 2 BGB). Bedeutung erlangt die grobe Fahrlässigkeit primär bei vertraglichen oder gesetzlichen Haftungserleichterungen wie § 300 Abs. 1 Alt. 2 BGB. 454

**Beispiele**

- Das Führen eines Kfz unter Alkoholeinfluss
- Das Überfahren einer roten Ampel
- Das Abfeuern einer Waffe zum Scherz, ohne zu überprüfen, ob sie geladen ist
- Das Verwenden von gefälschten Teilen zur Kfz-Reparatur, soweit sie für 30 % des Listenpreises als angebliche Originalersatzteile importiert werden

455 **Hinweise zur Fallbearbeitung**

Die Abgrenzung von Vorsatz und Fahrlässigkeit ist für die richtige dogmatische Einordnung des § 276 Abs. 1 S. 1 BGB bedeutsam, wenngleich diese Abgrenzung im Privatrecht oftmals vernachlässigbar sein wird. Der Schuldner muss nach § 276 Abs. 1 S. 1 BGB gleichermaßen für Vorsatz und Fahrlässigkeit einstehen. Die Unterscheidung ist aber vor allem dann bedeutsam, soweit die Parteien einen Haftungsausschluss vereinbaren. Die Haftung wegen Vorsatzes kann nach § 276 Abs. 3 BGB nicht im Voraus erlassen werden. Gleiches gilt für die Abgrenzung zwischen einfacher und grober Fahrlässigkeit, wobei dies auch für Haftungserleichterungen bedeutsam ist. Die Unterscheidung der Vorsatzgrade ist im Privatrecht zu vernachlässigen.

456 b) **Verschulden anderer (§§ 31, 89 Abs. 1 BGB und § 278 S. 1 BGB).** Zur Erfüllung seiner Pflichten kann der Schuldner **Hilfspersonen** einschalten. Die Konstellation ist vergleichbar mit der Pflichtenentstehung durch die Einschaltung von Stellvertretern nach § 164 BGB und Boten (näher hierzu Rn. 241), liegt hier aber in tatsächlichen Handlungen, den sog. Realakten (näher hierzu Rn. 97). Die hierfür relevanten §§ 31 (analog), 89 Abs. 1 BGB und § 278 S. 1 BGB stellen keine Anspruchsgrundlagen, sondern Zurechnungsnormen dar. Der Schuldner haftet für das Verhalten seiner **Organe** nach §§ 31 (analog), 89 Abs. 1 BGB wie für eigenes Verschulden. Bei dem Verhalten seines **Erfüllungsgehilfen** nach § 278 S. 1 Alt. 2 BGB und seines **gesetzlichen Vertreters** nach § 278 S. 1 Alt. 1 BGB haftet er für fremdes Verschulden.

**Beispiele**

- Bei der Hanse- und Universitätsstadt Rostock führt das Vergabeverfahren ein Mitarbeiter durch.
- Bei der Ostseesparkasse Rostock berät und klärt ein Mitarbeiter über Darlehensmöglichkeiten auf.
- Der Geschäftsführer der Rostow Bau GmbH lässt bei der Errichtung eines Hauses bestimmte geschuldete Arbeiten durch einen Subunternehmer ausführen.
- Der Bürgermeister der Gemeinde Ostseebad Prerow schließt private Kaufverträge ab.

457 **Hinweise zur Fallbearbeitung**

Der Unterschied zwischen den Hilfspersonen i. S. d. § 278 S. 1 BGB und der Einschaltung eines Stellvertreters nach § 164 BGB/Boten wird vor dem Hintergrund des Abstraktionsprinzips verständlich. Hilfspersonen i. S. d. § 278 S. 1 BGB gehen vereinfacht gesagt einer Verfügung nach, handeln tatsächlich. Ihr Prüfungsstandort ist daher zunächst einmal bei der tatsächlichen Pflichtverletzung oder Handlung, im Übrigen auch bei dem Vertretenmüssen oder Verschulden. Stellvertreter nach § 164 BGB und Boten begründen dagegen mit ihrem Handeln durch Vertragsschluss erst die rechtsgeschäftliche Verpflichtung, die erfüllt werden soll. Ihr Prüfungsstandort ist daher bei der Schadensersatzprüfung – soweit überhaupt erforderlich – beim Schuldverhältnis (vgl. hierzu Rn. 450, 466 und 583 f.)

**aa) Eigenes Verschulden der Organe juristischer Personen (§§ 31 (analog), 89 Abs. 1 BGB).** § 31 BGB ordnet an, dass der Verein für Schäden haftet, die seine verfassungsmäßig berufenen Vertreter in Ausführung der ihnen zustehenden Verrichtungen Dritten zufügen. Diese Zurechnungsnorm ist Ausdruck einer allgemeinen **Repräsentantenhaftung.** Erforderlich ist sie, da in diesen Konstellationen individualrechtliche Anspruchsgrundlagen wie § 831 Abs. 1 S. 1 BGB oftmals versagen. § 31 BGB erfasst nach ihrem Wortlaut und ihrer systematischen Stellung zunächst nur den Verein. Die Vorschrift findet aber nach § 54 Abs. 1 S. 1 BGB auch auf den nicht rechtsfähigen Verein entsprechende Anwendung. Für die öffentliche Verwaltung bedeutsam ist vorrangig, dass sie auch nach § 89 Abs. 1 BGB auf den Fiskus sowie auf die Körperschaften, Stiftungen und Anstalten des öffentlichen Rechts entsprechend anzuwenden ist. § 31 BGB wird im Übrigen wegen einer bestehenden Regelungslücke auf alle anderen juristischen Personen analog angewendet. Bei § 31 BGB geht es ganz allgemein um die Haftung von juristischen Personen für ihre Organe. Danach hat die juristische Person für die von ihren Organen verursachten Schäden zwingend und im Gegensatz zu § 831 Abs. 1 S. 1 BGB ohne Exkulpationsmöglichkeit wie für eigenes, nicht für fremdes Verhalten einzustehen. 458

Im Einzelnen setzt die Zurechnung der Organe juristischer Personen nach §§ 31, 89 Abs. 1 BGB voraus (***24. Prüfungsschema, vgl. Fall- und Übungsbuch***): 459

1. ggf. einen Träger der öffentlichen Verwaltung i. S. d. § 89 Abs. 1 BGB,
2. ein verfassungsmäßig berufenes Organ i. S. d. § 31 BGB (analog) und
3. einen Verrichtungszusammenhang zwischen Aufgabenkreis des Organs und seinem Handeln.

RF: Verantwortlichkeit der juristischen Person für das Handeln seines Organs nach §§ 31 (analog), 89 Abs. 1 BGB

Ggf. ist im Rahmen des § 89 Abs. 1 BGB der **Träger der öffentlichen Verwaltung** kurz festzustellen.

**Beispiel**

Alle juristischen Personen des privaten und öffentlichen Rechts, wie die Gemeinde Ostseebad Heringsdorf (vgl. die in Rn. 45 ff. aufgeführten Träger).

**Verfassungsmäßig berufenes Organ** i. S. d. § 31 BGB ist jede Person, der für die juristische Person wesensmäßige Funktionen zur selbstständigen, eigenverantwortlichen Erfüllung zugewiesen sind, sodass sie sie im Rechtsverkehr repräsentiert. Darunter fallen nicht nur Geschäftsführungs- und Vertretungsorgane, sondern auch Liquidatoren oder Insolvenzverwalter. 460

**Hoch umstritten** ist, ob juristische Personen für ihre Organe nach § 278 S. 1 Alt. 1 BGB oder aber nach den §§ 31 (analog), 89 Abs. 1 BGB haften.[24] Relevant ist diese Frage deshalb beispielsweise bei der Haftung der Gemeinde oder einer 461

24 Für Delikte sowie sonstige gesetzliche Verbindlichkeiten wie einem Anspruch aus § 823 Abs. 1 BGB kommt mangels Sonderverbindung keine Zurechnung nach § 278 S. 1 Alt. 1 BGB, sondern allein nach § 831 Abs. 1 S. 1 BGB in Betracht.

GmbH für das Fehlverhalten ihres Bürgermeisters oder Geschäftsführers. Überzeugend ist die herrschende Ansicht einer Haftungszurechnung nach §§ 31, 89 Abs. 1 BGB. Hierfür spricht, dass die Verantwortlichkeit der juristischen Person für ihre Organe ihre Sonderregelung in den §§ 31, 89 Abs. 1 BGB gefunden hat. So gibt es dort keine § 278 S. 2 BGB vergleichbare Regelung. Auch erfüllen sie in ihrer Organfunktion keine fremde, sondern eine eigene Verbindlichkeit der juristischen Person. Letztlich hat die Streitfrage aber häfuig keine praktische Bedeutung, da eine Zurechnung bei vertraglichen Schadensersatzansprüchen über § 278 S. 1 BGB als auch über §§ 31, 89 Abs. 1 BGB regelmäßig zum gleichen Ergebnis führen wird. Eine Streitentscheidung wird hingegen bei deliktischen Schadensersatzansprüchen wie nach § 823 Abs. 1 BGB erforderlich sein. Dort ist § 278 BGB anders als §§ 31 (anlalog), 89 Abs. 1 BGB gerade nicht anwendbar.

462 **Hinweise zur Fallbearbeitung**

Es empfiehlt sich, den Streit der Zurechnung bei vertraglichen Konstellationen über § 278 S. 1 BGB oder §§ 31 (analog), 89 Abs. 1 BGB in der Fallbearbeitung nur kurz vorzutragen und den Sachverhalt darunter gleich zu subsumieren. In aller Regel wird man zum selben Ergebnis, also (k)einer Zurechnung kommen, wodurch der Streit letztlich nicht zu entscheiden ist und auch die Argumente nicht ausgetauscht werden müssen. Bei deliktischen Konstellationen müsste hingegen auf den Streit in aller Kürze eingegangen werden (vgl. hierzu den 21. Übungsfall, s. Fall- und Übungsbuch).

463 **Beispiele**

- Frau Lalisken (L) als hauptamtliche Bürgermeisterin der Gemeinde Ostseebad Heringsdorf (H)
- Herr Altmann (A) als Geschäftsführer der Nordwasser GmbH (N)

464 Das zuzurechnende Handeln muss „in Ausführung der ihm zustehenden Verrichtungen“, also **innerhalb des organschaftlichen Wirkungskreises** erfolgt sein. Dies ist der Fall, wenn zwischen dem Aufgabenkreis des Organs und dem schädigenden (tatsächlichen oder rechtsgeschäftlichen) Handeln ein sachlicher, nicht bloß zufälliger zeitlicher und örtlicher Zusammenhang besteht. Im Rahmen einer restriktiven Betrachtungsweise ist dies aber nur dann nicht der Fall, wenn jeglicher innerer Zusammenhang zur Organtätigkeit fehlt.

**Beispiel**

Ein Geschäftsführer oder ein Bürgermeister würde nicht mehr innerhalb ihres organschaftlichen Wirkungskreises handeln, soweit sie in krassen Fällen unter Missbrauch der juristischen Person privat handeln.

465 **bb) Fremdes Verschulden des Erfüllungsgehilfen** (**§ 278 S. 1 Alt. 2 BGB**). Im Einzelnen setzt die Zurechnung des Verschuldens der Personen, deren sich der Schuldner zur Erfüllung seiner Verbindlichkeiten bedient (Erfüllungsgehilfen), nach § 278 S. 1 Alt. 2 BGB voraus (***25. Prüfungsschema, vgl. Fall- und Übungsbuch***):

1. Ein Schuldverhältnis zwischen dem Schuldner und dem Gläubiger,
2. der Dritte muss Erfüllungsgehilfe sein,

3. der Erfüllungsgehilfe muss eine Pflichtverletzung nach § 276 Abs. 1 S. 1 BGB zu verschulden haben und
4. er muss in Erfüllung einer Verbindlichkeit des Schuldners gegenüber dem Gläubiger tätig geworden sein.

RF: Verschulden seines Erfüllungsgehilfen nach § 278 S. 1 Alt. 2 BGB in gleichem Umfang zu vertreten wie eigenes Verschulden

Aus den Worten „Schuldner" und „Verbindlichkeit" folgt, dass zwischen dem Schuldner und dem Gläubiger ein **Schuldverhältnis** (näher hierzu Rn. 98 ff.) bestehen muss. Dies wird regelmäßig ein Vertrag, seltener ein vorvertragliches Schuldverhältnis nach § 311 Abs. 2 BGB sein. Maßgeblich ist, dass das Schuldverhältnis zum Zeitpunkt der schädigenden Handlung bereits besteht und nicht erst durch sie begründet wird, wie beim deliktischen Schadensersatzanspruch aus § 823 Abs. 1 BGB (vgl. hierzu Rn. 450, 457 und 583 f.). **466**

**Hinweise zur Fallbearbeitung** **467**

Während der Fallbearbeitung bedarf dieser Prüfungspunkt nur selten einer Erwähnung. Es handelt sich um das bereits im Rahmen des § 280 Abs. 1 S. 1 BGB erörterte Schuldverhältnis, das zuvor bereits erörtert worden sein wird.

**Beispiele** **468**

- Verträge aller Art
- Der bei der Gemeinde Ostseebad Prerow (P) angestellte Hausmeister Müller (M) streut im Winter vor dem Rathausgebäude den Gehweg nicht ordnungsgemäß. Frau Kunde (K) rutscht dort als Besucherin aus und erleidet beim Hinfallen einen Handgelenksbruch. Das winterliche Streuen des Gehweges unterfällt der allgemeinen Verkehrssicherungspflicht nach § 241 Abs. 2 BGB. Zum Zeitpunkt des Unfalls bestand aber zwischen P und K kein Schuldverhältnis. Es ist in gesetzlicher Form erst durch den Unfall begründet worden. Mangels Schuldverhältnis scheidet die Anwendbarkeit des § 278 S. 1 BGB aus. P haftet nicht aus § 280 Abs. 1 S. 1 BGB. Allerdings könnte G im Ergebnis doch für das Fehlverhalten des M nach § 831 Abs. 1 S. 1 BGB haften, wegen eines Organisationsverschuldens ggf. auch unmittelbar aus § 823 Abs. 1 BGB.

Der Dritte muss **Erfüllungsgehilfe** sein. Das ist die Person, die mit Wissen und Wollen des Schuldners in dessen Pflichtenkreis tätig wird. Erfüllungsgehilfe ist damit jeder, der vom Schuldner damit beauftragt wird, ihm eine Arbeit abzunehmen, die er eigentlich selbst tun müsste. Soweit Schuldnerin eine juristische Person ist, kommt es auf das Wissen und Wollen des gesetzlichen Vertreters an, bei einer amtsfreien Gemeinde also beispielsweise auf das Wissen und Wollen des hauptamtlichen Bürgermeisters nach § 38 Abs. 2 S. 1 KV M-V oder auf die Person an, die in Untervollmacht handelt. Die Art der zwischen dem Schuldner und der Hilfsperson bestehenden rechtlichen Beziehung ist gleichgültig, eine rein tatsächliche Zusammenarbeit genügt. Die Hilfsperson braucht nicht zu wissen, dass er eine Verpflichtung des Schuldners erfüllt. Unbedeutend ist auch, ob **469** der Schuldner zu einer Kontrolle und Überwachung des Erfüllungsgehilfen in der Lage ist. Hilfspersonen des Erfüllungsgehilfen sind selbst Erfüllungsgehilfen des Schuldners, wenn sie mit dessen ausdrücklichem oder stillschweigendem Einverständnis tätig werden. Der Schuldner braucht auch nicht zu erfahren, welche weiteren Gehilfen der erste Erfüllungsgehilfe beauftragt hat. Hauptbeispiel für den Erfüllungsgehilfen ist der **Mitarbeiter** des Schuldners.

**Beispiele** (vgl. bereits Rn. 372)

- Die Rostow Bau GmbH (G) führt bestimmte Arbeiten, die er der Bauherrin der Hanse- und Universitätsstadt Rostock (R) schuldet, nicht selbst aus, sondern beauftragt hierfür die Fachsanierung Kucher Bau GmbH (F).
- Rechtsanwalt Riemer (R) berät den Vorstand der Universitätsmedizin Rostock (V) rechtlich über einen Ärztefehler während einer Operation.
- Die Sachbearbeiterin Frau Socker (S) der Stadt Bad Doberan (BD) schließt mit der Böttcher AG (B) einen Kaufvertrag über die Lieferung von 1.000 Packungen Druckerpapier zu je 500 Blatt.
- Die Knöpfel GmbH & Co. Versorgungstechnik KG entsendet für die Reparatur einer Heizung ihren Lehrling Lose (L).

470 Der Erfüllungsgehilfe muss **in Erfüllung einer Verbindlichkeit** des Schuldners gegenüber dem Gläubiger tätig geworden sein.
Davon umfasst sind alle Arten von Verbindlichkeiten des Schuldners, also nicht nur Hauptleistungs-, sondern auch Nebenleistungs- und Schutzpflichten, die sich aus dem Schuldverhältnis ergeben.
Zu prüfen ist insbesondere, ob die vom Erfüllungsgehilfen wahrgenommene Tätigkeit tatsächlich zum Pflichtenkreis des Schuldners gehört. Dessen Inhalt und Umfang bestimmt sich konkret durch das Schuldverhältnis. Beispielsweise ist beim Kaufvertrag nach § 433 BGB der Hersteller oder Lieferant einer Sache regelmäßig nicht Erfüllungsgehilfe des Verkäufers, da die Pflichten des Verkäufers die Herstellung der Sache nicht umfassen.

471 Umstritten ist, ob die schuldhafte Handlung des Vertreters in einem unmittelbaren sachlichen Zusammenhang mit den Aufgaben stehen muss, die diesem im Hinblick auf die Vertragserfüllung übertragen sind. Eine weitverbreitete Ansicht bejaht dies und lässt eine Haftung nach § 278 S. 1 Alt. 2 BGB für solche Schäden ausscheiden, welche die Hilfsperson nur **„bei Gelegenheit“** ihrer Tätigkeit dem Gläubiger zufügt. Hier geht es namentlich um die Haftung für Straftaten. Hierfür spricht, dass § 278 S. 1 Alt. 2 BGB den Gläubiger nicht von dem allgemeinen Lebensrisiko befreien will, Opfer einer schädigenden Handlung zu werden. Die Rechtspflicht, Diebstähle zu unterlassen, ist auch keine vertragsspezifische, sondern eine allgemeine, also jedermann treffende Pflicht. Dem ist jedoch entgegenzuhalten, dass eine solche Pflicht nach § 241 Abs. 2 BGB auch den Schuldner trifft, sie sich also auch aus dem Schuldverhältnis ergibt. Im Übrigen wird die schuldhafte Handlung des Vertreters erst durch den Einsatz bei der Erfüllung ermöglicht. Daher überzeugt die Ansicht, dass der Schuldner nach § 278 S. 1 Alt. 2 BGB haftet, soweit durch die übertragene Tätigkeit der Zugriff auf die geschädigten Rechtsgüter erheblich erleichtert worden ist.

**Beispiele**
- Mitarbeiter eines Beförderungs- oder Lagerunternehmens entwenden die zu befördernden oder zu lagernden Gegenständen
- Ein Angestellter eines Hotels benutzt unerlaubt den Pkw eines Gastes
- Der Fahrer eines gemieteten Pkws entwendet diesen
- Ein Gehilfe macht bei Abschluss eines Vertrags gegenüber dem Vertragspartner unzutreffende Angaben oder nutzt einen irreführenden Prospekt
- Ein Malermeister schickt seinen Gesellen zu dem Haus eines Bestellers, um die Fenster-rahmen neu anzustreichen. Der Geselle tropft an diesem Tag Farbe auf den Parkettfußboden, er beschädigt mit der Glut seiner brennenden Zigarette einen Perserteppich und beim Verlassen des Hauses entwendet er noch zwei 50,00 € Scheine. In all diesen Fällen haftet der Malermeister nach § 278 S. 1 BGB. Würde nun der Geselle aber das vor dem Haus befindliche Fahrrad des Bestellers entwenden, scheidet eine Haftung nach § 278 S. 1 Alt. 2 BGB aus. Hier wäre dem Gesellen durch die vom Malermeister übertragene Tätigkeit nicht wesentlich erleichtert worden. Gleiches gilt, soweit der Geselle entscheidet, eine Woche später in das Haus einzubrechen und die Sachen zu entwenden.

Letzte Voraussetzung des § 278 S. 1 Alt. 2 BGB ist ein **Verschulden des Erfüllungsgehilfen**. Er muss nach § 276 Abs. 1 S. 1 BGB vorsätzlich oder fahrlässig gehandelt haben. Es gelten die obigen Ausführungen. Nach dem Sinn und Zweck des § 278 S. 1 Alt. 2 BGB muss das Verschulden an den Verpflichtungen des Schuldners und nicht an eventuellen Verpflichtungen des Gesellen ausgerichtet werden. Das Verhalten des Erfüllungsgehilfen ist wie eigenes Verhalten des Schuldners zu werten, sodass auch dessen Verschuldensmaßstab anzuwenden ist. 472

Der Schuldner hat nach § 278 S. 1 Alt. 2 BGB hat das Verschulden seines Erfüllungsgehilfen **in gleichem Umfang zu vertreten wie eigenes** Verschulden. Der Gläubiger muss sich ein (Mit-)Verschulden seines gesetzlichen Vertreters oder Erfüllungsgehilfen nach § 254 Abs. 2 S. 2 BGB zurechnen lassen.

cc) **Fremdes Verschulden des gesetzlichen Vertreters** (**§ 278 S. 1 Alt. 1 BGB**). 473
Im Einzelnen setzt die Zurechnung des Verschuldens des gesetzlichen Vertreters nach § 278 S. 1 Alt. 2 BGB voraus (***26. Prüfungsschema, vgl. Fall- und Übungsbuch***):

1. Ein Schuldverhältnis zwischen dem Schuldner und dem Gläubiger,
2. der Dritte muss gesetzlicher Vertreter i. S. d. Rechtsnorm sein,
3. dieser gesetzliche Vertreter muss eine Pflichtverletzung nach § 276 Abs. 1 S. 1 BGB zu verschulden haben und
4. er muss in Erfüllung einer Verbindlichkeit des Schuldners gegenüber dem Gläubiger tätig geworden sein.

RF: Verschulden seines gesetzlichen Vertreters nach § 278 S. 1 Alt. 2 BGB in gleichem Umfang zu vertreten wie eigenes Verschulden

In der Sache ergeben sich damit zu der Haftung eines Erfüllungsgehilfen nach 474
§ 278 S. 1 Alt. 1 BGB **kaum Unterschiede**. Einzig der Begriff des gesetzlichen

Vertreters i. S. d. § 278 S. 1 Alt. 1 BGB ist noch erörterungsbedürftig. Eine separate Anordnung ist notwendig, weil der gesetzliche Vertreter anders als der Gehilfe nicht durch den Schuldner eingeschaltet wird, sondern aufgrund einer gesetzlich übertragenen Befugnis tätig wird.
Unter den Begriff des **gesetzlichen Vertreters** i. S. d. § 278 S. 1 Alt. 1 BGB fallen in einer weiten Auslegung alle Personen, die aufgrund gesetzlicher Vorschriften mit Wirkung für andere handeln können. Gemeint sind damit in erster Linie Vertreter natürlicher Personen wie die Eltern, der Vormund, der Betreuer, der Pfleger oder Parteien kraft Amtes wie der Testamentsvollstrecker und Nachlass-, Insolvenz- und Zwangsverwalter, aber auch Ehegatten.
**Organe juristischer Personen** fallen darunter nach überzeugender Ansicht **nicht** (näher hierzu Rn. 461). Auf Mitarbeiter einer juristischen Person ohne die herausgehobene Stellung eines Organs bleibt § 278 S. 1 BGB hingegen unstreitig anwendbar, da sie nach der Alt. 2 BGB regelmäßig Erfüllungsgehilfen sein werden.

### 4. Schaden

475 Vierte und letzte Voraussetzung ist nach § 280 Abs. 1 S. 1 BGB der Eintritt eines **Schadens.**

**Hinweise zur Fallbearbeitung**

Die Schadensprüfung erfolgt in zwei Schritten:
1. Als Erstes ist nach § 280 Abs. 1 S. 1 BGB festzustellen, ob ein **Schaden entstanden** ist.
2. Als zweites – hier dargestellt als 5. Prüfungspunkt – ist nach den §§ 249 ff. BGB zu prüfen, wie der zuvor festgestellte **Schaden zu ersetzen** ist. § 249 Abs. 1 BGB spricht im Titel von „Art und Umfang des Schadensersatzes", weswegen an dieser Stelle vom konkreten Inhalt des Schadensersatzes die Rede ist.

**Zum 1. Prüfungspunkt, ob ein Schaden entstanden ist:** Vergleicht man die Ausführungen und **Prüfungsschemata** verschiedener Lehrbücher, so lässt sich hinsichtlich der Prüfungsschemata des § 280 Abs. 1 S. 1 BGB folgende nur vermeintliche inhaltliche Unterscheidung feststellen: Zum einen führen Autoren den Schaden – wie auch ich – als vierte Voraussetzung eines Anspruchs aus § 280 Abs. 1 S. 1 BGB an[25]. Zum anderen gibt es aber auch Autoren, die in ihren Prüfungsschemata des § 280 Abs. 1 S. 1 BGB den Schaden nicht als Voraussetzung benennen und sich auf die Tatbestandsvoraussetzungen beschränken[26].

---

25 So auch beispielsweise aus der klassisch universitären Literatur *Looschelders*, Schuldrecht Allgemeiner Teil, 20. Auflage 2022, S. 213 und aus der Literatur mit öffentlicher Verwaltungsprägung *Obst/Siegel*, Praktische Fälle aus dem Bürgerlichen Recht, 7. Auflage 2021, S. 53.

26 So auch beispielsweise aus der klassisch universitären Literatur *Brox/Walker*, Allgemeines Schuldrecht, 48. Auflage 2024, S. 351 und aus der Literatur mit öffentlicher Verwaltungsprägung *Einmahl*, Zivilrecht, Lehrbuch zum Zivilrecht für die öffentliche Verwaltung, 7. Auflage 2023, S. 128, *Brockmann/Gerlach/Jesser/u. a.*, Das Bürgerliche Gesetzbuch, Grundlagen & Schemata, 2. Auflage 2024 oder *Adler*, Privatrecht Band 1, 4. Auflage 2022, S. 183 f.

Ich wähle hier bewusst die Formulierung **„Voraussetzung"**. In § 280 Abs. 1 S. 1 BGB heißt es „so kann der Gläubiger Ersatz des hierdurch entstehenden Schadens verlangen". Der Schaden dürfte damit nicht Tatbestands-, sondern Rechtsfolgenmerkmal sein. Mit vereinfachten Worten dürfte der Schaden also keine Tatbestands-, sondern eine Rechtsfolgenvoraussetzung sein[27]. Eigenständig zu prüfende Rechtsfolgenvoraussetzungen sind mit Ausnahme des Schadens wie bei den §§ 280 Abs. 1 S. 1 BGB, 823 Abs. 1, 831 Abs. 1 S. 1 BGB selten. Der Schadensersatzanspruch nach § 280 Abs. 1 S. 1 BGB dürfte deshalb drei Tatbestandsvoraussetzungen (Schuldverhältnis, Pflichtverletzung und Vertretenmüssen) und eine Rechtsfolgenvoraussetzung (Schaden) enthalten, normiert aber jedenfalls insgesamt vier Voraussetzungen (Schuldverhältnis, Pflichtverletzung, Vertretenmüssen und Schaden).
Es erscheint mir künstlich, die Rechtsfolgenvoraussetzung des Schadens gänzlich von den Tatbestandsvoraussetzungen des § 280 Abs. 1 S. 1 BGB abzukoppeln und didaktisch sinnvoll, sie gemeinsam in dem Prüfungsschema des § 280 Abs. 1 S. 1 BGB und allen anderen Schadensersatzschemata darzustellen. Andernfalls könnte ein Prüfling aufgrund falschen Verständnisses vergessen, den Schaden als Voraussetzung zu prüfen. Es sind sich alle Autoren (und Praktiker) einig, dass im Rahmen einer Falllösung der Schaden im Einzelnen geprüft werden muss, bei einem Schadensersatz neben der Leistung nach § 280 Abs. 1 S. 1 BGB beispielsweise also an vierter Stelle. Inhaltlich widersprechen sich deshalb die Prüfungsschemata (wohl) nicht.
Die **Darstellung** der konkreten Schäden **in der Falllösung** stellt Prüflinge regelmäßig vor Herausforderungen. Als Orientierung kann ich empfehlen, den Schaden unter dem vierten Prüfungspunkt zunächst – soweit problematisch und erforderlich – nach dem natürlichen Schadensbegriff zu definieren, wodurch bereits qua Definition die Begriffe materieller und immaterieller Schaden fallen. Anschließend kann – soweit auch hier problematisch und erforderlich – der materieller Schaden definiert und sogleich subsumiert werden. Gleiches gilt im Anschluss für den immateriellen Schaden. Oftmals werden sich nicht nur ein, sondern mehrere Schäden feststellen lassen. Enthält der Sachverhalt keine Schwierigkeiten bei der Bestimmung der Schäden – was prüflingsfreundlich nicht selten sein dürfte, da das Schadensrecht einer der kompliziertesten Gebiete des Privatrechts ist – kann der oder können die Schäden häufig mit ein, zwei Sätzen konkret bestimmt werden.

---

27 Vgl. hierzu *Schwacke* Juristische Methodik mit Technik der Fallbearbeitung, 5. Auflage 2011, S. 28. *Looschelders*, Schuldrecht Allgemeiner Teil, 20. Auflage 2022, spricht aber ohne weitere Begründung auch beim Schaden von einem „Tatbestandselement". Dieser Streit ist nur von akademischer Natur und hat keine praktischen Auswirkungen. So oder so bleibt der Schaden eine Voraussetzung.

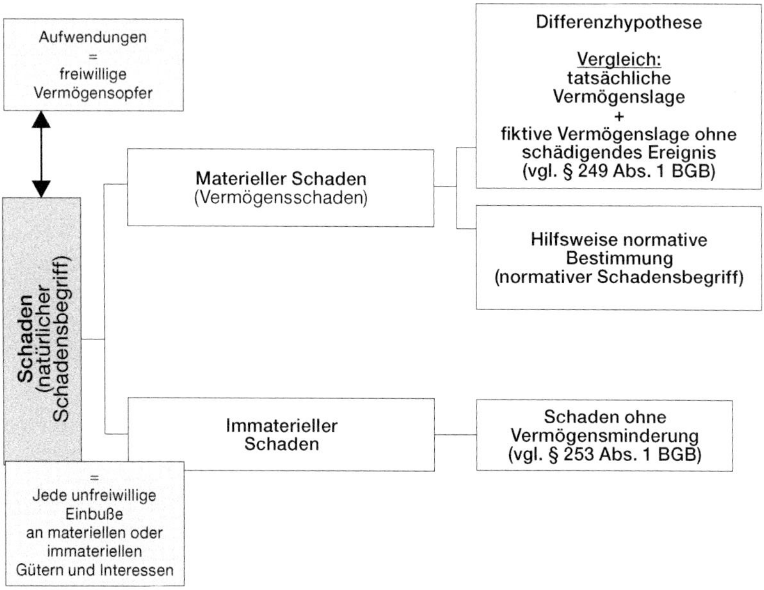


**Abb. 44:** Schaden

476 Der Begriff des Schadens ist im BGB nicht definiert und im Einzelnen anspruchsvoll. Ausgangspunkt der Überlegungen ist der natürliche Schadensbegriff. Danach ist ein Schaden jede **unfreiwillige Einbuße** an materiellen oder immateriellen Gütern und Interessen. Ein Gut ist ein Besitz, der einen materiellen oder geistigen Wert darstellt. Man spricht von einem beweglichen Gut wie einem Möbelstück oder der Gesundheit eines Menschen als dem höchsten Gut. Vereinfacht ausgedrückt ist mit dem Schaden allgemein ein jeder Nachteil gemeint.

477 Vom Schaden zu unterscheiden sind Aufwendungen als **freiwillige Vermögensopfer**. Unter einen Schaden fallen jedoch auch solche Aufwendungen, die der Geschädigte zur Verhinderung eines drohenden Schadens sowie zur Beseitigung oder Geringhaltung eines eingetretenen Schadens tätigt. Als „freiwillig" können sie nicht angesehen werden, da sie auf dem (drohenden) Schadenseintritt beruhen. Voraussetzung hierfür ist aber, dass die betreffenden Aufwendungen aus Sicht eines verständigen Menschen in der Lage des Geschädigten erforderlich erscheinen.

**Beispiel**
Die Hanse- und Universitätsstadt Rostock (R) mietet von der InRostock GmbH Messen, Kongresse & Events (I) die Stadthalle Rostock für ein Stadtfest an. Ihr Mitarbeiter Meier (M) kauft hierfür namens und in Vollmacht der R Getränke im Wert von 2.000,00 € brutto ein. Kurzfristig sagt I der R ab.

Der Einkauf der Getränke im Wert von 2.000,00 € brutto sind freiwillige Vermögensopfer, damit sie für das Stadtfest genutzt werden können. Es handelt sich um eine Aufwendung.

Die angeführte Definition des natürlichen Schadensbegriffs erfasst sowohl **materielle** als auch **immaterielle Einbußen**, zwischen denen im Weiteren zu unterscheiden ist. 478
Mit einem materiellen Schaden ist ein **Vermögensschaden** gemeint. Er berechnet sich anhand der **Differenzhypothese**, wonach der gegenwärtige tatsächliche Wert des Vermögens geringer sein muss als der Wert der Vermögenslage, in der sich der Geschädigte ohne den Eintritt des schädigenden Ereignisses befinden würde. Die Differenz dieser beiden Vermögenslagen ist der Vermögensschaden. Gesetzlicher Bezugspunkt für diese These ist § 249 Abs. 1 BGB, wonach der Zustand herzustellen ist, der bestehen würde, wenn der zum Ersatz verpflichtende Umstand nicht eingetreten wäre (Grundsatz der Naturalrestitution).[28]

Bei einem immateriellen Schaden hilft die Differenzhypothese nicht weiter. Bei ihm lässt der Vergleich der gegenwärtigen und der hypothetischen Vermögenslage des Geschädigten keine in Geld messbare Einbuße erkennen. Gemeint ist also ein Schaden, der sich **nicht** in einer **Vermögensminderung** zeigt (vgl. § 253 Abs. 1 BGB). Klassische Beispiele immaterieller Schäden sind physische Schmerzen oder seelische Beeinträchtigungen aufgrund einer Körperverletzung sowie die seelische Kränkung aufgrund einer Beleidigung. 479

**Hinweise zur Fallbearbeitung** 480

Die Unterscheidung zwischen Vermögensschaden und immateriellem Schaden ist für eine Entschädigung in Geld bedeutsam. Vermögensschäden sind immer in Geld ersatzfähig. Eine Geldentschädigung bei immateriellen Schäden kann hingegen nach § 253 Abs. 1 BGB nur gefordert werden, wenn dies im Gesetz ausdrücklich vorgesehen ist.

**Beispiel** 481

Der Rostocker Rechtsanwalt Jeschke (J) verursacht auf seinem Arbeitsrückweg mit seiner Mercedes C-Klasse einen Verkehrsunfall. Die Front seines Pkws drückt den linken Kotflügel des privaten VW Tiguan der Verkehrsteilnehmerin und Sachbearbeiterin Giesel (G) der Hanse- und Universitätsstadt Rostock (R) ein. Die Reparatur des Tiguans dauert zwei Monate und kostet 10.000,00 € brutto. G selbst erleidet linksseitig eine Oberschenkelfraktur, wodurch Behandlungskosten i. H. v. 7.000,00 € entstanden sind und sie jeden-

28 Der Vermögensschaden wird ergänzend zur dargelegten Differenzhypothese in geeigneten Fällen auch normativ bestimmt (sog. normativer Schaden), soweit eine Korrektur ihres Ergebnisses billig erscheint. Praxisrelevant sind vor allem zum einen die Fälle, in denen Leistungen Dritter an den Geschädigten nicht dem Schädiger zugutekommen sollen. Zu denken ist beispielsweise an Zahlungen eines Haftpflichtversicherers wegen Schäden eines verunfallten Pkws. Praktische Bedeutung erhalten zum anderen aber auch Fälle im Grenzbereich zu den immateriellen Schäden, wie der häuslichen Arbeit, den Genussmöglichkeiten oder den Sachnutzungen. Im Einzelnen ist im Schadensrecht vieles umstritten.

falls einen Monat lang starke physische Schmerzen durch die Fraktur erlitt und sich drei Monate lang nicht in den Stadtverkehr traute.

Ein Schaden ist jede unfreiwillige Einbuße an materiellen oder immateriellen Gütern und Interessen. Der materielle Schaden berechnet sich als Vermögensschaden anhand der Differenzhypothese, wonach der gegenwärtige tatsächliche Wert des Vermögens geringer sein muss als der Wert der Vermögenslage, in der sich der Geschädigte ohne den Eintritt des schädigenden Ereignisses befinden würde. Die Differenz dieser beiden Vermögenslagen ist der Vermögensschaden. Aufgrund des Zusammenstoßes der beiden Pkw erlitt der Tiguan der G linksseitig am Kotflügel eine Delle. Die Reparaturkosten i. H. v. 10.000,00 € brutto sowie der merkantile Minderwert (Wertverlust des Pkw trotz vollständiger Instandsetzung) des nun unfallbehafteten Tiguans i. H. v. 3.000,00 € sind materielle Schäden der G. Ferner erlitt G wegen des Zusammenstoßes der Pkw auch linksseitig eine Oberschenkelfraktur, wodurch ihr Arztkosten i. H. v. 7.000,00 € entstanden sind. Auch diese Arztkosten sind ein materieller Schaden der G. Der immaterielle Schaden ist ein solcher, der sich nicht in einer Vermögensminderung zeigt (vgl. 253 Abs. 1 BGB). Ihre starken physischen Schmerzen wegen der Fraktur über den Zeitraum von einem Monat sowie ihre drei Monate währende Angst der Teilnahme am Stadtverkehr sind immaterielle Schäden der G.

Zu den materiellen Schäden kann auch ein Verdienstausfall, die fehlende Möglichkeit der Haushaltsführung oder die fehlende Nutzungsmöglichkeit ihres privaten Tiguans für den Reparaturzeitraum von einem Monat zählen. Zu den immateriellen Schäden kann beispielsweise auch ihre Verärgerung über den Unfall, entgangene Urlaubsfreuden oder entgangene Freizeit gehören. Ob aber all dies ersetzungsfähig ist, regeln die §§ 249 ff. BGB.

Da die Schäden in dem Fallbeispiel unproblematisch bestimmbar sind, würde es auch ausreichen, in einem Satz festzustellen, dass die Reparaturkosten i. H. v. 10.000,00 € brutto, der merkantile Minderwert des Tiguans i. H. v. 3.000,00 € sowie die Behandlungskosten i. H. v. 3.000,00 € die materiellen Schäden und die ein Monat währenden physischen Schmerzen sowie drei Monaten seelischen Belastungen immaterielle Schäden der G sind.

### 5. Art und Umfang des Schadensersatzes (§§ 249 ff. BGB)

482 Nach Vorliegen der Voraussetzungen des § 280 Abs. 1 S. 1 BGB ist nun zu prüfen, wie die zuvor festgestellten Schäden nach den §§ 249 ff. BGB **zu ersetzen** sind.

483 **Hinweise für die Fallbearbeitung**

Wie dargelegt, erfolgt die Schadensersatzprüfung in zwei Schritten (näher Rn. 475).

**Zum 2. Prüfungspunkt, wie ein festgestellter Schaden nach den §§ 249 ff. BGB zu ersetzen ist:**

Der Regelungsinhalt der §§ 249–253 BGB betrifft nicht die Frage, ob ein Schaden entstanden ist, sondern wie er zu ersetzen ist. Sie konkretisieren die Rechtsfolge des Schadensersatzanspruchs, indem sie Art und Umfang der Ersatzpflicht bestimmen (vgl. § 249 Abs. 1 BGB). Die §§ 249 ff. BGB enthalten

damit keine Anspruchsgrundlagen, sondern sind Hilfsnormen zur konkreten Bestimmung des Schadens**ersatzes.** Die Anspruchsgrundlage des Schadensersatzes rührt aus anderen Rechtsnormen wie § 280 Abs. 1 S. 1, § 823 Abs. 1 oder § 831 Abs. 1 S. 1 BGB.
Hinsichtlich des **Prüfungsstandorts** der §§ 249 ff. BGB im Rahmen einer Falllösung wird auf die obigen Ausführungen verwiesen (näher hierzu Rn. 475). Nachdem man also die einzelnen Schäden unter dem vierten Prüfungspunkt Schaden festgestellt hat, folgen nun Ausführungen, dass dieser Schaden beispielsweise nach § 249 Abs. 2 S. 1 BGB und jener nach § 251 Abs. 1 Alt. 2 BGB zu ersetzen ist. Bei einem Schadensersatz neben der Leistung nach § 280 Abs. 1 S. 1 BGB würde man also die §§ 249 ff. BGB an fünfter Stelle prüfen.[29]
Zu beachten ist, dass die §§ 249 ff. BGB keine Anwendung finden, soweit die jeweilige Anspruchsgrundlage den zu erstattendem Schaden näher konkretisiert. So beschränken beispielsweise § 122 Abs. 1 BGB oder § 179 Abs. 2 BGB den Schaden auf den Vertrauensschaden. Denkbar ist in unproblematischen Fallkonstellationen aber auch, dass man keinen fünften Prüfungspunkt öffnet, sondern sogleich im vierten Prüfungspunkt die Ersatzfähigkeit nach den §§ 249 ff. BGB feststellt.[30]

Die Systematik der §§ 249 ff. BGB basiert auf einer strengen Unterscheidung **zweier** verschiedener **Arten** von Schadensersatz: 484
- der **Naturalherstellung** (oder -restitution) nach den §§ 249 f. BGB und
- der **Schadenskompensation** nach den § 251 und § 253 Abs. 1 BGB.

Hierfür ist danach zu unterscheiden, ob eine Wiederherstellung des früheren Zustandes möglich (dann §§ 249 f. BGB) oder unmöglich (§ 251 und § 253 Abs. 1 BGB) ist.
Einen Sonderfall bildet das sog. **Schmerzensgeld** nach § 253 Abs. 2 BGB und das **Mitverschulden** nach § 254 BGB, das ggf. einen Schadensersatzanspruch entsprechend mindern kann.

29 Vgl. zur Verdeutlichung den ausformulierten Lösungsvorschlag des 16. Übungsfalles im Fall- und Übungsbuch oder als Sinnbild und Standardwerk der juristischen universitären Ausbildung *Looschelders*, Schuldrecht Allgemeiner Teil, 22. Auflage 2024, S. 513 ff.

30 So beispielsweise *Einmahl*, Zivilrecht, Lehrbuch zum Zivilrecht für die öffentliche Verwaltung, 7. Auflage 2023, S. 206 oder *Obst/Siegel*, Praktische Fälle aus dem Bürgerlichen Recht, 7. Auflage 2021, S. 164.

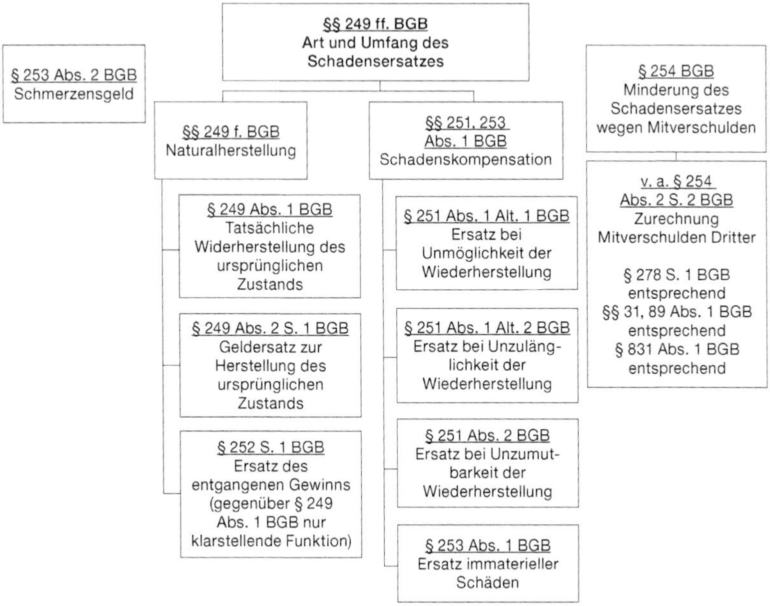


**Abb. 45:** Art und Umfang des Schadensersatzes (§§ 249 ff. BGB)

485 a) **Naturalherstellung** (**§§ 249 f. BGB**). Die Naturalherstellung dient der konkreten **Schadensbehebung** (Erhaltungsinteresse), ganz gleich, ob es sich um einen Vermögensschaden oder um einen immateriellen Schaden handelt. Der Geschädigte soll nach dem zentralen Gedanken des Schadensrechts so gestellt werden, als wäre nichts geschehen. Sie ist auf **zwei Arten** möglich:

- nach § 249 Abs. 1 BGB durch **Herstellung des Zustandes**, der bestehen würde, wenn der zum Ersatz verpflichtende Umstand nicht eingetreten wäre (Behebung des Schadens in Natur) oder
- nach § 249 Abs. 2 S. 1 BGB im Falle von Personen- und Sachschäden nach Wahl des Gläubigers durch Ersatz des für die Behebung („statt der Herstellung“) erforderlichen **Geldbetrags**. Es geht also um den Geldersatz zur Herstellung des ursprünglichen Zustandes als besondere Form der Naturalherstellung.

486 **Naturherstellung nach § 249 Abs. 1 BGB** meint die Herbeiführung eines tatsächlichen Erfolges, wie die Beschaffung einer neuen Sache oder die Reparatur einer beschädigten Sache. Je nach Schaden kann dieser Erfolg unterschiedlich ausgestaltet sein. Damit wird aber nicht die Wiederherstellung des früheren Zustands verstanden. Das ist nicht möglich, da Geschehenes sich nicht ungeschehen machen lässt. Gemeint ist die Herstellung eines wirtschaftlich gleichwertigen Zustands.

487 Gemein ist beiden Arten der Naturalherstellung, dass die tatsächliche **Wiederherstellung** des ursprünglichen Zustands **möglich** ist. Gemeint ist die Herbei-

führung eines tatsächlichen Erfolgs wie der Beschaffung einer neuen Sache oder der Reparatur einer beschädigten Sache. Andernfalls ist der Schaden nach § 251 BGB zu kompensieren. Wichtigstes Beispiel für die Unmöglichkeit der Herstellung ist die vollständige Zerstörung einer Sache. Wird aber eine sog. vertretbare Sache i. S. d. § 91 BGB zerstört, so kann die Naturalherstellung aber auch durch Beschaffung eines gleichwertigen Ersatzgegenstandes vorgenommen werden. Dies gilt beispielsweise auch für die Ersatzbeschaffung eines gebrauchten Pkws als nicht vertretbare Sache i. S. d. § 91 BGB, soweit man von dem seltenen Fall eines Unikats wie eines Oldtimers absieht. Gleichwohl ist dem Merkmal der Erforderlichkeit nach § 249 Abs. 2 S. 1 BGB ein Wirtschaftlichkeitsgebot zu entnehmen. Sollte die Reparatur unwirtschaftlich sein, so ist der Geschädigte auf die Ersatzbeschaffung verwiesen. Anzunehmen wird dies im Allgemeinen sein, soweit die Reparaturkosten um mehr als 30 % über dem Wiederbeschaffungswert liegen. Bei der Beschädigung einer Sache schließt nach § 249 Abs. 2 S. 2 BGB der nach S. 1 erforderliche Geldbetrag die Umsatzsteuer nur mit ein, wenn und soweit sie tatsächlich angefallen ist.

**Beispiel**
Im vorgenannten Beispielfall des Verkehrsunfalls des Rechtsanwalts Jeschke (J) gegenüber der Sachbearbeiterin Giesel (G) der Hanse- und Universitätsstadt Rostock (R) müsste J nach § 249 Abs. 1 BGB den linken Kotflügel des Tiguan selbst austauschen oder austauschen lassen. Ferner müsste J die linksseitige Oberschenkelfraktur der G heilen und den Zustand des Beines ohne Bruch herstellen. Die Wiederherstellung des Tiguans als unfallfreien Pkw ist dagegen nicht möglich, wodurch die Ersetzung des merkantilen Minderwerts nicht unter § 249 Abs. 1 BGB fallen kann.

In den meisten Fällen handelt es sich um Personen- oder Sachschäden, wo der **488**
Geschädigte bei möglicher Behebung Geldersatz nach § 249 Abs. 2 S. 1 BGB verlangen wird. Obwohl der Schadensersatz durch eine Geldzahlung geleistet wird, geht es aber auch hier um die Wahrung des **Erhaltungs-** und nicht (nur) des Wert**interesses.** So kommt es bei der Berechnung des Anspruchs für Sachschäden nicht auf den Wert der Sache, sondern darauf an, welcher Betrag für die Herstellung erforderlich ist. Bei Personenschäden spielt primär der Ersatz der Behandlungskosten sowie des Verdienstausfalls eine Rolle.

**Beispiel**
Im oben genannten Beispielsfall des Verkehrsunfalls des Rechtsanwalts Jeschke (J) gegenüber der Sachbearbeiterin Giesel (G) der Hanse- und Universitätsstadt Rostock (R) kann G von J statt dem Austausch des linken Kotflügels und der Heilung ihrer linksseitigen Oberschenkelfraktur nach § 249 Abs. 2 S. 1 BGB wegen der Verletzungen ihrer Person und der Beschädigung ihrer Sache den zur Herstellung erforderlichen Geldbetrag verlangen. Darunter fallen die Reparaturkosten i. H. v. 10.000,00 € und die Behandlungskosten i. H. v. 7.000,00 €. Den merkantilen Minderwert i. H. v. 3.000,00 € kann sie wegen Unmöglichkeit der Wiederherstellung der Unfallfreiheit des Tiguans weiterhin nicht nach § 249 Abs. 2 S. 1 BGB ersetzt verlangen.

§ 250 BGB ergänzt beide Formen der Naturalrestitution durch eine zusätzliche **489**
Handhabe des Gläubigers, gegen einen zur Wiederherstellung unwilligen

Schuldner einen (leichter durchsetzbaren) Zahlungsanspruch zu erlangen, um den Schaden selbst zu beheben. Diese Rechtsnorm hat kaum **praktische Bedeutung**. Sie greift nur für die seltenen Fälle ein, in denen weder eine Personenverletzung noch eine Sachbeschädigung vorliegt.
§ 252 S. 1 BGB stellt klar, dass der **entgangene Gewinn** eine ersatzfähige Vermögensposition darstellt. Nach § 252 S. 2 BGB gilt der Gewinn als entgangen, welcher nach dem gewöhnlichen Lauf der Dinge oder nach den besonderen Umständen, insbesondere nach den getroffenen Anstalten und Vorkehrungen, mit Wahrscheinlichkeit erwartet werden konnte. Er ist bereits nach § 249 Abs. 1 BGB ersatzfähig und übt daher nur eine klarstellende Funktion aus.

**Beispiel**
Angenommen, dass Frau Giesel (G) im zuvor genannten Beispielsfall des Verkehrsunfalls mit der Mercedes C-Klasse des Rechtsanwalts Jeschke (J) drei Monate lang ihrer Tätigkeit als Sachbearbeiterin bei der Hanse- und Universitätsstadt Rostock (R) nicht nachgehen kann. Sie verdient monatlich 3.000,00 € brutto und 2.000,00 € netto bei vereinbarten neununddreißig Wochenstunden. R zahlt ihr in den ersten sechs Wochen nach § 611 Abs. 2 BGB i. V. m. § 3 Abs. 1 S. 1 EFZG eine Vergütung i. H. v. 3.000,00 € netto aus. In der verbliebenen Zeit von ca. eineinhalb Monaten zahlt ihr ihre Handelskrankenkasse (hkk) ein Krankengeld i. H. v. 2.000,00 € netto. Nach der Differenzhypothese erleidet sie einen materiellen Schaden i. H. v. 1.000,00 € wegen entgangener Einkünfte aus ihrer abhängigen Tätigkeit, der nach § 252 S. 1 BGB als entgangener Gewinn ersatzfähig ist.

490 Soweit bei einem immateriellen Schaden eine Naturherstellung möglich ist, wird dieser seltene Fall ebenfalls nach § 249 Abs. 1 BGB ersetzt. Zu denken ist unter anderem der Widerruf einer unwahren, ehrkränkenden Behauptung tatsächlicher Art.

491 b) **Schadenskompensation (§§ 251 und § 253 Abs. 1 BGB).** Die Schadenskompensation dient dem **Ausgleich eines Vermögensschadens** (Wertinteresse), wenn
- nach § 251 Abs. 1 Alt. 1 BGB seine Behebung nicht möglich,
- nach § 251 Abs. 1 Alt. 2 BGB seine Behebung nicht genügend oder
- nach § 251 Abs. 2 S. 1 BGB seine Behebung nur mit unverhältnismäßigen Aufwendungen möglich ist.

Hinsichtlich der **Möglichkeit der Behebung** eines Schadens nach **§ 251 Abs. 1 Alt. 1 BGB** kann auf die obigen Ausführungen verwiesen werden (näher hierzu Rn. 486).

**Beispiel**
Ein Oldtimer ist aufgrund eines Unfalls derart beschädigt worden, dass eine Reparatur technisch nicht möglich ist (sog. technischer Totalschaden). Bei der Berechnung der Entschädigung in Geld nach § 251 Abs. 1 Alt. 1 BGB kann man sich an dem auf dem Oldtimer-Markt zu erzielenden Preis orientieren.

492 Fälle, in denen die **Behebung des Schadens nicht genügend** ist, sind vor allem technische oder merkantile Minderwerte, die nach der Reparatur verbleiben,

oder die, wo die Herstellung unzumutbar lange dauern würde. Dieser Geldersatzanspruch kann den Herstellungsanspruch ersetzen oder ergänzen.

**Beispiel**
Die Front des zwei Jahre alten Ferraris des Herrn Lott (L) ist bei einem Unfall beschädigt worden. L lässt sie für 7.500,00 € brutto instand setzen. Da sein Ferrari als Unfallwagen gilt, verbleibt ein merkantiler Minderwert i. H. v. 5.000,00 €.
Die Reparaturkosten i. H. v. 7.500,00 € brutto sind nach § 249 Abs. 2 S. 1 und 2 BGB ersetzbar, da die Wiederherstellung der Front möglich ist. Die Reparaturkosten sind nur mittelbare Folgen des Frontschadens. Die Wiederherstellung eines Zustandes der Unfallfreiheit des Ferraris ist hingegen nicht möglich, weswegen der merkantile Minderwert i. H. v. 5.000,00 € nach § 251 Abs. 1 Alt. 2 BGB zu ersetzen ist.

Erfordert die **Naturalrestitution unverhältnismäßige Aufwendungen**, so steht **493**
es dem Schädiger nach **§ 252 Abs. 2 S. 1 BGB** ausnahmsweise frei, die Naturalrestitution zu verweigern und stattdessen Entschädigung in Geld zu leisten. Ersetzt wird damit nicht das Herstellungsinteresse des Geschädigten, sondern lediglich sein Wertinteresse. Wichtigstes Beispiel der Unverhältnismäßigkeit ist der sog. wirtschaftliche Totalschaden bei Unikaten. Da aber zumeist vertretbare Sachen i. S. d. § 91 BGB oder vergleichbare nicht vertretbare Gebrauchtsachen beschädigt werden und dem Merkmal der Erforderlichkeit nach § 249 Abs. 2 S. 1 BGB ein Wirtschaftlichkeitsgebot zu entnehmen ist, ergibt sich die Ersatzpflicht regelmäßig aus der vorgenannten Rechtsnorm und nicht aus § 251 Abs. 2 S. 1 BGB. Der hiesige Anwendungsbereich ist daher praktisch gering und auf Unikate beschränkt.

**Beispiel**
Ein Oldtimer ist aufgrund eines Unfalls stark beschädigt worden. Eine Reparatur ist möglich, kostet aber 13.000,00 € brutto. Der Wiederbeschaffungswert liegt bei 10.000,00 €. Damit liegt ein sog. wirtschaftlicher Totalschaden vor. Mangels vertretbarer Sache i. S. d. § 91 BGB sind nach § 252 Abs. 2 S. 1 BGB 10.000,00 € zu ersetzen.

Generell muss sich der Geschädigte ggf. aufgrund des ungeschriebenen scha- **494**
densrechtlichen Bereicherungsverbots einen **Abzug „neu für alt"** gefallen lassen, wenn der Wert der beschädigten Sache durch die Naturalherstellung erhöht wird.

**Beispiel**
Der Kfz-Mechaniker Kelch (K) hat den Ölwechsel am VW Tiguan der Frau Giesel (G) so unsachgemäß durchgeführt, dass es zu einem „Kolbenfresser" kommt, bei dem der Motor völlig zerstört wird. Wird dieser Schaden durch Einbau eines neuwertigen Austauschmotors behoben, ist ein Abzug „neu für alt" vorzunehmen.

**Immaterielle Schäden**, die wie bei einer unwahren, ehrkränkenden Behaup- **495**
tung nicht beispielsweise durch den Widerruf der Aussage behoben werden können, können im Übrigen in Geld nach § 253 Abs. 1 BGB nur in den durch das Gesetz bestimmten Fällen ersetzt werden. Durch die Formulierung „in Geld"

bezieht sich **§ 253 Abs. 1 BGB** auf § 251 BGB. Wegen der in der Praxis vorzufindenden extensiven Auslegung des Begriffs „Vermögensschaden" wird § 253 BGB aber regelmäßig nicht zur Anwendung kommen.[31]

> **Beispiel**
> Es gibt kein Gesetz, weswegen der Ärger über einen Verkehrsunfall kompensiert wird. Er ist nicht ersetzungsfähig.

496 c) **Schmerzensgeld** (**§ 253 Abs. 2 BGB**). **Praxisrelevant** ist hauptsächlich § 253 Abs. 2 BGB, wonach wegen einer Verletzung des Körpers, der Gesundheit, der Freiheit oder der sexuellen Selbstbestimmung eine billige Entschädigung in Geld zu leisten ist. Gemeint ist damit das sog. **Schmerzensgeld.** Erfasst werden hiervon nicht nur physische Beeinträchtigungen, sondern auch psychische Beeinträchtigungen.

Die Höhe des Anspruchs hat der Richter nach § 287 ZPO nach freiem Ermessen zu bestimmen. Anhaltspunkte bieten der Praxis die aufgrund von Gerichtsentscheidungen aufgestellten Schmerzensgeldtabellen.

> **Beispiel**
> Im oben aufgeführten Beispielsfall des Verkehrsunfalls des Rechtsanwalts Jeschke (J) gegenüber der Sachbearbeiterin Giesel (G) der Hanse- und Universitätsstadt Rostock (R) erlitt G eine linksseitige Oberschenkelfraktur. Wegen dieser Verletzung ihres Körpers und ihrer Gesundheit steht ihr nach § 253 Abs. 2 BGB eine billige Entschädigung in Geld zu. Für die Bemessung der Höhe ist u. a. maßgeblich, dass sie im ersten Monat an der Stelle der Fraktur über starke körperliche Schmerzen plagte und in den ersten drei Monaten spürbaren seelischen Belastungen ausgesetzt gewesen ist, die sie gar an der Teilnahme am Stadtverkehr hinderten.

497 d) **Mitverschulden** (**§ 254 BGB**). Hat der Geschädigte selbst zum Schaden in zurechenbarer Weise mitgewirkt, würde es dem Grundsatz von Treu und Glauben nach § 242 BGB widersprechen, wenn er vom Schädiger Ersatz des ganzen Schadens verlangen kann. Deshalb kann es nach § 254 BGB in diesen Fällen zu einer **Minderung** oder einem **gänzlichen Ausschluss** der Ersatzpflicht kommen. Die Rechtsnorm enthält drei Tatbestände:

- Das mitwirkende Verschulden des Geschädigten beim Entstehen des Schadens nach § 254 Abs. 1 BGB,

---

31 In einzelnen Fallgruppen ist die Abgrenzung von Vermögensschäden und immateriellen Schäden umstritten. Gesetzlicher Bezugspunkt kann hinsichtlich der Erstattungsfähigkeit § 251 Abs. 1 Alt. 1 BGB oder § 253 Abs. 1 BGB sein. Lehnt man bei einer Fallgruppe einen Vermögensschaden ab, so wäre dieser nach § 253 Abs. 1 BGB nur erstattungsfähig, wenn dies – was dann selten der Fall sein dürfte – ein Gesetz anordnet. Hierzu der Verlust von Gebrauchsvorteilen als Beispiel, der in der Praxis oft einen anerkannten Schaden darstellt: Frau Giesel (G) kann ihren VW Tiguan wegen der Reparatur eine Woche nicht nutzen. Sie mietet für diese Zeit keinen Ersatzwagen. Für die Annahme eines immateriellen Schadens lässt sich anführen, dass der Nachteil der G letztlich in der Aufsichnahme von Unbequemlichkeiten liegt. Für die Annahme eines Vermögensschadens spricht hingegen, dass G nicht gehindert gewesen wäre, auf Kosten des Schädigers einen Ersatzwagen anzumieten. Wenn sie sich dennoch beholfen hat, so sollte dies nicht allein den Schädiger entlasten. Bei Annahme des § 251 Abs. 1 Alt. 1 BGB steht G eine Entschädigung in Geld zu, bei Geltung des § 253 Abs. 1 BGB ist dies nicht der Fall.

- das Unterlassen der Warnung des Schädigers nach § 254 Abs. 2 S. 1 Alt. 1 BGB oder
- das Unterlassen der Abwendung oder Minderung des Schadens nach § 254 Abs. 2 S. 1 Alt. 2 BGB.

§ 254 Abs. 2 S. 2 BGB regelt zudem die Zurechnung von Hilfspersonen, das insbesondere für den Bereich der öffentlichen Verwaltung von hoher Bedeutung ist.

**Hinweise zur Fallbearbeitung**

Auch § 254 BGB ist keine Anspruchsgrundlage, sondern eine von Amts wegen zu prüfende Einwendung gegenüber dem Schadensersatzanspruch.

Das Mitverschulden nach § 254 Abs. 1 BGB setzt lediglich voraus, dass der Geschädigte durch ein schuldhaftes Verhalten an der Entstehung des Schadens mitwirkte. Der Wortlaut des § 254 Abs. 1 BGB spricht missverständlich vom „Verschulden". Denklogisch kann ein Schaden nicht durch ein Verschulden, sondern nur durch ein schuldhaftes Verhalten mitverursacht werden. Beim Mitverschulden handelt es sich nicht um ein Verschulden im eigentlichen Sinn, da die Rechtsordnung die Selbstgefährdung und Selbstschädigung nicht verbietet. Im Rahmen des § 254 BGB ist daher das Verschulden – anders als sonst – ein „**Verschulden gegen sich selbst**" (Obliegenheitsverletzung). In Anlehnung an § 276 Abs. 2 BGB ist dies der Fall, wenn der Geschädigte die im Verkehr erforderliche Sorgfalt außer Acht lässt, die ein ordentlicher und verständiger Mensch zur Vermeidung eigenen Schadens anzuwenden pflegt. Maßgeblich ist ein bereits erörterter objektiver Sorgfaltsmaßstab. Das Außerachtlassen kann sich sowohl auf ein Tun als auch auf ein Unterlassen beziehen. Die Höhe des vom Geschädigten zu tragenden Schadensanteils hängt von den **Umständen des Einzelfalls** ab und kann nur fünf, aber auch fünfundneunzig Prozent betragen. 498

**Beispiele**

- Herr Herbert (H) geht bei Dunkelheit auf der rechten Straßenseite, anstatt den an der linken Seite befindlichen Fußgängerüberweg zu benutzen. Der ohne Licht fahrende Radfahrer Ruß (R) erfasst, wodurch sich H beim Hinfallen den linken Knöchel verstaucht. H hätte im letzten Augenblick noch zur Seite springen und dadurch den Unfall vermeiden können. Er lässt seinen verstauchten Knöchel nicht behandeln, wodurch sich die Verletzung vergrößert.
- Herr Baske (B) lässt die Reifen seines Mercedes in der Werkstatt des Kfz-Meisters Kuhle (K) wechseln. K zieht die Schrauben nicht richtig an. Als B seinen Mercedes abgeholt hatte und zurückfuhr, wunderte er sich über dessen ungewohnte Fahreigenschaften. Er unternimmt aber nichts weiter. Plötzlich löst sich der hintere linke Reifen. B fährt mit seinem Mercedes gegen eine Mauer.

Für das Unterlassen der Warnung des Schädigers nach § 254 Abs. 2 S. 1 Alt. 1 BGB muss sich ein konkret drohender Schaden darstellen. Ein allgemeiner Hinweis, dass ein Schaden eintreten könnte, ist nicht ausreichend. 499

Mit dem Unterlassen der Abwendung oder Minderung des Schadens nach **§ 254 Abs. 2 S. 1 Alt. 2 BGB** ist vor allem die sog. **Schadensminderungspflicht** angesprochen. Darunter versteht man die Pflicht des Geschädigten, alles ihm Zumutbare zur Abwendung oder Minderung eines eigenen Schadens zu tun.

**Beispiele**
- Ein Radfahrer muss bremsen, wenn er erkennt, dass ein Pkw ihm die Vorfahrt nimmt.
- Der Kfz-Insasse hat den Sicherheitsgurt anzulegen.
- Der Motorradfahrer muss einen Schutzhelm tragen.

500 Für das Mitverschulden von **Hilfspersonen** hat der Geschädigte nach § 254 Abs. 2 S. 2 BGB in entsprechender Anwendung für das tatsächliche Handeln (Realakt) seines Organs nach §§ 31 (analog), 89 Abs. 1 BGB (näher hierzu Rn. 458 ff.), seines gesetzlichen Vertreters nach § 278 S. 1 Alt. 1 BGB (näher hierzu Rn. 473 f.) oder seines Erfüllungsgehilfen nach § 278 S. 1 Alt. 2 BGB (näher hierzu Rn. 465 ff.) einzustehen (vgl. hierzu Rn. 97). Obwohl sich die Rechtsnorm ihrer Stellung nach in § 254 BGB nur auf das Unterlassen der Schadensabwendung und -minderung nach § 254 Abs. 2 bezieht, ist sie auch auf das Mitverschulden nach § 254 Abs. 1 BGB anzuwenden. Sie ist so zu lesen, als ob sie eigenständig in einem dritten Absatz stünde.

**Beispiele**
Der Kfz-Meister Kuhle (K) schickt seinen Auszubildenden Arndt (A) mit dem im Eigentum des K stehenden Fahrrad zu einer Besorgung. Der Radfahrer Ruß (R) missachtet die Vorfahrt, wodurch es zu einem Unfall kommt, bei dem R das Fahrrad des K beschädigt. R ist K nach § 823 Abs. 1 BGB schadensersatzpflichtig.
Selbst wenn A durch unvorsichtiges Fahren den Unfall mitverschuldete, ist § 278 S. 1 BGB nicht entsprechend nach § 254 Abs. 2 S. 2 BGB anwendbar. Zwischen K und R bestand nämlich kein Schuldverhältnis, was § 278 S. 1 BGB verlangt.
K muss sich aber nach § 254 Abs. 2 S. 2 in entsprechender Anwendung des § 831 S. 1 BGB das unvorsichtige Fahren des A anrechnen lassen, soweit er nicht den Entlastungsbeweis nach § 831 Abs. 1 S. 2 BGB führen kann. Gelingt dies, müsste R den Schaden in vollem Umfang ersetzen.

***16. Übungsfall: „Verstopfte Waschbecken“ – Schadensersatzanspruch neben der Leistung (§ 280 Abs. 1 S. 1 BGB) s. Fall- und Übungsbuch***

# 9. Kapitel: Kaufrechtliche Gewährungsleistungsrechte

**Hinweise zur Einordnung** 501

Das Gebiet der allgemeinen Leistungsstörungen ist – wie bereits angesprochen – aus Sicht eines Prüflings regelmäßig nur schwer zu fassen. Gleiches gilt für den Bereich der kaufrechtlichen Gewährleistungsrechte nach § 437 BGB. Aus diesen Gründen kann es auch hier nur um die Vermittlung des notwendigen Basiswissens gehen, wo ich so manches aus didaktischen Gründen weglasse oder stark verkürzt wiedergebe.
Wichtig ist zu verstehen, dass die kaufrechtlichen Gewährleistungsrechte der des § 437 BGB als besonderes Leistungsstörungsrecht auf dem allgemeinen Leistungsstörungsrecht der §§ 280 ff. BGB aufbauen.
Die Systematik der Schadensersatzansprüche soll im Rahmen dieses Kapitels vorgestellt werden, die aber auch bereits für die Schadensersatzansprüche des allgemeinen Leistungsstörungsrechts nach den §§ 280 ff. BGB von Bedeutung ist.

Vorab eine **grobe Standortbestimmung** des Kaufvertragsrechts, das in den 502
§§ 433–479 BGB geregelt ist:
- § 433 BGB: Kaufvertrag
- § 434 BGB: Sachmangel
- § 437 BGB: kaufrechtliche Gewährleistungsrechte
- § 439 BGB: Nacherfüllungsanspruch
- §§ 442, 444 BGB: Haftungsausschlussvorschriften
- § 446 BGB: Gefahrübergang
- §§ 474 ff. BGB: Verbrauchsgüterkaufvorschriften

Den Verkäufer trifft die Pflicht aus § 433 Abs. 1 S. 2 BGB, dem Käufer die Sache 503
frei von Sach- und Rechtsmängeln zu verschaffen. Verletzt er sie, so steht dem Käufer der Anspruch zu, dass seine erworbene Sache mängelfrei ist. Da ein solcher Anspruch zu allgemein ist, ergibt sich daraus kein konkreter Anspruch. Welche konkreten (sekundären) Ansprüche dem Kläger im Falle einer mängelbehaftet erworbenen Sache zustehen, beantwortet **§ 437 BGB.** Es handelt sich hierbei um die kaufrechtliche Anspruchsgrundlage schlechthin, der große Bedeutung beizumessen ist. Bei diesen Ansprüchen spricht man von den **kaufrechtlichen Gewährleistungsrechten**, mancherorts aber auch von Gewährleistungsansprüchen[32], der Sachmängelgewährleistung oder von Sachmängelhaftung. Gemeint ist immer dasselbe. Etwas zu *gewährleisten* bedeutet nichts anderes, als dass der Schuldner für die Mängelfreiheit einer Sache einzustehen hat. Nach § 437 BGB

32 Die Bezeichnung „Gewährleistungsansprüche" ist etwas ungenau, da bei noch nicht erfolgten Leistungen nach § 437 Nr. 2 Alt. 1 i. V. m. § 346 Abs. 1 BGB kein Anspruch, sondern als rechtsvernichtende Einwendung nur ein Rücktrittsrecht des Käufers bestehen kann.

kann der Käufer, wenn die Sache mangelhaft und die Voraussetzungen der folgenden Rechtsnormen vorliegen und soweit nicht ein anderes bestimmt ist,

1. nach § 439 Abs. 1 BGB **Nacherfüllung** verlangen (§ 437 Nr. 1 BGB),
2. nach den §§ 440, 323 und 326 Abs. 5 BGB von dem Vertrag **zurücktreten** oder nach § 441 BGB den Kaufpreis **mindern** (§ 437 Nr. 2 BGB) und
3. nach den §§ 440, 280, 281, 283 und 311a BGB **Schadensersatz** oder nach § 284 **Ersatz vergeblicher Aufwendungen** (§ 437 Nr. 3 BGB) verlangen.

Dem Käufer stehen damit fünf verschiedene kaufrechtliche Gewährleistungsrechte (als vertragliche Sekundäransprüche) zu, die sich teilweise ausschließen oder sich ergänzen (***6. Übersicht, vgl. Fall- und Übungsbuch***):

1. Nacherfüllung,
2. Rücktritt vom Kaufvertrag oder
3. Minderung des Kaufpreises und
4. Schadensersatz oder
5. Aufwendungsersatz.

504 **Hinweise zur Fallbearbeitung**

Die kaufrechtlichen Gewährleistungsansprüche wie ein Schadensersatzanspruch neben der Leistung nach §§ 437 Nr. 3 Alt. 1, 280 Abs. 1 S. 1 BGB stellen im Rahmen der privatrechtlichen Anspruchshierarchie vertragliche Sekundäransprüche dar. Sie sind nach den vertraglichen Primäransprüchen auf der zweiten Ebene zu prüfen. Sie sind also erst dann zu prüfen, soweit für das Begehren des Rechtssubjekts ein auf der ersten Ebene liegender vertraglicher Primäranspruch nicht (mehr) infrage kommt.

505 Die Rechtsnormen des § 437 BGB und ihrer Rechtsnormen sind **Sonderrechtsnormen**, die für den **Sachmangel** gelten. Der Sachmangel ist eine bestimmte Art der Pflichtverletzung, nämlich die Verletzung einer Leistungspflicht in Form der Schlechtleistung.

**Beispiele**

- Der Bildschirm eines erworbenen Monitors flackert.
- Der Motor eines erworbenen VW Golf VIII verliert Öl.
- Die erworbene Blumenvase weist einen Sprung auf.

506 Alle anderen Pflichtverletzungen, die der Verkäufer im Rahmen einer kaufrechtlichen Beziehung gegenüber dem Käufer begehen kann, stellen keine Sachmängel, sondern **„gewöhnliche“ Pflichtverletzungen** dar. Für sie gelten nicht die besonderen Rechtsnormen der §§ 433 ff. BGB, sondern die allgemeinen Rechtsnormen der §§ 241 ff. BGB. Bedeutung gewinnt dies hauptsächlich im Anwendungsbereich von Pflichtverletzungen des Käufers als Geldleistungsschuldners sowie im Bereich der Neben- und Schutzpflichtverletzungen des Verkäufers.

**Beispiele**

- Herr Kluge (K) erwirbt bei Herrn Vollmann (V) einen VW Golf VIII. Wenn K den vereinbarten Kaufpreis i. H. v. 10.000,00 € brutto nicht an V zahlt, können V daraus Schäden erwachsen. Denkbar ist, dass V den Erhalt des vorgenannten Betrages einkalkulierte, um damit eine Rechnung gegenüber der Autohaus Rostock Ost GmbH (G) zu begleichen.

Da er dies wegen der ausbleibenden Zahlung des K nicht kann, könnte er beispielsweise zur Zahlung von Zinsen verpflichtet sein. Den Zinsbetrag könnte er dann von K ggf. nach §§ 280 Abs. 1, Abs. 2, 286 Abs. 1 S. 1 BGB ersetzt verlangen.
Aus § 437 BGB kann V kein Anspruch zustehen. Darunter fallen nur solche des Käufers wie K, niemals aber solche des Verkäufers wie V.
- K erwirbt nun von V einen Beamer, dessen Glühbirne 100,00 € brutto kostet. V trifft eine Nebenleistungspflicht aus § 242 BGB, K beim Erwerb darauf hinzuweisen, dass der Beamer zur Vermeidung von Schäden erst auskühlen muss, bevor er abgeschaltet werden kann. Wenn V dem nicht nachkommt und damit diese ihn treffende Nebenpflicht verletzt, so greift hier nicht die Pflichtverletzung des Sachmangels. Der Beamer war zum Zeitpunkt der Übergabe technisch einwandfrei. Daher findet hier § 437 BGB keine Anwendung. Ein Schadensersatzanspruch neben der Leistung des K gegen V auf Ersatz von etwa Reparaturkosten könnte sich aus § 280 Abs. 1 S. 1 BGB ergeben.
- Hinsichtlich des Bereichs der Schutzpflichtverletzungen wird auf die Rn. 109 verwiesen.

Die kaufrechtlichen Gewährleistungsrechte haben alle die folgenden Voraussetzungen (*27. **Prüfungsschema, vgl. Fall- und Übungsbuch***): 507

1. Vorliegen eines Kaufvertrags nach § 433 BGB,
2. eines Sachmangels nach § 434 Abs. 1 BGB,
3. im maßgeblichen Zeitpunkt nach §§ 446 f. BGB
4. die Tatbestandsvoraussetzungen der einzelnen Gewährleistungsrechte und
5. kein Haftungsausschluss (§ 442 Abs. 1 S. 1 oder 2 BGB, § 444 BGB).

RF: Nacherfüllungs-/Rückgewähr-/Minderungs-/Schadensersatz-/Aufwendungsersatzanspruch nach § 437 i. V. m. § X BGB

## I. Kaufvertrag (§ 433 BGB)

Erste Voraussetzung ist, dass zwischen dem Gläubiger und dem Schuldner ein **Kaufvertrag** nach § 433 BGB besteht. Dabei handelt es sich um einen gegenseitigen Vertrag, in dem sich der Verkäufer zur Veräußerung eines fertigen Gegenstandes und der Käufer zur Zahlung einer Geldsumme verpflichtet (näher hierzu Rn. 205) Er kommt durch mindestens zwei sich inhaltlich übereinstimmende Willenserklärungen zustande, Angebot und Annahme (vgl. § 151 S. 1 BGB, näher hierzu Rn. 185 ff.). 508

**Hinweise zur Fallbearbeitung** 509

In der überwiegenden Anzahl der Fallkonstellationen, in denen kaufrechtliche Gewährleistungsrechte abgeprüft werden, dürfte die Voraussetzung des Kaufvertrags nach § 433 BGB unproblematisch erfüllt sein. Denkbar ist aber, dass an dieser (ungewohnten) Stelle alle Prüfungspunkte der §§ 145 ff. BGB und aller anderer Rechtsnormen des allgemeinen Teils des BGB eine Rolle

spielen könnten. Soweit problematisch, müsste auf sie an diesem Prüfungspunkt eingegangen werden.
Zur Klarstellung: Wenn kein wirksamer Kaufvertrag nach § 433 BGB vorliegt, so können dem Käufer auch keine kaufrechtlichen Gewährleistungsrechte nach § 437 BGB zustehen.

## II. Sachmangel (§ 434 Abs. 1 BGB)

510 Zweite Voraussetzung ist, dass die Kaufsache mangelhaft ist, also einen sog. Sachmangel aufweist. Um ihn bestimmen zu können, bedient man sich dem § 434 BGB. Danach ist die Sache nach § 434 Abs. 1 frei von Sachmängeln, wenn sie den subjektiven Anforderungen, den objektiven Anforderungen und den Montageanforderungen dieser Vorschrift entspricht. Diese Definition beschreibt negativ, wann ein Sachmangel *nicht* vorliegt, und nicht positiv, wann ein Sachmangel gegeben ist. Das macht das Verständnis etwas schwer. Wenn man aber § 434 Abs. 1 BGB umdreht und negativ formuliert, so fällt die Bestimmung eines Sachmangels wesentlich leichter. Danach ist die Sache mangelhaft, wenn sie

1. nicht den **subjektiven Anforderungen** nach § 434 Abs. 2 S. 1 BGB oder
2. nicht den **objektiven Anforderungen** § 434 Abs. 3 S. 1 BGB oder
3. nicht den Montageanforderungen nach § 434 Abs. 4 BGB [selten]

entspricht. Diese Anforderungen sind auch in **dieser Reihenfolge** zu prüfen. Ferner steht es nach § 434 Abs. 5 BGB einem Sachmangel gleich, wenn der Verkäufer eine andere Sache als die vertraglich geschuldete Sache liefert.

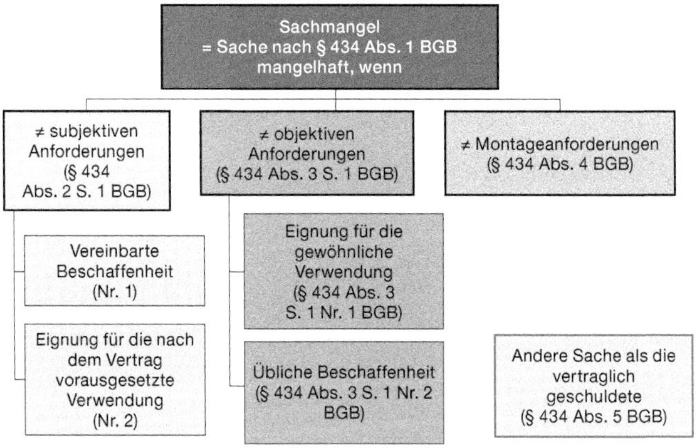


**Abb. 46:** Sachmangel (§ 434 BGB)

**Hinweise zur Fallbearbeitung**
Die Prüfungsreihenfolge ist gesetzlich überwiegend vorgegeben. In § 434 Abs. 3 S. 1 BGB heißt es: „Soweit nicht wirksam etwas anderes vereinbart wurde." Vereinbaren kann man denklogisch nur die subjektiven Anforderun-

gen nach § 434 Abs. 2 BGB. Die vorgenannte Rechtsnorm ist daher zu lesen wie „Soweit nicht wirksam subjektive Anforderungen nach § 434 Abs. 2 S. 1 BGB vereinbart wurden“. Die subjektiven Anforderungen sind daher zwingend vor den objektiven Anforderungen zu prüfen. Bestehen solche subjektiven Anforderungen, genießen sie Vorrang und eine objektive Anforderung können nicht vorliegen.
Für die Fallbearbeitung empfehle ich, dass jedenfalls die subjektiven und – soweit noch möglich – die objektiven Anforderungen jeweils blockweise geprüft werden. Wenn also beispielsweise eine Beschaffenheitsvereinbarung nach § 434 Abs. 2 S. 1 Nr. 1 BGB bejaht werden kann, sollte noch in gebotener Kürze auf die Eignung der nach dem Vertrag vorausgesetzten Verwendung nach § 434 Abs. 2 S. 1 Nr. 2 BGB eingegangen werden, in diesem Fall aber nicht mehr auf die objektiven Anforderungen nach § 434 Abs. 3 S. 1 BGB.

### 1. Subjektive Anforderungen (§ 434 Abs. 2 S. 1 BGB)

Die Sache ist nach § 434 Abs. 2 S. 1 BGB mangelhaft, wenn sie nicht den subjektiven Anforderungen entspricht, wenn sie also 511
1. nicht die **vereinbarte Beschaffenheit** hat (§ 434 Abs. 2 S. 1 Nr. 1 BGB),
2. sich nicht für die **nach dem Vertrag vorausgesetzte Verwendung eignet** (§ 434 Abs. 2 S. 1 Nr. 2 BGB) und
3. nicht mit dem vereinbarten Zubehör und den vereinbarten Anleitungen, einschließlich Montage- und Installationsanleitungen, übergeben wird (§ 434 Abs. 2 S. 1 Nr. 3 BGB) [selten].

**a) Vereinbarte Beschaffenheit (§ 434 Abs. 2 S. 1 Nr. 1 BGB).** Die vereinbarte Beschaffenheit nach § 434 Abs. 2 S. 1 Nr. 1 BGB verlangt, dass der Käufer mit dem Verkäufer **vereinbart**, dass die Sache eine bestimmte Be**schaffenheit** aufweisen soll. Ein Mangel liegt danach vor, wenn die tatsächliche Beschaffenheit („Ist-Zustand“) der Sache von der Beschaffenheit abweicht, die die Parteien bei Abschluss des Kaufvertrags vorausgesetzt haben („Soll-Zustand“). 512
Zu der **Beschaffenheit** nach § 434 Abs. 2 S. 1 Nr. 1 BGB gehören nach § 434 Abs. 2 S. 2 BGB Merkmale der Sache, also beispielsweise Art, Menge, Qualität, Funktionalität, Kompatibilität und Interoperabilität der Sache. Darunter fallen alle Eigenschaften der Kaufsache, die dieser unmittelbar physisch anhaften sowie die Umstände außerhalb einer Kaufsache, welche einen Bezug zur Kaufsache aufweisen.

**Beispiele**
- Alter oder Baujahr
- Größe
- Gewicht
- Herstellungsmaterial
- Höchstgeschwindigkeit
- Energieverbrauch

Hinsichtlich einer Beschaffenheit ist der Inhalt der getroffenen Vereinbarung zu ermitteln. Der Käufer und Verkäufer müssen sie aber auch tatsächlich miteinander vereinbaren, entweder **ausdrücklich** oder **konkludent**. Um die objektiven 513

Anforderungen der § 434 Abs. 3 BGB nicht zu unterlaufen, darf dabei die „normale“ Beschaffenheit einer Sache nicht ohne Weiteres als vereinbart unterstellt werden. Mit anderen Worten ist eine solche Vereinbarung nur zurückhaltend anzunehmen. Beschreibt der Verkäufer aber die Merkmale der Sache und trifft der Käufer auf dieser Grundlage die Kaufentscheidung, so liegt darin eine vereinbarte Beschaffenheit nach § 434 Abs. 2 S. 1 Nr. 1 BGB.

**Beispiele**

- Herr Kluge (K) erwirbt von Herrn Vollmann (V) einen gebrauchten VW Golf VIII Variant. Sie vereinbaren, dass er durchschnittlich vier Liter Benzin auf 100 km verbrauchen soll, während er tatsächlich 5,3 km auf 100 km verbraucht. Der höhere Spritverbrauch stellt einen Sachmangel nach § 434 Abs. 2 S. 1 Nr. 1 BGB dar.
- Die Hanse- und Universitätsstadt Rostock (R) verkauft dem Investor Igel (I) ein Grundstück, auf dem früher eine Chemiefabrik stand. R und I wissen, dass das Grundstück mit Chemikalien belastet und daher eine gründliche Reinigung erforderlich ist. I konnte das Grundstück deshalb preiswert erwerben. Das chemisch verseuchte Grundstück ist Teil der vereinbarten Beschaffenheit, sodass die tatsächliche Beschaffenheit des Grundstücks („Ist-Zustand“) von der vertraglich vorausgesetzten („Soll-Zustand“) nicht abweicht. Die chemische Belastung des Grundstücks stellt keinen Sachmangel nach § 434 Abs. 2 S. 1 Nr. 1 BGB dar.
- Frau Kula (K) erwirbt über Kleinanzeigen von Frau Vogt (V) zu einem Preis von 10.000,00 € Fußballschuhe, die ausweislich der Artikelbeschreibung der V diejenigen im Original sein sollen, die Mario Götze im WM-Finale 2014 im brasilianischen Maracanã-Stadion in Rio de Janeiro getragen und mit denen er sein Tor geschossen haben soll. Nach Lieferung stellt K fest, dass es nicht die angepriesenen Schuhe sein können. Sie erfährt, dass sich sein linker Schuh im Deutschen Fußballmuseum in Dortmund befindet. Der Umstand, dass die Schuhe der K tatsächlich Mario Götze nicht getragen hat, stellt einen Sachmangel nach § 434 Abs. 2 S. 1 Nr. 1 BGB dar.

514 **Hinweise zur Fallbearbeitung**

In einer Falllösung ist darauf zu achten, dass die konkrete Beschaffenheitsvereinbarung, ganz gleich, ob ausdrücklich oder konkludent, im Einzelnen festzustellen ist. Insgesamt wird eine Beschaffenheitsvereinbarung nach § 434 Abs. 2 S. 1 Nr. 1 BGB eher selten vorliegen. Dies gilt vor allem für die häufig auftretenden alltäglichen Geschäfte. Liegt ein Schwerpunkt der Prüfungsleistung in der Feststellung eines Sachmangels, so wird aus klausurtaktischer Perspektive ein solcher Mangel eher selten festzustellen, sein, um die Sachmangelprüfung des § 434 BGB nicht sofort zu beenden.

515 **b) Eignung für die nach dem Vertrag vorausgesetzte Verwendung (§ 434 Abs. 2 S. 1 Nr. 2 BGB).** Die Eignung für die nach dem Vertrag vorausgesetzte Verwendung nach § 434 Abs. 2 S. 1 Nr. 2 BGB verlangt, dass die Parteien davon ausgehen, dass die Sache für einen **bestimmten Verwendungszweck** geeignet sein soll. Ausreichend ist es, wenn die Parteien oder die für sie handelnden

Personen die infrage stehende Verwendung der Kaufsache übereinstimmend ausdrücklich oder konkludent unterstellt haben. Diese wird sich regelmäßig durch Auslegung des Verhaltens der Parteien oder der für sie handelnden Personen aus der Sicht eines objektiven dritten Beobachters nach den §§ 133, 157 BGB ergeben. Soweit sich der Verwendungszweck nicht bereits aus der Sache selbst konkludent ergibt, besprechen die handelnden Personen häufig die geplante Verwendung im Vorfeld des Vertragsschlusses. Schließen sie dann den Vertrag, ohne auf den Verwendungszweck weiter einzugehen, so wird ihrem Verhalten regelmäßig zu entnehmen sein, dass sie den besprochenen Verwendungszweck beim Vertragsschluss i. S. d. § 434 Abs. 2 S. 1 Nr. 2 BGB übereinstimmend vorausgesetzt haben.
Mit diesem Sachmangelbegriff wird der Tatsache Rechnung getragen, dass der Käufer oftmals nicht weiß, welche Beschaffenheit eine Sache aufweisen muss, um für einen bestimmten Verwendungszweck geeignet zu sein. Gleichwohl weiß er aber, wofür er die Sache verwenden möchte. Der Verkäufer wird im Gegenzug regelmäßig das notwendige Spezialwissen haben, um sagen zu können, ob sich diese Sache für den vom Käufer vorgegebenen Verwendungszweck eignet oder eben nicht.

**Beispiele**

- Herr Kluge (K) erwirbt von Herrn Vollmann (V) einen gebrauchten VW Golf VIII Variant. Die Fahrzeugidentifikationsnummer stimmt nicht mit der Eintragung im Kraftfahrzeugbrief überein. Die nach dem Vertrag vorausgesetzte Verwendung des Golfs liegt darin, dass K es im Verkehr fahren kann. Hierfür ist aber der Golf nicht geeignet, da er wegen der Unregelmäßigkeiten des Kraftfahrzeugbriefes nicht zulassungsfähig ist und K ihn daher im Verkehr nicht fahren kann. Die Unregelmäßigkeiten im Kraftfahrzeugbrief stellen einen Sachmangel nach § 434 Abs. 2 S. 1 Nr. 2 BGB dar.[33]
- Herr Frank (F) erwirbt von der Hanse- und Universitätsstadt Rostock (R) ein Grundstück. F teilte dem zuständigen Mitarbeiter Herrn Mönch (M) der R mit, dass er auf dem Grundstück ein Haus bauen lassen möchte. Dies nahm M nur zur Kenntnis. Ihm ist gleichgültig, was F mit dem Grundstück macht. Später stellt sich heraus, dass das Grundstück aus Umweltschutzgründen nicht bebaut werden darf. Die Bebaubarkeit stellt die nach dem Vertrag vorausgesetzte Verwendung dar, für die es nach § 434 Abs. 2 S. 1 Nr. 2 BGB nicht geeignet ist.
- Frau Stolz (S) setzt sich mit Frau Blind (B) in Verbindung, um über den Erwerb ihres Pferdes „Taranto“ zu verhandeln. S teilt ihr per WhatsApp-Nachricht mit, dass sie beabsichtige, mit „Taranto“ an sportlichen Wettkämpfen teilzunehmen. B nimmt hiervon Kenntnis und geht hierauf nicht weiter ein, da es ihr egal sei, wie S „Taranto“ einsetzen will. Schließlich einigen sie sich auf einen Kaufvertrag über den Verkauf von „Taranto“ zu einem Preis von 10.000,00 €. Tatsächlich leidet „Taranto“ an

33 Vertretbar wäre wohl auch eine engere Betrachtungsweise, in der man einen solchen Sachmangel mit der Begründung ablehnt, dass das Fahren des VW Golfs selbst möglich bleibt und nur dies die vertraglich vorausgesetzte Verwendung ist. Danach würde aber jedenfalls ein Sachmangel nach § 434 Abs. 3 S. 1 Nr. 3 BGB vorliegen.

einer hartnäckigen Knieblessur, wodurch er sich für die Teilnahme an sportlichen Wettkämpfen nicht eignet. Das stellt einen Sachmangel nach § 434 Abs. 2 S. 1 Nr. 2 BGB dar.

516 **Hinweise zur Fallbearbeitung**

Die Bedeutung des Sachmangelbegriffs nach § 434 Abs. 2 S. 1 Nr. 2 BGB liegt in der Praxis darin, dass Parteien häufig keine Beschaffenheit der Sache i. S. d. § 434 Abs. 2 S. 1 Nr. 1 BGB vereinbaren. In den alltäglichen Geschäften der Menschen richten sich die Vorstellungen der Parteien regelmäßig vor allem darauf, dass die Sache für einen bestimmten Verwendungszweck tauglich sein soll. Darin liegt der praktische Anwendungsfall. In den Fällen, in denen der Käufer dem Verkäufer den Verwendungszweck mitteilt, ist zwar möglicherweise – je nach den Umständen des Einzelfalls – bereits eine konkludent vereinbarte Beschaffenheit i. S. d. § 434 Abs. 2 S. 1 Nr. 1 BGB anzunehmen. Wenn aber eine solche Beschaffenheitsvereinbarung nicht angenommen werden kann, die Parteien allerdings dennoch nach ihrer Vorstellung im Vorfeld des Vertrags von einer bestimmten Verwendung ausgegangen sind, kann auf § 434 Abs. 2 S. 1 Nr. 2 BGB zurückgegriffen werden. Zu beachten ist aber, dass – wie eben angedeutet – gerade in den Fällen der Vereinbarung eines bestimmten Verwendungszwecks i. S. d. § 434 Abs. 2 S. 1 Nr. 2 BGB häufig bereits gleichzeitig die Vereinbarung einer Beschaffenheit i. S. d. § 434 Abs. 2 S. 1 Nr. 1 BGB vorliegen wird. Auf § 434 Abs. 2 S. 1 Nr. 2 BGB müsste in diesen Fällen dann regelmäßig nicht mehr eingegangen werden.

### 2. Objektive Anforderungen (§ 434 Abs. 3 S. 1 BGB)

517 Die Sache ist nach § 434 Abs. 3 S. 1 BGB mangelhaft, wenn sie nicht den objektiven Anforderungen entspricht, wenn sie also

1. sich nicht, für die **gewöhnliche Verwendung eignet** (§ 434 Abs. 3 S. 1 Nr. 1 BGB),
2. nicht eine **Beschaffenheit aufweist**, die bei Sachen derselben Art **üblich ist** und die der Käufer erwarten kann unter Berücksichtigung
   a) der Art der Sache und
   b) der öffentlichen Äußerungen, die von dem Verkäufer oder einem anderen Glied der Vertragskette oder in deren Auftrag, insbesondere in der Werbung oder auf dem Etikett, abgegeben wurden (§ 434 Abs. 3 S. 1 Nr. 2 BGB),
3. nicht der Beschaffenheit einer Probe oder eines Musters entspricht, die oder das der Verkäufer dem Käufer vor Vertragsschluss zur Verfügung gestellt hat (§ 434 Abs. 3 S. 1 Nr. 3 BGB) [selten], und
4. nicht mit dem Zubehör einschließlich der Verpackung, der Montage- oder Installationsanleitung sowie anderen Anleitungen übergeben wird, deren Erhalt der Käufer erwarten kann (§ 434 Abs. 3 S. 1 Nr. 4 BGB) [selten].

Die Formulierung *„soweit nicht wirksam etwas anderes vereinbart wurde"* statuiert – wie ausgeführt – den **Vorrang subjektiver Abreden** nach § 434 Abs. 2 S. 1 BGB.

518 **a) Eignung für die gewöhnliche Verwendung (§ 434 Abs. 3 S. 1 Nr. 1 BGB).** Die Eignung der Sache für die gewöhnliche Verwendung nach § 434 Abs. 3 S. 1

Nr. 1 BGB bestimmt sich nach dem Erwartungshorizont eines **Durchschnittskäufers.** Die Sicht des Käufers ist damit nicht ausschlaggebend. Die Sache eignet sich vereinfacht ausgedrückt dann nicht für die gewöhnliche Verwendung, wenn sie nicht das tut, was sie normalerweise tun soll.

**Beispiele**

- Die Sachbearbeiterin Frau Krause (K) des staatlichen Schulamtes Schwerin für Personalangelegenheiten im Schulwesen erwirbt vom in der Schweriner Innenstadt ansässigen Elektrofachhändler Herrn Volt (V) einen neuen Teekocher für ihren privaten Teekonsum am Arbeitsplatz. Bereits kurz nach dem Kauf muss sie feststellen, dass die Maschine das Wasser nicht richtig erhitzt. Das Wasser wird immer nur lauwarm und nicht richtig heiß. Die gewöhnliche Verwendung eines Teekochers liegt nach dem Erwartungshorizont eines Durchschnittskäufers in dem Erhitzen des Wassers. Hierzu ist er gegenwärtig nicht in der Lage, sodass die fehlende Erhitzungsmöglichkeit einen Sachmangel nach § 434 Abs. 3 S. 1 Nr. 1 BGB darstellt.
- Herr Kluge (K) erwirbt von Herrn Vollmann (V) einen VW Golf VIII. Aufgrund eines Motorschadens kann er seinen Motor nicht starten. Die gewöhnliche Verwendung eines Pkws ist das Fahren, wozu der Golf nicht in der Lage ist. Das stellt einen Sachmangel nach § 434 Abs. 3 S. 1 Nr. 1 BGB dar.

**Hinweise zur Fallbearbeitung** 519

Wenn in einer Falllösung die Eignung der gewöhnlichen Verwendung nach § 434 Abs. 3 S. 1 Nr. 1 BGB bejaht werden kann, so wird dies regelmäßig auch bei der üblichen Beschaffenheit nach § 434 Abs. 3 S. 1 Nr. 2 BGB der Fall sein. Diese beiden Fallgruppen begründen oftmals die Sachmangeleigenschaft und verdienen daher regelmäßig eine besondere, gründliche Prüfung.

**b) Übliche Beschaffenheit (§ 434 Abs. 3 S. 1 Nr. 2 BGB).** Die übliche Beschaffenheit nach § 434 Abs. 3 S. 1 Nr. 2 BGB kommt nur zum Tragen, **wenn** der Käufer und Verkäufer keine Beschaffenheit vereinbart haben. Ansonsten würde es sich um eine Beschaffenheitsvereinbarung nach § 434 Abs. 2 S. 1 Nr. 1 BGB handeln, die als vorrangige Rechtsnorm den Anwendungsbereich des § 434 Abs. 3 S. 1 Nr. 2 BGB sperren würde. 520

Zu prüfen ist hier, ob die Sache nicht die **Beschaffenheit** aufweist, die bei Sachen derselben Art **üblich** ist und die der Käufer erwarten kann unter Berücksichtigung (a) der Art der Sache und (b) der öffentlichen Äußerungen, die von dem Verkäufer oder einem anderen Glied der Vertragskette oder in deren Auftrag, insbesondere in der Werbung oder auf dem Etikett, abgegeben wurden. Zu der üblichen Beschaffenheit nach § 434 Abs. 3 S. 1 Nr. 2 BGB gehören nach § 434 Abs. 3 S. 2 BGB Menge, Qualität und sonstige **Merkmale der Sache**, einschließlich Haltbarkeit, Funktionalität, Kompatibilität und Sicherheit.

Vergleichsmaßstab sind **Sachen gleicher Art** (vgl. § 434 Abs. 3 S. 1 Nr. 2a BGB: *„unter Berücksichtigung der Art der Sache“*). Wie auch bei der Beurteilung der Eignung der gewöhnlichen Verwendung, bestimmt sich die Beurteilung der üb- 521 lichen Beschaffenheit nach dem Erwartungshorizont eines Durchschnittskäufers. Auch hier ist die Sicht des Käufers nicht ausschlaggebend. Ein Gebrauchtwagen dürfte demnach beispielsweise nicht mit einem Neuwagen verglichen werden. Bei einem Gebrauchtwagen beeinflussen sein Alter und seine Laufleistung die berechtigten Erwartungen des Käufers wesentlich, während diese Umstände bei einem Neuwagen keine Rolle spielen. So kann aber auch ein Gebrauchtwagen mangelhaft sein, wenn er zwar ordentlich fährt, aber lauter ist oder mehr verbraucht, als es bei vergleichbaren Gebrauchtwagen üblich und zu erwarten ist, oder wenn er einen Unfall hatte, der mehr als einen Bagatellschaden verursacht hat.

**Beispiele**

- Im vorangegangenen Beispielsfall des Teekochererwerbs der Frau Krause (K) stellt die defekte Mechanik des Wasseraufkochens gleichfalls einen Sachmangel nach § 434 Abs. 3 S. 1 Nr. 2 BGB dar. Bei neuen Teekochern vergleichbarer Art kann der Durchschnittskäufer erwarten, dass er seiner Urfunktion des Wasseraufkochens nachkommt.
- Herr Kluge (K) erwirbt von Herrn Vollmann (V) einen VW Golf IV zu einem Kaufpreis von 500,00 €. Aus Sicht eines Durchschnittskäufers muss er u. U. und je nach Einzelfall hinnehmen, dass er beispielsweise über Roststellen verfügt. Beim Kauf eines Neuwagens oder eines solchen, das annähernd neu ist, sind solche Roststellen aus Sicht eines Durchschnittskäufers weder üblich noch können sie erwartet werden.
- Frau Kruller (K) erwirbt bei einer Rostocker „Mediamarkt“-Filiale der MMS E-Commerce GmbH (G) ein Fernseher der Marke Philips (P). Grund hierfür war, dass sie in einer Werbung auf Instagram gesehen hat, dass dieses Gerät auch über eine Kindersicherung verfüge. Nach dem Kauf stellt sie fest, dass dies nicht der Fall ist. G verweist sie auf die Herstellerin P. Die Funktion einer Kindersicherung kann ein Durchschnittskäufer insbesondere unter Berücksichtigung der öffentlichen Werbung des Herstellers erwarten. G wird als Verkäuferin durch die Bindung an Werbeaussagen der Herstellerin P über konkrete Eigenschaften des Geräts und die damit verbundene Haftung für ein Drittverhalten auch nicht in unzumutbarer Weise in seiner Rechtsstellung beeinträchtigt. Denn schließlich profitiert G von der Werbung durch Dritte, weil sie ihren Absatz fördert und Werbeaussagen kaufentscheidend sein können.

522 **Hinweise zur Fallbearbeitung**

Bei öffentlichen Äußerungen des Verkäufers selbst ist der Anwendungsbereich des § 434 Abs. 3 S. 1 Nr. 2 BGB eher gering. Wenn er nämlich während der Verkaufsgespräche Werbeaussagen macht, die konkrete, die Kaufentscheidung der Kaufsache beeinflussende Eigenschaften der Kaufsache betreffen, wird oftmals eine Beschaffenheitsvereinbarung nach § 434 Abs. 2 S. 1 Nr. 1 BGB vorliegen. Bedeutung gewinnt dieser Bereich in der Praxis vor allem bei öffentlichen Äußerungen des Herstellers oder seines Gehilfen. Ein Klassiker sind hier beispielsweise fehlerhafte Angaben des Herstellers eines neuen Pkws über den Kraftstoffverbrauch, die einen Sachmangel nach § 434 Abs. 3 S. 1 Nr. 2 BGB begründen.

## III. Sachmangel im maßgeblichen Zeitpunkt (§§ 446 f. BGB)

Der zuvor konkret festgestellte Sachmangel muss nach § 434 Abs. 1 BGB **bei Gefahrübergang** vorliegen. Mit dem Gefahrübergang in diesem Sinne ist der Übergang der Preisgefahr gemeint, der für den Kaufvertrag in den §§ 446, 447 BGB geregelt ist. Danach ist das weder der Zeitpunkt des Vertragsschlusses noch der Zeitpunkt der vollständigen Vertragserfüllung. Die Preisgefahr geht insbesondere über 523

- nach § **446 S. 1 BGB** zum Zeitpunkt der **Übergabe der verkauften Sache** oder
- beim Versendungskauf nach § **447 Abs. 1 BGB** zum Zeitpunkt der **Auslieferung der Sache an die Transportperson** an den Käufer über, obwohl der Verkäufer dem Käufer die Sache hier zu diesem Zeitpunkt weder übereignete noch übergab.

Dabei genügt es, wenn der Sachmangel zum Zeitpunkt des Gefahrübergangs **im Keim** angelegt war, auch wenn er erst später sichtbar wurde. Erforderlich ist es daher nicht, dass er bereits bei Gefahrübergang sichtbar gewesen ist.

**Beispiel**
Im vorangegangenen Beispielfall des Teekochererwerbs der Frau Krause (K) stellt die defekte Mechanik des Wasseraufkochens einen Sachmangel nach § 434 Abs. 3 S. 1 Nr. 2 BGB dar. Sie müsste nach § 434 Abs. 1 BGB bei Gefahrübergang vorgelegen haben.
Wenn Herr Volt (V) ihr den Teekocher übergeben hat, muss die defekte Mechanik nach § 446 S. 1 BGB bereits zu diesem Zeitpunkt jedenfalls im Keim angelegt gewesen sein.
Wenn V ihr den Teekocher über die Deutsche Post AG (A) zusendet, muss die defekte Mechanik nach § 447 Abs. 1 BGB zu dem Zeitpunkt bestehen, in dem V den Teekocher an einen Mitarbeiter oder einen Paketshop der A ausliefert.

Der Gesetzgeber legt mit diesen Regelungen die **Risikoverteilung** der Vertragsparteien klar fest: Vor dem Gefahrübergang, also regelmäßig vor Übergabe der Sache an den Käufer oder die Transportperson, trägt der Verkäufer das Risiko, dass die Sache mangelhaft ist. Nach dem Gefahrübergang liegt dieses Risiko beim Käufer. Diese Regelungen gewinnen Bedeutung, dass der Käufer in der Praxis im Streitfall beweisen muss, dass der konkrete Sachmangel bereits bei Gefahrübergang bestand (**Beweislast**). Das wird in regelmäßig dann vor Probleme stellen, soweit er sich erst später zeigt. Der Verkäufer bestreitet in diesen Fällen oftmals das Bestehen eines Sachmangels und behauptet hilfsweise, dass der Käufer diesen – soweit er existiert – beispielsweise durch unsachgemäße Behandlung selbst bedient hat. 524

**Beispiel**
Im vorangegangenen Beispielfall des Teekochererwerbs der Frau Krause (K) stellt die defekte Mechanik des Wasseraufkochens einen Sachmangel nach § 434 Abs. 3 S. 1 Nr. 2 BGB dar. K müsste beweisen, dass die Aufkochmechanik des Teekochers bereits bei Übergabe oder bei Auslieferung an die Deutsche Post AG (A) defekt gewesen ist oder jedenfalls ihr Defekt im Keim angelegt gewesen ist. Dies wird ihr in der Praxis nur selten gelingen.

525 Vor dem Hintergrund der den Käufer regelmäßig treffenden Beweislast machte der Gesetzgeber eine Ausnahme, wenn es sich bei dem Kauf um einen sog. **Verbrauchsgüterkauf** handelt.

Handelt es sich bei dem Kauf um einen sog. **Verbrauchsgüterkauf**, so finden auf dem Kaufvertrag verschiedene Sonderrechtsnormen Anwendung. Dabei handelt es sich nach § 474 Abs. 1 S. 1 BGB um einen Vertrag, durch den ein Verbraucher von einem Unternehmer eine Ware (§ 241a Abs. 1 BGB) kauft. Nach § 477 Abs. 1 S. 1 BGB wird in diesen Fällen im Rahmen einer **Beweislastumkehr** vermutet, dass die Ware bereits bei Gefahrübergang mangelhaft war, es sei denn – was selten der Fall ist –, diese Vermutung ist mit der Art der Ware oder des mangelhaften Zustands unvereinbar. Voraussetzung hierfür ist, dass sich innerhalb eines Jahres seit Gefahrübergang ein Sachmangel nach § 434 BGB zeigt. Der Gesetzgeber erkannte also die Problematik der Risikoverteilung und entschied sie zugunsten der Verbraucher. In der Praxis bedeutet dies, dass der Verbraucher im Streitfall das Vorhandensein eines Sachmangels darlegen und im Streitfall belegen muss. Kommt es zum Streit, dass dieser Sachmangel auch bereits bei Gefahrübergang vorlag, so muss der Verkäufer belegen, dass dies nicht der Fall gewesen ist, was auch ihm nur selten gelingen wird. Das Verbraucherrecht gibt Verbrauchern demnach keine im Volksmunde oft zu hörende „Garantie“, sondern lediglich eine Beweislastumkehr, die im Ergebnis aber oftmals gleich wirkt. Gleichwohl sind Träger der öffentlichen Verwaltung, wie erörtert, keine Verbraucher. Sie partizipieren von dieser Regelung daher nicht.

**Beispiel**

Im vorangegangenen Beispielsfall des Teekochererwerbs war Frau Krause (K) zwar Verbraucherin nach § 13 BGB, Herr Volt (V) jedoch nicht jedoch Unternehmer nach § 14 BGB. Daher lag kein Verbrauchgüterkauf nach § 474 Abs. 1 S. 1 BGB vor, weswegen sich K auch nicht auf die Beweislastumkehr des § 477 Abs. 1 S. 1 BGB berufen kann. Hätte aber V nach § 14 BGB bei Abschluss des Kaufvertrags in Ausübung seiner gewerblichen oder selbstständigen beruflichen Tätigkeit, so würde es sich um einen Verbrauchsgüterkauf nach § 474 Abs. 1 S. 1 BGB handeln. Handelt dann aber K nicht als Privatperson, sondern namens und in Vollmacht des staatlichen Schulamtes Schwerin (S), scheidet § 474 Abs. 1 S. 1 BGB aus. Öffentliche Träger sind keine Verbraucher nach § 13 BGB (hierzu näher Rn. 54).

526 **Hinweise zur Fallbearbeitung**

Prüflinge unterschätzen oftmals den Prüfungspunkt des Sachmangels im maßgeblichen Zeitpunkt der §§ 446 f. BGB, obwohl er gerade in der Praxis von großer Bedeutung ist. Der Sachverhalt wird aber regelmäßig den Zeitpunkt des Flackerns des Monitors o. Ä. konkret angeben. In diesen Fällen bedarf es hinsichtlich dieses Prüfungspunktes nur kurzer Ausführungen, die sich ggf. in einem Satz erschöpfen können. Fehlt hingegen eine solche Angabe, ist zu prüfen, ob das Flackern o. Ä. bereits nach dem Sachverhalt im Keim angelegt gewesen ist. Andernfalls ist die Beweislast sorgfältig zu prüfen, ggf. unter Hinzunahme des § 477 Abs. 1 S. 1 BGB. Darin kann dann ein Prüfungsschwerpunkt liegen. An diesem Prüfungspunkt zeigen sich die Schnittmengen zwischen Kauf- und Verbraucherrecht. Verbraucherrecht wird nie isoliert, sondern nur eingekleidet in einem Fall abgeprüft.

## IV. Tatbestandsvoraussetzungen der einzelnen kaufrechtlichen Gewährleistungsrechte

Liegt also nun im Rahmen eines Kaufvertrag (V1) ein Sachmangel (V2) bei 527
Gefahrübergang (V3) vor, so kann der Käufer – wie bereits dargelegt – je nach Fall (***6. Übersicht, vgl. Fall- und Übungsbuch***)

1. nach § 437 Nr. 1 i. V. m. § 439 Abs. 1 BGB **Nacherfüllung** verlangen,
2. nach § 437 Nr. 2 Alt. 1 i. V. m. § 346 Abs. 1 BGB von dem Vertrag **zurücktreten** oder
   nach § 437 Nr. 2 Alt. 2 i. V. m. § 441 Abs. 1 S. 1 BGB den Kaufpreis **mindern** (§ 437 Nr. 2 BGB) und
3. nach § 437 Nr. 3 Alt. 1 i. V. m. § 280 Abs. 1 S. 1 BGB **Schadensersatz** neben der Leistung oder nach § 437 Nr. 3 Alt. 1 i. V. m. § 280 Abs. 1 S. 1, Abs. 3, § 281 Abs. 1 S. 1 BGB Schadensersatz statt der Leistung verlangen oder
   nach § 437 Nr. 3 Alt. 2 i. V. m. § 284 BGB **Ersatz vergeblicher Aufwendungen** verlangen.

Die vorgenannten sog. kaufrechtlichen Gewährleistungsrechte legen weit überwiegend eigene weitere Voraussetzungen fest, die je nach Gewährleistungsrecht einzeln zu prüfen sind.

### 1. Nacherfüllungsanspruch (§ 437 Nr. 1 i. V. m. § 439 Abs. 1 BGB)

Der Nacherfüllungsanspruch normiert als einziges kaufrechtliches Gewährleis- 528
tungsrecht **keine weiteren Voraussetzungen.** Sind also die bisherigen Voraussetzungen erfüllt, so kann der Käufer vom Verkäufer in erster Linie nach § 439 Abs. 1 BGB Nacherfüllung verlangen, also **seiner Wahl** nach (***28. Prüfungsschema, vgl. Fall- und Übungsbuch***)

- die **Beseitigung des Mangels** (Nachbesserung) nach der Alt. 1 oder
- die **Lieferung einer mangelfreien Sache** (Nachlieferung) nach der Alt. 2.

Mit anderen Worten kann also der Käufer die erworbene Sache reparieren oder gegen eine heile Sache austauschen lassen.

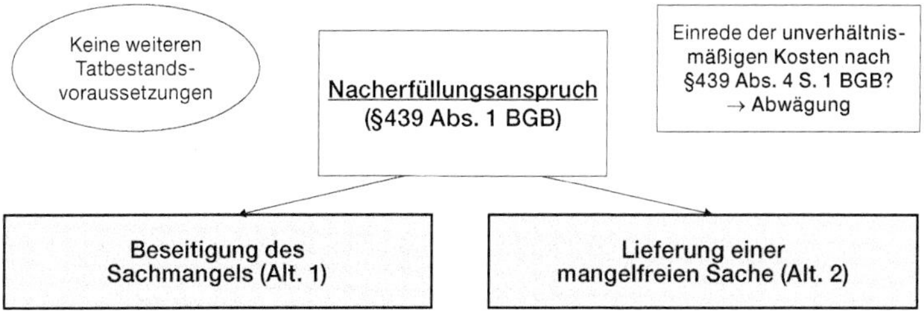


**Abb. 47:** kaufrechtlicher Nacherfüllungsanspruch (§ 439 BGB)

**Beispiel**
Im vorangegangenen Beispielsfall des Teekochererwerbs von Frau Krause (K) kann sie sich also nach § 439 Abs. 1 BGB aussuchen, ob sie ihn von V nach der Alt. 1 reparieren (Nachbesserung) oder nach der Alt. 2 gegen einen neuen Teekocher austauschen lassen möchte (Nachlieferung).

529 Die anderen kaufrechtlichen Gewährleistungsrechte wie Rücktritt, Minderung oder Schadensersatz kommen erst dann in Betracht, wenn zuvor eine dem Verkäufer gesetzte Frist zur Nacherfüllung erfolglos verstrichen oder diese ausnahmsweise entbehrlich ist (näher hierzu Rn. ). Dadurch ist mit dem Nacherfüllungsanspruch des Käufers gleichzeitig ein sog. **Recht des Verkäufers zur zweiten Andienung** i. S. e. letzten Chance verbunden. Dies entspricht auch dem Willen des Gesetzgebers, der dem Verkäufer in § 433 Abs. 1 S. 2 BGB die Pflicht aufbürdet, dem Käufer die Sache frei von Sachmängeln zu verschaffen. Der Vorrang der Nacherfüllung entspricht aber auch in der Praxis den Interessen der Vertragsparteien: Bei Auftreten eines Sachmangels sind sie in erster Linie an einer Reparatur oder eines Umtausches der Sache interessiert. Der Gesetzgeber räumt dem Käufer anders als dem Mieter beim Mietvertrag oder dem Besteller beim Werkvertrag keinen Aufwendungsersatzanspruch im Falle der Selbstbeseitigung von Mängeln ein.

**Hinweise zur Fallbearbeitung**
Hier vorab: Soweit kaufrechtliche Gewährleistungsrechte nach § 437 BGB in Betracht kommen, ist immer (jedenfalls gedanklich) zu prüfen, ob der Nacherfüllungsanspruch nach § 437 Nr. 1 i. V. m. § 439 Abs. 1 BGB zu prüfen ist. So ist bei einem kaufrechtlichen Schadensersatzanspruch statt der Leistung nach § 437 Nr. 3 Alt. 1 i. V. m. § 280 Abs. 1 S. 1, Abs. 3, § 281 Abs. 1 S. 1 BGB Voraussetzung, dass nach § 281 Abs. 1 S. 1 BGB eine Fristsetzung zur Nacherfüllung nach § 437 Nr. 1 i. V. m. § 439 Abs. 1 BGB erfolglos verstrichen ist. An dieser Stelle müsste beispielsweise die Nacherfüllung in einer Falllösung geprüft werden, soweit nach einem solchen Schadensersatzanspruch gefragt wird. Bei einem Schadensersatzanspruch neben der Leistung nach § 437 Nr. 3 Alt. 1 i. V. m. § 280 Abs. 1 S. 1 BGB ist dies – siehe die Voraussetzungen – nicht der Fall.

530 Der Verkäufer darf die vom Käufer gewählte Art der Nacherfüllung nach § 439 Abs. 4 S. 1 BGB verweigern, wenn sie nur mit **unverhältnismäßigen Kosten** möglich ist.[34] Dies ist unter **Abwägung** der Käufer- und Verkäuferinteressen anhand des Einzelfalles zu ermitteln. Dabei ist nach § 439 Abs. 4 S. 2 BGB als Abwägungskriterium insbesondere der Wert der Sache in mangelfreiem Zustand, die Bedeutung des Mangels und die Frage zu berücksichtigen, ob auf die andere Art der Nacherfüllung ohne erhebliche Nachteile für den Käufer zurückgegriffen werden könnte. Fällt diese Abwägung zugunsten des Verkäufers aus, so beschränkt sich der Anspruch des Käufers nach § 439 Abs. 4 S. 3 Hs. 1 BGB in diesem Fall auf die andere Art der Nacherfüllung. Gleichwohl kann der Verkäufer u. U. nach § 439 Abs. 4 S. 3 Hs. 2 BGB auch diese Art der Nacherfüllung nach § 439 Abs. 4 S. 1 BGB verweigern.

34 Der konkrete Nacherfüllungsanspruch kann auch anderweitig ausgeschlossen oder beschränkt sein, so beispielsweise nach § 275 Abs. 1 BGB.

**Beispiele**

- Mitarbeiter Mück (M) der Stadt Pasewalk (P) erwirbt bei der Valinowski Autohandel GmbH (V) namens und in Vollmacht der P einen VW ID.4 zu einem Preis von 50.000,00 € brutto. Nach vier Wochen fällt die Klimaanlage aus. Eine Reparatur würde 500,00 € brutto kosten. Wenn V den Pkw zurücknehmen müsste, könnte er ihn allenfalls noch für 45.000,00 € brutto verkaufen. Der Sachmangel ist im Vergleich zum Kaufpreis geringfügig. Der Verlust von 5.000,00 € steht außer Verhältnis zu den Reparaturkosten. Die Verkäuferinteressen überwiegen. M kann namens und in Vollmacht der P nur eine Reparatur nach § 439 Abs. 1 Alt. 2 BGB verlangen.
- Frau Karz (K) erwirbt bei der Synaxon AG (S) einen PC der Lenovo Deutschland GmbH (L) zu einem Kaufpreis von 300,00 € brutto, der nach drei Wochen nicht mehr startet. A möchte den PC von der Herstellerin L reparieren lassen und ihr den PC zusenden. Erfahrungsgemäß dauert die Reparatur mindestens einen Monat. K ist aber in diesem Zeitraum beruflich auf den PC angewiesen, da sie ansonsten ihrer Arbeitstätigkeit nicht nachkommen kann. Der Verlustbetrag mit 300,00 € brutto ist für S gering. Auch wenn für S eine Neulieferung wesentlich unwirtschaftlicher als eine Reparatur ist, überwiegen die Interessen der K. A muss ihr einen neuen gleichwertigen PC liefern.

**Hinweise zur Fallbearbeitung** 531

Bei § 439 Abs. 4 S. 1 BGB handelt es sich um eine Einrede. Das ergibt sich zum einen aus dem Wortlaut „kann verweigern“ und aus dem Umstand, dass der Verkäufer sich auch dazu entscheiden kann, dass er eine mit unverhältnismäßigen Kosten verbundene Nacherfüllungswahl erfüllt. Zu prüfen ist dieser Punkt also bei III. Anspruch durchsetzbar?

Ist auch die verbleibende Art der Nacherfüllung, also **beide** Arten, mit unverhältnismäßigen Kosten nach § 439 Abs. 4 S. 1 BGB verbunden, kann der Verkäufer nach § 439 Abs. 4 S. 3 Hs. 2 BGB die Nacherfüllung insgesamt verweigern. In diesem Fall kann der Käufer nur die anderen in § 437 Nr. 2 und 3 BGB genannten kaufrechtlichen Gewährleistungsrechte geltend machen. 532

Der konkrete Nacherfüllungsanspruch kann auch **anderweitig ausgeschlossen** oder beschränkt sein, so beispielsweise wegen einer Einwendung nach § 275 Abs. 1 BGB oder einer Einrede nach § 275 Abs. 3 BGB. 533

***17. Übungsfall: „Abgelaufenes Sommerfestbier“ – kaufrechtlicher Nacherfüllungsanspruch (§ 437 Nr. 1 i. V. m. § 439 Abs. 1 Alt. 1 BGB) s. Fall- und Übungsbuch***

## 2. Rückgewähranspruch oder Rücktrittsrecht (§ 437 Nr. 2 Alt. 1 i. V. m. § 346 Abs. 1 BGB)

Soweit der Gläubiger sein Vertrauen in die Leistungsfähigkeit oder -unwilligkeit des Schuldners wegen einer ihm zuzurechnenden Pflichtverletzung verloren hat, kann er sich vom Kaufvertrag nach § 437 Nr. 2 Alt. 1 i. V. m. § 346 Abs. 1 BGB lösen, von ihm zurücktreten. Der Rücktritt selbst ist eine für den Schuldner 534 einschneidende Maßnahme. Er kann ihn wirtschaftlich schwer belasten, da er auf den Bestand des Vertrags vertraute. Aus diesem Grund kann ein Rücktritt nur unter angemessener Berücksichtigung der Schuldnerinteressen angemessen sein, was der Gesetzgeber auch gesehen hat.

535 **Hinweise zur Einordnung**

Im Schuldrecht gilt der Grundsatz „pacta sunt servanda", wonach Verträge zu halten sind (näher hierzu Rn. 191). In der Praxis kommen jedoch viele Situationen auf, wo sich Parteien von diesen Verträgen wieder lösen möchten. Zwei wichtige Möglichkeiten sind bereits vorgestellt worden:

- Die Anfechtung nach § 142 Abs. 1 BGB (näher hierzu Rn. 316 ff.) und
- der Verbraucherwiderruf nach § 355 Abs. 1 S. 1 i. V. m. § 312g Abs. 1 BGB (näher hierzu Rn. 402).

Die dritte hier vorgestellte Möglichkeit bietet der

- Rücktritt vom Vertrag nach § 346 Abs. 1 BGB, der im Rahmen der kaufrechtlichen Gewährleistungsrechte in Verbindung mit § 437 Nr. 2 Alt. 1 i. V. m. § 346 Abs. 1 BGB anzuwenden ist (näher hierzu Rn. 534 ff.). Der Sache nach entsteht durch die Rücktrittserklärung ein Rückgewährschuldverhältnis, wonach etwas vereinfacht gesagt jeder jedem das jeweils zuvor Erlangte zurückzugeben hat.

536 **Hinweise zur Fallbearbeitung**

Für die Fallbearbeitung gilt: Bei erbrachten Leistungen bildet § 346 Abs. 1 eine Rückgewähranspruchsgrundlage, sodass er bei „I. Anspruch entstanden" zu prüfen ist. Bei nicht erbrachten Leistungen handelt es sich bei § 346 Abs. 1 um eine rechtsvernichtende Einwendung, die bei „II. Anspruch nicht untergegangen" zu prüfen ist.

537 Damit der Schuldner weiß, woran er ist, muss der Gläubiger den Rücktritt nach § 349 BGB ausdrücklich **erklären**. Es handelt sich hier um eine einseitige, empfangsbedürftige Willenserklärung.

Regelmäßig muss der Gläubiger dem Schuldner bei einer Nicht- oder Schlechtleistung nach § 323 Abs. 1 BGB **erfolglos** eine **angemessene Frist** zur Erfüllung (bei Nichtleistung) oder Nacherfüllung (bei Schlechtleistung) setzen, soweit sie nicht ausnahmsweise beispielsweise nach § 323 Abs. 2 BGB entbehrlich ist.

538 **Voraussetzungen** sind auch hier die obigen, zusätzlich hierzu

1. eine erfolglose Fristsetzung zur Leistung bei einer Nichtleistung bzw. zur Nacherfüllung bei einer Schlechtleistung (beispielsweise nach § 323 Abs. 1 BGB), soweit sie nicht entbehrlich ist (beispielsweise nach § 323 Abs. 2 BGB) und
2. eine Rücktrittserklärung nach § 349 BGB.

Durch den Rücktritt wird der Vertrag nach § 346 Abs. 1 BGB aufgelöst. Sind Leistungen erbracht worden, so sind diese jeweils zurückzugewähren. Dem Käufer steht ein Rückgewähranspruch aus § 437 Nr. 2 Alt. 1 i. V. m. § 346 Abs. 1 BGB zu. Sind bisher keine Leistungen erbracht worden, so sind diese nicht mehr zu leisten. Dem Käufer steht sodann ein **Rücktrittsrecht** aus den gleichen Rechtsnormen nach § 437 Nr. 2 Alt. 1 i. V. m. § 346 Abs. 1 BGB zu.

**Beispiel**
Im obigen Beispielsfall des Teekochererwerbs von Frau Krause (K) könnte sie nicht einfach so vom Kaufvertrag zurücktreten, sondern müsste V zunächst wegen seiner Schlechtleistung nach § 323 Abs. 1 BGB erfolglos eine Frist zur Nacherfüllung setzen, es sei denn, dass diese ausnahmsweise beispielsweise nach § 323 Abs. 2 BGB entbehrlich ist. Erst danach kann sie nach § 349 BGB den Rücktritt vom Kaufvertrag erklären, mit der Folge nach § 346 Abs. 1 BGB, dass sie dem V den Teekocher zurückgibt und er ihr den Kaufpreis erstattet. Denn die Leistungen sind bereits erbracht worden. § 437 Nr. 2 Alt. 1 i. V. m. § 346 Abs. 1 BGB wäre eine Anspruchsgrundlage.

### 3. Minderungsrecht (§ 437 Nr. 2 Alt. 2 i. V. m. § 441 Abs. 1 S. 1 BGB)

Statt vom Vertrag nach § 437 Nr. 2 Alt. 1 i. V. m. § 346 Abs. 1 BGB zurückzutreten, kann der Käufer auch nach § 437 Nr. 2 Alt. 2 i. V. m. § 441 Abs. 1 S. 1 BGB den Kaufpreis mindern. Er verfügt in diesem Fall weiter über die mangelhafte Kaufsache, zahlt für sie aber letztlich einen geringeren Kaufpreis. In § 441 Abs. 1 S. 1 BGB heißt es *„statt zurückzutreten"*, sodass die gleichen Voraussetzungen gelten wie beim Rücktritt. **539**

Die nach § 441 Abs. 1 S. 1 BGB notwendige Abgabe einer **Minderungserklärung** stellt ebenfalls eine einseitige, empfangsbedürftige Willenserklärung dar. Auch hier muss der Schuldner wissen, woran er ist. **540**
**Voraussetzungen** sind auch hier die obigen, zusätzlich hierzu
1. eine erfolglose Fristsetzung zur Leistung bei einer Nichtleistung bzw. zur Nacherfüllung bei einer Schlechtleistung (beispielsweise nach § 323 Abs. 1 BGB), soweit sie nicht entbehrlich ist (beispielsweise nach § 323 Abs. 2 BGB) und
2. eine Minderungserklärung nach § 441 Abs. 1 S. 1 BGB.

In welchem Umfang der Kaufpreis zu mindern ist, richtet sich nach § 441 Abs. 3 S. 1 BGB. Danach ist der Kaufpreis in dem Verhältnis herabzusetzen, in dem zur Zeit des Vertragsschlusses der Wert der Sache in mangelfreiem Zustand zu dem wirklichen Wert gestanden haben würde. Die Rechtsnorm gleicht hiermit nur den mangelbedingten Wertunterschied aus, nicht aber den Unterschied zwischen Wert und Kaufpreis. Letzteres ist Verhandlungsgeschick, dem der Gesetzgeber beispielsweise durch § 138 Abs. 1 BGB nur im Ausnahmefall Grenzen setzt. Ist der mangelbedingte Wertunterschied nicht festlegbar, so ist er nach § 441 Abs. 3 S. 2 BGB durch Schätzung zu ermitteln. **541**

**Beispiel**
Im obigen Beispielsfall des Teekochererwerbs von Frau Krause (K) könnte sie nicht einfach so den Kaufpreis mindern, sondern müsste V zunächst wegen seiner Schlechtleistung nach § 323 Abs. 1 BGB erfolglos eine Frist zur Nacherfüllung setzen, es sei denn, dass diese ausnahmsweise beispielsweise nach § 323 Abs. 2 BGB entbehrlich ist. Erst danach kann sie nach § 349 BGB den Rücktritt vom Kaufvertrag erklären, mit der Folge nach § 346 Abs. 1 BGB, dass sie dem V den Teekocher zurückgibt und er ihr den Kaufpreis erstattet. Denn die Leistungen sind bereits erbracht worden. § 437 Nr. 2 Alt. 1 i. V. m. § 346 Abs. 1 BGB wäre eine Anspruchsgrundlage.

542 **Hinweise zur Einordnung**

Blickt man auf Alltagsgeschäfte, so ist die Minderungsmöglichkeit in der Praxis von großer Bedeutung. Oftmals liegen die Interessen so, dass der Verkäufer die Sache nicht zurücknehmen möchte, einer Minderung aber zustimmt. Der Käufer geht hingegen oftmals diesen Weg, da er ansonsten gar Rechtsanwälte oder Gerichte einschalten müsste und der wirtschaftliche Schaden auf diesem Wege im geringen Umfang oftmals zugunsten des Rechtsfriedens in Kauf genommen wird.

### 4. Schadensersatz (§ 437 Nr. 3 Alt. 1 i. V. m. § 280 Abs. 1 S. 1 oder § 280 Abs. 1 S. 1, Abs. 3, § 281 Abs. 1 S. 1 BGB)

543 **Hinweise zur Einordnung**

Das Lernen des Schadensersatzes dürfte leichter fallen, wenn man sich folgende (nicht abschließende) Lernschwerpunkte setzt:
- Das Kennen der Abgrenzung zwischen einem Schadensersatzanspruch neben und statt der Leistung (näher hierzu Rn. 546)
- die Prüfung der § 437 Nr. 3 Alt. 1 i. V. m. § 280 Abs. 1 BGB als Schadensersatzanspruch neben der Leistung wegen Schlechtleistung eines Mangelfolgeschadens (näher hierzu Rn. 547 ff.)
- die Prüfung der § 437 Nr. 3 Alt. 1 i. V. m. § 280 Abs. 1 S. 1, Abs. 3, § 281 Abs. 1 S. 1 BGB als Schadensersatzanspruch statt der Leistung wegen Schlechtleistung eines Mangelschadens (näher hierzu Rn. 551 f.)
- Die Prüfung des Schadensersatzanspruches neben der Leistung unmittelbar aus § 280 Abs. 1 S. 1 BGB war bereits Gegenstand des 8. Kapitels: Leistungsstörungen (näher hierzu Rn. 429 ff.)

544 Soweit der Käufer Schadensersatz verlangen möchte, so kommen über § 437 Nr. 3 Alt. 3 BGB die §§ 280 ff. BGB zur Anwendung. Sie unterscheiden zwischen dem **Schadensersatz statt** und dem **Schadensersatz neben der Leistung**.

545 Um die richtige Schadensersatzanspruchsgrundlage finden zu können, ist eingangs zu prüfen, **für welche Pflichtverletzung und für welchen Schaden der Käufer Schadensersatz verlangt**: Denn er kann prinzipiell – hier umfassend dargestellt –

1. Schadensersatz statt der Leistung nach dem § 437 Nr. 3 Alt. 1 BGB i. V. m.
   (1) § 280 Abs. 1 S. 1, Abs. 3, § 281 Abs. 1 S. 1 BGB bei mangelhafter Sache (Schlecht- und Nichtleistung),
   (2) § 280 Abs. 1 S. 1, Abs. 3, § 283 S. 1 BGB bei Unmöglichkeit der Nachbesserung nach Vertragsschluss (Nichtleistung) oder
   (3) § 280 Abs. 1 S. 1, Abs. 3, § 311a Abs. 2 BGB bei Unmöglichkeit der Nachbesserung vor Vertragsschluss (Nichtleistung) **oder**
2. Schadensersatz neben der Leistung nach den § 437 Nr. 3 Alt. 1 BGB i. V. m.
   (1) § 280 Abs. 1 S. 1 BGB (Schlechtleistung) oder
   (2) § 280 Abs. 1 S. 1, Abs. 2, § 286 Abs. 1 S. 1 BGB (Nichtleistung)

verlangen.

Zur Abgrenzung des Schadensersatzes statt und neben der Leistung: 546
- Möchte der Käufer Ersatz für Schäden, die darauf beruhen, dass die Sache selbst mangelhaft ist (sog. Mangelschaden)? Dann geht es um **Schadensersatz statt der Leistung.**
- Möchte der Käufer hingegen Ersatz für Schäden an einer anderen Sache, die darauf beruhen, dass ihn die mangelhafte verursachte (sog. Mangelfolgeschaden)? Dann geht es um **Schadensersatz neben der Leistung.**

Um die Entscheidung, welchen Schadensersatz man annimmt, abzusichern, kann man sich der folgenden **Kontrollfrage** (Abgrenzungsformel) bedienen:
- Wenn der Verkäufer nach § 437 Nr. 1 i. V. m. § 439 Abs. 1 BGB **fiktiv nacherfüllen würde** – also die Kaufsache reparieren oder neu liefern würde – und der Schaden, der darauf beruht, dass die Sache selbst mangelhaft ist, damit **behoben** werden würde, so handelt es sich um einen zu ersetzenden Schaden statt der Leistung nach § 437 Nr. 3 Alt. 1 BGB i. V. m. § 280 Abs. 1 S. 1, Abs. 3, § 281 Abs. 1 S. 1 BGB wegen eines sog. Mangelschadens.
- Wenn der Verkäufer nach § 437 Nr. 1 i. V. m. § 439 Abs. 1 BGB **fiktiv nacherfüllen** würde – also die Kaufsache reparieren oder neu liefern würde – und der Schaden, der darauf beruht, dass die mangelhafte Sache einen Schaden an einer anderen Sache verursachte, damit **nicht behoben** werden würde, so handelt es sich um einen zu ersetzenden Schaden neben der Leistung nach § 437 Nr. 3 Alt. 1 i. V. m. § 280 Abs. 1 S. 1 BGB wegen eines sog. Mangelfolgeschadens.

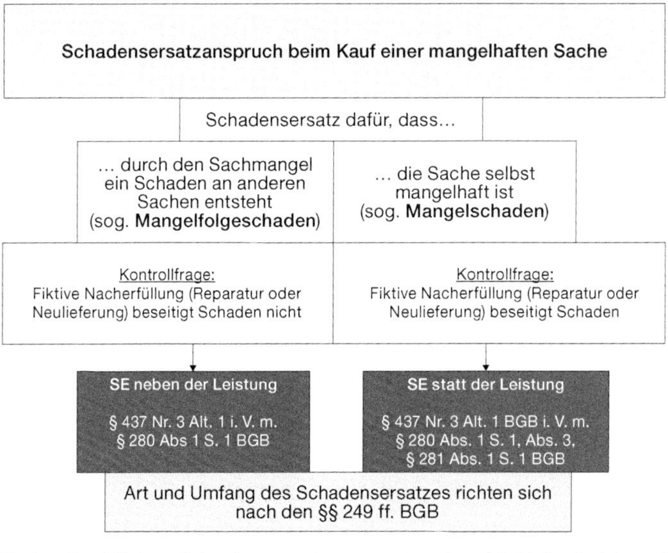


**Abb. 48:** kaufrechtlicher Schadensersatzanspruch neben/statt der Leistung I (§ 437 Nr. 3 Alt. 1 i. V. m. § 280 Abs. 1 S. 1/Abs. 3, § 281 Abs. 1 S. 1 BGB)

**Beispiele**
*18./19. Übungsfälle: „Zusammengebrochenes Festsaalstehpult“ (vgl. Fall- und Übungsbuch)*
Die Stadt Güstrow (G) lässt ihren Festsaal renovieren und erneuert in diesem Zusammenhang das Mobiliar, so insbesondere das bisher dort befindliche Stehpult. Am 1. November einigt sich der Bürgermeister Beyer (B) mit dem Mitarbeiter Herrn Mück (M), der namens und in Vollmacht für die Leim GmbH (L) handelt, über die Lieferung des hochwertigen Stehpultes „Mahagoni“ aus Echtholz zu einem Preis von 1.000,00 € brutto. Der Geschäftsführer der L Herr Ganz (G) hat ihn hierfür eingesetzt. M meint, dass es sich bei dem von ihm ausgehandelten Vertrag um einen Werklieferungsvertrag nach § 650 Abs. 1 BGB handele, der für L vorteilhafter sei. Am 15. November teilt ihm Herr Norbert (N) als Mitarbeiter der Schreiner GmbH (S) per E-Mail mit, dass Produktionsmaschinen, die an L ausgelieferten und sich dort im Lager befindlichen „Mahagonis“, wegen eines technischen Fehlers nicht ordnungsgemäß verleimt hätten und bei einer höheren Last zusammenbrechen könnten. In Kenntnis dessen liefert M das Stehpult nach Anweisung des G am 1. Dezember aus, da er der Ansicht sei, dass schon nichts passieren werde. N habe übertrieben, da man von dem Produktionsfehler auch nichts sehen könne. Obendrein hat er mit B für L einen guten Kaufpreis verhandelt, der nun „geerntet“ werden soll. Während einer Festrede stellt sich B am Tag der Auslieferung vor das Stehpult und lehnt sich mit dem Rücken an ihn an. Unter seiner Last bricht es für ihn unerwartet zusammen. B verliert daraufhin die Körperkontrolle und fällt zur Seite. Er stößt mit seiner rechten Hand gegen ein dort befindliches Gemälde von Caspar David Friedrich, dem er dadurch eine deutlich sichtbare Delle zufügt.
Zur **Abgrenzung** des Schadensersatzes statt und neben der Leistung:
- Möchte G durch B den Ersatz für einen Schaden, der darauf beruht, dass das Stehpult wegen der nicht ordnungsgemäßen Verleimung zusammengebrochen ist (sog. **Mangelschaden**)? Dann geht es um Schadensersatz statt der Leistung.
- Oder möchte G durch B den Ersatz für einen Schaden an einer anderen Sache, der darauf beruht, dass ihn das zusammengebrochene, nicht ordnungsgemäß verleimte Stehpult verursachte (sog. **Mangelfolgeschaden**). Dann geht es um Schadensersatz neben der Leistung.

Nun zu den 18./19. Übungsfällen: Angenommen, G entstehen aufgrund einer Ersatzbeschaffung desselben Stehpultes Mehrkosten i. H. v. 1.000,00 € brutto und für die Restaurierung des Gemäldes Kosten i. H. v. 2.000,00 € brutto.
- L erfüllt durch M nach § 437 Nr. 1 i. V. m. § 439 Abs. 1 BGB fiktiv nach, verleimt das Stehpult oder liefert ein neues Stehpult. Der erste konkret zu ersetzende, materielle Schaden der G besteht darin, dass sie **1.000,00 € Mehrkosten** für die Ersatzbeschaffung eines neuen Stehpultes zahlen musste. Diese Kosten beruhen darauf, dass das von L gelieferte Stehpult wegen der nicht ordnungsgemäßen Leimung zusammengebrochen ist. Durch das fiktive Verleimen oder der fiktiven Neulieferung des Stehpultes, stünde das Stehpult im Festsaal nicht zusammengebrochen, wodurch G keinen Ersatz beschafft hätte. Mehrkosten i. H. v. 1.000,00 € brutto

wären G damit nicht entstanden. Sie sind damit „behoben". Es geht hier um Schadensersatz statt der Leistung wegen eines Mangelschadens nach § 437 Nr. 3 Alt. 1 BGB i. V. m. § 280 Abs. 1 S. 1, Abs. 3, § 281 Abs. 1 S. 1 BGB.

- L erfüllt weiterhin durch M nach § 437 Nr. 1 i. V. m. § 439 Abs. 1 BGB fiktiv nach, verleimt das Stehpult oder liefert ein neues Stehpult. Der zweite konkret zu ersetzende, materielle Schaden der G besteht darin, dass sie **2.000,00 € Restaurierungskosten** für das eine Delle aufweisende Gemälde zahlen musste. Diese Kosten beruhen darauf, dass die rechte Hand des B wegen des zusammengebrochenen, nicht ordnungsgemäß geleimten Stehpultes dem Gemälde als einer anderen Sache als dem Stehpult eine deutlich sichtbare Delle zufügte. Durch das fiktive Verleimen oder der fiktiven Neulieferung des Stehpultes, stünde das Stehpult im Festsaal nicht zusammengebrochen, wodurch das Gemälde noch immer eine Delle aufweisen würde und G noch immer eine Restaurierung in Auftrag geben müsste. Kosten hierfür i. H. v. 2.000,00 € brutto wären G damit weiterhin entstanden. Sie sind damit gerade nicht „behoben". Es geht hier um Schadensersatz neben der Leistung wegen eines Mangelfolgeschadens nach § 437 Nr. 3 Alt. 1 i. V. m. § 280 Abs. 1 S. 1 BGB. Die Restaurierungskosten stehen im wahrsten Sinne des Wortes neben der „Leistung".

Maßgeblich ist also, worin der konkrete Schaden besteht und worauf er konkret beruht. Ein Schaden ist – soweit zur Wiederholung – jede unfreiwillige Einbuße an materiellen oder immateriellen Gütern und Interessen.

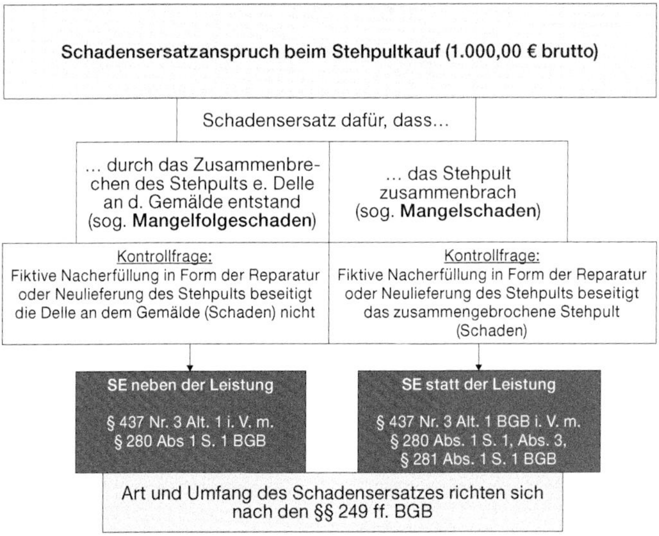


**Abb. 49:** kaufrechtlicher Schadensersatzanspruch neben/statt der Leistung II (§ 437 Nr. 3 Alt. 1 i. V. m. § 280 Abs. 1 S. 1/Abs. 3, § 281 Abs. 1 S. 1 BGB)

547 a) **Schadensersatzanspruch neben der Leistung wegen eines Mangelfolgeschadens (§ 437 Nr. 3 Alt. 1 BGB i. V. m. § 280 Abs. 1 S. 1 BGB).** § 437 Nr. 3 Alt. 1 i. V. m. § 280 Abs. 1 S. 1 BGB verlangt als Schadensersatzanspruch neben der Leistung wegen eines Mangelfolgeschadens als zusätzliche Voraussetzung nur das aus der unmittelbaren Anwendung des § 280 Abs. 1 S. 1 BGB Bekannte, also (***29. Prüfungsschema, vgl. Fall- und Übungsbuch***)

1. die Pflichtverletzung nach § 437 Nr. 3 Alt. 1 i. V. m. § 280 Abs. 1 S. 1 BGB,
2. das Vertretenmüssen nach § 437 Nr. 3 Alt. 1 i. V. m. § 280 Abs. 1 S. 2 BGB und
3. den Schaden nach § 437 Nr. 3 Alt. 1 i. V. m. § 280 Abs. 1 S. 1 BGB.

Die **Pflichtverletzung** liegt darin, dass der Verkäufer dem Käufer entgegen § 433 Abs. 1 S. 2 BGB die Kaufsache nicht frei von Sachmängeln verschafft hat.

548 Das **Vertretenmüssen** bezieht sich genau auf diese Mangelhaftigkeit der Kaufsache. Es richtet sich nach den allgemeinen Rechtsnormen der §§ 276, 278 BGB. Das Verschulden nach § 276 Abs. 1 S. 1 BGB kann darin bestehen, dass der Verkäufer, das Organ einer juristischen Person nach den §§ 31 (analog), 89 Abs. 1 BGB, der Erfüllungsgehilfe oder ein gesetzlicher Vertreter nach § 278 S. 1 BGB den Mangel verursachte oder den Sachmangel kannte bzw. fahrlässig darüber in Unkenntnis geblieben ist und dennoch die Ware auslieferte. Grundsätzlich ist der Verkäufer aber zu eigenen Untersuchungen nicht verpflichtet. Etwas anderes gilt nur dann, wenn der Verkäufer besondere Anhaltspunkte dafür hat, die eine eigene Untersuchung geboten erscheinen lassen. Ergibt sich dies aus dem Sachverhalt nicht, ist ein Verschulden des Verkäufers zu verneinen.

549 Der Verkäufer muss den sog. **Mangelfolgeschaden** ersetzen. **Art und Umfang** des Schadensersatzes richten sich dann wieder nach den §§ 249 ff. BGB (näher hierzu Rn. 482 ff.).

**Beispiel**
Im obigen Beispielsfall des Teekochererwerbs von Frau Krause (K) würde Folgendes gelten:
Die Pflichtverletzung nach § 437 Nr. 3 Alt. 1 i. V. m. § 280 Abs. 1 S. 1 BGB liegt darin, dass Herr Volt (V) K den Teekocher mit einem Defekt übergab, er ihr also den Teekocher entgegen § 433 Abs. 1 S. 2 BGB nicht frei von Sachmängeln verschaffte.
§ 437 Nr. 3 Alt. 1 i. V. m. § 280 Abs. 1 S. 2 BGB bestimmt, dass K ein Anspruch aus § 280 Abs. 1 S. 1 BGB nicht entstehe, wenn V die Verschaffung des defekten Teekochers nicht zu vertreten hat. Das richtet sich nach den §§ 276, 278 BGB. Weiß er um den Defekt, handelt er nach § 276 Abs. 1 S. 1 Alt. 1 BGB vorsätzlich. Bleibt er darüber fahrlässig in Unkenntnis, haftet er nach § 276 Abs. 1 S. 1 Alt. 2 BGB. Andernfalls trifft ihn kein Verschulden.
Der Mangelfolgeschaden bestünde beispielsweise darin, dass er in ihrem Haushalt durch seine Explosion den Kühlschrank beschädigte, wodurch Reparaturkosten i. H. v. 200,00 € brutto entstanden sind.

Art und Umfang des Schadensersatzes richten sich nach den §§ 249 ff. BGB. K könnte beispielsweise von V die Erstattung der vorgenannten Reparaturkosten aus § 249 Abs. 2 BGB ersetzt verlangen.

Anhand einer kleinen Erweiterung und Lösung des **18. Übungsfalles** (s. Fall- und Übungsbuch) dürfte all dies verständlicher werden.

***18. Übungsfall: „Zusammengebrochenes Festsaalstehpult I" – Schadensersatzanspruch neben der Leistung wegen eines Mangelfolgeschadens (§ 437 Nr. 3 Alt. 1 BGB i. V. m. § 280 Abs. 1 S. 1 BGB) s. Fall- und Übungsbuch***

Nur noch ergänzend, was bereits Thema war: Ein Schadensersatzanspruch neben der Leistung wegen der Verletzung sonstiger Rechtsgüter kommt auch dann in Betracht, wenn der Schaden nicht auf einem Mangel der Kaufsache, sondern auf der Verletzung einer allgemeinen **Schutzpflicht** des Verkäufers nach § 241 Abs. 2 BGB beruht. Hier erfolgt dann der Schadensersatzanspruch – wie bereits erörtert – **unmittelbar aus § 280 Abs. 1 S. 1 BGB**, ohne dass § 437 Nr. 3 Alt. 1 BGB heranzuziehen ist. 550

**Beispiel**
Im obigen 18. Übungsbeispielsfall wäre § 280 Abs. 1 S. 1 BGB isoliert die richtige Anspruchsgrundlage, wenn die Delle in dem Gemälde nicht durch den Bürgermeister Beyer (B) aufgrund des Zusammenbruchs des Stehpults, sondern beispielsweise durch eine Unachtsamkeit des Mitarbeiters Mück (M) der Leim GmbH (L) bei dessen Anlieferung.

b) **Schadensersatz statt der Leistung wegen eines Mangelschadens** (**§ 437 Nr. 3 Alt. 1 BGB i. V. m. § 280 Abs. 1 S. 1, Abs. 3, § 281 Abs. 1 S. 1 BGB**). § 437 Nr. 3 Alt. 1 i. V. m. § 280 Abs. 1 S. 1, Abs. 3, § 281 Abs. 1 S. 1 BGB verlangt als **Schadensersatzanspruch statt der Leistung wegen eines Mangelschadens** als zusätzliche Voraussetzung das aus der unmittelbaren Anwendung des § 280 Abs. 1 BGB Bekannte, also (***30. Prüfungsschema, vgl. Fall- und Übungsbuch***) 551

4. die Pflichtverletzung nach § 437 Nr. 3 Alt. 1 i. V. m. § 280 Abs. 1 S. 1 BGB,
5. das Vertretenmüssen nach § 437 Nr. 3 Alt. 1 i. V. m. § 280 Abs. 1 S. 2 BGB,
6. den Schaden nach § 437 Nr. 3 Alt. 1 i. V. m. § 280 Abs. 1 S. 1 BGB

und zusätzlich

7. (nach der Pflichtverletzung) nach § 437 Nr. 3 Alt. 1 i. V. m. § 281 Abs. 1 S. 1 BGB die erfolglose angemessene Fristbestimmung zur Nacherfüllung nach § 437 Nr. 1 i. V. m. § 439 Abs. 1 BGB, es sei denn, dass diese ausnahmsweise insbesondere nach §§ 437 Nr. 3 Alt. 1 i. V. m. § 281 Abs. 2 BGB entbehrlich ist.

Die **Pflichtverletzung** liegt darin, dass der Verkäufer dem Käufer entgegen § 433 Abs. 1 S. 2 BGB die Kaufsache nicht frei von Sachmängeln verschafft hat.
Der Käufer muss dem Verkäufer **erfolglos** eine **angemessene Frist zur Nacherfüllung** nach § 437 Nr. 1 i. V. m. § 439 Abs. 1 BGB **bestimmen**. Sie kann aber

insbesondere nach §§ 437 Nr. 3 Alt. 1 i. V. m. § 281 Abs. 2 BGB entbehrlich sein, wenn sie ernsthaft und endgültig verweigert wird (Alt. 1) oder wenn besondere Umstände (Alt. 2) vorliegen. Wann eine Frist angemessen ist, richtet sich nach den Umständen des Einzelfalls. Dabei setzt eine zu kurze Frist den Lauf einer angemessenen Frist in Gang.

**Beispiele**

- § 281 Abs. 2 Alt. 1 BGB: Herr Kluge (K) erwirbt bei Herrn Vollmann (V) einen VW Golf VIII, der wegen eines Öllecks bei Vertragsschluss mangelhaft gewesen ist. Als K die Reparatur des Öllecks verlangt, bestreitet V die Existenz eines solchen Umstands und lehnt die Reparatur ab.
- § 281 Abs. 2 Alt. 2 BGB: Der Mitarbeiter Melchior (M) erwirbt namens und in Vollmacht der R von Herrn Baske (B) 500 Feuerlöscher vom Typ „Gloria III“ zum Preis von 5.000,00 € brutto. B liefert sie mit Beschriftungen, die auch diesen Schriftzug enthalten. Die Ehefrau Baske (E) teilt eine Woche später M mit, dass B die Beschriftungen nachträglich um ein „I“ ergänzt hat und es sich bei den Feuerlöschern tatsächlich um den veralteten Typ „Gloria II“ handelt. Damit beging B gegenüber R durch M einen gewerbsmäßigen Betrug nach § 263 Abs. 1, Abs. 3 S. 2 Nr. 1 Alt. 1 StGB. Wegen diesem besonderen Umstand wäre die sofortige Geltendmachung des Schadensersatzanspruchs nach § 281 Abs. 2 Alt. 2 BGB gerechtfertigt. R muss durch M den B nicht erfolglos eine Frist zur Nacherfüllung i. S. d. § 439 Abs. 1 BGB setzen.

552 Der Verkäufer muss die Nichtlieferung einer mangelfreien Sache bis zum Ablauf der Nachfrist zu **vertreten** haben. Das Vertretenmüssen bezieht sich dabei entweder auf die ursprüngliche Nichtlieferung einer mangelfreien Sache oder auf die unterbliebene Nacherfüllung. Es richtet sich nach den allgemeinen Rechtsnormen der §§ 276, 278 BGB. Hier gilt das zu § 437 Nr. 3 Alt. 1 i. V. m. § 280 Abs. 1 S. 1 BGB Gesagte, auf das verwiesen wird (näher hierzu Rn. 449 ff.).

Der Verkäufer muss den sog. **Mangelfolgeschaden** ersetzen, worunter der sog. kleine und große Schadensersatz fällt:

1. Beim sog. **kleinen Schadensersatz** behält der Käufer die mangelhafte Kaufsache und verlangt lediglich den Ersatz des Nachteils, der ihm aufgrund der Schlechtleistung entstanden ist. Darunter fallen hauptsächlich zum einen der Wertunterschied zwischen mangelfreier und mangelhafter Sache (Minderwert) und die Reparaturkosten der mangelhaften Sache. Ein Rücktritt ist daneben nicht möglich. Der Käufer wird regelmäßig den kleinen Schadensersatz fordern, soweit er weiterhin Interesse an der Kaufsache hat.
2. Beim sog. **großen Schadensersatz** (§ 281 BGB: „Schadensersatz statt der ganzen Leistung“) gibt der Käufer die mangelhafte Kaufsache zurück und erhält den Ersatz des Schadens, der ihm infolge der Nichterfüllung des Kaufvertrags entstanden ist. Der Verkäufer zahlt ihm also den bereits gezahlten Kaufpreis zurück und erstattet ihm darüber hinaus den Nichterfüllungsschaden, der beispielsweise in den Kosten der Ersatzbeschaffung besteht. Voraussetzung ist aber nach § 437 Nr. 3 Alt. 1 i. V. m. § 281 Abs. 1 S. 3 BGB, dass der Sachmangel **erheblich** ist. Dies bestimmt sich nach den Umständen des Einzel-

falls. Es geht also um die Rückabwicklung des gesamten Vertrags. Der Käufer hat kein Interesse mehr an der Kaufsache.[35]

Da der Käufer nach § 437 Nr. 3 Alt. 1 BGB i. V. m. § 281 Abs. 4 BGB nicht mehr den Anspruch auf die Übergabe und Übereignung der Kaufsache nach § 433 Abs. 1 S. 1 BGB geltend machen kann, sobald er den Schadensersatz statt der Leistung verlangt, richtet sich der Art und Umfang des Schadensersatzes **nicht** nach den **§§ 249 ff. BGB.** Der vorgenannte gesetzliche Ausschluss des Erfüllungsanspruchs darf nicht dazu führen, dass über § 249 BGB nun doch Naturalrestitution geleistet wird. Der Schaden richtet sich also allein nach § 437 Nr. 3 Alt. 1 i. V. m. § 280 Abs. 1 S. 1, Abs. 3, § 281 Abs. 1 S. 1 BGB. Er richtet sich auf den Ersatz des Schadens, der sich aus dem endgültigen Ausbleiben der Leistung ergibt.

**Beispiel**

Im obigen Beispielsfall des Teekochererwerbs von Frau Krause (K) würde Folgendes gelten:

Die Pflichtverletzung nach § 437 Nr. 3 Alt. 1 i. V. m. § 280 Abs. 1 S. 1 BGB liegt darin, dass Herr Volt (V) K den Teekocher mit einem Defekt übergab, er ihr also den Teekocher entgegen § 433 Abs. 1 S. 2 BGB nicht frei von Sachmängeln verschaffte.

Soweit V unter anderem die Reparatur oder Neulieferung des Teekochers ernsthaft und endgültig verweigern würde, müsste K ihm nach § 437 Nr. 3 Alt. 1 i. V. m. § 280 Abs. 1 S. 1, Abs. 3, § 281 Abs. 1 S. 1 BGB nicht hierzu erfolglos eine angemessene Frist bestimmen. Andernfalls müsste K ihm diese Möglichkeit gewähren und den erfolglosen Ablauf der angemessenen Frist abwarten.

§ 437 Nr. 3 Alt. 1 i. V. m. § 280 Abs. 1 S. 2 BGB bestimmt, dass K ein Anspruch aus § 280 Abs. 1 S. 1 BGB nicht entstehe, wenn V entweder die ursprüngliche Nichtlieferung eines mangelfreien Teekochers oder die unterbliebene Reparatur oder Neulieferung des Teekochers nicht zu vertreten hat. Das richtet sich nach den §§ 276, 278 BGB. Weiß er bei Übergabe des Teekochers nicht um den Defekt, so wird ihn regelmäßig diesbezüglich kein vorsätzliches oder fahrlässiges Verhalten nach § 276 Abs. 1 S. 1 BGB treffen. Verweigert er aber beispielsweise auf Aufforderung die Reparatur oder die Neulieferung des Teekochers, so tut er dies vorsätzlich nach § 276 Abs. 1 S. 1 Alt. 1 BGB.

Aufgrund des Erhitzungsdefekts erlitt K eine unfreiwillige Einbuße an ihrem Eigentum. Es ist etwa denkbar, dass sie nun einen Ersatzteekocher zu Mehrkosten von 50,00 € brutto erwirbt. Der defekte Teekocher könnte statt 20,00 € nur noch 2,00 € wert sein. Beides sind materielle Schäden der K.

Nach § 437 Nr. 3 Alt. 1 i. V. m. § 280 Abs. 1 S. 1, Abs. 3, § 281 Abs. 1 S. 1 BGB kann K Schadensersatz statt der Leistung verlangen. Er richtet sich

---

35 Nach § 325 BGB kann der Käufer den Rücktritt mit dem Schadensersatz statt der Leistung kombinieren. Wenn der Käufer nun beispielsweise von dem Verkäufer seinen bezahlten Kaufpreis erstattet verlangt, erreicht er dies wegen § 281 Abs. 5 BGB. Diese Rechtsnorm stellt ein Rücktrittsrecht dar. Bei einer Rücktrittserklärung des Käufers nach § 349 BGB, müsste im Rahmen des dann zwischen ihnen entstehenden Rückgewährschuldverhältnisses der Verkäufer den gezahlten Kaufpreis zurückzahlen und der Käufer die Kaufsache zurückübereignen.

danach auf den Ersatz des Schadens, der sich aus dem endgültigen Ausbleiben der Leistung ergibt. Da § 249 Abs. 1 BGB nicht anwendbar ist, hat V unmittelbar Ausgleich in Geld zu leisten. Sie hat die Wahl zwischen kleinem und großem Schadensersatz. Hätte V den Teekocher ordnungsgemäß übergeben, hätte K keine Mehrkosten i. H. v. 50,00 € zahlen müssen. Da der Teekocher nach Stehpult zusammengebrochen und in Gänze nicht mehr nutzbar ist, bleibt seine Auslieferung nach § 437 Nr. 3 Alt. 1 i. V. m. § 281 Abs. 1 S. 3 BGB erheblich. Sie könnte von V diesen Betrag ersetzt verlangen, also den sog. **großen Schadensersatz** geltend machen. Ersetzt wird damit der Nachteil, der dem Käufer durch die Nichterfüllung des Vertrags entstanden ist. Sie könnte von ihm aber auch nur die Differenz zwischen dem Wert des defekten Teekochers i. H. v. 2,00 € und seinem Wert in funktionstüchtigen Zustand i. H. v. 20,00 €, also 18,00 € verlangen, also den sog. **kleinen Schadensersatz** geltend machen. Ersetzt wird damit der Nachteil, der dem Käufer aufgrund der Schlechtleistung entstanden ist. Bei Geltendmachung des großen Schadensersatzes wird sie den Teekocher zurückgeben, wohingegen er bei der Geltendmachung des kleinen Schadensersatzes er in ihrem Eigentum verbleibt.

Anhand einer Erweiterung und Lösung des **19. Übungsfalles** (s. Fall- und Übungsbuch) dürfte all dies verständlicher werden.

***19. Übungsfall: „Zusammengebrochenes Festsaalstehpult II" – Schadensersatzanspruch statt der Leistung wegen eines Mangelschadens (§ 437 Nr. 3 Alt. 1 BGB i. V. m. § 280 Abs. 1 S. 1, Abs. 3, § 281 Abs. 1 S. 1 BGB) s. Fall- und Übungsbuch***

### 5. Aufwendungsersatzanspruch (§ 437 Nr. 3 Alt. 2 i. V. m. § 284 BGB)

553 Der Käufer kann auch anstelle des Schadensersatzes statt der Leistung nach § 437 Nr. 3 Alt. 2 i. V. m. § 284 BGB Ersatz seiner vergeblichen Aufwendungen verlangen. **Aufwendungen** sind – wie bereits dargelegt – freiwillige Vermögensopfer. Vergeblich sind sie, wenn sie sich wegen der nicht vertragsgerechten Leistung des Verkäufers als nutzlos erweisen. Das ist etwa dann anzunehmen, wenn der Käufer die Kaufsache wegen ihrer Mangelhaftigkeit zurückgibt.

Es müssen hierfür dieselben Voraussetzungen vorliegen wie beim Schadensersatz statt der Leistung, auf die verwiesen wird („anstelle des Schadensersatzes statt der Leistung"; näher hierzu Rn. 551 f.).

**Beispiel**

Angenommen, die Mitarbeiter der Leim GmbH (L) hätten das Stehpult unaufgebaut geliefert und der Bürgermeister Beyer (B) hätte namens der Stadt Güstrow (G) Herrn Halfkann (H) mit dessen Aufbau beauftragt. Hierfür entrichtet ihm G durch B eine Vergütung i. H. v. 200,00 € brutto. Diese Montagekosten stellen vergebliche Aufwendungen dar, da das Stehpult später wegen nicht ordnungsgemäßer Leimung zusammenbricht. G kann sie von L durch B nach § 437 Nr. 3 Alt. 2 i. V. m. § 284 BGB ersetzt verlangen.

## V. Kein Haftungsausschluss

Die kaufrechtlichen Gewährleistungsrechte nach § 437 BGB stehen dem Käufer nur zu, soweit sie nicht **ausgeschlossen** ist. Dies kann der Fall sein, 554

- entweder aufgrund einer **vertraglichen Vereinbarung**, die insbesondere nicht nach § 444 BGB unwirksam sein darf oder
- **kraft Gesetzes** nach § 442 Abs. 1 BGB, wennder Käufer den Mangel bei Vertragsschluss kennt (S. 1) oder
  er ihm infolge grober Fahrlässigkeit nicht kennt (S. 2).

**Hinweise zur Fallbearbeitung** 555

Die Haftungsausschlüsse aufgrund vertraglicher Vereinbarung oder kraft Gesetzes nach § 442 Abs. 1 stellen rechtsvernichtende Einwendungen dar. Sie sind deshalb unter „II. Anspruch nicht untergegangen" zu prüfen.

### 1. Vertragliche Vereinbarungen

Im Privatrechtsverkehr gilt die Vertragsfreiheit als Ausprägung des Grundsatzes 556
der Privatautonomie (Art. 2 Abs. 1 GG), weswegen die Rechtsnormen der §§ 437 ff. BGB abdingbar sind. Deshalb können sie Kaufvertragsparteien kraft Vereinbarung ausschließen oder beschränken, die aber im Einzelfall **unwirksam** sein kann, so insbesondere nach § 444 BGB. Danach kann sich ein Verkäufer auf eine solche Vereinbarung nicht berufen, soweit er den Mangel

- **arglistig verschwiegen** (Alt. 1) oder
- eine **Garantie für die Beschaffenheit** der Sache übernommen (Alt. 2) hat [selten].

**Arglist** i. S. v. § 444 Alt. 1 BGB setzt zumindest bedingten Vorsatz voraus. Ein Verkäufer handelt danach arglistig, wenn er den Mangel kennt oder ihn zumindest für möglich hält und zugleich weiß oder doch damit rechnet und billigend in Kauf nimmt, dass der Käufer den Mangel nicht kennt und bei einer Kenntnis den Vertrag nicht mit dem vereinbarten Inhalt geschlossen hätte. § 444 Alt. 1 BGB schützt anders als § 123 Abs. 1 Alt. 1 BGB nicht die Freiheit der Willensentschließung des Vertragspartners, sondern sanktioniert die Unredlichkeit des Verkäufers beim vertraglichen Haftungsausschluss.

In der **Praxis** geschieht eine vertraglicher Gewährleistungshaftungsausschluss oftmals in Kaufverträgen über Grundstücke oder beim Verkauf von gebrauchten Sachen durch Formulierungen wie „unter Ausschluss jeder Gewährleistung" oder „gekauft wie gesehen".

**Beispiel**

Die Bürgermeisterin Frau Lalisken (L) erwirbt nach § 164 BGB namens der Gemeinde Ostseebad Heringsdorf (H) von Herrn Meier (M), der ihr nach § 164 BGB namens und in Vollmacht der Autohaus Kruse GmbH (G) auftritt, einen neuwertigen VW ID.4. Der Pkw verfügt über eine Delle am hinteren Stoßfänger, von dem M weiß und den er L verschweigt. Er fürchtet andernfalls, dass sie den Pkw nicht erwirbt. Sie sieht die Delle nicht und schließt unmittelbar für und gegen G einen Kaufvertrag ab, der die Vereinbarung „gekauft wie gesehen" beinhaltet.

G könnte sich auf die Vereinbarung des Gewährleistungsausschlusses nach § 444 Alt. 1 BGB nicht berufen. G verschwieg durch M arglistig die Delle, die jedenfalls einen Sachmangel nach § 434 Abs. 3 S. 1 Nr. 2 BGB darstellt. M kannte den Mangel und wusste, dass L andernfalls den Kaufvertrag nicht abschließen wird. Sein Wissen muss sich G nach § 166 Abs. 1 BGB zurechnen lassen. H könnte demnach gegen G die kaufrechtlichen Gewährleistungsrechte nach § 437 BGB geltend machen.

### 2. Kraft Gesetzes

557 Die kaufrechtlichen Gewährleistungsrechte können aber auch kraft Gesetzes **ausgeschlossen** sein. Bedeutsam ist primär § 442 Abs. 1 BGB.
Nach § 442 Abs. 1 S. 1 BGB ist die Gewährleistungshaftung ausgeschlossen, wenn der Käufer bei Vertragsschluss den **Sachmangel kennt**. Schutzwürdig ist er hier nicht. Er wird nicht in seinen berechtigten Erwartungen enttäuscht, wenn er die Sache trotzdem kauft.
Nach § 442 Abs. 1 S. 2 BGB ist die Gewährleistungshaftung ausgeschlossen, wenn der Käufer einen **Sachmangel** infolge grober Fahrlässigkeit **nicht kennt**. Von diesem Grundsatz macht der Gesetzgeber zwei Ausnahmen: Wenn der Verkäufer den Sachmangel arglistig verschwiegen oder wenn der Verkäufer im seltenen Fall eine Beschaffenheitsgarantie übernommen hat. Grob fahrlässig handelt derjenige, der die im Verkehr erforderliche Sorgfalt nach den gesamten Umständen in ungewöhnlich hohem Maß verletzt und unbeachtet lässt, was im gegebenen Fall jedem hätte einleuchten müssen (vgl. § 276 Abs. 2 BGB).

**Beispiel**
Im vorgenannten Beispielfalles des VW ID.4 Erwerbs der Bürgermeisterin Lalisken (L) wären die kaufrechtlichen Gewährleistungsrechte der Gemeinde Ostseebad Heringsdorf (H) nach § 442 Abs. 1 S. 1 BGB ausgeschlossen, wenn sie darauf der Mitarbeiter Meier (M) von der Autohaus Kruse GmbH (G) aufmerksam machte. Ihre Kenntnis von der Delle wird nach § 166 Abs. 1 BGB der H zugerechnet.

# 10. Kapitel: Gesetzliche Schuldverhältnisse

**Hinweise zur Einordnung** 558

Kurz zur Wiederholung: Ein Schuldverhältnis i. e. S. ist eine rechtliche Sonderverbindung von mindestens zwei Personen, kraft derer die eine (Gläubiger) von der anderen (Schuldner) eine Leistung fordern kann. Sie entstehen durch Vertrag, einseitiges Rechtsgeschäft oder Gesetz. Verträge entstehen daher als vertragliche Schuldverhältnisse kraft Vereinbarung. Gesetzliche Schuldverhältnisse, um die es im Folgenden gehen soll, entstehen im Unterschied hierzu kraft Gesetzes (näher hierzu Rn. 103). Daher rührt auch der Name „gesetzliche Schuldverhältnisse" her.

**Hinweise zur Fallbearbeitung** 559

Der privatrechtlichen Anspruchshierarchie folgend (hierzu näher Rn. 149 ff.) sind Ansprüche aus gesetzlichen Schuldverhältnissen in einer Falllösung an fünfter oder sechster Stelle zu prüfen. Ausführungen hierzu gehören zum Prüfungspunkt „I. Anspruch entstanden?". Sie bieten sich für eine Prüfungsleistung (gerade in mehrstündigen Klausuren) häufig deswegen an, da sie den Teilbereich des Schuldrechts in Form von kaufrechtlichen Gewährleistungsrechten um deliktische Ansprüche ergänzen können.

Ein gesetzliches Schuldverhältnis entsteht durch die Verwirklichung eines gesetzlichen Tatbestandes **unabhängig** vom Willen der Parteien. Dadurch unterscheiden sie sich maßgeblich von Verträgen, die vertragliche Schuldverhältnisse sind. Auf ihre Entstehung haben die Parteien keinen Einfluss. 560
Die zwei wohl bedeutsamsten gesetzlichen Schuldverhältnisse sind

- diejenigen aus ungerechtfertigter Bereicherung nach den §§ **812 ff. BGB** und
- diejenigen aus unerlaubter Handlung nach den §§ **823 ff. BGB**.

Bei beiden Instituten geht es um **Vermögensverschiebungen**, die bei der ungerechtfertigten Bereicherung – wie es auch schon der Name sagt – ungerechtfertigt, oder aber bei der unerlaubten Handlung – wie es auch bereits der Name sagt – unerlaubt erfolgt sind. Mit anderen Worten: Kraft Gesetzes soll bei ungerechtfertigten Bereicherungen ein **„zu viel"** und bei unerlaubten Handlungen **„zu wenig"** ausgeglichen werden.

## I. Recht der ungerechtfertigten Bereicherung

Grundsätzlich fließt jemandem **ungerechtfertigt** ein Vermögensvorteil zu, wenn zum einen hierzu eine vertragliche Verpflichtung nie bestand oder eine Einwendung sie nicht entstehen ließ oder rückwirkend vernichtete. In diesen Fällen muss derjenige, der etwas ungerechtfertigt erhalten hat, es wieder zurückgeben. Ermöglichen tun dies die Anspruchsgrundlagen aus den §§ 812 ff. BGB, die dem Entreicherten gegenüber dem Bereicherten einen Ausgleichs- und Rückgabean- 561 spruch einräumen. Das Recht der ungerechtfertigten Bereicherung wird auch als Bereicherungsrecht bezeichnet.

562 **Hinweise zur Fallbearbeitung**

Das Bereicherungsrecht ist Teil des besonderen Schuldrechts. Die Rechtsnormen aus dem allgemeinen Teil des BGB und aus dem allgemeinen Schuldrecht finden damit auch hier Anwendung, sofern sich in den §§ 812 ff. BGB keine Spezialrechtsnormen finden.

Bedeutung gewinnt das Regelinstitut der ungerechtfertigten Bereicherung nach den §§ 812 ff. BGB v. a. wegen des **Abstraktionsprinzips**, weswegen das Verfügungsgeschäft wie eine Eigentumsübertragung nach § 929 S. 1 BGB in aller Regel wirksam bleibt, auch wenn das dem zugrunde liegende Verpflichtungsgeschäft wie ein Kaufvertrag nach § 433 BGB von Anfang an unwirksam gewesen ist, beispielsweise wegen Sittenwidrigkeit nach § 138 Abs. 1 BGB.

Soweit Herausgabeansprüche aus den §§ 812 ff. BGB zu prüfen sind, ist jedenfalls gedanklich auch der Herausgabeanspruch aus § 985 BGB zu durchdenken, die beide parallel vorliegen können.

Die Systematik der §§ 812 ff. BGB[36] ist zweigeteilt, die im Folgenden vorgestellt wird.

563 Im Wesentlichen gibt es **zwei Möglichkeiten**, etwas zu bekommen, was einem nicht zusteht:

- Der Entreicherte lässt dem Bereicherten eine **Leistung** zukommen, auf die dieser gar keinen Anspruch hat. Dann kann der Entreicherte die Leistung zurückfordern. Anspruchsgrundlage dieses **Grundfalles** ist **§ 812 Abs. 1 S 1 Alt. 1 BGB** („Wer durch die Leistung eines anderen [...] etwas ohne rechtlichen Grund erlangt, ist ihm zur Herausgabe verpflichtet"). Diesen Anspruch nennt man auch **Leistungskondiktion**[37].
- Dem Bereicherten kann aber auch deshalb ein Vermögensvorteil zukommen, weil er sich diesen selbst nimmt oder er ihm durch **sonstige Weise** als durch Leistung zufließt. Anspruchsgrundlage dieses **Grundfalles** ist **§ 812 Abs. 1 S. 1 Alt. 2 BGB** („Wer [...] in sonstiger Weise auf dessen Kosten etwas ohne rechtlichen Grund erlangt, ist ihm zur Herausgabe verpflichtet"). Diesen Anspruch nennt man auch **Nichtleistungskondiktion.**

564 Es gibt also einerseits Ansprüche, die als Leistungskondiktion bezeichnet werden und andererseits solche, die nicht auf der Leistung einer Person beruhen, eben Nichtleistungskondiktionen. Diese beiden Institute **grenzt** man voneinander ab, indem man danach fragt, ob der Bereicherte den Vermögensvorteil durch Leistung (dann Leistungskondiktion) oder in sonstiger Weise (dann Nichtleistungskondiktion) erlangt hat. Dabei gilt der **Vorrang der Leistungskondiktion**.

---

36 Das Bereicherungsrecht strotzt nur so von dogmatischen Schwierigkeiten, die mit denen sich regelmäßig die Wissenschaft und Rechtsprechung auseinandersetzt. Diese Streitigkeiten sind aber für das Erlernen von Basiswissen vernachlässigbar.

37 Kondiktion stammt vom lateinischen *condicere* und heißt nichts Anderes als zurückfordern. Im Grunde genommen hat er sich als Fachbegriff für einen privatrechtlichen Anspruch aus dem Bereicherungsrecht eingebürgert.

Der Gesetzgeber schuf in den §§ 812 ff. BGB für beide Kondiktionen eine Vielzahl teils höchst komplexer Anspruchsgrundlagen, von denen hier nur der Grundfall der Leistungskondiktion **des § 812 Abs. 1 S. 1 Alt. 1 BGB** besprochen werden soll. Er ist der Grundtyp der Leistungskondiktion und hat als solcher Leitbildfunktion für alle ihre übrigen Tatbestände.

**Beispiel**
Frau Müller (M) ist als Sachbearbeiterin Veterinärdienste beim Landesamt für Landwirtschaft, Lebensmittelsicherheit und Fischerei Mecklenburg-Vorpommern in Rostock beim Land Mecklenburg-Vorpommern (L) angestellt. Sie verdient monatlich 3.000,00 € netto, was auch den arbeits- und tarifvertraglichen Vereinbarungen entspricht. Wegen eines Irrtums überwies die Mitarbeiterin der L Frau Sand (S) auf das Girokonto der M bei der Deutschen Bank AG (B) versehentlich für den Oktober 30.000,00 € statt der vereinbarten 3.000,00 €. M bemerkt dies und freut sich über diese satte „Gehaltserhöhung". Bereits einen Tag später fällt die Überzahlung der S auf. Sie fordert M namens und in Vollmacht der L zur Rückzahlung der 27.000,00 € auf. Zu diesem Zeitpunkt kann M das Geld gut gebrauchen und investiert es vollständig in die lang geplante Dachsanierung ihres Hauses, das dadurch eine erhebliche Wertsteigerung erfährt.

§ 812 Abs. 1 S. 1 Alt. 1 BGB kennt folgende Voraussetzungen (***31. Prüfungsschema, vgl. Fall- und Übungsbuch***): 565

1. Der Bereicherte hat etwas erlangt,
2. das „Etwas" wurde durch eine Leistung erlangt und
3. die Leistung erfolgte ohne rechtlichen Grund.

RF: Bereicherte ist nach § 812 Abs. 1 S. 1 Alt. 1 BGB zur Herausgabe verpflichtet. Der Umfang des Bereicherungsanspruches richtet sich nach den §§ 818 ff. BGB.

### 1. Etwas erlangt

Erste Voraussetzung ist, dass der Bereicherte etwas erlangt. Gemeint sind damit **Vermögensvorteile** jeder Art. Unter diesen sehr weit gefassten Begriff fallen beispielsweise: 566

1. Der Erwerb von Rechten oder einer vorteilhaften Rechtsstellung, wie
   - Eigentum an einer Sache,
   - Besitz an einer Sache oder
   - ein Anspruch des Empfängers einer Gutschrift eines Dritten gegen seine Bank als Schuldversprechen auf Auszahlung des gutgeschriebenen Betrages aus § 780 S. 1 BGB;
2. Die Befreiung oder das Nichtentstehen von einer Verpflichtung: wenn z. B. jemand fremde Schulden tilgt;
3. Ersparnis eigener Aufwendungen: Wer eine Dienstleistung erhält, auf die eigentlich kein Anspruch besteht, hat die eigenen Aufwendungen erspart, die er normalerweise für diese Leistung zahlen müsste.

Der Entreicherte muss das etwas nicht persönlich erlangt haben. Ihm steht es frei, hierfür Hilfspersonen einzuschalten, wie einen Empfangsstellvertreter (näher hierzu Rn. 240) oder einen Empfangsboten (näher hierzu Rn. 91).

**Beispiel**
Im vorangegangenen Beispielfall könnte Frau Müller (M) einen Vermögensvorteil erlangt haben, indem auf ihrem Girokonto bei der Deutschen Bank AG (D) eine Überweisung des Landes M-V (K) eingegangen ist. Darunter fallen Vermögensvorteile jeder Art. Durch die Gutschrift auf dem Konto erwarb M gegen B einen Anspruch auf Auszahlung des gutgeschriebenen Betrages i. H. v. 30.000,00 € aus § 780 S. 1 BGB. Das stellt einen Vermögensvorteil dar, den M erlangte.

### 2. Durch Leistung

567 Zweite Voraussetzung ist, dass der Bereicherte den Vermögensvorteil durch die Leistung eines anderen erhielt. Unter einer Leistung versteht man die **bewusste und zweckgerichtete Mehrung fremden Vermögens.** Entscheidend ist hierbei die Sicht des Leistenden. Auf einen möglichen subjektiven Irrtum kommt es nicht an, weswegen in der Praxis oftmals von einer Leistung auszugehen sein wird. Anzunehmen ist dies regelmäßig in den Fällen, in denen sich jemand von einer Verbindlichkeit befreien möchte, indem er seine Verpflichtung erfüllt.

**Beispiele**
- Im vorangegangenen Beispielsfall müsste Frau Müller (M) ihren Anspruch auf Auszahlung des gutgeschriebenen Betrages i. H. v. 30.000,00 € durch eine Leistung der L erhalten haben. Darunter fällt die bewusste und zweckgerichtete Mehrung fremden Vermögens. Die Überweisung löste Frau Sand (S) als Mitarbeiterin der L aus. L wollte damit ihre gegenüber M bestehende Vergütungspflicht aus § 611a Abs. 2 BGB i. V. m. TV erfüllen, wodurch sie das Vermögen der M bewusst und zweckgerichtet, mithin durch Leistung mehrte. Ihr Versehen ist an dieser Stelle irrelevant.
- Im Übrigen sind klassische Beispiele die Zahlung des Kaufpreises oder die Lieferung einer Sache.

568 Bei der Frage, ob eine Mehrung des Vermögens tatsächlich vorliegt oder nicht, ist stets auf die **einzelne Transaktion** abzustellen. Auf die Vornahme einer wirtschaftlichen Gesamtbetrachtung kommt es nicht an.

**Beispiel**
Herr Vollmann (V) verkauft Herrn Kluge (K) einen Fiat Ducato im Wert von 10.000,00 € zum Preis von 2.000,00 €. Durch die Übergabe des Fahrzeugs mehrt V das Vermögen des K bewusst und zweckgerichtet, erbringt damit eine Leistung. Durch die Zahlung des Kaufpreises mehrt K das Vermögen des V bewusst und zweckgerichtet, erbringt damit eine Leistung. Dass sich das Vermögen des V durch den Vertrag wirtschaftlich um 8.000,00 € gemindert hat, bleibt außer Betracht. Jede Transaktion ist isoliert zu betrachten.

Wird eine Hilfsperson bei der Vermögensverschiebung tätig, so ist nicht Leistende. Hierauf soll aber nicht weiter eingegangen werden.

### 3. Ohne rechtlichen Grund

Dritte Voraussetzung ist, dass es für die Vermögensverschiebung keinen Rechtsgrund gab. Das ist der Fall, wenn **Leistungen erfolgt sind, ohne dass dem ein Schuldverhältnis zugrunde liegt.** 569

An dieser Stelle ist also zu prüfen, ob zwischen den Parteien im Moment der Leistungserbringung eine entsprechende Verbindlichkeit bestand, aufgrund dessen der Leistende zur Leistung verpflichtet gewesen ist. Bei einer Leistung aufgrund einer – wie es regelmäßig der Fall sein wird – vertraglichen Pflicht stellt sich also die Frage, ob ein entsprechender vertraglicher Anspruch des Leistungsempfängers wirksam entstanden ist oder ob er die Höhe der Verbindlichkeit deckt. Hier kommen damit – wenn problematisch – insb. auch alle rechtshindernden Einwendungen in Betracht, wie § 125 S. 1 BGB, § 134, § 138 Abs. 1 oder § 142 Abs. 1 BGB. Die Rechtswirksamkeit eines Anspruches (I. A. e.) kann inzident zu prüfen sein. Gleiches gilt für den Fall, dass eine Verpflichtung bisher nicht fällig geworden ist (vgl. § 271 Abs. 1 BGB).

**Beispiele**

- Im vorangegangenen Beispielfall müsste Frau Müller (M) ihren Anspruch auf Auszahlung des gutgeschriebenen Betrages i. H. v. 30.000,00 € ohne rechtlichen Grund erhalten haben. Das ist der Fall, wenn Leistungen erfolgt sind, ohne dass dem ein Schuldverhältnis zugrunde liegt. Zwar besteht zwischen M und dem Land M-V (L) ein Arbeitsvertrag nach § 611a Abs. 1 S. 1 BGB und auch ein damit im Zusammenhang stehender Tarifvertrag, der eine entsprechende Vergütungsverpflichtung nach § 611a Abs. 2 i. V. m. TV vorsieht. Dieser sieht jedoch lediglich eine Vergütung von monatlich 3.000,00 € netto vor und enthält keine Grundlage für die Zahlung der übrigen 27.000,00 €. Mithin leistete die L den zuletzt genannten Betrag ohne rechtlichen Grund.
- Denkbar wäre aber beispielsweise auch, dass L den Arbeitsvertrag mit M wirksam gekündigt hätte. Zu den Zeiten des Nichtbestehens des Arbeitsverhältnisses hätte dann M für diese Zeit erhaltene Vergütung ohne rechtlichen Grund erhalten.

### 4. Umfang des Bereicherungsanspruches (§§ 818 ff. BGB)

Der Umfang des Bereicherungsanspruches richtet sich nach den §§ 818 ff. BGB. 570
Nach **§ 818 Abs. 1 BGB** ist der Bereicherte zur Herausgabe des Erlangten verpflichtet.

Ist die Herausgabe wegen der Beschaffenheit des Erlangten nicht möglich oder ist der Empfänger aus einem anderen Grunde zur Herausgabe außerstande, so hat er nach **§ 818 Abs. 2 BGB** den Wert zu ersetzen.

Diese Verpflichtung ist aber nach **§ 818 Abs. 3 BGB** ausgeschlossen (=rechtsvernichtende Einwendung), soweit der Bereicherte nicht mehr bereichert ist. Ein Wegfall der Bereicherung liegt insbesondere dann vor, wenn der Begünstigte den Leistungsgegenstand für eine **Luxusaufwendung** oder für eine **verlorene Investition** verbraucht hat, auf die er sonst verzichtet hätte.

**Beispiel**

Im vorangegangenen Beispielfall ist Frau Müller (M) nach § 812 Abs. 1 S. 1 Alt. 1 BGB verpflichtet, der L die 27.000,00 € zurückzuzahlen. Indem M diese Summe in die Dachsanierung ihres Hauses investierte und damit eine erhebliche Wertsteigerung ihrer Immobilie erzielte, bleibt sie bereichert. Die vorgenannte Verpflichtung ist daher auch nicht nach § 818 Abs. 3 BGB ausgeschlossen.

***20. Übungsfall: „Sommerfestliches Trinkgelage" – Recht der ungerechtfertigten Bereicherung (§ 812 Abs. 1 S. 1 Alt. 1 BGB) vgl. Fall- und Übungsbuch***

## II. Recht der unerlaubten Handlungen

571 Beim Recht der unerlaubten Handlungen geht es darum, dass die **Vermögensnachteile**, die der Geschädigte aufgrund einer unerlaubten Handlung **in ungerechtfertigter Weise** erlitten hat, wieder ausgeglichen werden. Dies ermöglichen die Anspruchsgrundlagen aus den §§ 823 ff. BGB, die dem Geschädigten gegenüber dem Schädiger Schadensersatzansprüche einräumen. Das Recht der unerlaubten Handlungen wird auch als Deliktsrecht bezeichnet.
Dabei können – und das tun sie in der Praxis oft – deliktische Schadensersatzansprüche nach den §§ 823 ff. BGB **neben** vertraglichen Schadensersatzansprüchen nach den (§ 437 Nr. 3 Alt. 1 i. V. m.) §§ 280 ff. BGB stehen (vgl. privatrechtliche Anspruchshierarchie). Besondere Bedeutung entfalten Ansprüche aus unerlaubter Handlung hauptsächlich dann, wenn zwischen den Beteiligten kein Vertragsverhältnis besteht.

**Beispiele**

- Herr Schönzart (S) betritt die Buchhandlung des Herrn Fegesack (F). Als er an einem großen Bücherregal steht, fällt ihm plötzlich ein schwerer Weltatlas auf den Fuß, ohne dass er dies hätte vorhersehen können. In diesem Fall könnte ihm sowohl ein vorvertraglicher Schadensersatzanspruch nach § 280 Abs. 1 S. 1 i. V. m. § 311 Abs. 2 Nr. 3 BGB als auch ein gesetzlicher Schadensersatzanspruch nach § 823 Abs. 1 BGB i. V. m. den §§ 31 (analog), 89 Abs. 1 BGB und/oder § 831 Abs. 1 S. 1 BGB zustehen. Auch andere gesetzliche Schadensersatzansprüche nach den §§ 823 ff. BGB wären denkbar. Vertragliche und gesetzliche Schadensersatzansprüche schließen sich also nicht gegenseitig aus. Im Ergebnis geltend machen kann er aber in der Praxis nur einen, sodass der Schädiger ihm nur einmal den Schaden zu ersetzen hat.
- Der Dachdecker Hoffmeister (H) beauftragt seinen Gesellen Gustav (G) bei seinem Kunden Ketzner (K) Dachdeckerarbeiten auszuführen. Als G auf dem Dach herumhantiert, lässt er versehentlich einen Ziegel fallen, der den Passanten Passig (P) an der rechten Schulter trifft. Schäden kann P gegenüber H oder G nicht aus Vertrag, also nicht aus den §§ 280 ff. BGB ersetzt verlangen. Zwischen P und H oder G besteht kein vertragliches oder vorvertragliches Schuldverhältnis. Er könnte aber ggf. gesetzliche Schadensersatzansprüche geltend machen, so gegen G nach § 823 Abs. 1 BGB und gegen H nach § 831 Abs. 1 S. 1 BGB.

**Hinweise zur Fallbearbeitung** 572

Geht es um Schadensersatz, so dürfte es hilfreich sein, sich den Kanon der §§ 280 ff. BGB, § 823 Abs. 1 BGB und § 831 Abs. 1 S. 1 BGB bewusst zu machen, die alleine oder zusammen zu prüfen sein könnten. Wenn zwischen den Parteien keine vertragliche oder vertragsähnliche Rechtsbeziehung besteht, so kommen einzig gesetzliche Schadensersatzansprüche aus den §§ 823 ff. BGB in Betracht. Oftmals sind aber neben ihnen auch vertragliche Schadensersatzansprüche aus den (§ 437 Nr. 3 Alt. 1 i. V. m.) §§ 280 ff. BGB zu prüfen.

Der Gesetzgeber schuf in den §§ 823 ff. BGB eine Vielzahl von Anspruchsgrundlagen, von denen die zwei in der Praxis wohl **bedeutendsten** vorgestellt werden sollen: 573

- Den Grundfall des **§ 823 Abs. 1 BGB** wegen der Verletzung bestimmter Persönlichkeitsgüter, des Eigentums und sonstiger absoluter Rechte und
- **§ 831 Abs. 1 S. 1 BGB** als Haftungstatbestand beim Verrichtungsgehilfen für vermutetes eigenes Verschulden.

§ 823 Abs. 1 BGB übt als eine Art Generalklausel Leitbildfunktion für viele andere deliktische Anspruchsgrundlagen aus und basiert auf dem Prinzip der Verschuldenshaftung. Gleiches gilt für die Haftung aus § 831 Abs. 1 S. 1 BGB, bei der von Gesetzes wegen das Verschulden des Inanspruchgenommenen vermutet wird.

### 1. Grundfall (§ 823 Abs. 1 BGB)

Wer vorsätzlich oder fahrlässig das Leben, den Körper, die Gesundheit, die Freiheit, das Eigentum oder ein sonstiges Recht eines anderen widerrechtlich verletzt, ist nach § 823 Abs. 1 BGB dem anderen zum Ersatz des daraus entstehenden Schadens verpflichtet. Die Rechtsnorm schützt damit bestimmte Rechtsgüter vor widerrechtlichen Eingriffen und enthält die folgenden Voraussetzungen (***32. Prüfungsschema, vgl. Fall- und Übungsbuch***): 574

1. Die Verletzung eines der in § 823 Abs. 1 BGB genannten Rechtsgüter,
2. die erfolgte Verletzungshandlung durch ein Tun oder Unterlassen,
3. die Rechtswidrigkeit der Verletzungshandlung, d. h. das Fehlen von Rechtfertigungsgründen,
4. das Verschulden, also ob der Schädiger vorsätzlich oder fahrlässig gehandelt hat, und
5. das Eintreten eines Schadens.

RF: Art und Umfang des Schadensersatzes richten sich sodann nach den §§ 249 ff. BGB, wobei hier keine Besonderheiten gelten.

a) **Rechtsgutsverletzung.** Zunächst muss eines der in § 823 Abs. 1 BGB genannten **Rechtsgüter** verletzt sein. Das sind entweder 575

- das Leben,
- der Körper,
- die Gesundheit,
- die Freiheit,

- das Eigentum (durch Beschädigung oder Wegnahme der Sache) oder
- ein sonstiges Recht eines anderen, wie
- der berechtigte Besitz (§§ 845 ff. BGB),
- das allgemeine Persönlichkeitsrecht aus Art. 2 Abs. 1 i. V. m. Art. 1 I des Grundgesetzes (etwa das „Recht am eigenen Bild" als Ausprägung dessen) oder
- das sog. Recht am eingerichteten oder ausgeübten Gewerbebetrieb, das die unternehmerische Tätigkeit gegen betriebsbezogene externe Störungen (unter anderem rechtswidrige Streiks oder die Verbreitung gewerbeschädigender Werturteile) schützt.

Bei den vorgenannten Rechtsgütern handelt es sich um sog. **absolute Rechte**, die von jedermann zu beachten sind. Der Katalog des § 823 Abs. 1 BGB erwähnt keine relativen Rechte, wie Forderungen oder das Vermögen des Geschädigten.

**Beispiel**
Herr Floß (F) genießt das sommerliche Ostseewetter auf einer Spritztour mit seinem Audi Cabriolet. In der Warnemünder Innenstadt fahrend, beantwortet er eine WhatsApp-Nachricht seines Freundes. Er übersieht dabei Frau Wollschlägel (W), die gerade vor seinem Fahrzeug den Zebrastreifen überquert und fährt sie mit etwa 40 km/h an. W stürzt, ist sofort bewusstlos, zieht sich mehrere Frakturen zu. Durch das Erleiden mehrerer Frakturen sind der Körper und die Gesundheit der W verletzt. Eine Rechtsgutsverletzung ist gegeben.

576 b) **Verletzungshandlung.** Die **Verletzungshandlung** kann als tatsächliche Handlung (Realakt; näher hierzu Rn. 96 f.) in einem Tun oder Unterlassen bestehen.

Das **Tun** meint jedes aktive Handeln, sofern es vom Willen beherrschbar ist. Das ist häufig.

Das **Unterlassen** kann dem Tun nur dann gleichgestellt werden, wenn eine Rechtspflicht zum Handeln bestand. Solche Pflichten können sich insb. ergeben:
1. aus Vertrag,
2. aus Gesetz,
3. aus § 242 BGB bei Verkehrssicherungspflichten und
4. aus § 242 BGB bei vorangegangenem gefährdenden Tun (sog. Ingerenz).

577 Eine **Verkehrssicherungspflicht** ist – wie dargelegt – eine Pflicht, bei der derjenige, der in seinem Verantwortungsbereich Gefahren schafft, diejenigen Vorkehrungen dafür zu treffen hat, dass niemand durch die Gefahrenquelle zu Schaden kommt. Insbesondere für Gemeinden sind sie von hoher Bedeutung (vgl. hierzu Rn. 109).

Vorangegangenes gefährdendes Tun (sog. **Ingerenz**) meint den Umstand, dass derjenige, der etwas Gefährliches tut, auch dafür zu sorgen hat, dass dadurch kein Schaden entsteht.

**Beispiele**
- Im vorangegangenen Beispielsfall fährt Herr Floß (F) Frau Wollschlägel (W) mit seinem Fahrzeug an. F handelt aktiv, tut also etwas.
- Die nach § 535 Abs. 1 S. 2 BGB bestehende Instandhaltungspflicht eines Vermieters stellt eine vertragliche Handlungspflicht dar.

- Die die Eltern ihrem Kind gegenüber treffende Pflicht der elterlichen Sorge nach § 1626 Abs. 1 S. 1 BGB bildet eine gesetzliche Handlungspflicht.
- Handlungspflichten in Form von Verkehrssicherungspflichten aus § 242 BGB sind in vielerlei Hinsicht denkbar: Ein Hauseigentümer, so auch einen öffentlichen Träger, wenn er Hauseigentümer ist, hat nach § 242 BGB dafür Sorge zu tragen, dass etwa die Treppenbeleuchtung ausreichend, die Fahrstühle intakt und im Winter die Gehwege gestreut sind. Gemeinden haben darauf zu achten, dass Spielplatzgeräte, Schwimmbäder und Straßen sicher sind.
- Das Stehenlassen einer Bierflasche mit einer Natronlauge, wenn gerade Nachbarn zu Besuch sind, begründet eine Handlungspflicht wegen vorangegangenem gefährdendem Tun (sog. Ingerenz).

Im Einzelfall kann manchmal die **Abgrenzung** zwischen dem Tun und dem Unterlassen schwierig sein. Hierfür hilfreich ist folgende Formel: 578
- Wer sich einem fremden Rechtsgut gefährlich nähert, der handelt;
- Wer, ohne die Gefahr durch sein Tun zu erhöhen, die Gefahr nicht abwendet, der unterlässt.

**Hinweise zur Fallbearbeitung** 579

Bereits an dieser Stelle ist – vergleichbar wie bei der Pflichtverletzung bei § 280 Abs. 1 S. 1 BGB – an die Zurechnung des tatsächlichen Verhaltens (Realakten) von Hilfspersonen zu denken und ggf. auch zu prüfen. Anders als dort wird hier aber nur das Handeln von Organen nach §§ 31 (analog), 89 Abs. 1 BGB (näher hierzu Rn. 458 ff.) zugerechnet werden können. Für die Zurechnung des Handelns eines gesetzlichen Vertreters nach § 278 S. 1 Alt. 1 BGB (näher hierzu Rn. 473 f.) und eines Erfüllungsgehilfen nach § 278 S. 1 Alt. 2 BGB (näher hierzu Rn. 465 ff.) fehlt es im Rahmen des deliktischen Schadensersatzanspruches an einem Schuldverhältnis. Aus didaktischen Gründen soll darauf beim Verschulden näher begründet werden (näher hierzu Rn. 583 ff.).

c) **Haftungsbegründende Kausalität: Verletzungshandlung und Rechtsgutsverletzung.** Die **Verletzungshandlung** muss **ursächlich** für die eingetretene **Rechtsgutsverletzung** geworden sein. Man spricht hier von der haftungsbegründenden Kausalität. 580
Bei einem Tun ist das der Fall, wenn die Handlung nicht hinweggedacht werden kann, ohne dass die Rechtsgutsverletzung entfällt (conditio-sine-qua-non-Formel). Bei einem Unterlassen ist das der Fall, wenn das pflichtgemäße Handeln nicht hinzugedacht werden kann, ohne dass die Rechtsgutsverletzung entfällt (conditio-sine-qua-non-Formel).[38]

38 Die Formel wird gelegentlich auch als Äquivalenztheorie bezeichnet. Daneben wird oftmals auch noch wegen des weiten Zurechnungszusammenhangs die sog. Adäquanztheorie und die Lehre vom Schutzzweck verwendet. Da Kausalitätsprobleme sich in einer Prüfungskonstellation kaum stellen dürften, soll auf die weiteren Theorien und Lehren nicht weiter eingegangen werden.

**Beispiel**
Im vorangegangenen Beispielsfall ist das Fahren des Herrn Floß (F) mit seinem Audi ursächlich für das Erleiden der mehreren Frakturen der Frau Wollschlägel (W).

581 d) **Rechtswidrigkeit.** Die Verletzungshandlung muss widerrechtlich, also rechtswidrig sein. Das ist ein Verhalten, das nicht durch Rechtfertigungsgründe gedeckt ist. Bei einer unmittelbaren Verletzung der in § 823 Abs. 1 BGB genannten Rechtsgüter durch Tun wird dies regelmäßig vermutet. Man spricht davon, dass dies „indiziert" wird. Wenn der Schädiger sich ein Unterlassen vorwerfen lassen muss, besteht hingegen ein Begründungserfordernis.
Rechtfertigungsgründe sind unter anderem Notwehr nach § 227 BGB oder Selbsthilfe nach § 229 BGB.

**Beispiel**
Im vorangegangenen Beispielsfall indizieren die bei der Frau Wollschlägel (W) erlittenen Frakturen die Rechtswidrigkeit ihres Anfahrens durch Herrn Floß (F) mit seinem Audi.

582 e) **Verschulden.** Der Schädiger muss die Verletzungshandlung vorsätzlich oder fahrlässig begangen haben.
**Vorsatz** ist Wissen und Wollen des rechtswidrigen Erfolges, also hier der Rechtsgutsverletzung (näher Rn. 452).
**Fahrlässig** handelt nach § 276 Abs. 2 BGB, wer die im Verkehr erforderliche Sorgfalt außer Acht lässt (näher Rn. 453).

**Beispiel**
Im vorangegangenen Beispielsfall bestand die im Verkehr erforderliche Sorgfalt darin, dass der Fahrer eines Pkws während der Fahrt keine WhatsApp-Nachricht seines Freundes beantwortet und auf den vor ihm befindlichen Verkehr achtet. Diese Sorgfalt ließ Herr Floß (F) außer Acht, als sein Fahrzeug Frau Wollschlägel (W) anfuhr. Er handelte fahrlässig nach § 276 Abs. 2 BGB. Anders wäre dies beispielsweise zu beurteilen, wenn F seinen Audi mit gleichbleibender Geschwindigkeit auf den Verkehr achtend gefahren hätte und W in der Dunkelheit wie aus dem Nichts plötzlich auf hinter den Zebrastreifen tritt. Selbst wenn F sie dann ebenfalls angefahren hätte, so hätte er sie nicht rechtzeitig erkennen können. Er hätte die im Verkehr erforderliche Sorgfalt nicht außer Acht gelassen und damit nicht nach § 276 Abs. 2 BGB fahrlässig gehandelt.

583 Handelt für den Schuldner als Hilfsperson ein **gesetzlicher Vertreter** i. S. d § 278 S. 1 Alt. 1 BGB oder ein **Erfüllungsgehilfe** i. S. d. § 278 S. 1 Alt. 2 BGB, ist dem Schuldner deren tatsächliches Handeln (Realakt; näher hierzu Rn. 96 f.) – anders als bei vertraglichen Schadensersatzansprüchen (näher hierzu Rn. 456 ff.) – nicht zuzurechnen. Aus den Worten des § 278 S. 1 BGB „Schuldner" und „Verbindlichkeit" folgt, dass zwischem dem Schuldner und dem geschädigten Gläubiger zum Zeitpunkt der schädigenden Handlung bereits ein Schuldverhältnis (näher hierzu Rn. 98 ff.) bestehen muss. Das ist bei deliktischen Ansprüchen nicht der Fall, da die schädigende Handlung die rechtliche Sonderbeziehung zwischen Schuldner und Geschädigtem erst begründet und zuvor

keine bestand. Damit ist in diesen deliktischen Fällen eine wesentliche Tatbestandsvoraussetzung der Zurechnungsnorm des § 278 S. 1 BGB nicht erfüllt (vgl. hierzu Rn. 450, 457 und 466).

Handelt für den Schuldner dagegen ein **Organ** i. S. d. §§ 31 (analog), 89 Abs. 1 BGB, ist dem Schuldner dessen tatsächliches Handeln (Realakt; näher hierzu Rn. 96 f.) – so wie auch bei vertraglichen Schadensersatzansprüchen (näher hierzu Rn. 456 ff.) – zuzurechnen. Das kann bei juristischen Personen der Fall sein. Die Voraussetzungen der §§ 31 (analog), 89 Abs. 1 BGB werden bei einer Handlung eines Organs regelmäßig erfüllt sein. Es wird fiktiv so getan, als ob die juristische Person selbst gehandelt hätte (vgl. hierzu Rn. 450, 457 und 466). Dieses Ergebnis überzeugt, da die §§ 31 (analog), 89 Abs. 1 BGB die Haftung für Eigenhandeln und § 278 S. 1 BGB die Haftung für fremdes Verschulden festlegt (vgl. hierzu Rn. 449). 584

Eine Haftung der juristischen Person nach § 823 Abs. 1 BGB i. V. m. den §§ 31 (analog), 89 Abs. 1 BGB kann sich insbesondere bei Organisationsmängeln im Kontext der Delegation von Verkehrspflichten auf Dritte ergeben. Die juristische Person muss eine interne Organisation schaffen, die den zu bestellenden Aufsichtspersonen eine Kontrolle des Personals ermöglicht. Interne Abläufe sind so zu organisieren, dass Schädigungen Dritter vermieden werden. Kommt die juristische Person dem nicht ausreichend nach, hat sie sich wegen eines **Organisationsverschuldens** zu verantworten. Dritte können aber nicht eigene Mitarbeiter sein. Für ihr Fehlverhalten haftet der Arbeitgeber nach § 831 Abs. 1 S. 1 BGB, der im Unterschied zu §§ 31 (analog), 89 Abs. 1 BGB eine Exkulpationsmöglichkeit vorsieht.

**Beispiel**

Im vorgenannten Beispielsfall könnte die Gemeinde Ostseebad Heringsdorf (H) nach § 242 BGB die winterliche Pflicht treffen, die in ihrem Eigentum stehenden Wege zum Ahlbecker Rathausgebäude zu streuen, damit keine Besucher ausrutschen können (Verkehrspflicht). Diese Streupflicht delegiert Frau Lalisken (L) als hauptamtliche Bürgermeisterin und gesetzliche Vertreterin der H auf den Hausmeister Herrn Eder (E). Hierin liegt keine umfassende Haftungsbefreiung im Außenverhältnis der H gegenüber einem Besucher. Die Streupflicht wandelt sich vielmehr in eine Pflicht der H zur ordnungsgemäßen Auswahl, Anweisung, Aufsicht und Überwachung des Dritten E um. Verletzt sie H, kann sie sich nicht nach § 831 Abs. 1 S. 2 BGB exkulpieren.

**Hinweise zur Fallbearbeitung** 585

Die Situation stellt sich vergleichbar wie bei den Schadensersatzansprüchen nach den §§ 280 ff. BGB dar. Die §§ 31 (analog), 89 Abs. 1 BGB führen nach inzwischen einhelliger Ansicht nicht nur zu der Zurechnung des Verschuldens, sondern auch zur Zurechnung der Verletzungshandlung. Die Zurechungsproblematik ist daher das erste Mal dort und hier nur noch in gebotener Kürze zu prüfen (vgl. hierzu Rn. 448).

**f) Schaden.** Schließlich muss ein Schaden eingetreten sein (näher Rn. 475 ff.). 586

**Beispiel**
Im vorangegangenen Beispielsfall stellen die Frakturen der Frau Wollschlägel (W) und die damit einhergehenden physischen Schmerzen und psychischen Leiden sind immaterielle Schäden der W.

587 g) **Haftungsausfüllende Kausalität: Rechtsgutsverletzung und Schaden.** Die Rechtsgutsverletzung muss ursächlich für den eingetretenen Schaden geworden sein. Man spricht hier von der sog. haftungsausfüllenden Kausalität. Hier gilt das zur haftungsbegründenden Kausalität Gesagte entsprechend (näher Rn. 580).

**Beispiel**
Im vorangegangenen Beispielsfall sind die Frakturen der Frau Wollschlägel (W) ursächlich für ihre physischen Schmerzen und psychischen Leiden als immaterielle Schäden.

588 h) **Art und Umfang des Schadensersatzes.** Art und Umfang des Schadensersatzes richten sich nach den §§ 249 ff. BGB (näher Rn. 482 ff.).

**Beispiel**
Im vorangegangenen Beispielsfall könnte Frau Wollschlägel (W) wegen der Verletzung ihres Körpers und ihrer Gesundheit nach § 253 Abs. 2 BGB eine billige Entschädigung in Geld, also Schmerzensgeld verlangen. Sie erlitt mehrere Frakturen, die ihr physische Schmerzen und psychischen Leiden bereitete.

### 2. Haftung für den Verrichtungsgehilfen (§ 831 Abs. 1 S. 1 BGB)

589 Wer einen anderen zu einer Verrichtung bestellt, ist nach § 831 Abs. 1 S. 1 BGB zum Ersatz des Schadens verpflichtet, den der andere in Ausführung der Verrichtung einem Dritten widerrechtlich zufügt. Die Ersatzpflicht tritt aber nach § 831 Abs. 1 S. 2 BGB nicht ein, wenn der Geschäftsherr bei der Auswahl der bestellten Person und, sofern er Vorrichtungen oder Gerätschaften zu beschaffen oder die Ausführung der Verrichtung zu leiten hat, bei der Beschaffung oder der Leitung die im Verkehr erforderliche Sorgfalt beobachtet oder wenn der Schaden auch bei Anwendung dieser Sorgfalt entstanden sein würde. Diese Rechtsnorm schützt damit ebenfalls bestimmte Rechtsgüter vor widerrechtlichen Eingriffen und ist von **hoher praktischer Relevanz.** Dies deshalb, weil Ansprüche nach § 823 Abs. 1 BGB gegen denjenigen, der den Verrichtungsgehilfen eingesetzt hat (der sog. Geschäftsherr), häufig daran scheitern werden, dass der Geschäftsherr selbst nicht gehandelt hat. Der Einsatz von Verrichtungsgehilfen ist im Wirtschaftsleben aber nicht der Ausnahme-, sondern der Regelfall. Bereits jeder Arbeitnehmer ist Verrichtungsgehilfe seines Arbeitgebers.

590 **Hinweise zur Fallbearbeitung**

§ 831 Abs. 1 S. 1 BGB ist eine eigenständige Anspruchsgrundlage. Dies im Gegensatz zu § 278 S. 1 BGB, der eine Verschuldenszurechnung beim Einsatz von Erfüllungsgehilfen anordnet. Die Begriffe Verrichtungs- und Erfüllungsgehilfe sind nicht deckungsgleich. Anders als der Verrichtungsgehilfe muss der Erfüllungsgehilfe (näher hierzu Rn. 469) nicht weisungsabhängig sein. Wichtig ist: Wenn zwischen dem Geschäftsherrn und dem Geschädigten eine in Prüfungskonstellation eine eher häufig auftauchende schuldrechtliche Beziehung bestand, so sind beide Rechtsnormen zu prüfen. § 278 S. 1 BGB als Zurechnungsnorm im Zusammenspiel mit einer anderen Haftungsanspruchsgrundlage wie § 280 Abs. 1 S. 1 BGB bei der Frage der Pflichtverletzung und des Verschuldens. § 831 S. 1 BGB ist als eigenständige deliktische Anspruchsgrundlage nach § 823 Abs. 1 BGB zu prüfen, der zum einen wegen der fehlenen Verletzunghandlung zwar nicht erfüllt, aber möglicherweise wegen eines Organisationsverschuldens doch eine Rolle spielen kann.

§ 831 Abs. 1 S. 1 BGB hat folgende Voraussetzungen (***33. Prüfungsschema, vgl. Fall- und Übungsbuch***): 591

1. Die Handlung eines Verrichtungsgehilfen
2. die einen Dritten widerrechtlich schädigte,
3. in Ausführung der Verrichtung und
4. kein Ausschluss der Haftung des Geschäftsherrn nach § 831 Abs. 1 S. 2 BGB.

RF: Art und Umfang des Schadensersatzes richten sich nach den §§ 249 ff. BGB.

a) **Handeln eines Verrichtungsgehilfen.** Der Geschäftsherr hat für Schäden ein- 592
zustehen, die ein Verrichtungsgehilfe verursacht. Man spricht hier auch davon, dass sich ein Geschäftsherr eines Verrichtungsgehilfen bedient. Verrichtung ist in diesem Zusammenhang weit zu verstehen. Es kann sich dabei sowohl um rechtsgeschäftliches als auch um rein tatsächliches Tätigwerden handeln. Er muss nur für den Geschäftsherrn tätig werden. Das Verhalten des Gehilfen kann nur dann die durch § 831 S. 1 BGB begründete Haftung des Geschäftsherrn begründen, soweit der Geschäftsherr Einfluss auf die Verrichtung ausüben kann. **Verrichtungsgehilfe** ist daher nur derjenige, der mit Wissen und Wollen des Geschäftsherrn **weisungsabhängig** in dessen Interessenkreis tätig wird. Soweit Schuldnerin eine juristische Person ist, kommt es auf das Wissen und Wollen des gesetzlichen Vertreters an, bei einer amtsfreien Gemeinde also beispielsweise auf das Wissen und Wollen des hauptamtlichen Bürgermeisters nach § 38 Abs. 2 S. 1 KV M-V oder auf die Person, die in Untervollmacht handelt. Für die Zurechnung genügt, dass der Verrichtungsgehilfe die übertragene Tätigkeit in organisatorisch abhängiger Stellung leistet, der Geschäftsherr sie also nach den konkreten Bedingungen ihrer Erbringung faktisch jederzeit beschränken, untersagen oder nach Zeit und Umfang bestimmen kann. Es kommt nicht darauf an, ob und welches Rechtsverhältnis besteht. Der Arbeitnehmer ist üblicherweise Verrichtungsgehilfe des Arbeitgebers im Rahmen der Ausführung ihm übertragener Arbeiten.

**Beispiel**

Frau Lalisken (L) weist als Bürgermeisterin der Gemeinde Ostseebad Heringsdorf (H) ihren unzuverlässigen Sachbearbeiter Sohl (S) an, mit dem Fahrrad nach Ahlbeck zu fahren, um dort aus dem Rathausgebäude Akten zu holen. Sie weiß auch, dass er wie ein „Rowdy“ Fahrrad fährt und gelegentlich

Unfälle baut. Als er den Fußweg der ausgewiesenen Promenade mit seinem Fahrrad mit hoher Geschwindigkeit befährt, beantwortete er fahrend eine WhatsApp-Nachricht seines Freundes. Er übersieht dabei Frau Fohn (F), die gerade den Fußweg ordnungsgemäß kreuzt, um auf den Strandaufgang zu gelangen. W stürzt, ist sofort bewusstlos, zieht sich mehrere Frakturen zu.
L vertritt H, da sie insbesondere nach § 38 Abs. 2 S. 1 KV M-V als hauptamtliche Bürgermeisterin ihre gesetzliche Vertreterin ist. Ihre Arbeitsanweisung gegenüber S, Akten aus dem Ahlbecker Rathausgebäude zu holen, wirkt daher nach § 164 Abs. 1 S. 1 BGB unmittelbar für und gegen H, der Geschäftsherrin. L übertrug ihm die Aufgabe und kann ihm jederzeit sagen, was er arbeitsrechtlich zu tun hat und was nicht. S ist daher mit Wissen und Wollen der L als der gesetzlichen Vertreterin der H weisungsabhängig im Interessenkreis der H tätig. Er ist ihr Erfüllungsgehilfe.

593 b) **Widerrechtliche Schädigung eines Dritten (§§ 823 ff. BGB).** Der Verrichtungshilfe selbst muss den Tatbestand einer unerlaubten Handlung nach den §§ 823 ff. BGB widerrechtlich verwirklicht haben. Auf ein Verschulden des Verrichtungshilfen kommt es aber nicht an, da § 831 Abs. 1 S. 1 BGB dies nicht verlangt.

**Beispiel**
Im vorgenannten Beispielsfall verwirklichte der Sachbearbeiter Sohl (S) den deliktischen Grundfall des § 823 Abs. 1 BGB, ohne dass es auf sein Verschulden ankommt (das aber auch gegeben ist und daher auch eine Haftung nach § 823 Abs. 1 BGB ihm gegenüber begründet).
Durch das Erleiden mehrerer Frakturen sind der Körper und die Gesundheit der Frau Fohn (F) verletzt. Eine Rechtsgutsverletzung ist gegeben (V1).
Indem S sie mit seinem Fahrrad anfährt, handelt er aktiv, tut also etwas (V2).
Das Fahrradfahren des S ist ursächlich für das Erleiden mehrerer Frakturen der F (V3).
Die erlittenen Frakturen indizieren die Rechtswidrigkeit des Anfahrens durch S mit seinem Fahrrad (V4).
Auf das Verschulden kommt es nicht an.
Die Frakturen der S und die damit einhergehenden physischen Schmerzen und psychischen Leiden sind immaterielle Schäden der S (V6).
Die erlittenen Frakturen sind ursächlich für ihre physischen Schmerzen und psychischen Leiden als immaterielle Schäden (V7).

594 **Hinweise zur Fallbearbeitung**

Handelt der Verrichtungsgehilfe selbst schuldhaft, kommt ein Anspruch des Geschädigten auch ihm gegenüber in Betracht.[39] Der Geschädigte hat damit grundsätzlich mindestens zwei Anspruchsgegner.

595 c) **In Ausführung der Verrichtung.** Der Verrichtungsgehilfe muss in der Ausführung der Verrichtung gehandelt haben. Gemeint ist damit ein **innerer Zu-**

39 In der Praxis geschieht dies nicht selten im Rahmen einer betrieblich veranlassten Tätigkeit bei Arbeitnehmern. In diesen Fällen kommt ihnen ggf. ein innerbetrieblicher Schadensausgleich nach § 254 BGB analog zugute, auf den hier nicht weiter eingegangen werden soll.

**sammenhang** zwischen der Verrichtung und der schädigenden Handlung. Solange sich das Verhalten des Verrichtungsgehilfen noch im generellen Rahmen der ihm übertragenen Aufgabe hält, handelt er „in Ausführung der Verrichtung". Abzugrenzen ist dies von der Gelegenheitstat. Als Kontrollfrage bietet sich an, ob der Geschäftsherr als „Garant" für das Fehlverhalten seines Gehilfen angesehen werden kann.

**Beispiel**
Im vorgenannten Beispielfall fuhr der Sachbearbeiter Sohl (S) Frau Fohn (F) an, als er seiner Aufgabe der Aktenabholung nachgegangen ist. Ihre widerrechtliche Schädigung erfolgte daher in Ausführung der Verrichtung.
Das würde selbst noch dann gelten, wenn der Unfall auf einer eigenmächtig geänderten Fahrtroute geschehen wäre. Nimmt S hingegen bei einer Pkw-Fahrt weisungswidrig einen Bekannten mit, weicht weiterhin von der Route ab und wieder dieser bei einem Unfall geschädigt, so liegt keine Schädigung „in Ausführung der Verrichtung" vor, da die unbefugte Mitnahme mit der übertragenen Aufgabe nicht mehr im inneren Zusammenhang steht.

d) **Keine Exkulpation (§ 831 Abs. 1 S. 2 BGB).** Zur kurzen Wiederholung: Der 596
Geschäftsherr haftet nach § 831 Abs. 1 S. 1 BGB für eigenes Verschulden hinsichtlich der Auswahl, Ausstattung und Überwachung des Verrichtungsgehilfen. Nicht dafür, dass er vorsätzlich oder fahrlässig etwas getan hat. Dieses Verschulden wird vermutet, wie es sich aus der Gesetzesformulierung „Die Ersatzpflicht tritt nicht ein, wenn [...]" ergibt. Es ist daher Sache des Geschäftsherrn darzulegen, dass er

- bei der Auswahl und Überwachung des Verrichtungsgehilfen die im Verkehr erforderliche Sorgfalt be(ob)achtet hat, was nichts anderes bedeutet, als dass ihm diesbezüglich keine Fahrlässigkeit zur Last fällt, oder
- wenn der Schaden selbst bei Anwendung dieser Sorgfalt entstanden wäre.

Er kann sich damit entlasten, also **exkulpieren**. Der Bezugspunkt der Haftung des Geschäftsherrn liegt darin, dass er sich zwar selbst nicht bei der schädigenden Handlung, aber bei der Auswahl und Anleitung seiner Hilfspersonen etwas zuschulden hat kommen lassen. Die einzelnen Sorgfaltspflichten des Geschäftsherrn bestimmen sich nach den Umständen des Einzelfalls. Dabei gilt, dass je gefährlicher, verantwortungsvoller und komplexer die dem Gehilfen übertragene Aufgabe ist, desto höher sind die Anforderungen an den Geschäftsherrn.

**Beispiel**
Im vorgenannten Beispielfall wusste Frau Lalisken (L), dass der Sachbearbeiter Sohl (S)unzuverlässig ist und wie ein „Rowdy" Fahrrad fährt, ja gar, dass er gelegentlich Unfälle baut. L handelte bei der Auswahl und Überwachung des S fahrlässig nach § 276 Abs. 2 BGB. L ist als hauptamtliche Bürgermeisterin gesetzliche Vertreterin ihrer Gemeinde Ostseebad Heringsdorf (H) nach § 38 Abs. 2 S. 1 KV M-V und vertritt sie nach § 164 BGB. Ihr Wissen muss sie sich nach § 166 Abs. 1 BGB anrechnen lassen. H kann sich damit nicht nach § 831 Abs. 1 S. 2 exkulpieren.

e) **Art und Umfang des Schadensersatzes.** Art und Umfang des Schadensersat- 597
zes richten sich nach den §§ 249 ff. BGB (näher hierzu Rn. 482 ff.).

**Beispiel**
Im vorangegangenen Beispielsfall könnte Frau Fohn (F) wegen der Verletzung ihres Körpers und ihrer Gesundheit beispielsweise nach § 253 Abs. 2 BGB eine billige Entschädigung in Geld, also Schmerzensgeld verlangen.

***21. Übungsfall: „Morsche Schaukel" – Recht der unerlaubten Handlungen (§ 823 Abs. 1 BGB und § 831 Abs. 1 S. 1 BGB) s. Fall- und Übungsbuch***

# 11. Kapitel: Sachenrecht

**Hinweise zur Fallbearbeitung** 598

Nun folgt ein kleiner „Gedankensprung“. Bisher bewegten wir uns von den einleitenden Ausführungen im ersten Kapitel einmal abgesehen entweder im 1. Buch des BGB „Allgemeinter Teil“ in den §§ 1–240 BGB oder im 2. Buch des BGB „Schuldrecht“ in den §§ 241–853 BGB. Prägend war bisher das Prinzip der Vertragsfreiheit als die wohl bedeutsamste Ausprägung des Grundsatzes der Privatautonomie. Hiervon gilt es, sich soeben gedanklich ein Stück weit zu „lösen“. Es geht im Sachenrecht nicht mehr um Rechtsnormen, die die Beziehung zwischen den Personen regeln, sei es aus vertraglichen oder gesetzlichen Gründen. Es geht um die Beziehungen zwischen den Personen und Sachen, hier vor allem um Eigentumsübertragungen und -rechte. Dinge, die nicht wie Schuldverhältnisse relativ wirken, sondern absolut. Um das „Ding“ also, um Sachen.

Das Sachenrecht kann einem Prüfling in aller Regel in zwei Konstellationen begegnen:

- Zum einen könnten dingliche Ansprüche, also Ansprüche aus dem „Ding“, der Sache, zu prüfen sein. Der privatrechtlichen Anspruchshierarchie folgend sind diese an vierter Stelle zu prüfen. Ein Klassiker wäre beispielsweise der Herausgabeanspruch eines Eigentümers gegen den Besitzer aus § 985 BGB. Prüfungsschwerpunkt dürfte hier regelmäßig sein, ob jemand in welcher Form, wann Eigentümer der Sache geworden ist oder ob der Besitzer über ein Recht zum Besitz verfügt.
- Denkbar wäre auch i. S. d. Frage nach einer konkreten Rechtsbeziehung, dass danach gefragt wird, ob jemand Eigentümer an einer Sache geworden ist. Auch hier wären dann die einzelnen (möglichen) Eigentumsübergänge zu prüfen.

  Sachenrechtliche Fallgestaltungen bieten sich für eine Prüfungsleistung (gerade in mehrstündigen Klausuren) häufig deswegen an, da sie einen kaufvertraglichen Fall derart ergänzen, dass hinsichtlich der Eigentumsverhältnisses des Kaufgegenstandes gefragt werden kann.

Das Sachenrecht regelt – und dies ist Gegenstand dieses Kapitels – die rechtliche Beziehung zwischen einer Person und einer Sache. Geregelt ist es im dritten Buch des BGB in den §§ 854 bis 1296 BGB. Es ordnet Sachen bestimmten Personen zu und regelt einzelne Rechte an Sachen. Es enthält: 599

- zum einen Regelungen, die den sachenrechtlichen Ausgangszustand betreffen (beispielsweise die **Befugnisse des Eigentümers** oder Besitzers einer Sache) sowie
- zum anderen Regelungen, die auf den sachenrechtlichen Ausgangszustand einwirken und ihn ändern (beispielsweise die **Übertragung von Eigentum**).

Das Sachenrecht ist nicht ohne das Schuldrecht zu verstehen. Es ist in gewisser Hinsicht sein „Sparringspartner“. Anhand ihrer gemeinsamen Querverbindun- 600

gen und des Abstraktionsprinzips wird seine **Bedeutung** deutlich, was das folgende Beispiel verdeutlicht:
Nach § 433 Abs. 1 S. 1 BGB ist der Verkäufer einer Sache verpflichtet, dem Käufer die Sache zu übergeben und das Eigentum an der Sache zu verschaffen. Das ist klassisches Schuldrecht: Das Verpflichtungsgeschäft als Rechtsgeschäft, das die schuldrechtliche Pflicht des Verkäufers begründet, dem Käufer die Sache zu übergeben und das Eigentum an der Sache zu verschaffen. Der „Fahrplan" wird festgelegt.

601 Wie jedoch die geschuldete Eigentumsübertragung konkret funktioniert, ist im Sachenrecht in den §§ 929 ff. BGB geregelt. Nach § 929 S. 1 BGB – als dem Grundfall – ist hierfür bei einer beweglichen Sache erforderlich, dass der Eigentümer die Sache dem Erwerber übergibt und beide darüber einig sind, dass das Eigentum übergehen soll. Die §§ 929 ff. BGB bilden keine Anspruchsgrundlagen, sondern präzisieren die Voraussetzungen für eine erfolgreiche Übertragung des Eigentums.
Anknüpfungspunkt für das Sachenrecht – der Begriff legt es bereits nahe – sind als Rechtsobjekte **Sachen**. Dies sind nach § 90 BGB körperliche Gegenstände. Tiere sind zwar nach § 90a S. 1 BGB keine Sachen. Auf sie sind aber nach § 90a S. 3 BGB die für Sachen geltenden Vorschriften entsprechend anzuwenden, soweit nicht etwas anderes bestimmt ist. Inhaltlich ergeben sich daraus deshalb keine Unterschiede.

602 Die körperlichen Gegenstände unterteilen sich weiter in bewegliche (Mobilien) und unbewegliche körperliche Gegenstände (Immobilien), was für die Systematik des Sachenrechts von Wichtigkeit ist. Es gliedert sich nämlich:
- in Rechte an beweglichen Sachen (sog. **Mobiliarsachenrecht**) und
- in Rechte an unbeweglichen Sachen (sog. **Immobiliarsachenrecht**).

603 Zu unterscheiden sind die körperlichen Gegenstände von unkörperlichen Gegenständen, von Forderungen und Rechten. Sie können nicht Gegenstand des Sachenrechts sein.
Im Folgenden sollen in Kürze wichtige Grundprinzipien des Sachenrechts, auf die sachenrechtliche Beziehung in Form von Besitz und Eigentum sowie ihrem Erwerb und Verlust und abschließend auf ihre Sicherungsrechte eingegangen werden.

## I. Wichtige Grundprinzipien des Sachenrechts

604 Das Sachenrecht ist durchtränkt von **Prinzipien**, von denen für das Gesamtverständnis v. a.
- das (bereits bekannte) Abstraktionsprinzip,
- der Grundsatz des Typenzwangs und
- der Absolutheitsgrundsatz

von Bedeutung sind.
Das **Abstraktionsprinzip** unterteilt sich – wie bereits mehrfach dargelegt – in das Trennungsprinzip und das Abstraktionsprinzip i. e. S. Danach spaltet sich

ein Austauschgeschäft in ein Verpflichtungs- und Verfügungsgeschäft auf, die voneinander rechtlich unabhängig sind (hierzu näher Rn. 126 ff.).
Nach dem **Grundsatz des Typenzwangs** sind die Arten von dinglichen (also sachenrechtlichen, das „Ding") Rechten beschränkt und durch das BGB abschließend bestimmt. Im Gegensatz zum Schuldrecht kann man also privatrechtlich keine neuen Sachenrechte erfinden. Dieser Grundsatz bildet das Gegenstück zu der das Schuldrecht prägenden Vertragsfreiheit als bedeutsame Ausprägung des Grundsatzes der Privatautonomie. Folge des Typenzwanggrundsatzes ist auch, dass die allermeisten sachenrechtlichen Normen zwingend sind, von denen die Parteien kraft Vereinbarung gerade nicht abweichen können.
Der **Absolutheitsgrundsatz** besagt, dass Sachenrechte absolut, also gegenüber jedermann wirken. Schuldrechtliche Forderungen wirken hingegen relativ, also nur zwischen den einzelnen Rechtssubjekten (vgl. hierzu Rn. 110).

## II. Sachenrechtliche Beziehung: Besitz und Eigentum

Die beiden wohl bedeutsamsten rechtlichen Beziehungen, die man zu einer Sache haben kann, sind der **Besitz** und das **Eigentum**. Anders als oftmals im Volksmunde angenommen, handelt es sich bei beiden Instituten gerade nicht um das Selbe. Wenn jemand Besitzer einer Sache ist, ist es nicht zwingend so, dass diese Person auch ihr Eigentümer ist oder umgekehrt. Diese Unterscheidung spielt maßgeblich dafür eine Rolle, wie man Besitz und Eigentum erwerben oder verlieren und welche jeweiligen Rechte man aus ihnen schöpfen kann. **605**

### 1. Besitz

Der Besitz ist in den § 854 bis § 872 BGB geregelt. Nach **§ 854 Abs. 1 BGB** wird der Besitz einer Sache durch die Erlangung der tatsächlichen Gewalt über die Sache erworben. Gewalt meint Herrschaft, also die Möglichkeit, tatsächlich auf die Sache einwirken und andere von ihr ausschließen zu können. Hierfür bedarf es einer gewissen räumlichen Nähe des Besitzers zur Sache. Zusammenfassend kann man daher sagen, dass Besitz die **tatsächliche Sachherrschaft** meint (vgl. § 854 Abs. 1 BGB). **606**

**Hinweise zur Fallbearbeitung** **607**

Die fallpraktische Relevanz des Besitzes ergibt sich aus Zweierlei:
- Der Besitz ist notwendige Voraussetzung für den **Eigentumserwerb** nach den §§ 929 ff. BGB (näher hierzu Rn. 621) und
- dem Besitzer stehen allein wegen seiner Besitzerstellung verschiedene dingliche **Besitzerrechte** zu (näher hierzu Rn. 611).

a) **Erwerb und Verlust des Besitzes.** Besitz kann je nach Form (unmittelbarer, mittelbarer u. ä. Besitz) auf verschiedenen Arten erworben und verloren werden. Jedenfalls der unmittelbare Besitz wird nach **§ 854 Abs. 1 BGB** erworben, indem (***34. Prüfungsschema, vgl. Fall- und Übungsbuch***) **608**

1. jemand die tatsächliche Sachherrschaft über eine Sache erlangt und er
2. dies mit einem Besitzerwerbswillen tut (ungeschriebene Tatbestandsvoraussetzung).

RF: Erwerb des unmittelbaren Besitzes an einer Sache nach § 854 Abs. 1 BGB.

**Tatsächliche Sachherrschaft** meint dabei – wie dargelegt – die Möglichkeit, auf eine Sache einzuwirken und andere von ihr auszuschließen. Hierfür bedarf es einer gewissen räumlichen Nähe des Besitzers zur Sache.

609 **Besitzerwerbswille** meint, dass der Besitzerwerb von einem entsprechenden tatsächlichen, natürlichen Besitzerwerbswillen getragen sein muss.
In Drei Personen-Verhältnissen kommt nicht selten ein sog. **Besitzdiener** nach § 855 BGB vor. Als Inhaber der tatsächlichen Gewalt übt er diese für einen anderen in einem solchen Unterordnungsverhältnis aus, dass der andere Besitzer ist und ein Besitzschutz gegenüber dessen Einwirkungen nicht gerechtfertigt ist. Darunter fallen insbesondere Arbeitnehmern überlassene Sachen.

**Beispiele**
- Ladeninhaber an üblicherweise morgens vor der Ladentür abgestellter Ware
- Hausbesitzer an probeweise eingebauter Heizung
- Werkstattinhaber an zu reparierender Sache

610 Der Besitzer verliert seinen Besitz nach **§ 856 Abs. 1 BGB** dadurch, dass er die tatsächliche Gewalt über die Sache aufgibt oder er sie in anderer Weise verliert.
Die **willentliche Besitzaufgabe** kann durch Besitzpreisgabe oder –übertragung erfolgen. Sie erfolgt freiwillig. Hierzu zählt insbesondere das Wegwerfen einer Sache oder der Auszug aus einer Wohnung.
Der **Besitzverlust in anderer Weise** meint seine unfreiwillige Aufgabe. Hierzu zählt unter anderem das Verlieren oder der Diebstahl.

**Beispiel**
Herr Hoffer (H) legt vor seinem Frühstück ein Handtuch auf eine Liege im Spa-Bereich der „Yachthafenresidenz Hohe Düne“, um diese für sich zu „reservieren“. Soweit er sich noch im Spa-Bereich befindet, hat er noch die Möglichkeit, auf sein Handtuch einzuwirken und andere von ihm auszuschließen. Seinen unmittelbaren Besitz würde er aber verlieren, soweit er beispielsweise den Spa-Bereich verlässt.

611 b) **Dingliche Besitzrechte.** Aus der Besitzerstellung heraus ergeben sich verschiedene dingliche Ansprüche, wie
- das Selbsthilferecht nach den §§ 859, 860 BGB,
- den Herausgabeanspruch bei Besitzentziehung nach § 858 BGB und
- den Beseitigungs- und Unterlassungsanspruch bei Besitzstörung nach § 862 Abs. 1 BGB.

### 2. Eigentum

612 Der Eigentümer kann nach **§ 903 Abs. 1 S. 1 BGB** mit einer Sache nach Belieben verfahren und andere von jeder Einwirkung ausschließen, soweit dem nicht das

Gesetz oder Rechte Dritter entgegenstehen. Dem Eigentümer wird damit zugestanden, dass er mit der in seinem Eigentum stehenden Sache dem Grunde nach tun und lassen kann, was er will. Der Gesetzgeber zieht die Grenze erst, wenn sein Verhalten gegen das Gesetz verstößt oder Rechte Dritter einschränkt. Zusammenfassend kann man daher sagen, dass Eigentum die **rechtliche Sachherrschaft** meint (vgl. § 903 Abs. 1 S. 1 BGB).

**Beispiele**
- Herr Müller (M) kann seine Jacke nach Belieben benutzen oder nicht benutzen, zerstören oder verschenken.
- Das im Eigentum der Entsorgungswerke für Nuklearanlagen stehende Kernkraftwerk Greifswald unterliegen einer Fülle von strengen Sicherheitsvorschriften. Diese Gesetze schränken ihr Recht zur freien Nutzung des Kraftwerks erheblich ein.
- Frau Hellsner (N) ist Eigentümerin einer vermieteten Wohnung in der Rostocker August-Bebel-Straße. Aufgrund des mit Herrn Bauer (B) bestehenden Mietvertrags stehen ihrem Nutzungsrecht der Wohnung die Mietrechte des B entgegen.

**Hinweise zur Fallbearbeitung** 613

Die fallpraktische Relevanz des Eigentums ergibt sich daraus, dass dem Eigentümer allein wegen seiner Eigentümerstellung verschiedene dingliche Eigentumsrechte zustehen (näher hierzu Rn. 629 ff.).

a) **Erwerb und Verlust des Eigentums.** Eigentum kann auf unterschiedliche Art und Weise erworben und verloren werden. Man spricht hier vom Eigentumserwerb oder auch von der Eigentumsübertragung oder –übereignung. Ihre Möglichkeiten sind wegen des Grundsatzes des Typenzwangs begrenzt und vom BGB abschließend geregelt. Es handelt sich hier um dingliche Verfügungsgeschäfte, durch die ein Eigentumsverhältnis begründet oder verändert wird. 614

**Hinweise zur Fallbearbeitung** 615

Eigentumsverhältnisse sind chronologisch zu prüfen, beginnend mit dem ältesten.

Das Sachenrecht differenziert hinsichtlich des Eigentumserwerbs zwischen beweglicher (Mobilien) und unbeweglicher Sachen (Immobilien).

**Hinweise zur Einordnung** 616

Der Eigentumserwerb von unbeweglichen Sachen (Immobilien) soll hier nicht weiter vertieft werden, da der Lernschwerpunkt auf dem Eigentumserwerb beweglicher Sachen (Mobilien) liegen soll.
Dennoch hierzu in aller Kürze: Einschlägig für den Grundstückserwerb sind die §§ 873, 925 ff. BGB. Voraussetzung sind verkürzt gesprochen regelmäßig v. a.
- die dingliche Einigung (=Auflassung) und
- die Eintragung ins Grundbuch.

Auch der Eigentumserwerb unbeweglicher Sachen (Immobilien) erfolgt nur in den gesetzlich geregelten Fällen (Grundsatz des Typenzwangs).

617 Beim Eigentumserwerb beweglicher Sachen (Mobilien) ist weiter zu differenzieren, ob dieser **durch Rechtsgeschäft** nach den §§ 929 ff. BGB oder **durch Gesetz** nach den §§ 946 ff. BGB erfolgt.
Beim Eigentumserwerb beweglicher Sachen (Mobilien) durch Rechtsgeschäft ist ferner zu unterscheiden, ob dieser **vom Berechtigten nach den §§ 929–931 BGB** oder **vom Nichtberechtigten nach den §§ 932–934 BGB** erfolgt.

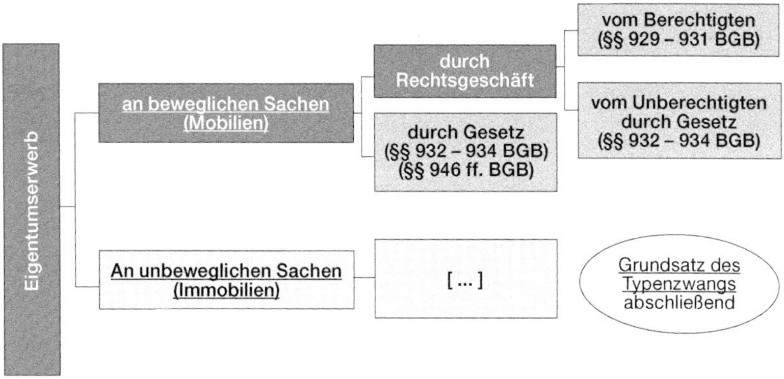


**Abb. 50:** Eigentumserwerb

618 aa) **Eigentumserwerb an beweglichen Sachen durch Rechtsgeschäft vom Berechtigten** (§§ **929–931 BGB**). Der rechtsgeschäftliche Eigentumserwerb an beweglichen Sachen vom Berechtigten ist in den §§ **929–931 BGB** geregelt.
Hier lassen sich **vier Grundformen** des rechtsgeschäftlichen Eigentumserwerbs an beweglichen Sachen vom Berechtigten unterscheiden:

1. § 929 S. 1 BGB – Einigung und Übergabe (Grundfall),
2. § 929 S. 2 BGB – Einigung und schon vorhandener Besitz beim Erwerber,
3. §§ 929 S. 1, 930 BGB – Einigung und Vereinbarung eines Besitzmittlungsverhältnisses sowie
4. §§ 929 S. 1, 931 BGB – Einigung und Abtretung des Herausgabeanspruchs gegen Dritten.

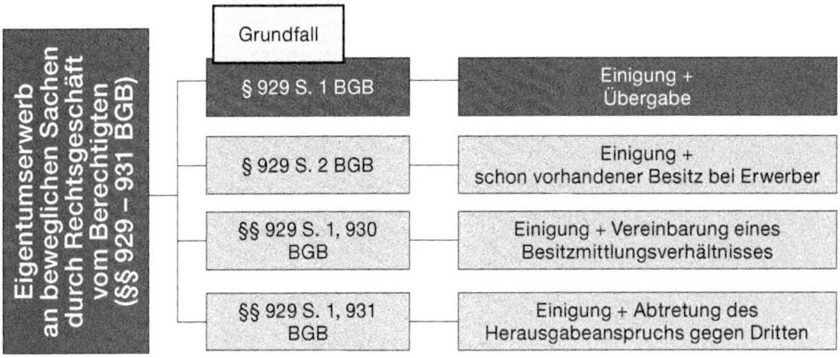


**Abb. 51:** Eigentumserwerb an beweglichen Sachen durch Rechtsgeschäft vom Berechtigten (§§ 929–931 BGB)

Der **Grundfall** des § 929 S. 1 BGB kennt vier Voraussetzungen (***35. Prüfungsschema, vgl. Fall- und Übungsbuch***): **619**

1. Eine dingliche Einigung,
2. die Übergabe der Sache,
3. das Einigsein im Zeitpunkt der Übergabe der Sache und
4. die Verfügungsberechtigung über die Sache.

RF: Übertragung des Eigentums an einer Sache nach § 929 S. 1 BGB

Der Veräußerer und der Erwerber müssen sich **über den Eigentumsübergang und die Übergabe der Sache einig sein** (dingliche Einigung). Diese Einigung meint einen dinglichen Vertrag, der aus mindestens zwei sich inhaltlich übereinstimmenden Willenserklärungen besteht, Angebot und Annahme (vgl. § 151 S. 1 BGB; näher hierzu Rn. 185 ff.). Auch hier können auf beiden Vertragsseiten Stellvertreter nach § 164 BGB oder Boten handeln (näher hierzu Rn. 234 ff.). **620**

Die Sache muss **übergeben** werden. Gemeint ist damit als Realakt ein Besitzwechsel, da die Eigentumsübertragung nach außen hin sichtbar werden soll. Ausreichend ist beim Einsatz von Hilfspersonen, dass auf beiden Seiten sog. Besitzdiener nach § 855 BGB die Übergabe vornehmen. **621**
Das Einigsein in Form der dinglichen Einigung muss **im Zeitpunkt der Übergabe** bestehen.

Zuletzt muss der **Veräußerer berechtigt sein, über das Eigentum zu verfügen.** **622** Er muss damit die entsprechende Verfügungsmacht haben. Dies ist der Fall, wenn der Veräußerer Eigentümer der Sache ist oder der Eigentümer ihn hierzu i. S. d. § 185 BGB ermächtigte. Letzteres ist insbesondere nach § 185 Abs. 1 BGB bei einer Einwilligung (§ 183 S. 1 BGB) oder nach § 185 Abs. 2 S. 1 Var. 1 BGB bei einer Genehmigung (§ 184 Abs. 1 BGB) der Fall.

**Beispiel**
Die zoologischer Garten Rostock gGmbH (G) ist stolz auf ihren Rostocker Zoo mit seinen rund 6.500 Tieren. Als neue Unterhaltung für die kleinen Besucher denkt sich ihre Geschäftsführerin Angeli (A) aus, dass G ein überdimensional

großes Eisbärkostüm anschafft. A wendet sich an ihren flüchtigen Bekannten Herrn Bernd (B), von dem sie weiß, dass er ein solches Kostüm abzugeben hat. Gegen einen Obolus von 10,00 € erwirbt sie diesen von ihm namens der G und nimmt ihn gleich mit. Als nun eine Woche später ein Mitarbeiter mit diesem Kostüm ein Kind entzückt, bemerkt der Zoobesucher Herr Vulner (V) zufällig, dass es tatsächlich sein Eisbärkostüm sei. Sein Freund B hatte das Kostüm zuvor ohne sein Wissen an G verkauft, da er gemeint hätte, dass es dort besser von Nutzen sei. V hatte es B aber nur für einen Kindergeburtstag ausgeliehen und kam bis jetzt nicht dazu, es wieder abzuholen.

(1) A und B waren sich i. S. d. § 151 S. 1 BGB einig, dass das Eigentum an dem Eisbärenkostüm von B auf G übergehen und B das Kostüm G übergeben soll. Die Erklärungen auf Seiten A wirken nach § 164 BGB unmittelbar für und gegen G. Sie ist insbesondere nach § 35 Abs. 1 S. 1 GmbH ihre gesetzliche Vertreterin. Unerheblich ist an dieser Stelle, dass B gar nicht Eigentümer des Kostüms gewesen ist. Hier geht es hauptsächlich darum, dass das Eigentum übergehen soll.

(2) B übergab A das Kostüm i. S. d. § 929 1 BGB und damit nach § 35 Abs. 1 S. 1 GmbH der gesetzlichen Vertreterin der G.

(3) Die dingliche Einigung bzgl. des Eisbärenkostüms bestand auch im Zeitpunkt seiner Übergabe von B an A.

(4) Da aber B weder Eigentümer des Eisbärenkostüms gewesen ist, noch V zur Eigentumsübertragung insbesondere nach § 185 Abs. 1 BGB einwilligt (§ 183 S. 1 BGB) oder diese nach § 185 Abs. 2 S. 1 Var. 1 BGB genehmigt hatte (§ 184 Abs. 1 BGB), war er zur Eigentumsübertragung an G nicht berechtigt.

G hat hier also kein Eigentum an dem Eisbärenkostüm nach § 929 S. 1 BGB erworben. Noch bleibt B sein Eigentümer, auch wenn A es namens der G im Zoo einsetzen lässt.

623 bb) **Eigentumserwerb an beweglichen Sachen durch Rechtsgeschäft vom Nichtberechtigten (§§ 932–934 BGB).** Der Gesetzgeber entschied, dass jemand auch dann Eigentümer einer Sache werden kann, wenn der Veräußerer nicht Eigentümer der Sache ist und auch nicht über die Sache i. S. d. § 185 BGB verfügen darf. Das regelt der sog. gutgläubige rechtsgeschäftliche Eigentumserwerb an beweglichen Sachen vom Nichtberechtigten, der in den § 932 bis § 934 BGB zu finden ist. Diese Folge ist im Sinne des Rechtsverkehrs regelmäßig dann gerechtfertigt, wenn der Erwerber **gutgläubig** annimmt, der nichtberechtigte Veräußerer sei Eigentümer der Sache. In diesen Fällen verliert der bisherige Eigentümer regelmäßig sein Eigentum, auch wenn dies für den Laien nur schwer verständlich erscheint.

624 Die Systematik der §§ 932 ff. BGB **baut auf** den Grundtatbeständen der §§ 929 ff. BGB auf, die ergänzend heranzuziehen sind. Zu prüfen sind also zunächst die Voraussetzungen der §§ 929 ff. BGB und anschließend diejenigen aus §§ 932 ff. BGB. Auch hier lassen sich wieder **vier Grundformen** der rechtsgeschäftlichen Eigentumsübertragung an beweglichen Sachen vom Nichtberechtigten unterscheiden:

1. §§ 932 Abs. 1 S. 1, 929 S. 1 BGB – Einigung und Übergabe (Grundfall),
2. §§ 932 Abs. 1 S. 2, Abs. 2, § 929 S. 2 BGB – Einigung und schon vorhandener Besitz beim Erwerber,

3. §§ 933, 929 S. 1, 930 BGB – Einigung und Vereinbarung eines Besitzmittlungsverhältnisses sowie
4. §§ 934, 929 S. 1, 931 BGB – Einigung und Abtretung des Herausgabeanspruchs gegen Dritten

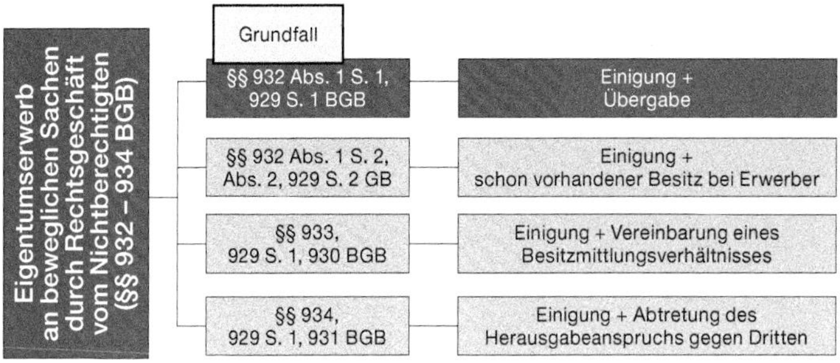


**Abb. 52:** Eigentumserwerb an beweglichen Sachen durch Rechtsgeschäft vom Nichtberechtigten (§§ 932–934 BGB)

Der **Grundfall** des §§ 932 Abs. 1 S. 1, 929 S. 1 BGB kennt neben drei bekannten, nicht weiter erörterungsbedürftigen Voraussetzungen, weitere drei (***36. Prüfungsschema, vgl. Fall- und Übungsbuch***): **625**

1. Eine dingliche Einigung,
2. die Übergabe der Sache,
3. das Einigsein im Zeitpunkt der Übergabe der Sache,
4. die fehlende Verfügungsberechtigung über die Sache,
5. eine Gutgläubigkeit des Erwerbers nach § 932 Abs. 2 BGB und
6. Kein Abhandenkommen der Sache nach § 935 Abs. 1 S. 1 BGB

RF: Übertragung des Eigentums an einer Sache nach § 932 Abs. 1 S. 1 BGB

Nach § 932 Abs. 1 S. 1 BGB muss der Erwerber hinsichtlich der Eigentümerstellung des Veräußerers im guten Glauben sein (*„es sei denn, dass er […] nicht in gutem Glauben ist.“*). Das ist er nach § 932 Abs. 2 BGB nicht, wenn ihm bekannt oder infolge grober Fahrlässigkeit unbekannt ist, dass die Sache nicht dem Veräußerer gehört. **Gutgläubig** nach § 932 Abs. 2 BGB kann also nur derjenige sein, der annimmt, der Veräußerer sei auch Eigentümer. Wenn er weiß, dass der Veräußerer nicht Eigentümer der Sache ist, so ist er nicht schutzbedürftig. Gleiches gilt für den Fall, indem ihm dies infolge grober Fahrlässigkeit unbekannt bleibt. Grobe Fahrlässigkeit meint – wie bereits oftmals dargelegt – das nach den Gesamtumständen in ungewöhnlich hohem Maße außer Acht lassen der im Verkehr erforderlichen Sorgfalt, was im gegebenen Fall jedem hätte einleuchten müssen (vgl. § 276 Abs. 2 BGB; näher hierzu Rn. 453). Nachforschungspflichten werden ihn nach § 242 BGB nur bei konkreten Anhaltspunkten treffen können. Das Wissen der Hilfspersonen wird dem Geschäftsherrn nach § 166 Abs. 1 BGB analog zugerechnet (näher hierzu Rn. 291 ff.). **626**

**Beispiel**

(5) Im vorgenannten Fall ging Frau Angeli (A) davon aus, dass das Eisbärenkostüm Herrn Bernd (B) gehörte. Ihr war nicht bekannt, dass es tatsächlich im Eigentum des Herrn Vulner (V) stand. Auch gab es für sie hierfür keine Anhaltspunkte, dass sie dies hätte erkennen müssen, erst recht keine, die den Vorwurf der groben Fahrlässigkeit begründen. Damit war sie gutgläubig i. S. d. Anders wäre es, wenn B ihr gesagt hätte, dass das Kostüm nicht ihm gehöre oder das Kostüm beispielsweise über eine dicke Aufschrift mit dem Namen „Vulner" verfügt hätte.

**627** Der Erwerb des Eigentums aufgrund des § 932 Abs. 1 S. 1 BGB tritt nach § 935 Abs. 1 S. 1 BGB nicht ein, wenn die Sache dem Eigentümer gestohlen worden, verloren gegangen oder sonst abhanden gekommen war. Der Begriff des **Abhandenkommens** bildet dabei den Oberbegriff. Gemeint ist damit der unfreiwillige Verlust der tatsächlichen Sachherrschaft. In den Fällen, in denen er die Sache freiwillig jemand anderem übergibt, trägt er das Risiko dafür, dass der Sachempfänger sich als Eigentümer ausgibt und die Sache weiterreicht. Dies gilt auch dann, wenn dies wegen anderer Vorzeichen geschehen ist. Unfreiwillig ist auch der Besitzverlust des Besitzherrn, wenn der Besitzdiener i. S. d. § 855 BGB (vor allem Arbeitnehmer) die Sache ohne dessen Willen oder unter Verstoß gegen Weisungen unterschlägt oder weggibt.
Zum Schutz des Rechtsverkehrs stellt § 935 Abs. 2 Var. 1 BGB als Ausnahme zum vorigen Grundsatz klar, dass Geld nicht nach § 935 Abs. 1 S. 1 BGB abhandenkommen kann.

**Beispiel**

(6) Im vorgenannten Fall ist das Eisbärenkostüm Herrn Vulner (V) nicht i. S. d. § 935 Abs. 1 S. 1 BGB abhandengekommen. V hat das Kostüm Herrn Bernd (B) freiwillig geliehen und damit mit ihm einen Leihvertrag nach § 598 BGB geschlossen. Unerheblich ist hierbei, dass er nicht damit rechnete, dass B es später weiterverkaufen wird. Anders wäre es aber beispielsweise, wenn B ihm das Kostüm gestohlen hätte.
Im Ergebnis liegen alle Voraussetzungen eines gutgläubigen Eigentumserwerbs nach §§ 932 Abs. 1 S. 1, 929 S. 1 BGB vor, wodurch tatsächlich die zoologischer Garten Rostock gGmbH (G) Eigentümerin des Eisbärenkostüms geworden ist. V wird von G beispielsweise seine Herausgabe nicht nach § 985 BGB fordern können.

**628** **cc) Eigentumserwerb an beweglichen Sachen durch Gesetz (§§ 946 ff. BGB).** Eigentum kann auch durch Gesetz erworben werden. In den **§§ 946 ff. BGB** sind hierfür verschiedene Erwerbstatbestände geregelt:

- Verbindung mit einem Grundstück nach § 946 BGB,
- Verbindung beweglicher Sachen nach § 947 BGB,
- Vermischung und Vermengung nach § 948 BGB,
- Verarbeitung nach § 950 BGB,
- Ersitzung nach § 937 BGB,
- Fund nach den §§ 965 ff. BGB,
- Aneignung nach den §§ 958 ff. BGB und
- Fruchterwerb nach den §§ 953 ff. BGB

**b) Dingliche Eigentümerrechte.** Aus der Eigentümerstellung ergeben sich verschiedene **dingliche Ansprüche**, wie 629
- der Herausgabeanspruch nach § 985 BGB und
- der Beseitigungs- und Unterlassungsanspruch nach § 1004 Abs. 1 S. 1 oder S. 2 BGB.

Nach **§ 985 BGB** kann der Eigentümer vom Besitzer die **Herausgabe der Sache** 630
verlangen. Allerdings kann er nach § 986 BGB die Herausgabe verweigern, wenn er ein Recht zum Besitz hat. Diese beiden Rechtsnormen sind gemeinsam zu lesen, die die folgenden drei Voraussetzungen festlegen (***37. Prüfungsschema, vgl. Fall- und Übungsbuch***):

1. Der Anspruchssteller ist Eigentümer und
2. der Anspruchsgegner ist Besitzer,
3. der kein Recht zum Besitz hat.

RF: Herausgabe der Sache nach § 985 BGB

Der Anspruchssteller muss nach § 985 BGB **Eigentümer** der Sache sein, was er 631
nach den §§ 929 ff. BGB werden kann.

**Hinweise zur Fallbearbeitung** 632

Wie erwähnt, sind die Eigentumsverhältnisse chronologisch zu prüfen. Zu beginnen ist bei mit dem ersten Eigentümer, wie dieser durch welchen Umstand an wen sein Eigentum verlieren haben könnte. Regelmäßig dürfte die Frage des Eigentumwechsels Prüfungsschwerpunkt sein.

Der Anspruchsgegner muss nach § 985 BGB **Besitzer** sein. Besitzer ist derjenige, 633
der die tatsächliche Sachherrschaft über die Sache ausübt (vgl. § 854 Abs. 1 BGB). Dabei spielt es keine Rolle, ob der Besitz berechtigt oder unberechtigt ist.

Der Besitzer kann schließlich die Herausgabe der Sache nach § 986 Abs. 1 S. 1 634
BGB verweigern, wenn er dem Eigentümer gegenüber **zum Besitz berechtigt** ist. In der Regel kann er dies sein kraft einer Überlassungspflicht des Eigentümers, wie bei einem Mietvertrag nach § 535 Abs. 1 S. 1 BGB.

**Beispiel**

Frau Hellsner (N) ist Eigentümerin einer vermieteten Wohnung in der Rostocker August-Bebel-Straße. Aufgrund des mit Herrn Bauer (B) bestehenden Mietvertrags nach § 535 BGB, ist sie gegenüber B nach § 535 Abs. 1 S. 1 BGB verpflichtet, ihm den Gebrauch der Mietsache während der Mietzeit zu gewähren. Während des Mietverhältnisses kann B ihr gegenüber die Herausgabe der Mietwohnung nach § 986 Abs. 1 S. 1 BGB verweigern. Dies ändert sich aber beispielsweise zu dem Zeitpunkt, in dem das Mietverhältnis durch Kündigung beendet ist.

***22. Übungsfall: „Weiterverkaufte Atelierstaffelei" – Herausgabeanspruch (§ 985 BGB) s. Fall- und Übungsbuch***

## III. Sicherungsrechte

635 Sicherungsrechte sind in der Praxis bedeutsam. Wer Verträge schließt, hofft, dass der andere Teil seinen Pflichten nachkommen wird. Niemand kann aber darauf blind vertrauen, sodass ein **Restrisiko** immer verbleibt. Das ist umso stärker der Fall, wenn der eine Vertragsteil in Vorleistung geht und die ihr obliegende Pflicht erfüllt, obwohl der andere Vertragsteil ihrer Pflichterfüllung (noch) nicht nachgekommen ist. Im Wirtschaftsleben ist dies die Regel.

**Beispiele**

- Dr. Lech (L) behandelt im Rahmen ärztlicher Leistungen seinen Privatpatienten Herrn Pell (P). L kommt damit seiner Pflicht zur Leistung der versprochenen Behandlung gem. § 630a Abs. 1 Hs. 1 BGB nach. Zu diesem Zeitpunkt hat P diese noch nicht nach § 630a Abs. 1 Hs. 2 BGB vergütet. L trägt das Risiko, dass P zahlt. Ggf. riskiert er, dass er gegen ihn einen Titel erwirken und vollstrecken muss, wobei P auch zahlungsunfähig sein kann. L würde sodann auf seiner Forderung „sitzen bleiben". Die Vereinbarung von Sicherheiten wäre kaum praktikabel. L wird bei den meisten Patienten auf ihre Zahlungswillig- und -fähigkeit vertrauen müssen, bei manchen Patienten nur bei Vorkasse behandeln oder entscheiden, andere gar nicht zu behandeln.
- Frau Wulf (W) möchte von der Ostseesparkasse Rostock (S) ein Darlehen über 200.000,00 € erhalten, um damit ihren Hauskauf zu finanzieren. S wird mit ihr einen Darlehensvertrag nach § 488 Abs. 1 BGB aus wirtschaftlichen Gründen nur vereinbaren, wenn sie hierfür Sicherheiten bekommt. Andernfalls würde S bei allen erdenklichen Beteuerungen das Risiko eingehen, dass die 200.000,00 € verloren gehen.

636 Für das Risiko, die Gegenleistung möglicherweise nicht zu erhalten, bietet das BGB mit den sog. **Sicherungsrechten** praktikable Lösungen an, das jeweilige Risiko zu verringern. Man unterteilt sie in

- Personalsicherheiten und
- Realsicherheiten.

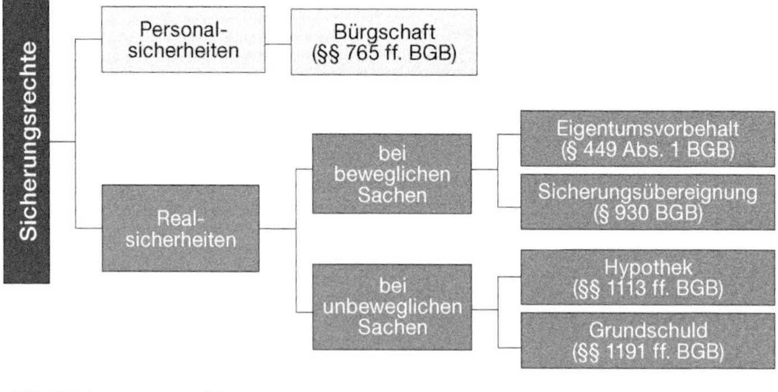


**Abb. 53:** Sicherungsrechte

### 1. Bürgschaft (§ 765 BGB) als Personalsicherheit

Bei den sog. **Personalsicherheiten** kann der Gläubiger seinen Anspruch nicht nur gegenüber seinem eigentlichen Schuldner, sondern auch noch gegenüber einer weiteren Person geltend machen. Die Sicherheit wird damit durch die Möglichkeit der Forderungsgeltendmachung gegenüber einer anderen Person gewährleistet. **637**

Die wohl wichtigste Form der Personalsicherheiten bildet die sog. **Bürgschaft**, die in den §§ 765 bis 778 BGB geregelt ist (vgl. hierzu Rn. 637 f.). Das damit verbundene Sprichwort „Bürgen kann man würgen" verdeutlicht bereits, worum es dabei geht.

Nach § 765 Abs. 1 BGB verpflichtet sich der Bürge gegenüber dem Gläubiger eines Dritten, für die Erfüllung der Verbindlichkeit des Dritten **einzustehen.** Es gibt also drei Personen, bei denen ihre jeweiligen Rechtsbeziehungen einzeln zu betrachten sind:

- Einen Gläubiger,
- einen Schuldner und
- einen Dritten als Bürgen.

Das Rechtsverhältnis zwischen dem **Hauptschuldner** und dem **Gläubiger** bildet das Grundverhältnis. Meist handelt es sich um Verpflichtungen aus einem Gelddarlehensvertrag nach § 488 BGB, einem Mietvertrag nach § 535 BGB oder einem Werkvertrag nach § 631 BGB. **638**

Das Rechtsverhältnis zwischen dem **Hauptschuldner** und dem **Bürgen** besteht aus einem Auftrag nach § 662 BGB (wenn unentgeltlich) oder aus einem Geschäftsbesorgungsvertrag nach § 675 BGB (wenn entgeltlich).

Das Rechtsverhältnis zwischen dem **Gläubiger** und dem **Bürgen** betrifft den eigentlichen Bürgschaftsvertrag nach § 765 BGB, der einen den Bürgen einseitig verpflichtenden schuldrechtlichen Vertrag darstellt. Danach ist der Bürge verpflichtet, gegenüber dem Gläubiger für die Erfüllung der Verbindlichkeit eines Schuldners einzustehen. Wenn der Bürge den Gläubiger befriedigt, kann er sodann vom Schuldner Ersatz verlangen. In diesen Fällen geht die Forderung des Gläubigers gegen den Schuldner nach § 774 Abs. 1 S. 1 BGB auf den Bürgen im Wege des gesetzlichen Gläubigerwechsels über.

**Beispiel**

Frau Hellsner (N) ist Eigentümerin einer vermieteten Wohnung in der Rostocker August-Bebel-Straße. Sie möchte ihre Wohnung an den Studenten Samuel (S) vermieten, fürchtet aber wegen seiner Erwerbslosigkeit um die Entrichtung der Miete.

(1) N schließt dennoch mit S einen Mietvertrag nach § 535 BGB (Grundverhältnis).

(2) Gleichzeitig schließt sie zur Sicherheit mit Samuels Vater Herrn Vanner (V) einen Bürgschaftsvertrag nach § 765 BGB, in dem sich V verpflichtet, für die Erfüllung der Mietentrichtungspflicht des S aus § 535 Abs. 2 BGB einzustehen.

(3) Da V den Bürgschaftsvertrag nach § 765 BGB im Interesse des S unentgeltlich mit N vereinbart, besteht zwischen V und S ein Auftrag nach § 662 BGB.

Wenn nun – aus welchen Gründen auch immer – V die N hinsichtlich ihrer Mietentrichtungsforderung aus § 535 Abs. 2 BGB befriedigt, so geht ihre Forderung gegenüber S nach § 774 Abs. 1 S. 1 BGB auf ihn über.

### 2. Realsicherheiten

639 Bei Realsicherheiten erhält der Gläubiger ein **dingliches Recht** (= Recht am „Ding", also an der Sache) an einem beweglichen oder unbeweglichen Gegenstand. Die Sicherheit wird damit durch eine Sache gewährleistet.
Bei Eintritt des Sicherungsfalles versetzen die Sicherungsrechte den Gläubiger in die Lage, auf den Gegenstand zuzugreifen. In vielen Fällen wird er ihn sodann verwerten, also zu Geld machen können, um daraus letztlich seine Forderung zu retten.
Wichtige Realsicherheiten sind bei beweglichen Sachen
- der **Eigentumsvorbehalt** nach § 449 Abs. 1 BGB

sowie bei unbeweglichen Sachen
- die **Hypothek** nach den §§ 1113 ff. BGB und
- die **Grundschuld** §§ 1191 ff. BGB.

640 a) **Eigentumsvorbehalt (§ 449 Abs. 1 BGB).** Parteien vereinbaren einen Eigentumsvorbehalt oftmals im Rahmen eines Kaufvertrags nach § 433 BGB. Er ist in § 449 Abs. 1 BGB geregelt. Danach ist im Zweifel anzunehmen, dass das Eigentum unter der aufschiebenden **Bedingung vollständiger Zahlung des Kaufpreises** übertragen wird, wenn sich der Verkäufer einer beweglichen Sache das Eigentum bis zur Zahlung des Kaufpreises vorbehalten hat. Bei einer aufschiebenden Bedingung tritt nach § 158 Abs. 1 BGB die von der Bedingung abhängig gemachte Wirkung mit dem Eintritt der Bedingung ein. Eigentümer wird der Käufer also erst mit Kaufpreiszahlung.

641 **Hinweise zur Fallbearbeitung**

Der Eigentumsvorbehalt nach § 449 Abs. 1 BGB ist im Rahmen des Prüfungspunktes der dinglichen Einigung des Eigentumserwerbs wie bei § 929 S. 1 BGB zu prüfen.

642 **Sinn und Zweck** der Vereinbarung eines Eigentumsvorbehalts nach § 449 Abs. 1 BGB ist es, dass der Verkäufer so lange Eigentümer der Sache bleibt, bis der Käufer die Ware vollständig bezahlt. Für den Fall der ausbleibenden Zahlung, könnte der Käufer Eigentumsrechte geltend machen, wie den Herausgabeanspruch aus § 985 BGB.

**Beispiel**

Herr Kluge (K) erwirbt von Herrn Vollmann (V) einen VW Golf VII zu einem Preis von 20.000,00 €. Sie vereinbaren zusätzlich zum Kaufvertrag nach § 433 BGB einen Eigentumsvorbehalt nach § 449 Abs. 1 BGB, wonach K das Eigentum an dem Fahrzeug erst bei vollständiger Kaufpreiszahlung der 20.000,00 € erhalten soll. K soll das Fahrzeug aber gleich mitnehmen können. Die dingliche Einigung nach § 929 S. 1 BGB steht damit unter der aufschiebenden Bedingung (§ 158 Abs. 1 BGB) dieser Kaufpreiszahlung. V bleibt Eigentümer des Fahrzeugs, bis K die 20.000,00 € vollständig bezahlt hat, selbst wenn er das Fahrzeug bereits mehrere Monate fahren sollte.

**b) Hypothek (§§ 1113 ff. BGB).** Die Hypothek bezieht sich auf **Grundstücke.** **643**
Sie ist ein **Pfandrecht** des Gläubigers, der das Grundstück des Schuldners im Falle der Fälle verwerten kann. Geregelt ist sie in den §§ 1113 bis 1190 BGB.
Nach **§ 1113 Abs. 1 BGB** kann ein Grundstück in der Weise belastet werden, dass an denjenigen, zu dessen Gunsten die Belastung erfolgt, eine bestimmte Geldsumme zur Befriedigung wegen einer ihm zustehenden Forderung aus dem Grundstück zu zahlen ist. Der Gesetzgeber definiert damit die Hypothek. Sie ist also nichts anderes als eine Belastung eines Grundstücks mit einem Pfandrecht.
Hiervon ausgehend bestehen bei ihr **drei Rechtsverhältnisse:**

- Dem **Grundgeschäft**, das meist in einem Gelddarlehensvertrag nach § 488 BGB besteht,
- der **Sicherungsabrede** als dem Rechtsgrund für die Hypothekbestellung und
- der **Sicherung** als der eigentlichen sachenrechtlichen Sicherung der Hypothek.

Die Hypothek gibt dem Gläubiger das Recht, das Grundstück im Falle der Fälle zu verwerten, falls die Forderung nicht anderweitig beglichen wird. Dies wird regelmäßig im Wege der Zwangsversteigerung erfolgen. Den Sicherungsgeber selbst trifft keine Zahlungspflicht. Er hat aber nach § 1147 BGB die Verwertung seines Grundstücks im Rahmen der **Zwangsvollstreckung zu dulden.**
Das Besondere im Unterschied zur Grundschuld ist (vgl. hierzu Rn. 644), dass sie mit der zu sichernden **Forderung akzessorisch**, d. h. von ihr abhängig ist. Soweit die Darlehensforderung erlischt, so erlischt auch die Hypothek.

**Beispiel**
Herr Donner (D) schließt mit der Ostseesparkasse Rostock (S) einen Gelddarlehensvertrag nach § 488 BGB ab. S verlangt hierfür im Gegenzug als Absicherung ihres gegenüber D bestehenden Rückzahlungsanspruchs aus § 488 Abs. 1 S. 2 BGB eine Hypothek nach § 1113 Abs. 1 BGB an seinem Grundstück. Soweit D mit den Tilgungsraten in Verzug gerät, riskiert er, dass er nach § 1147 BGB die Zwangsvollstreckung, also regelmäßig die Zwangsversteigerung seines Grundstücks dulden muss.

**c) Grundschuld (§§ 1191 ff. BGB).** Die Grundschuld bezieht sich ebenfalls auf **644**
**Grundstücke.** Auch sie ist ein **Pfandrecht** des Gläubigers, der das Grundstück des Schuldners im Falle der Fälle verwerten kann. Geregelt ist sie in den §§ 1191 bis 1198 BGB.
Nach **§ 1191 Abs. 1 BGB** kann ein Grundstück in der Weise belastet werden, dass an denjenigen, zu dessen Gunsten die Belastung erfolgt, eine bestimmte Geldsumme aus dem Grundstück zu zahlen ist. Der Gesetzgeber definiert damit die Grundschuld. Auch sie ist damit nichts anderes als eine Belastung eines Grundstücks mit einem Pfandrecht.
Tatsächlich sind sich die Hypothek nach § 1113 Abs. 1 BGB und die Grundschuld nach § 1191 Abs. 1 BGB sehr ähnlich. Auf die Grundschuld finden deshalb nach § 1192 Abs. 1 BGB die Vorschriften über die Hypothek entsprechende Anwendung, soweit sich nicht daraus ein anderes ergibt, dass die Grundschuld

nicht eine Forderung voraussetzt. Der Hauptunterschied zwischen beiden liegt deshalb darin, dass die Grundschuld zur Grundforderung nicht akzessorisch, also nicht von ihr abhängig ist. Soweit die Darlehensforderung erlischt, so erlischt daher auch nicht automatisch die Grundschuld.
Hiervon ausgehend bestehen bei ihr **drei Rechtsverhältnisse**:
- Dem **Grundgeschäft**, das meist in einem Gelddarlehensvertrag nach § 488 BGB besteht,
- der **Sicherungsabrede** als dem Rechtsgrund für die Grundschuldbestellung und
- der **Sicherung** als der eigentlichen sachenrechtlichen Sicherung der Hypothek.

Die Grundschuld gibt dem Gläubiger das Recht, das Grundstück im Falle der Fälle zu verwerten, falls die Forderung nicht anderweitig beglichen wird. Dies wird regelmäßig im Wege der Zwangsversteigerung erfolgen. Den Sicherungsgeber selbst trifft keine Zahlungspflicht. Er hat aber nach § 1192 Abs. 1 i. V. m. § 1147 BGB die Verwertung seines Grundstücks im Rahmen der **Zwangsvollstreckung zu dulden**.

**Beispiel**
Herr Donner (D) schließt mit der Ostseesparkasse Rostock (S) einen Gelddarlehensvertrag nach § 488 BGB ab. S verlangt hierfür im Gegenzug als Absicherung ihres gegenüber D bestehenden Rückzahlungsanspruchs aus § 488 Abs. 1 S. 2 BGB eine Grundschuld nach § 1191 Abs. 1 BGB an seinem Grundstück. Soweit D mit den Tilgungsraten in Verzug gerät, riskiert er, dass er nach § 1192 Abs. 1 i. V. m. § 1147 BGB die Zwangsvollstreckung, also regelmäßig die Zwangsversteigerung seines Grundstücks dulden muss.

# 12. Kapitel: Familienrecht

Das vierte Buch des Familienrechts enthält in den §§ 1297 bis 1921 BGB Rechtsnormen, die die rechtliche Beziehung zwischen Familienangehörigen regeln. Hierzu gehören Ehepartner, Eltern und Kinder sowie Verwandte. 645

Es geht also um Ehe und Verwandtschaft, aber auch um Vormundschaft, Betreuung und Pflegeschaft.

Eine wichtige Querverbindung zum allgemeinen Teil des BGB besteht zum Stellvertretungsrecht nach den §§ 164 ff. BGB. Die **gesetzliche Vertretungsmacht** der Eltern für ihr Kind folgt aus § **1629 Abs. 1 S. 1 BGB.** Die elterliche Sorge ist generell in den §§ 1626 ff. BGB geregelt. Im Übrigen sind wichtige Themenbereiche die Folgenden:

1. Die Eheschließung nach § 1310 BGB,
2. ihre Wirkungen als eheliche Lebensgemeinschaft nach § 1353 BGB,
3. die ehelichen Unterhaltsverpflichtungen nach § 1360 BGB,
4. besondere Besorgungsbefugnisse im Alltag nach § 1357 BGB,
5. ein besonderer Haftungsmaßstab nach § 1359 BGB,
6. eine Eigentumsfiktion nach § 1362 BGB,
7. die Ehescheidung nach ihrem Scheitern nach § 1565 Abs. 1 S. 2 BGB,
8. die Unterhaltsansprüche während des Getrenntlebens nach § 1361 BGB und nach der Scheidung nach den § 1570 ff. BGB, bleiben während des Getrenntlebens.
9. der Zugewinn- und Versorgungsausgleich,
10. das Verwandtschaftsrecht nach den §§ 1589 ff. BGB,
11. das Kindschaftsrecht nach den §§ 1592 ff. BGB,
12. die elterliche Sorge nach den §§ 1626 ff. BGB sowie
13. Unterhaltspflichten gegenüber Kindern.

# 13. Kapitel: Erbrecht

646 Das fünfte Buch des Erbrechts enthält in den §§ 1922 bis 2385 BGB Rechtsnormen, die regeln, was im Todesfall mit den Rechten und Pflichten des Verstorbenen geschieht, insb. was mit seinen Vermögensverhältnissen geschehen soll. Maßgeblich ist in diesem Kontext, dass mit dem Tode einer Person (Erbfall) deren Vermögen (Erbschaft) nach **§ 1922 Abs. 1 BGB** auf eine oder mehrere andere Personen (Erben) übergeht. Diesen Vorgang bezeichnet man als **Gesamtrechtsnachfolge** oder **Universalsukzession.** Dies stellt die wichtigste Querverbindung zu den restlichen Rechtsnormen des BGB dar. Beispielsweise wird der Erbe auf diesem Wege Eigentümer eines Grundstücks oder Inhaber einer Kaufpreisforderung nach § 433 Abs. 2 BGB. Die Erben treten komplett an die Stelle des Erblassers. Das heißt aber auch im Umkehrschluss, dass sie nach § 1967 Abs. 1 BGB für seine Schulden einzustehen haben. Sie haben aber die Möglichkeit, das Erbe auszuschlagen (vgl. §§ 1942 ff. BGB).

# 14. Kapitel: Rechtspflege

Rechtspflege **im materiellen Sinne** ist die Anwendung des Rechts auf den Einzelfall durch den Staat oder durch seine Organe (Behörden). 647
**Im formellen Sinne** ist darunter der Sammelbegriff für sämtliche von den Gerichten und von weiteren Organen der Rechtspflege wahrgenommenen Aufgaben und Angelegenheiten gemeint.
**Im weiteren Sinne** versteht man darunter die Sorge für einen geordneten Ablauf der Rechtsbeziehungen zwischen den Menschen.

Als **Oberbegriff für die „Gesamtheit des organisierten Rechts"** ist auch der Begriff Rechtswesen gebräuchlich. Das Rechtswesen umfasst neben der Rechtspflege auch die Rechtsetzung. 648
Der Begriff der Justiz bzw. des Justizwesens wird teils synonym mit dem der Rechtspflege bzw. des Rechtswesens gebraucht. Im staatsrechtlichen Sinn ist Justiz ein Synonym für Judikative. In einem engeren Sinn umfasst der Justiz-Begriff die ordentliche Gerichtsbarkeit, die Staatsanwaltschaft, die Justizverwaltung, die Strafvollstreckungskammer und das Notariat.
Die Justizstruktur in **Mecklenburg-Vorpommern** ist beispielsweise wie nachfolgend dargestellt:

| Amtsgerichte (mit Außenstellen) | Landgerichte | Oberlandesgericht M-V |
|---|---|---|
| Ludwigslust<br>Parchim<br>Schwerin<br>Grevesmühlen<br>Wismar | Schwerin | Rostock |
| Rostock<br>Güstrow | Rostock | |
| Waren (Müritz)<br>Neustrelitz<br>Neubrandenburg<br>Pasewalk<br>Anklam<br>Demmin | Neubrandenburg | |
| Greifswald<br>Stralsund<br>Bergen auf Rügen | Stralsund | |

# 15. Kapitel: Gerichtliches Verfahren

649 Das gerichtliche Verfahren ist bedeutsam für die **Durchsetzung** privater Rechte im Privatrechtsverkehr.
Der Staat stellt dem Privatrechtsverkehr durch die Schaffung von Rechtsnormen einen Rahmen zur Verfügung, hält sich aber ansonsten zurück. Das hat insbesondere zur Folge, dass sich die Privatpersonen **selbst** um die **Durchsetzung ihrer Rechte kümmern** müssen, mithilfe der Inanspruchnahme von staatlichen Gerichten. Auf erster Ebene müsste eine Privatperson im sog. Erkenntnisverfahren seinen Anspruch gerichtlich feststellen und sodann, falls notwendig, den Anspruch auf zweiter Ebene im sog. Zwangsvollstreckungsverfahren zwangsweise durchsetzen lassen.

650 Als **Erkenntnisverfahren** versteht man die staatlich geregelten Verfahren vor den Gerichten zur Herbeiführung einer rechtskräftigen Entscheidung. Als **Zwangsvollstreckungsverfahren** versteht man die staatlichen Verfahren, mit dem man privatrechtliche Forderungen sowie Ansprüche auf bestimmte Handlungen oder Unterlassungen gegen den Schuldner durchsetzen lassen kann. Eine eigenständige Durchsetzung „auf eigene Faust" verbietet sich in einem Rechtsstaat von selbst, da die Bürger und Bürgerinnen das Gewaltmonopol an den Staat delegiert haben, der ihnen im Gegenzug einen Justizgewährleistungsanspruch garantiert.

651 Handelt der Staat privatrechtlich, so gelten für ihn die gleichen Regeln für auch für die anderen Teilnehmer des Privatrechtsverkehrs, sodass er keine Privilegien genießt. Er hat sich bei Konflikten ebenfalls um die Durchsetzung seiner privatrechtlichen Ansprüche zu kümmern und sich hier ggf. auch dem Erkenntnis- und Zwangsvollstreckungsverfahren zu bedienen. Privatrechtliche Ansprüche kann er nicht durch hoheitliche Anordnung eintreiben, da sein Handeln nicht dem Rechtsbereich des öffentlichen Rechts, sondern des Privatrechts unterliegt.

**Beispiel**
Der Landkreis Rostock (R) beauftragt den in Güstrow ansässigen Tischler Christoph Erle (E) mit der Neuanfertigung von 30 Fenstern für das Kreiskrankenhaus. E kommt dem Auftrag zeitgerecht nach. Nach wenigen Tagen zeigt sich jedoch, dass 10 Fenster undicht sind. Obwohl dieser Umstand tatsächlich zutrifft, fürchtet sich E von dem von ihm zu tragenden Reparaturkosten und verweigert deshalb die Beseitigung der undichten Stellen. Der für die Beauftragung zuständige Sachbearbeiter des R Müller (M) ist darüber erbost und verlangt weiterhin die Beseitigung der Mängel. Er weiß nämlich um die an sich guten Fähigkeiten des E und um den Umstand, dass umliegende Tischler auf Monate hin ausgebucht sind. Die Kosten der Beauftragung und auch Beseitigung der Mängel liegen jeweils bei weit über 5.000,00 €. M stellt sich die Frage, ob er E zur Beseitigung nicht einfach hoheitlich zwingen kann. Schließlich vertrete mit dem Landkreis den Staat. R muss E in Eigeninitiative vor dem Landgericht Rostock im sog. Erkenntnisverfahren mit dem Antrag verklagen, rechtsverbindlich feststellen zu las-

sen, dass ein Mangelbeseitigungsanspruch aus §§ 634 Nr. 1 i. V. m. 635 Abs. 1 Alt. 1 BGB begründet ist. R ist vor dem Landgericht verpflichtet, einen Rechtsanwalt oder eine Rechtsanwältin zur Vertretung seiner rechtlichen Interessen zu beauftragen. Dabei kann R den E nicht hoheitlich zur Beseitigung der Mängel zwingen. Der von ihm vertretene Landkreis handelt nämlich als Staat privatrechtlich im Privatrechtsverkehr, sodass öffentlich-rechtliche Rechtsnormen nicht angewendet werden dürfen.
Falls das Gericht E verurteilt, dieser aber trotzdem seiner Pflicht nicht nachkommen würde, müsste R seinen Beseitigungsanspruch im sog. Zwangsvollstreckungsverfahren zwangsweise durchsetzen lassen. Hierfür stünden ihm verschiedene Wege offen.

# Stichwortverzeichnis

Die Ziffern verweisen auf die Randnummern.

## Stichwortverzeichnis

## Stichwortverzeichnis

## Stichwortverzeichnis